安徽师范大学中国诗学研究中心资助项目

安徽诗人研究文存

黄山书社

方回研究文存

丛书主编　刘运好

本书主编　查洪德　李　雪

图书在版编目(CIP)数据

安徽诗人研究文存．方回研究文存 / 刘运好丛书主编；查洪德，李雪本书主编．—合肥：黄山书社，2024.4
ISBN 978-7-5737-0904-2

Ⅰ．①安… Ⅱ．①刘… ②查… ③李… Ⅲ．①方回（1227-1307）—诗歌研究 Ⅳ．① I207.22

中国国家版本馆 CIP 数据核字（2023）第 192066 号

安徽诗人研究文存 · 方回研究文存
ANHUI SHIREN YANJIU WENCUN FANG HUI YANJIU WENCUN

丛书主编 刘运好
本书主编 查洪德 李 雪

出 品 人 葛永波
策　　划 胡传志 汤吟菲
责任编辑 胡晓静
装帧设计 观止堂_未 氓
责任印制 李 磊
出版发行 黄山书社
地　　址 安徽省合肥市蜀山区翡翠路 1118 号出版传媒广场 7 层 邮编：230071
印　　刷 安徽新华印刷股份有限公司
版　　次 2024 年 4 月第 1 版
印　　次 2024 年 4 月第 1 次印刷
开　　本 700 mm × 1000 mm 1/16
字　　数 360 千字
印　　张 24.5
书　　号 ISBN 978-7-5737-0904-2
定　　价 98.00 元

服务热线 0551-63533706
销售热线 0551-63533761
官方直营书店（https://hsss.tmall.com）

目　录

总 序

一

安徽地处江淮腹地，江淮文化是安徽历史文化的灵魂。穿越历史的隧道，我们可以发现安徽的历史文化何其辉煌！这里有著名的繁昌人字洞，通过已经发掘的石器，确认了200万年至250万年前早期的人类遗存，将人类在亚洲出现的历史至少提前了30万年，推翻了20世纪初古生物学家马修《气候和演化》所鼓噪的中亚高原是人类摇篮的结论；也有著名的蒙城尉迟寺遗址，是国内目前保存完整、规模宏大、以大汶口文化晚期为主的原始社会聚落，从发掘的实物看，当时养殖、制陶、酿酒等技术都相当发达，这证明安徽农耕文明至迟在公元前5000年左右就已经高度成熟，这在农耕文明史上意义何其重大！当人类蹒跚地走进“轴心时代”，安徽又诞生了老子、庄子，与齐鲁的孔子及西方的苏格拉底、柏拉图，古天竺的释迦牟尼，共同创造了人类文明的高光时刻。

江淮文化在空间分布上主要集中于皖北与皖南。皖北文化以春秋战国的道家为核心。以老庄为代表的皖北道家文化圈与以孔孟为代表的齐鲁儒家文化圈，遥相呼应，双峰并峙，成为耸立于世界文化之林的独特文化景观。儒道思想互补、圆融，不仅有效地化解了人与自然、人与秩序的存在悖论，而且科学地构筑了主体存在与群体聚合、生命自由与社会秩序的互相联结的辩证理论体系。儒道既深刻影响了中华民族的文化心理、自然观念、伦理秩序、政治结构的和谐共生的关系，也对整个人类处理人和自然之间、不同国家之间、强权种族之间，如何和谐相处、规避丛林法则、构建人类命运共同体，贡献了独特的理论架构。

皖南文化以宋代之后的“徽学”为核心，形成了以朱熹为翘楚的新安理学和以戴震为领袖的徽州朴学。朱子不仅将“涵养”“致知”“力行”作为行为准则，凸显修身养性的重要意义，而且以“正心”“诚意”作为修身、齐家、治国、平天下的必要条件，推崇“一心兴邦”的黜私为公的家国情怀。实际上，张载提出的“为天地立心，为生民立命，为往圣继绝学，为万世开太平”，是整个新安理学最为激荡人心的至理名言，也成为中国知识分子历史担当的宏伟理想。在理学笼罩朝野、难与争锋之时，“朴学”也悄然兴起，至清代而蔚为大观。理学谈义理，朴学重考据。从宋代的程大昌到明清之际的黄生、姚际恒，再到乾隆时期的江永、汪绂，徽州朴学成就斐然，戴震则集其大成。朴学从考据学立场出发，重新阐释了儒家“理”“天道”“性”“才”“道”“诚”“权”等一系列哲学范畴，弥合了“灭人欲，存天理”的人为对立，建构了一个情理和谐的宇宙境界和人生境界。无论从学术文化还是从人生境界上说，理学与朴学都构成互补而非对立的关系。皖北的道家和皖南的徽学是支撑“皖学”的两大核心。

二

江淮是吴楚和中原的联结点。兼有中原的理性和吴楚的浪漫，是江淮文化的基本品格。因此不唯学术理性造就了“皖学”的辉煌，浪漫情调也催生了江淮文学的繁荣。只是因为“天下文章莫大乎桐城”——“桐城派”响亮的名头，既给江淮文学戴上令人景仰的桂冠，极大地提升了江淮文学的地位，也部分转移了人们对江淮文学全面审视的视线。以安徽为核心的江淮文学岂是一个桐城派所能代表的！

遥远的历史且不说吧。在汉代，汉代淮南王刘安组织文人撰写《淮南子》，融贯诸子，漫然包容，汪洋博洽，绚丽多彩；梁孝王刘武修建梁园（菟园），孕育了枚乘、邹阳、庄忌和司马相如等一流的汉代辞赋家。如果说辞赋由梁园而鼎盛，尔后辐射京师，造就一代之文学——汉赋，大约也不算言过其实。至魏晋时期，最为辉煌的建安文学也是扎根于江淮沃野的。“三曹”是那个时代文学的标志。鲁迅在《魏晋风度及文章与药及酒之关系》一文中推崇曹操文章清峻、通脱，是“改造文章的祖师”；说曹丕的时代是一个“文学自觉”的时代，因为他以“气”为主，所以华丽、壮大；也称赞曹植“文章做得好”。建安文学不仅是“汉魏风骨”的代表，也是中国文学史发展的转关。此后的正始文学，“嵇志清峻，阮旨遥深”（《文心雕龙·明诗》）。我们常识性的误解是，正始文学以竹林七贤为代表。其实，“阮旨遥深”是曹植后期文学的直接延伸，“嵇志清峻”才是正始文学的独特风格。这一风格恰恰形成于围绕在嵇康周围的嵇喜、刘伶、郭遐叔、郭遐周及以《思旧赋》垂名的向秀等人组成的文学群体。皖籍作家是构成这一文学群体的核心。

唐宋以降，虽然没有出现李白、杜甫那样的双子星座，苏轼、辛弃疾那样的巅峰对决，但是不仅李白、辛弃疾流寓江淮，创作大量诗词，构成安徽诗路的绚丽彩虹，而且也出现了后世诗名不彰、当时声誉极隆的“五言长城”刘长卿，元白新乐府运动的积极倡导者、参与者李绅、张籍，及晚唐“诗旨未能忘救物”（杜荀鹤《自叙》）的现实主义诗人杜荀鹤。宋代则有其诗被陆游称之与欧阳修文、蔡襄书“三者鼎立，各自名家”（《梅圣俞别集》序）的梅尧臣，“文章如大海之起涛澜，泰山之腾云气，倏散倏聚，倏明倏暗”（《张于湖先生集》序）的张孝祥，以及因编撰《江西宗派图》而在文学批评史上声名鹊起的吕本中等。如果以籍贯论，宋代还出现了一位与李清照齐名的歙州词人朱淑真，其《断肠集》至今读来也令人肠断。元、明两代皖籍诗人创作呈现下降趋势，至清代而复振。除了享誉中外的桐城派，其中元代方回虽以《瀛奎律髓》闻名于世，然其诗也“格力苍坚，在江湖诸集之上”（《四库全书简明目录》卷十七），成就显然超越了宋末江湖诗派。明末清初被称为“江左三大家”之一的龚鼎孳、王夫之推崇曰“诗体整健”的钱澄之，以及清代被誉为“南施北宋”的施闰章等，都是有口皆碑的名家。有清一代无论是学术还是文学，几乎集中于江南地区，成为“徽学”的重要研究对象之一。这种现象至现代而大放异彩，仅就新文化运动的旗手陈独秀、学术成就卓著而以《尝试集》开拓新诗天地的胡适而言，就足以振聋发聩了。

面对如此辉煌的安徽文化，如何从学术原典及其学术研究的视角，进一步加以发掘、研究，就非常必要了。《安徽诗人研究文存》也由此而产生。

三

为了落实中共中央办公厅、国务院办公厅《关于实施中华优秀传统文化传承发展工程的意见》以及《安徽新时代古籍工作实施意见》，深入发掘安徽文化底蕴，深化安徽诗人研究，强化安徽文化的认同感与归属感，安徽师范大学中国诗学研究中心由胡传志教授策划，刘运好教授任总主编，约请全国知名专家、学者，组织编写了《安徽诗人研究文存》。

《安徽诗人研究文存》以皖籍诗人研究为收录对象，共收录关于曹操、曹植、嵇康、刘长卿、张籍、梅尧臣、吕本中、张孝祥、方回、钱澄之、胡适等十余人的研究论文。论文收录范围，始于1921年，迄于2021年，以中国学者研究论文为主体，也酌情收录中国学者发表于海外期刊、海外学者发表于中国期刊的论文。所选学术论文必须以问题为核心，“研究综论”“会议纪要”“文坛掌故”之类，一律不予收录；重要学术著作中具有学术论文性质的相关章节也酌情收录。收录文章必须兼顾思想性与学术性两个方面：第一，有明显意识形态问题，或背离社会主义核心价值观的论文、专著章节，一律不予收录；有特定时代标记，但并无政治倾向问题的论文、专著章节，可酌情收录。第二，收录的论文、专著章节注重以下三点：（1）创新性。所选文章必须具有学术创新的特点，观点新、材料新、视角新，或三者皆备，或必具其一。（2）示范性。所选文章必须具有学术示范意义，蕴涵丰富的学术信息以及新的学术生长点。（3）时段性。所选文章在充分注重创新性、示范性的前提下，必须从学术史的角度，兼顾论文发表时段。对于不同诗人的不同研究现状，由分册主编斟酌处理，保留编选者的学术个性。

每一诗人的研究文存独立成册，有前言、正文、主要论文（论著）索引三个部分。（1）前言，由分册主编撰写，虽各有特点，却也要斟酌以下三点：其一，从文学史视角，对所研究的诗人作简要评价；其二，从学术史视角，对历代研究成果略加评说；其三，从前瞻性视角，对所研究的诗人提出若干有学术意义的理论话题。（2）正文，即所选论文、专著章节。体例上遵循以下四点：其一，论文尊重原著，原则上不作修改、删节；论著节选必须是构成独立论文的形式。对于原文表达的语病、引文谬误、错别字等则径改。其二，论文标题一仍原著，论著节选若原文没有标题，可由分册主编增设标题；为了保持全书格式相对统一，所选论文一律不设“内容提要”“关键词”，只录全文。其三，论文注释，早期论文保留原来注释形式，但相对统一，若引古籍须标明作者、著作名称及卷数、篇名，如“《淮南子》卷一《原道训》”；若引期刊须标明期刊名、出版日期或期别，如“《燕京学报》第19期”，一律采用脚注形式。新时期以后论文，无论发表于何种期刊，注释一律采用《文学遗产》论文规范格式。其四，注明文章来源，期刊注明刊名，著作节录注明节录之章节（名称）、出版社及出版年份。（3）主要论文（论著）索引，突出“主要”，不必求全。此外，为了协调丛书各分册规模，便于读者阅读，所选篇幅控制在30万字左右。

相对于辉煌的安徽文化及其深厚的学术研究而言，《安徽诗人研究文存》仅仅是尝鼎一脔。这是一个需要不断努力、不断深化的理论命题。

出于各种原因，截至出版时，我们未能与本套丛书的全部著作权人取得联系。敬请作品的著作权人或与著作权有关的权利人与安徽师范大学中国诗学研究中心联系，以便奉上稿酬和样书。

刘运好

2023年5月

前　言

◎查洪德　李　雪

方回是元初一流的诗人和诗论家。和诗相比，他的诗论成就更高。曾经，整个元代的文学批评不被学界认可，有学者认为，元代既无文学批评大家，也无文学批评名著。郭绍虞《中国文学批评史》中《元代的文学批评》一节，用一句话概括说："元代的文学批评没有什么特别可提的地方。"今天，我们可以说，方回就是文学批评大家，《瀛奎律髓》就是文学批评名著。方回为中国诗学史提供了不少值得重视的东西。

当然，方回不仅仅是诗人和诗论家，他的成就是多方面的，他也是文章家、学者，其笔记《续古今考》具有很高的价值。他是当时文坛最活跃的文人之一，方回研究因而也应该是多方面的。只是直至今日，方回研究还是以诗论研究为主。

检视20世纪以来的方回研究，和很多课题的研究情况一样，呈现由无到有、由少到多的阶段性进展。本书所收论文，不同阶段也作不同掌握：20世纪80年代之前，大陆的方回研究论文极少，基本上有文即收。八九十年代，研究渐多，收代表性论文。21世纪以来，方回研究多方面拓展，论文极多，选收具有开拓性的论文。兹就本集编纂和方回研究说几句话，以为书的前言。

一

按说这部书的前言，应该讲述方回研究史。不过，本书已附有我写的《20世纪的方回研究》和邱光华的《20世纪以来方回诗学研究述评》，这里就没有必要重复了。但有一个问题必须说，那就是关于方回人品问题的讨论。与方回大致同时的周密，其《癸辛杂识》“方回”条记方回人品极其不堪。经过古今学者持续考辨，问题已经澄清：周密之说，乃不实之词，是对方回的诋毁。那些评价，应该全部推翻。这问题本身，已不需要多说。但这背后还有更深层次的问题需要讨论，那就是，周密之说为什么会流行？为什么人们愿意接受周密的说法？

至今学界研究易代之际人物，还会大致分为两类：遗民与贰臣。应该说，这种区分是极不当的，因为这种区分，是以士人的政治依附、政权依附为前提的。这种观念，是对士人个体意志、独立人格的彻底摧毁。在21世纪，必须彻底抛弃这种观念，不应让它再影响我们对历史人物的评判。

在古代，人们评价人物，首重道德评判。道德评判又极重大节。“大节一亏，万事瓦裂”（《四库全书总目》卷一百五十《李遐叔文集》提要），“大节一亏，百事涂地”（刘因《静修集》卷十《辋川图记》），“大节有亏，百行皆无足录”（陆陇其《四书讲义困勉录》卷三）。所谓“大节”，在易代之际，就体现为对旧政权的忠诚。而忠诚与否，只在于是否出仕新朝。至于“大节”之外的一切，都被排除和抹杀了。政权依附成为绝对标准，完全剥夺了士人对政权的评判与选择。先秦时期对个体意志尊重，所谓“鸟则择木，木岂能择鸟”（《左传·哀公十一年》），后代随《三国演义》而流行的“良禽择木而栖，贤臣择主而事”（《三国演义》第三回）的自主意识，在这里都被彻底否定。孟子所言：“君之视臣如手足，则臣视君如腹心；君之视臣如犬马，则臣视君如国人；君之视臣如土芥，则臣视君如寇仇。”（《孟子·离娄下》）其中所包含的独立与平等观念，在当时被完全抛弃。在这种只讲依附而不讲是非的评价体系中，人品、人格是不会被纳入评价视野的。以此扭曲的道德评判为前提，学术与艺术评价绝无客观可言。

说来也巧，方回生平的最初文献，出自两位“潜夫”之手（一是周密，号四水潜夫；一是洪焱祖，字潜夫）。周密的《癸辛杂识》“方回”条是人们所熟知的，《四库全书总目》介绍说：“回人品卑污，见于周密《癸辛杂识》者，殆无人理。”《四库全书简明目录》卷十七《桐江续集》提要甚至说：“宋末讲学之家，未有诸恶毕备如回之甚者。”所谓“卑污”“无人理”，所谓“诸恶毕备”，包括为人轻薄，“处乡专以骗胁为事，乡曲无不被其害者”；“老而益贪淫，凡遇妓，则跪之，略无羞耻之心”；诬陷友人仇远，“必欲告官杀之”；“谀贾相（贾似道），遂得朝除。及贾之贬，方时为安吉倅，虑祸及己，遂反锋上十可斩之疏，以掩其迹。时贾已死矣。识者薄其为人”；“知严州，未几北军至，回倡言死封疆之说甚壮。及北军至，忽不知其所在，人皆以为必践初言死矣。遍寻访之不获，乃迎降于三十里外，鞑帽毡裘，跨马而还，有自得之色。郡人无不唾之”；为建德路总管，“遍括富室金银数十万两，皆入私橐”。有些细节，不忍转述。与之截然相反的是《新安文献志》卷九十五所载洪焱祖《方总管传》，对方回各方面均极推扬：

> 历江淮都大司干官、沿江制干，所至皆得幕府誉，独与贾似道不偶。……德祐元年矣，似道鲁港丧师之后，犹在扬州，众皆惧其复入，莫敢论列，回独首上书，数其罪有十可斩，中外快之。……出知建德府，方用兵之际，兴建学官，以雅量镇浮俗，煦弱锄强，赏罚必信。邻郡草寇乘间窃

> 发，独境内肃然。至元丙子春，奉宋太后及嗣君诏书，举城内附，改授嘉议大夫、建德路总管兼府尹。……在郡七年，无丝发为利意，至卖寓屋犹不足以偿逋。代归，不复仕，徜徉钱塘湖山间二十余年。豁达轻财，喜接引后进，嗜学，至老不厌。

如此截然对立的评价，后人应该相信谁？照常识，周密《癸辛杂识》是笔记，其自序已明言，所记“率野人畸士，放言善谑，醉谈笑语，靡所不有”，可信度不高。而洪焱祖《方总管传》则载于严肃的地方史志，其可信度远非《癸辛杂识》可比。两者之间，何者当取，何者当去，不辩自明。何况，清人赵翼早已觉察周密攻击方回的背后原因：周密为贾似道客，方回为吕师夔客，吕与贾为政敌。赵翼《陔余丛考》卷四十一“叶梦得周草窗”条说：“密之依附贾似道，即其书可见”，“《癸辛杂识》内凡及似道事，无不寓回护之意”，列举多条证据，说明“其立论多为似道讼冤，想平日亦尝受似道之盼睐故耳”，“本欲为所附者弥缝掩覆，而不知欲盖弥彰，并自露其攀附之迹也”。评论如此显而易见，为什么被颠倒？关键原因是，方回降元了。既然降元，大节已亏，那就该众恶所归。

我们读周密《癸辛杂识》及其他笔记，感觉也是明显的，直接为贾似道鸣冤的内容有，但不多，而美化贾似道门客廖莹中的，却时有所见，通过美化廖莹中而间接美化贾似道的，可明显感觉到。周密之为人，就此可大致了解。那么，周密与方回之间的是非，也就可有一个基本判断了。

读方回书，可知其极重人格。方回论诗以“格高为第一”（《桐江续集》卷三十三《唐长孺艺圃小集序》），所谓“格”，包含人格在内，人格高，诗格才高。注重人格，贯穿于方回整个诗论。方回对诗弊成因的追寻，拯救诗弊之思考，都从人格着眼。这当然不能直接证明其本人人格高尚，但起码可以说明，他是一位注重人格的诗论家。我们举其相关论述，感受其思维。《桐江集》卷一《赵宾旸诗集序》云：

> 《大序》曰："在心为志，发言为诗。"彼尘污俗染者，荤膻满肠胃，嗜欲浸骨髓，虽竭力文饰乎外，自以为近而相去愈远。古之人虽闾巷子女风谣之作，亦出于天真之自然。而今之人反是：惟恐夫诗之不深于学问也，则以道德性命、仁义礼智之说，排比而成诗；惟恐夫诗之不工于言语也，则以风云月露、草木禽鱼之状，补凑而成诗，以哗世取宠，以矜己耀能。愈欲深而愈浅，愈欲工而愈拙。此其故何也？青霄之鸾非不高也，而志在腐鼠，虽欲为凤鸣，得乎？

人格是诗格的保证，诗格是人格的体现，这是不能靠修饰而形成的。在《瀛奎律髓》卷二十戴复古《寄寻梅》后的批语中，方回写道"盖江湖游士，多以星命相卜，挟中朝尺书，奔走阃台郡县糊口耳。庆元、嘉定以来，乃有诗人为谒客者"，人格同于江湖术士，诗格怎么能高？他们"干求一二要路之书为介，谓之'阔匾'，副以诗篇，动获数千缗以至万缗。如壶山宋谦父自逊，一谒贾似道，获楮币二十万缗，以造华居是也"。这不仅是诗界的耻辱，而且是时代的悲哀。在这种风气中，宋朝灭亡了。

方回研究，一直笼罩在周密制造的阴影中。今天的研究，不仅是要走出这一虚构历史造成的阴影，还应反思这一阴影之所以长期笼罩人心的文化根源。以政权依附为前提对古人作本质定性，这种思维必须彻底否定。

二

如前文所言，这里不再追述方回研究的历史，但有几部书，我们可以把它们的出版看作方回研究进展的几个节点。顺便谈一谈当前方回研究的情势。

20世纪中国大陆的方回研究，自30年代朱东润、方孝岳开辟之后，直到80年代初没有大的进展。在台湾，新文丰出版公司出版了潘柏澄的《方虚谷研究》，这在方回研究史上是非常重要的。关于这部书的写作背景、研究基础及其特点，有一则似乎不相干的材料，可以帮我们对此了解，那就是台湾学者王德毅《元人传记资料索引序》中的一段话。王德毅在介绍《元人传记资料索引》编撰的缘起与分工时说：

> 1975年夏，德毅申请到哈佛燕京学社（编撰《元人传记资料索引》）的补助，乃邀请台湾研究院历史语言研究所助理研究员李荣村先生和台湾大学历史学研究所卒业获硕士学位专治辽金元史的潘柏澄先生共同编辑，三四年来合作无间，而今第一册已经进入二校，行将出版，诚生平一大快事。在编辑工作的分配方面，大致是德毅负责一般史传、类书、部分金石史料、少数元人文集、华中各省州县方志，以及年谱、专书和期刊中论文之采录。李先生负责大部分金石史料，华北、华南地方志，各省总志，少数文集。潘先生负责多数元人文集、笔记，别加元代总集以及宋末、明初和清代重要文集。①

① 王德毅、李荣村、潘柏澄编《元人传记资料索引》第1册卷首，中华书局1987年版，第2—3页。

编纂《元人传记资料索引》要读的史料，与方回有关的文献，大致都在潘柏澄这里了。此序写于1979年6月，其时潘柏澄的《方虚谷研究》已经出版。以上材料告诉我们，潘柏澄是一位专门研究辽金元史的年轻学者，从1975年到1978年，他由编撰《元人传记资料索引》遍读方回史料，引起研究兴趣，再将方回著作如《瀛奎律髓》等遍读，根据研读所得写成了这部《方虚谷研究》。作者在《绪言》里说："宋元之际，时衰世乱，人物竞出，中有一磊落之士而蒙恶名千古者，歙县方回是也。"这是作者在阅读文献时得到的认识。进一步，作者感慨于周密对方回的诋毁，斥周氏"造作谰言，毒詈丑诋之，无所不至。所述虚谷事迹失实者甚多，几至尽掩虚谷之真面目"，又发现"当时人对虚谷之评论亦与周密所言大相径庭"。他要还方回之原本面貌，于是投入研究，自认为"治宋元史多年，于宋末元初史事尤饶兴趣，既毕读虚谷六种著作以及宋元人相关之文集、杂书等，窃有感于其人学行之可阐发者非鲜"，故著此书。

《方虚谷研究》全书七章，分别为《方虚谷年谱》、《方虚谷与宋遗民》、《方虚谷之文学》（包括论诗、评诗、后人对虚谷之批评、诗选四节）、《方虚谷之儒学》、《方虚谷著作中宋元史料举要》、《方虚谷著作考》。现在看来，这部书的价值，主要在开创意义：它是第一部方回研究专著。有学术价值的部分，在年谱、与宋遗民之交游，以及相关文献。用年谱与交游史料为方回洗冤辩诬，要比口说有力得多。这是作者著此书的初衷，也是其着力处。作者是研究历史的，于文学研究难有建树。

遗憾的是，这部书出版多年后，大陆学者才看到，故它对大陆的方回研究影响不大。长期在杭州工作的毛飞明编的《方回年谱与诗选》，于1993年由杭州大学出版社出版，编者当时应该没有看到潘著。

20世纪80年代，可以作为方回研究史的一个分界。分界的标志是《瀛奎律髓汇评》的出版和方回别集《桐江续集》随文渊阁《四库全书》的影印出版而面世。1986年，上海古籍出版社出版了李庆甲的《瀛奎律髓汇评》。台湾商务印书馆也在20世纪80年代影印出版了文渊阁《四库全书》，随后上海古籍出版社据其版影印，由此研究者可以很容易看到四库本之方回《桐江续集》。这两部书易得易见，使普通学者涉足方回研究成为可能，这对方回研究是一个极有力的推动。

《瀛奎律髓汇评》的出版，开启了方回诗学研究的新阶段。本书不仅对《瀛奎律髓》作了精审的校点，而且辑录了清初到近代诸多诗论家对《瀛奎律髓》的批评、评点。其中，有的是对《瀛奎律髓》所选诗的批评，有的是对方回的批评，还有的是后来者对前人批评的批评。所引诗评家有冯舒、冯班、钱湘灵、陆贻典、查慎行、何义门、纪昀，以及失其名的无名氏甲、无名氏乙，还有近代人赵熙等。此书内容丰富，各家观点相互碰撞，能给读者多方面启发，更有利于读者深入了解方回诗学，能在多家比较中把握方回诗学的特点。

《瀛奎律髓汇评》还附有丰富的附录材料，包括历代序跋、叙录三十二条和方回的《文选颜鲍谢诗评》，为了解方回及其诗学提供了很大方便。书中有研究性前言，对方回的诗学成就与地位作了比较具体的述评，认为方回对江西诗派提出的一系列作诗法则的探讨，对于江西诗律学体系是改造与提高。前言说方回对江西诗派的诗美学准则进行了修正与补充：一是以细润济粗犷，二是以圆熟济生硬，三是以丰腴济苦涩。“注意诗歌与现实的关系，强调诗歌的社会作用，是方回文学思想的一个重要方面。”方回的“一祖三宗”说不但系统地总结了江西诗派的诗学理论，而且通彻源流地重新整理了一个诗歌流派的组织体系，“使它朝着克服消极面、发扬积极面的方向前进了一大

步”。这一前言对方回诗学研究的影响是两面的，促进作用自不待言，也有不利的影响。读此书，很多人都接受了方回诗学为江西宗派之论的观点。直到今天，这一看法还很流行。尽管在20世纪90年代，一些研究者已经以有力的证据推翻了这一说法，但很多研究者读了《瀛奎律髓汇评》，还是接受了这一观点。此外，很多文献学著作误把《瀛奎律髓》视为江西诗派宗派总集，也可能与《瀛奎律髓汇评》的影响有关。

《瀛奎律髓汇评》的出版，对方回诗学研究的推动，无论从短期看还是从长期看，都是巨大的。该书1986年4月出版，也就是从1986年起，方回研究论文渐多。此时系统关注方回及其诗学的是詹杭伦。1986年到1989年，詹杭伦先后发表有《江西诗派学杜的基本经验——方回诗论探微》（《九江师专学报》1986年第1期）、《“江西诗格”简论》（《江西师范大学学报》1986年第2期）、《方回诗歌美学思想初探》［《西北师大学报（社会科学版）》1986年第2期］、《方回著述考》［《成都大学学报（社会科学版）》1986年第1期］、《杜甫律诗技法论——方回诗论探微》（《成都大学学报》1987年第3期）、《〈文选颜鲍谢诗评〉发微》［《乐山师专学报（社会科学版）》1989年第3期］、《周密〈癸辛杂识〉“方回”条考辨》［《四川师范大学学报（社会科学版）》1989年第6期］。在此基础上，汇成《方回的唐宋律诗学》一书，于2002年由中华书局出版。

《方回的唐宋律诗学》是一部专人专题性的研究著作，前有《前言》，主体部分有十章：《方回的生平及其诗学道路》《方回哲学思想评议》《方回论唐代诗史的创获》《方回“杜诗学”综论》《方回论宋代诗派源流》《方回对江西诗派的总结定论》《方回论“江西诗格”辨析》《方回论宋代诗话阐论》《方回的诗歌美学思想》《方回〈文选颜鲍谢诗评〉探论》。如果说第一、二章可以看作研究唐宋律诗学的基础，算是“方回的唐宋

律诗学”题中应有之义的话，那么最后一章《方回〈文选颜鲍谢诗评〉探论》则逸出了书名边界，当然这并无大碍。与潘柏澄《方虚谷研究》相比，此书的研究显然深入多了。不过，詹杭伦的研究基本上是建立在《瀛奎律髓》文献基础之上的，所以其看法还是有明显的局限。他要重新评价方回及其诗学，但在一些方面并没有摆脱前人定说。直到20世纪90年代，更多人投入方回研究，很多方面才有了突破。

如果从规模和系统性着眼，可以把博士论文与学术著作归为一类。最早以方回为研究对象的博士论文，也出现在台湾，即1981年东吴大学许清云的博士论文《方虚谷之诗及其诗学》。这篇论文很可贵的一点是，在20世纪80年代初，作者就从格法角度理解方回所谓“格高”，认为方回“格高”之论，是要改造宋元时期刻板机械的格法论。在大陆，21世纪古代诗歌格法著作重新回到研究者视野，格法论由此被关注，学者们才从这一视角审视方回“格高”论，比如邱光华的《方回的诗格观与格法批评论略》，发表于《古代文学理论研究》第47辑（华东师范大学出版社2018年12月出版）。在大陆，即今所见，方回研究的博士论文是21世纪才有的，比如2010年复旦大学孙凯昕的博士论文《方回研究》，2013年浙江大学田金霞的博士论文《方回〈瀛奎律髓〉研究》（2015年同名学术著作由中国社会科学出版社出版），2014年广西师范大学任永刚的博士论文《方回诗歌批评研究》，2015年东北师范大学马连菊的博士论文《〈瀛奎律髓〉诗学研究》等。

在20世纪末方回研究成果较为丰厚的基础之上，21世纪的方回研究则向多方面拓展。邱光华在《20世纪以来方回诗学研究述评》中说，20世纪以来的方回研究，“主要涉及的领域或论题可相对划分为以下九个方面：一是人品的辨析；二是年谱编纂及生平思想研究；三是著述的考辨与整理；四是与江西诗派的关系

及其江西诗派论的研究；五是诗论范畴或命题的研究；六是诗法论的研究；七是《瀛奎律髓》的诗歌选评研究；八是杜诗学的研究；九是诗歌史论的研究”。显然前三项不属诗学研究。就我所见方回研究成果，方回研究不止这九方面。比如诗统论，有李成文《方回的诗统论》（《四川大学学报》2006年第2期）；形式批评，有覃琳《方回的形式批评》（华中师范大学2007年硕士论文）；文体学研究，有邱光华《方回诗歌批评的文体视域和文体价值观念辨正》（《宁夏大学学报》2014年第4期）和胡健《方回〈瀛奎律髓〉的分类及其意义》（《中国诗学研究》第19辑，凤凰出版社2021年6月出版）。超出诗学的研究，有方回诗歌评点的语言学与修辞研究，如王德明《方回的诗歌语言艺术思想》（《华北电力大学学报》2001年第1期），石兰荣《方回〈瀛奎律髓〉的诗歌修辞观》（《殷都学刊》2003年第2期）等。诗坛生态研究，有石勖言《方回与元初江湖诗人：关于诗坛生态的考察》（《励耘学刊》2021年第2辑）。方回诗歌研究，有李颖《方回诗歌用韵研究》（山东师范大学2003年硕士论文）、吴媛《方回的闲适诗研究》（河北大学2006年硕士论文）、李晓璐《方回田园诗研究》（河北大学2010年硕士论文）、王照《方回酒诗研究》（贵州师范大学2021年硕士论文）等，方回诗歌研究成果主要是硕士论文，还有一些其他类型的论文，此处不再列举。方回文研究，有向珊《方回撰〈吕师孟墓志铭〉考释》（《中国国家博物馆馆刊》2015年第6期）等。甚至还有编辑学研究，如徐媛《从〈瀛奎律髓〉看方回的编辑观》（《出版发行研究》2014年第5期）。这些主要是青年学者和研究生的成果，值得肯定的是它们开拓了新方向，但整体水平有待提高。

三

方回的成就是多方面的。到目前为止，人们关注的主要还是他的诗评诗论，其他方面涉及不多。除方回诗学应继续探讨外，方回研究应该多方面展开。

方回是那个时代成就最高、影响最大的诗人之一，但方回诗研究明显不够。20世纪30年代，钱基博已经关注方回诗，其《中国文学史》说方回诗格力苍劲、意兴婉惬，殆不为江西所囿；又说他论诗跻江西而祧晚唐，“然方回为律绝，体物写怀，以愁苦出清新，以瘦炼臻幽秀，则有不期而比于四灵以攀晚唐者”；进一步又说他“流连光景，同于四灵；感喟身世，则似司空图、方干；而瘦炼幽秀，澄敻发趣，此固晚唐之所以开宗，而禅永嘉之清音者也”[①]。但孙克宽《元方回诗与其诗论》认为，方回诗“仍为江西派写实精神之延续”。其诗风有三点可取：一曰素朴，一曰显豁，一曰切至[②]。此后包根弟《元诗研究》、邓绍基主编《元代文学史》（1991年）、张晶《辽金元诗歌史论》（1995年）等都论到方回，但专门的深入的研究不多。进入21世纪，方回诗歌研究成果依然不太多，除上述几篇硕士论文外，还有2006年南京大学博士论文《宋元之际诗歌研究》之第四章《降元诗人方回》。该文经完善与增写，于2017年由文化艺术出版社出版，书名改为《裂变与重生：宋元之际诗歌研究》，关于方回研究的内容调整为第八章，题目改成《降元诗人的诗歌创作——以方回为中心》，节目与博士论文一样，分别为《方回的心态》《方回的诗体论》《方回诗歌的体裁》《方回诗歌的艺术特征》。方回诗成就是很高的，连彻底否定方回为人的四库馆臣也说：“其诗亦格

① 钱基博《中国文学史》，中华书局 1993 年整理本，第 779—781 页。

② 孙克宽《元方回诗与其诗论》，《东海学报》1959 年第 1 期。

力苍坚，在江湖诸集之上。”（《四库全书简明目录》卷十七）方回诗歌研究，远未与其成就相称。

方回也是文章家。今存《桐江续集》三十六卷，前二十八卷为诗，后八卷为文。《桐江集》八卷，全部为文。两者相加，现存方回文十六卷。《全元文》辑得集外文二十二篇。《四库全书总目·桐江续集》提要言：“观其集中诸文，学问议论，一尊朱子，崇正辟邪，不遗余力，居然醇儒之言。”《四库全书》之《桐江续集》提要也说：“置其行而论其言，则可采者多，未可竟以人废。”从文体看，方回文章最多的是序，包括书序和赠序，在全部十六卷中占五卷。其次是记，差不多有两卷。又其次是说，《桐江续集》中有一卷，《桐江集》中有三篇。这些文章大多是应人之请而作，说明方回在当时文名之著。另外，很有特点且引人注目的是《乙亥前上书本末》《乙亥后上书本末》（《桐江集》卷六仅此两文）。作为一时文章名家，其文章留存数量可观，但一直没有进入研究者视野，这种情况应该改变。特别是其中的序文，值得专门研究，从中可以了解当时南方文坛和文人生活状态。

方回的《续古今考》，当是元代学术笔记的重要代表作。所谓“续”，是宋魏了翁有《古今考》，未成书，方回续之。《四库全书》收此书，著录《古今考》一卷、《续古今考》三十七卷。提要说：“《古今考》一卷，宋魏了翁撰。《续古今考》三十七卷，元方回撰……了翁以古制多不可考，两汉诸儒，惟据叔孙通所定‘某物犹今之某物’。孔、贾诸疏，则又谓去汉久远，虽汉制亦不可考。乃即《汉书》本纪所载，随文辨证，作《古今考》。前有自序一则，然其书未成，仅得二十条，又有录无书者四条。”“回之所续，亦以《汉书》本文标目，而于历代制度，推类以尽其余。如‘拔剑斩蛇’条下，则附《广剑考》。‘范增举玉玦’条下，则附《玉佩考》，盖特借《汉书》

中一物之名，推求古制，而与史家本文则绝不相涉也。”“然回人品心术虽不足道，而见闻尚属赅洽，所考多有可取者。”评价深受所谓方回人品“卑污”的影响。清耿文光《万卷精华楼藏书记》卷九十四提要更客观，说：“是书之意，以汉为最近古，用班书《帝纪》，随句解释，则知古制之所以变者，在于周末及秦；而古制之所以不复者，在乎汉之因秦之陋。学者由是推之，可得其遗意。书中于祭祀、燕饮、律令、刑法考之最详，可与王伯厚《汉制考》参看，以之读经传、《史》《汉》，大有益也；而郑注之某物犹今之某物，凡无以名而出于臆度者，皆可涣然冰释矣。”“学者苟有志于上古礼乐、制度、器数、名象，当于此求之。魏晋以降，名物称谓，字义音释，尽亡无考，此书真堪宝矣。”方回《续古今考》，与王应麟《困学纪闻》、李治《敬斋古今黈》，是那个时代最具价值的学术笔记。这样一部书，不仅至今未见研究，而且连整理本也没有。近来《全辽金元笔记》项目正在推进，将出版该书的第一个校点本。

方回还是元初南方文坛最活跃的文人。马颖杰博士论文《元代杭州文学活动研究》（南开大学2022年），深入爬梳文献，梳理出元代文学活动几大交际圈。前期有以方回为中心的交际圈，以戴表元（方回诗学弟子）为中心的交际圈，后期则有以杨维桢为中心的交际圈。其他还有许多小的交际圈。这三大交际圈，以方回为中心的交际圈人数最多，连“声光殷殷，摩戛霄汉”（宋濂《元故奉训大夫江西等处儒学提举杨君墓志铭》）的杨维桢都远不如。他们三人都不是杭州人，但都曾客居杭州，成为杭州文学活动的核心人物。这是很值得研究的。马颖杰将她的研究数据绘制成图，直观展示了当时文学活动的态势。图如下：

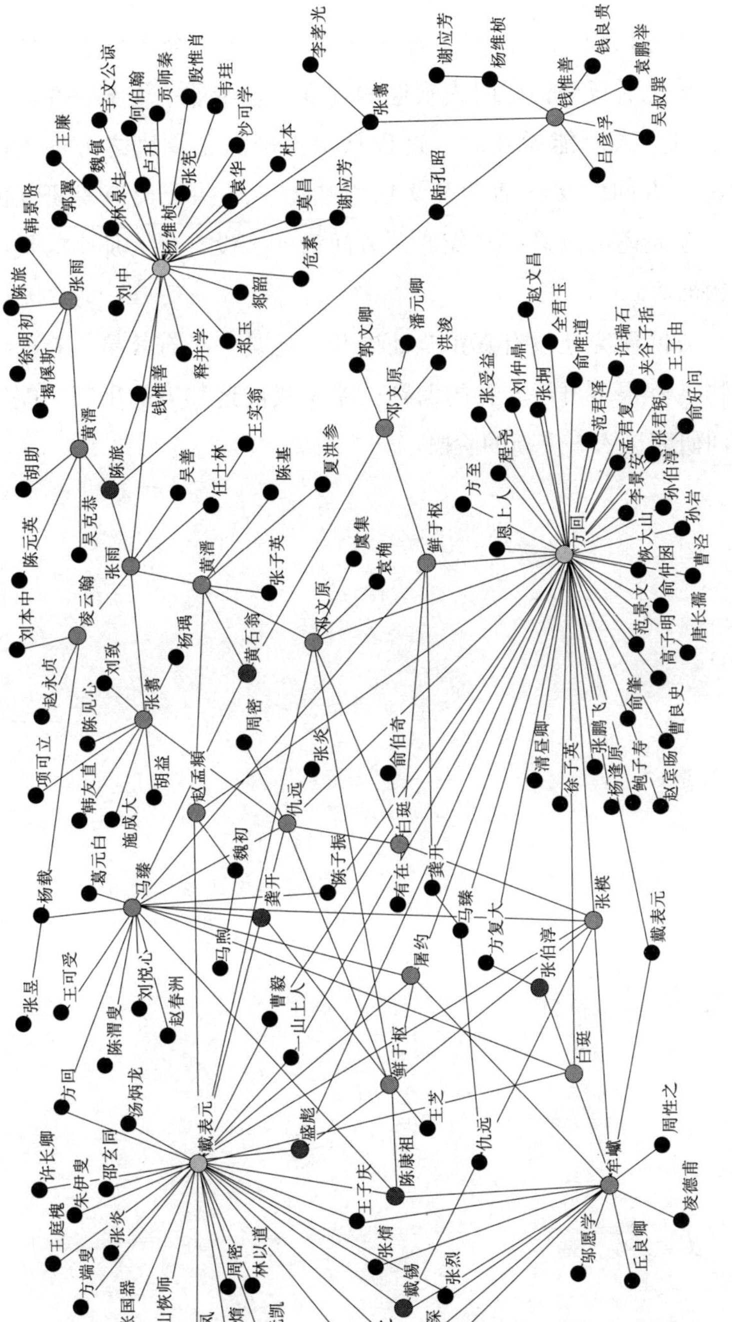

元代杭州文人交际图（马颖杰绘）

从方回应人之请写了那么多序、记文，今人可感受他在当时文坛之活跃和他受时人欢迎的程度。这绝非一个品格卑污、为人不齿的人所能做到的，这也从反面破除了周密之方回人品卑污说。方回的文学活动及文坛影响力，是一个很值得研究的课题。今人还可以进一步探寻，方回为什么没有成为那个时代的文坛领袖等。

方回研究还没有真正全面展开。他是一个有故事、有内涵的人物，有很多可待开发的课题。希望我们这部书的出版，能推动方回研究进入一个新的阶段。

述方回诗评

◎朱东润

一

论诗者必以唐诗、宋诗为域，从而为左右袒，多所执着，世人恒不谓然，如袁子才之于施兰垞者是矣。然世运代兴，文体递变，正如由童丱而老衰，虽日日不见其异，而绿鬓朱颜，倏然而庞眉皓首，其中固有不能自觉之变，而终于不得不变者，此则唐诗、宋诗之畛域矣。宋人之诗，派别亦殊。北宋之初，有白体、昆体、晚唐体，及欧阳永叔、梅圣俞出而诗一变，东坡出而又变；山谷、后山，先后继起，郁为大宗，遂成江西初祖。逮建炎南渡，江西之派正盛，诚斋、放翁号称大家，其初亦出江西门下，后兹复有四灵体、江湖派之称，纷纭出入，各树名号，虽诗体屡迁，而纷争亦愈甚，盖宋人积习如此也。江西一派与南宋相终结，虽论坛有拥护、攻击之不同，而认为唯一之目标，则大体一致，故此派之议论在文学史上有相当之价值。方回生于宋末，以诗自负，宋亡主讲东南，为此派最后之中坚，观其所言，庶几江西派之定论矣，欲研究两宋诗派者，不可不知也。

据刘埙《隐居通议》："紫阳，一号虚谷，名回，追忆似是严陵人，景定中为别院省元，出吕氏门下，德祐事急时，尝上书陈十事，乞斩贾似道谢天下，觉得是一磊落士也。"于回生年籍贯皆无考。按回《寄寿牟提刑献之巘》云："献之先生，宝庆三年丁亥正月十一日生……紫阳方回亦以丁亥年前五月十一日生。”是年有闰五月，故有前后之别。是知回生值理宗宝庆三年。又按周密《癸辛杂识》，知方回字万里，号虚谷，徽州人，其父南游殂于广中，回广婢所生，故命名及字如此。虚谷《瀛奎律髓》注称其父以广西经干被诬劾，卒于岭南，与周密说合，而其父名字无可考。虚谷少日，值理宗初年，于时蒙古初兴，势力尚未及南方，南宋偏安之局大定，境内富庶，回《桐江集》有《忆我》诗云“忆我幼时事，南归自番禺。三边已澒洞，内郡犹无虞。故居山城间，四面阛阓区。东西万货集，朝暮百贾趋”者是也。

《癸辛杂识》言回以别头登第，与刘埙所称“景定中为别院省元”者合（宋有别院试，见《宋史·选举志》）。理宗晚岁，蒙古南侵，襄樊、楚蜀皆大扰，至开庆元年十一月，蒙古主围合州，殂于军中，贾似道与忽必烈议和，请称臣纳币，次年妄奏诸路大捷，自是南北之间，战事稍定者凡数年，《忆我》诗所称“侥幸江汉静，奸凶殛炎荒。礼闱采刍言，始得伸名场”者即指此。回登第后曾为池阳提领茶盐。《癸辛杂识》云：“回为庶官时，尝赋《梅花百咏》以谀贾相，遂得朝除。及贾之贬，方时为安吉倅，虑祸及己，遂反锋上十可斩之疏，以掩其迹。时贾已死矣，识者薄其为人……以此遂得知严州。”因知回知严州盖在德祐元年十月贾似道既死之后。二年三月伯颜入临安，浙东西路粗定。《癸辛杂识》又云：当元兵初至之时，“回倡言死封疆之说甚壮，及北军至，忽不知其所在，人皆以为必践初言死矣，遍寻访之不获，乃迎降于三十里外……遂得总管之命”。虚谷是时年五十岁，有《自寿》诗云：“把酒从来不可期，吾降今日少人知。”或联句嘲之云：“但看建德安民榜，即是虚翁德政碑。”即谓此也。宋室南渡之后，称臣称侄迄无宁日，其主上即日安于疲薾，固难责臣子以必死，然回平生自附道学，赋诗述怀动称子陵、渊明，其言行之不相应可知。刘埙遽以上书一节，许以磊落，误矣。《癸辛杂识》又载回罢官后丑事，至有十一可斩之说，今不赘。虚谷殁年无可考，《桐江集·春半久雨走笔二首》自注云："回二十学诗，今七十六矣。"知其人当元大德中尚健在也。

虚谷著作，有《续古今考》《桐江集》《桐江续集》《文选颜鲍谢诗评》及《瀛奎律髓》诸书。《文选颜鲍谢诗评》为后人摘录虚谷手册所成，殆非完本。其《瀛奎律髓》一书，成于至元二十年癸未，其时上去宋亡七年，虚谷五十七岁矣。《四库全书总目提要》云方回之诗专主江西，平生宗旨，悉见所编《瀛奎律髓》者即指此。海虞冯定远攻之曰："方君所娓娓者，止在江西一派，观其议论，全是执己见以绳缚古人，以古人无碍之才，圆变之学，曲合于拘方板腐之辈，吾恐其说愈详而愈多所戾耳。"冯氏平日持论与江西派相左，其极力诟厉，固不足怪。今欲对于虚谷宗旨为平情之论，先略述江西派之流变于次。

二

严羽《沧浪诗话》云："东坡、山谷始自出己意以为诗，唐人之风变矣，山谷用工尤为深刻，其后法席盛行，海内称为江西宗派。"山谷《与王观复书》，论观复之诗生硬不谐律吕，又言好作奇语，自是文章病，其立论如此。与山谷同时者陈无己后山，惠洪《冷斋夜话》言洪问山谷："今之诗人谁为冠？"山谷曰："无出陈无己。"陈亦推重山谷，唯以过于好奇少之。《后山诗话》云："宁拙毋巧，宁朴毋华，宁粗毋弱，宁僻毋俗，诗文皆然。"其言与山谷不相应，然后人学江西派者，多从此处入，此则江西派初期之论也。

吕本中，字居仁，自言传衣江西，作《江西诗社宗派图》，自山谷以降，列后山等二十五人。自序大略谓“豫章始大出而力振之。抑扬反复，尽兼众体，而后学者同作并和，虽体制或异，要皆所传者一，予故录其名字，以遗来者”。此为江西宗派开山之始。其后刘克庄《江西诗派序》攻之，谓陈后山、韩子苍等非皆江西人也，同时曾茶山乃赣人，又与居仁以诗往还，而不入派，不知居仁去取之意云何。清张泰来《江西诗社宗派图录》亦以晁仲石、苏养直、秦少章、晁无咎等诗法皆本江西而不获与此图为疑。一则怪其人不尽出江西，一则疑诗法江西者不尽入派，此皆足使居仁无从置答者也。居仁有《童蒙训》，今时所传已非原书，然其讨论诗文诸则，散见宋人《苕溪渔隐丛话》《诗人玉屑》及元人《修辞鉴衡》中，尚可辑理也。

江西派之名至吕居仁而始大，江西派诗体之坏，则当吕居仁之时而已甚。居仁有《与曾吉甫论诗帖》云：“曹子建《七哀》诗之类，宏大深远，非复作诗者所能及，此盖未始有意于言语之间也。近世江西之学者，虽左规右矩，不遗余力，而往往不知出此，故百尺竿头，不能更进一步，亦失山谷之旨矣。”此语见居仁同时诸人，多为规矩所束，无复自得之妙。胡仔《苕溪渔隐丛话》前编，成于绍兴二十六年丙辰，其时上去居仁之死，不及二十年，已云：“近时学诗者率宗江西，然殊不知江西本亦学少陵者也。故陈无己曰：‘豫章之学博矣，而得法于少陵，故其诗近之。’今少陵之诗，后生少年不复过目，亦失江西之意乎？江西平日语学者为诗旨趣，亦独宗少陵一人而已。余为是说，盖欲学者师少陵而友江西，则两得之矣。”斯时江西派中人束书不观，乃至并少陵诗亦不过目，故胡仔以此讽之，此为对于江西派反响之一。

杨廷秀诚斋自序其诗，谓始学江西诸君子，既又学后山五字律，既又学半山老人七字绝，晚乃学绝句于唐人，及其作诗忽若有寤，于是辞谢唐人及王、陈、江西诸君子，皆不敢学，而后欣如也。此为学江西诗而大变者。陆游《吕居仁集序》自言晚见曾茶山，茶山谓游，君之诗殆自吕居仁，恨不一识面，于是尤以为恨。此放翁之诗原本江西之证也，然其后诗体亦屡变。故尤袤为姜夔言："近世人喜宗江西，温润有如范致能者乎？痛快有如杨廷秀者乎？高古如萧东夫，俊逸如陆务观，是皆自出机轴，亶有可观者，又奚以江西为？"观此知陆游、杨廷秀皆出自江西而变者也。

对于江西派显然为正面之攻击者，有赵师秀、徐照、徐玑、翁卷等诸人，所称为四灵者是也。四灵之诗，自成一派，近师叶适，远宗晚唐。叶适《徐斯远文集序》曰："庆历、嘉祐以来，天下以杜甫为师，始黜唐人之学，而江西宗派章焉。然而格有高下，技有工拙，趣有浅深，材有大小，以夫汗漫广莫，徒枵然从之而不足充其所求，曾不如脰鸣吻决，出豪芒之奇，可以运转而无极也。"其论对于江西派之攻击，不遗余力矣。

后于四灵而兴者，有江湖派，而戴复古、刘克庄等为之魁。其人皆及见翁、赵，然论调与四灵不同。复古《题侄孙昺东野编》云："不学晚唐体，曾闻大雅音。"克庄《题程垣诗卷》云："君喜姚合所编《极玄集》而自方贾岛，余谓姚、贾缚律，俱窘边幅。"二人不满于晚唐体者，于此可见。又复古《读放翁先生剑南诗草》云："茶山衣钵放翁诗，南渡百年无此奇。入妙文章本平淡，等闲言语变瑰琦。三春花柳天裁剪，历代兴衰世转移。李杜陈黄题不尽，先生模写一无遗。"此论不薄陈、黄而极推放翁。刘克庄《李贾县尉诗卷》云："李、杜，唐之集大成者也。梅、陆，本朝之集大成者也，学唐而不本李、杜，学本朝而不由梅、陆，是犹喜蓬户之容膝，而不知有建章千门之巨丽；爱叶舟之掀浪，而不知有龙骧万斛之负载也。"其言亦极推放翁而以圣俞配之。故知江湖派诗人与四灵派不同，而与江西派在不即不离间者也。《沧浪诗话》云"江湖诗人多宗四灵之体”，其言盖指其最初入手处，未足尽江湖派之变也。

总之，虚谷之世，适值宋季，其时江西派之风气已屡变，又当四灵体、江湖派、江西派三家鼎立之时，此为吾人所当知者。

在南宋境外，高瞻远瞩，综论诗人流别者，则有一元遗山在，其《论诗三十首》有云：“古雅难将子美亲，精纯全失义山真。论诗宁下涪翁拜，未作江西社里人。”又云：“池塘春草谢家春，万古千秋五字新。传语闭门陈正字，可怜无补费精神。”批判江西诗派，独具会心。此诗作于丁丑岁，当宋嘉定十年，盖早于虚谷之生十载，然斯时南北道阻，虚谷未必知也。

三

方回之诗，具见《桐江集》，与黄、陈诸公之诗，殊不相类，以体裁言之，盖为江西派中之修正派。《春半久雨走笔二首》自注云：“回二十学诗，今七十六矣。七言决不为许浑体，妄希黄、陈、老杜，力不逮则退为白乐天、张文潜体。乐天诗，山谷喜之，摘其佳者在集。文潜诗自然不雕刻，山谷不敢□也。五言，回慕后山，苦心久矣，亦多退为平易，中有阆仙之敲而人不识也。”此语述尽虚谷平生诗学所在，知其诗不尽主江西故常也。其时江西派久为世人攻击之目标，利害得失，较然易知，故虚谷之诗，遂别出一径，与初祖不尽同。

《瀛奎律髓序》或疑非方回自作，及纪昀于四库官书中获见《桐江续集》有此序，始知确出虚谷。序云：“文之精者为诗，诗之精者为律，所选诗格也，所注诗话也。学者求之髓，由是可得也。”序中自称注即诗话，确实可信，且议论明晰，条贯井然，在宋代一般诗话中，堪推上选，唯有待于后之论者为之辑理耳。虚谷之论谓“诗之精者为律”，一若除律以外，不足言精，又其论推崇少陵以为江西初祖，一若少陵之诗，其精处尽在五七律中，而按之实际，皆不尽然，此为虚谷入手第一谬处。

杜甫之诗，在当时初无盛名，及元稹作《杜君墓系铭》始云：“上薄《风》《骚》，下该沈、宋，言夺苏、李，气吞曹、刘，掩颜、谢之孤高，杂徐、庾之流丽，尽得古今之体势，而兼人人之所独专矣。”而韩愈诗亦云“李杜文章在，光焰万丈长”，又言“勃兴得李杜，万类困陵暴”。然当时自数公外，知之者尚少，唐末至有认为言语突兀，声势蹇涩者，及北宋初犹未见贵，逮北宋中世，始受世人之推重。《蔡宽夫诗话》云：“三十年来学诗者，非子美不道，虽武夫女子皆知尊异之，李太白而下殆莫与抗。文章隐显，固自有时哉。”其言即指此也。江西诗派奉其为开宗初祖。《瀛奎律髓》卷二十六注云：“呜呼！古今诗人当以老杜、山谷、后山、简斋四家为一祖三宗，余可预配飨者有数焉。”此语确定江西派之祖宗传授。观其推重老杜，正如后世儒生一切皆本孔、孟，自是心目中物，本不容人置喙。然进一步而问虚谷所认识之老杜何若，《瀛奎律髓》卷十注云：“大抵老杜集，成都时诗胜似关、辅时，夔州时诗胜似成都时，而湖南时诗又胜似夔州时，一节高一节，愈老愈剥落也。”此语殊觉可怪，然非虚谷独创也。观晦庵《语录》云：“人多说杜子美夔州诗好，此不可晓，夔州诗却说得郑重烦絮，不如他中前有一节诗好。鲁直一时固自有所见，今人只见鲁直说好，便却说好，如矮人看戏耳。”此语针对江西诗派论杜者而发，所述鲁直语必有所本，至晦庵所论，不满于老杜夔州以后之诗，则后世一般人之论也。虚谷祖述山谷以为杜诗愈后愈好，求其好处而不可得，则云“愈老愈剥落”，似即以剥落为好，此为虚谷入手第二谬处。无怪《四库全书总目》称“其说以生硬为健笔，以粗豪为老境，以炼字为句眼，颇不谐于中声”，而冯已苍诋其不能知杜，并不知杜之所从来也。

对于杜诗所从来，《瀛奎律髓》卷四注云：“学古诗必本苏武、李陵，学律诗必本子昂、审言辈，不可诬也。此四人者，老杜之诗所自出也，特老杜才高气劲，又能致广大而极精微耳。”此言未能细入。范元实《诗眼》云：“惟老杜、李太白、韩退之早年皆学建安，晚乃各自变成一家耳。如老杜‘崆峒小麦熟’，‘人生不相见’，《新安》《石壕》《潼关吏》《新昏》《垂老》《无家别》《夏日》《夏夜叹》，皆全体作建安语。”又云：“古人学问，必有师友渊源……自杜审言已自工诗，当时沈佺期、宋之问等同在儒馆为交游，故老杜律诗布置法度，全学沈佺期，更推广集大成耳。”元实亲受业于山谷，此项渊源之论，正是江西派传家衣钵，不知虚谷何以忽之也。

一祖三宗之论，虽创自虚谷，然黄、陈（后山）并称，则为元祐以后之常言。《瀛奎律髓》卷一注云：“老杜诗为唐诗之冠，黄、陈诗为宋诗之冠，黄、陈学老杜者也。”此言更翘山谷、后山于简斋之右。其论黄、陈之别者，《瀛奎律髓》卷十注云：“自山谷始学老杜而后山继之。‘山谷学老杜而不为’，此后山之言也，未知不为如何？后山诗步骤老杜，而深奥幽远。”又卷十七言：“自老杜后始有后山，律诗往往精于山谷也。山谷宏大而古诗尤高，后山严密而律诗尤高。”此两节一举黄、陈学杜之步骤言之，一则简别古、近体诗，分推二人为尤，此皆衣钵相承，甘苦独知之论。虚谷此语，在江西派立场言之，不易破也。

虚谷推重陈简斋以配黄、陈为三宗，骤视之似不可解，细言之则虚谷论诗之特识，及其新树之壁垒，皆于此可见。简斋名与义，字去非，卒于绍兴八年，年四十九岁，考之当是生于元祐五年。又按《瀛奎律髓》卷二十注，吕居仁与曾茶山同年，生于元丰七年甲子，因知二人之年长于简斋六岁。及简斋下世而二人尚在，茶山尤以老寿称，然二人论诗未尝及简斋，则以简斋与二人派别各异故也。二人皆江西法徒，简斋自言则谓“诗至老杜极矣，苏、黄复振之而正统不坠。东坡赋才大，故解纵绳墨之外而用之不穷，山谷措意深，故游泳玩味之余而索之益远。要必识苏、黄之所不为，然后可以涉老杜之涯涘”。此言足以见其立意不屑为苏、黄所拘束，何论后山。尔后刘克庄谓“元祐后诗人迭起……不出苏、黄二体而已。及简斋出，始以老杜为师……建炎以后，避地湖峤，行路万里，诗益奇壮……造次不忘忧爱，以简严扫繁缛，以雄浑代尖巧。第其品格，故当在诸家之上”。刘须溪序其诗至谓较胜苏、黄，唯严羽《沧浪诗话》谓简斋亦江西之派而小异。其实简斋与一般江西派不同之点，在一般人学黄、陈而祧老杜，简斋则直学老杜而平视苏、黄，故其合作，甚至有在黄、陈右者，然因此不为江西正宗所喜，当徽宗时简斋已以《墨梅》诗受知人主，南渡以后，其诗尤为斯时所赏，居仁辈不应不知，而绝未言及，其意殆不许其遽分黄、陈二公之席也。

在《瀛奎律髓》注中称简斋处极多，卷十三注云：“简斋诗独是格高，可及子美。”卷十六注云：“简斋诗即老杜诗也，予平生持所见，以老杜为祖，老杜同时诸人皆可伯仲。宋以后山谷一也，后山二也，简斋为三，吕居仁为四，曾茶山为五，其他与茶山伯仲亦有之，此诗之正派也。”卷十九注云：“简斋诗响得自是别。”卷二十三注云：“自黄、陈绍老杜之后，惟去非与吕居仁亦登老杜之坛，居仁主活法，而去非格调高胜，举一世莫之能及。”又云：“简斋诗高峭，吕紫微诗圆活。”卷一称黄、陈诗为宋诗之冠，继之即以恢张悲壮许简斋，流动圆活许居仁，清劲洁雅许茶山。诸处皆见其推许简斋尤在曾、吕二公之右，此所以能与黄、陈并为三宗也。虚谷《秋晚杂书》诗云：“堂堂陈去非，中兴以诗鸣。吕曾两从橐，残月配长庚。”其推崇简斋之意，跃然纸上，而其所以推崇之者，则在简斋之能学杜，故直呼“简斋诗即老杜诗也”。其实简斋之诗虽学老杜，若谓其学老杜夔州以后愈老愈剥落之诗，则直无人信之。故吾恒疑虚谷之论，一面直祖黄、陈，不欲移动一步，一面则尽有创获之见解，虽抱残守缺，常为一偏之论，而偶抒己见，实有自得之妙，故谓其为江西派中之修正派者此也。

一祖三宗以降，虚谷尤推居仁、茶山，《瀛奎律髓》卷一注，首述杜、黄、陈、陈、吕、曾，即继之曰七言律他人皆不敢望比六公。卷十六注亦特称宋之五公。居仁立宗派图为江西诗派之巨子，此位自所应得。茶山虽与居仁同时，而得名在居仁后，尝参诗法于居仁，居仁报书云：“以本中观之，治择工夫已胜，而波澜尚未阔。欲波澜之阔去，须于规模令大，涵养吾气而后可。”茶山诗法得自居仁，其后以传放翁，始别开一派，非复南来宗旨矣。后人于茶山诗多有讥其粗犷者，然在本派之中，茶山之所成就，自足与居仁肩随，虚谷许与，固不谬也。

冯定远言西昆之弊，使人厌读丽辞，江西以粗劲反之。此言有待商者，江西派之与西昆，虽事实殊途，而情非冰炭。吕居仁《紫微诗话》亦屡称义山，故《四库全书总目提要》称为不主一格。虚谷之论，对于昆体亦有恕辞，《瀛奎律髓》卷三钱惟演诗注云：“此昆体诗一变，亦足以革当时风花雪月、小巧呻吟之病，非才高学博，未易到此。久而雕篆太甚，则又有能言之士，变为别体，以平淡胜深刻。时势相因，亦不可一律立论也。”总之在虚谷时，西昆初焰已熄，无的放矢，于义无取，虚谷之所以轻轻放过者以此，其当前之二派，则有四灵，有江湖派，故虚谷立论，在确定江西宗祖源流以外，即以攻击二家为事。

四灵之诗，当时自称远宗晚唐。“晚唐”二字，国人言诗者通常习用，于义何指，尚待诠释，今不嫌辞赘，略加申引。按明高棅《唐诗品汇序》，历数元和之际，韩、柳、张、王、元、白以及李贺、卢仝、孟郊、贾岛而结之，曰："此晚唐之变也。"此则上包韩、柳，为"晚唐"二字范围极大者。杨慎《升庵诗话》述晚唐二派：一派学张籍，则朱庆馀、陈标、任蕃、章孝标、司空图、项斯其人也；一派学贾岛，则李洞、姚合、方干、喻凫、周贺、九僧其人也。此"晚唐"二字范围之较小者。实则"晚唐"二字既为时代之名，此期中之作者，当然不能摈外，二派分列，遗漏尚多。温、李诸公，为后来昆体之先声，此一派也。唐彦谦名虽不著，然在北宋初，其诗为人宗仰，山谷平生尤乐道之（见《洪驹父诗话》），此一派也。许浑之诗为江湖派人远祖，此又一派也。故"晚唐"二字倘据时代立言，虽山谷亦不尽废，倘就虚谷论断为之界画，则所指仅仅贾岛、姚合一派，甚至对于贾岛，亦复摈外，此则范围之小而尤小者。

虚谷对于四灵及江湖派之攻击，皆用擒贼擒王之法。《瀛奎律髓》卷十注云"（姚合）与贾岛同时而稍后"，"格卑于岛，细巧则或过之"，"盖四灵之所宗也"。卷六姚合诗注则云："四灵之所学也，此可学也，学贾岛不可及矣。"语皆加以简择。所以然者，则虚谷平生所学，乃在贾岛，所谓"中有阆仙之敲"，及其诗"诗句妄希敲月贾"者皆可见。既自宗贾岛，则不得不析贾、姚为二，扬岛而抑合矣。卷二十六论变体，大指谓老杜之变多在七言律中，独贾岛乃能于五律中变，深为可喜。又如卷二十四注云："姚少监诗不及浪仙，有气格卑弱者如'瘦马寒来死，羸童饿得痴''马为赊来贵，童因借得顽'，皆晚辈之所不当学"；"又姚诗如'茅屋随年借，盘餐逐日炊''无竹栽芦看，思山叠石为'，两句一般无造化。又如'檐燕酬莺语，邻花杂絮飘'，妆砌太密，则反若浅拙"。其中剖析二人长短，皆极精微。

攻击姚合，擒王之计既成，则更直攻四灵。翁、赵诸人，近宗水心者也，则并水心而攻之。卷二十注云："叶水心适以文为一时宗，自不工诗。而永嘉四灵从其说，改学晚唐，诗宗贾岛、姚合。凡岛、合同时渐染者，皆阴挦取摘用，骤名于时，而学之者不能有所加，日益下矣，名曰厌傍江西篱落，而盛唐一步不能少进。"今观其语，愤愤之意尚可想见。虚谷又论盛唐、晚唐之别，其言亦殊有见地。卷十注云："予谓诗家有大判断，有小结裹。姚之诗专在小结裹，故四灵学之，五言八句皆得其趣，七言律及古体则衰落不振。又所用料不过花、竹、鹤、僧、琴、药、茶、酒，于此几物一步不可离，而气象小矣。是故学诗者必以老杜为祖，乃无偏僻之病云。"又如卷四十二亦称晚唐人非风、花、雪、月、虫、鱼、竹、树，则一字不能作，九僧者流，为人所禁，诗不能成，则更以诗料之艰窘直攻其远祖。大抵四灵一派，毕生精力，尽在五律四十字，虽号称四十贤人，其中着一屠沽儿不得，然规模既小，诗料又窘，用力极深而成功不大，甚者极力锻炼颈联、颔联，及其既就，乃妆头点尾以成之，诚不免为虚谷所讥矣。

四灵之时去虚谷远，而江湖中人去虚谷近，故虚谷之于后派，尤无恕辞，虽平时对于四灵，决不假借，及与江湖派人相提并论，辄有所轩轾于其间。卷四十二注称刘克庄诗"比四灵斤两轻，得之易而磨之犹未莹也，四灵非极莹不出，所以难"。其他以巧、以冗、以俗、以格卑攻击克庄者，尤不少见。

江湖派之原起不见他书，独《瀛奎律髓》注中屡见之。史弥远废立之际，钱塘书肆陈起宗之能诗，凡江湖诗人皆与之善，宗之刊《江湖集》以售，此为江湖派之一大结集，至于其人之所宗述，当然不必尽同。虚谷则首先认定江湖派诗远宗许浑。卷二十五注云："今'江湖'学诗者，喜许浑诗'水声东去市朝变，山势北来宫殿高''湘潭云尽暮山出，巴蜀雪消春水来'，以为丁卯句法。"此点既经认定，一面自称学诗过程，七言决不为许浑体，泾渭既分，界限遂密，一面对于许浑加以极大之攻击。重以后山有诗，“后世无高学，举俗爱许浑”，尤觉渊源有自，尽可放手做去。如卷三注云“许丁卯诗俗所甚喜，予辄抑之以救俗。”又卷十注云“（许用晦）诗出于元、白之后，体格太卑，对偶太切”“近世晚进，争由此入，所以卑之又卑也”。

江湖派诗与四灵诗体不尽同，其人品尤绝异。四灵孤高自赏，耿介绝俗，反观江湖诗派，其习气尽见《瀛奎律髓》注中。庆元、嘉定以后，诗人遽成谒客，不务举业，相率成风，干求一二要路书札，到处投诗，动获数千缗以至万缗，如宋谦夫一谒贾似道，获楮币二十万缗以造华居之类，言之皆极可丑。诗人至此，遂于星命相卜江湖游士之列，真可骇也。昔人谓言以人重，今则诗以人贱，虚谷对此，决不放过。卷十四戴石屏诗注云：“石屏此诗，前六句尽佳，尾句不称，乃止于诉穷乞怜而已。求尺书，干钱物，谒客声气，江湖间人皆学此等哀意思，所以令人厌之。”又江湖派中方岳之诗，亦与石屏、克庄同受排斥，卷二十注云：“（方秋崖）比之杨诚斋诗，变之又变，古未有此法，学者不可以为准也。”

四灵、江湖两派之论既破，则江西派之立脚点始明。虚谷之论入手推戴老杜，认为江西派即老杜嫡派，一脉相传，故明切声言，一则曰“黄、陈号江西派，非自为一家也，老杜实初祖也”；再则曰“江西诗派非江西，实皆学老杜耳”。然其所以教人之法，则见之于《瀛奎律髓》卷四十三注曰“学老杜诗，当学山谷诗”，又卷二十三亦言欲学老杜，非参去非不可。老杜之诗，人人可学，何必取径黄、陈？两语足以见其祖少陵实即祧少陵之意。此江西派秘密宗旨所在，充其所至，少陵之集，可以束诸高阁，胡仔已言之矣。

江西派之诗，为世人所攻者在其声色枯涩，虚谷则于卷二十三注中即言“老杜诗不可以色相声音求”；卷十六又言“读后山诗若以色见，以声音求，是行邪道，不见如来，全是骨，全是味，不可与拈花簇叶者相较量也”。此其为江西派回护者一。

《后山诗话》陆放翁已疑其出于假托，然相传既久，江西派中引为鸿秘，遂招世人生硬之讥。生硬为不可辩护者，虚谷则每每于生硬之诗，目之以为格高，格高则不可复讥矣。一面复创圆熟之论以资救济，此言亦有所本。《紫微诗话》载晁叔用尝戏谓吕居仁：“我诗非不如子，我作得子诗，但是子差熟耳。”居仁戏答云：“只熟便是精妙处。”叔用大笑以为然。《瀛奎律髓》卷二十云：“夫诗莫贵于格高。不以格高为贵，而专尚风韵，则必以熟为贵。熟也者，非腐烂陈故之熟，取之左右逢其原是也。”卷十六注亦云：“平熟圆妥，视之似易，能作诗到此地亦难也。”此其为江西派回护者又一也。前辈某公教人学江西派真诀，首在忌熟（腐烂陈故之熟）忌俗，其次即忌生忌硬，此修正派之论也。

江西派之粗，此为不可讳言者，实则曾茶山之诗，时人即已病其粗犷。虚谷曲为辩护，卷十六注言“读茶山诗如冠冕佩玉，有司马立朝之意，用江西格，参老杜法，而未尝粗做大卖”，其内馁之意，可以想见。卷四十七注则言“江西诗，晚唐家甚恶之，然粗则有之，无一点俗也。晚唐家吟不著，卑而又俗，浅而又陋，无江西之骨之律”，此则为人搔着痒处，情急势迫，反唇相稽之论矣。卷四十七录江西派诗僧祖可、善权之诗，认为无可讳饰，直言之曰：“虽矫古语，无韵味，殊使人厌。”又曰：“题目甚易，无一唱三叹之风，谓晚唐之雕虫小技，不及此之大片粗抹，亦恐过矣。老杜之细润工密，不可不参，无徒曰喝咄以为豪也，观者幸勿谓僭。”此真告诫后生，声泪俱下之言。虚谷在江西派为最后之老宿，于江西之病，识之极真，言之极切，投之以老杜之细润工密，正是对症下药，其论诗可取处在此。卷十注中又言“江西苦于丽而冗”，丽字极奇，江西之诗不能谓丽，亦无以丽字攻之者，疑当作粗，以形似而误。

徐俯，字师川，鲁直之甥，有《东湖集》。其人坚卓，议论独到，于乃舅之短，至不恤明攻之，《冷斋夜话》章章可考。所为诗亦入江西派，而自成一家，今不多见，求诸《瀛奎律髓》所选诸诗，则粗率极甚，虚谷亦不更为回护。卷十六注云：“徐师川亦有《社日》诗，乃云：‘哀公问松柏，田父祭春秋’，殊为粗率。学晚唐人厌江西诗，如师川诗，不律不精，可厌也。”又卷二十一徐师川《戊午山间对雪》诗注云：“东湖居士诗三大卷……以予考之，殆以山谷之甥，尝亲见之，故当世不敢有异论，在江西派中无甚奇也，惟压卷诗数首可观，亦人所可到，律诗绝无可选……独此一雪诗可喜耳……又师川诗多爱句中叠字，十首八九如此，可憎可厌。”按《戊午山间对雪》诗首四句云：“雪中出去雪边行，屋下吹来屋上平。积得重重那许重，飞来片片又何轻。”真可谓恶诗矣，称为可喜，犹是苦心回护，乃知粗率之评，不为无故也。

述方回对于本派及异派之评论既竟，当更进而论及虚谷宗旨所在。《瀛奎律髓》既为诏示来兹而作，故言之极谆谆，唯头绪纷繁，骤难收拾，约而言之，盖有三项，一曰格高，二曰字响，三曰句活。

何谓格高？第一当知所谓格者何在。《诗式》一书旧称唐释皎然撰，称诗有五格：“不用事第一，作用事第二，直用事第三，有事无事第四，有事无事情格俱下第五。”此言格分五品而以用事与否，第其高下，此一说也。姜夔《白石道人诗说》称：“意出于格，先得格也；格出于意，先得意也。”此言未明说格为何物，此又一说也。严羽《沧浪诗话》言：“诗之法有五，曰体制，曰格力，曰气象，曰兴趣，曰音节。”格之意义亦未详，此又一说也。自江西派中人视之，凡此诸论，皆为外道，不更繁引。

虚谷称曾茶山用江西格，参老杜法。又云："放翁诗出于曾茶山，而不专用江西格。"入手认定格是宗门话头，不待别解。《瀛奎律髓》卷二十一注云："诗先看格高而意又到语又工，为上；意到语工而格不高，次之；无格无意又无语，下矣。"此语似于格字有所论及，然语本为曾茶山《上元日大雪》诗而发，故旋即继之曰："此诗全是格而语意亦峭。"又云："格律整峭，每读茶山诗无不满意处，更无丝毫偏枯颓塌。"卷二十四注云："善学老杜而才格特高，则当属之山谷、后山、简斋。"此则一祖三宗，普遍赞叹矣。格高之对面为格卑、弱格。故于许浑则称为"体格太卑"。姚合与贾岛并称，以虚谷师法贾岛，则称为"格卑于岛"。杜荀鹤诗称为"格卑语率"，四灵诗称为"大率皆弱格不高致"，刘克庄称为"诗格本卑，晚而渐进"，又称"对偶巧而气格卑"。此皆虚谷所以斥外道者。江西派于西昆体违和不一，故称李义山之诗曰："义山诗织组有余，细味之格律亦不为高。"虚谷于梅圣俞本极推重，而梅在江西派中无可位置，则从而为之辞曰："圣俞诗不争格高而在乎语熟意到。"总上以言，则虚谷所谓格者，江西格也，要以整峭为高，一语尽之矣。

何谓字响？响字即所谓句眼，所谓诗中眼，与声调之铿锵无涉。《晦庵语录》云："杜子美晚年诗都不可晓，吕居仁尝言诗字字要响，其晚年诗都哑了，不知是如何以为好否？"语本误会。《瀛奎律髓》卷四十二注云："潘邠老以句中眼为响字，吕居仁又有'字字响句句响'之说，朱文公又以二人晚年诗不皆响责备焉。学者当先去其哑可也，亦在乎抑扬顿挫之间，以意为脉，以格为骨，以字为眼，则尽之。"潘、吕皆派中人，所言皆江西宗旨，晦庵不主江西派，故生别解。方回自附道学，心知不然而不敢显非之，则故意依违其说，可哂也。句中眼之说，山谷常言之。《冷斋夜话》云：“造语之工，至于荆公、东坡、山谷，尽古今之变。荆公曰：‘江月转空为白昼，岭云分暝与黄昏。’又曰：‘一水护田将绿绕，两山排闼送青来。’东坡《海棠》诗曰：‘只恐夜深花睡去，高烧银烛照红妆。’又曰：‘我携此石归，袖中有东海。’山谷曰：‘此皆谓之句中眼，学者不知此妙，韵终不胜。’”《苕溪渔隐丛话》载曾茶山作诗迎汪彦章曰：“‘白玉堂中曾草诏，水精宫里近题诗。’先以示子苍。子苍为改两字：‘白玉堂深曾草诏，水精宫冷近题诗。’”认为“句中有眼”，遂能“迥然与前不侔”。又云：“古人炼字，只于眼上炼，盖五字诗以第三字为眼，七字诗以第五字为眼也。”此语亦本潘邠老。吕居仁《童蒙训》云：“潘邠老云，七言诗第五字要响，如‘返照入江翻石壁，归云拥树失山村’，‘翻’字、‘失’字是响字也。五言诗第三字要响，如‘圆荷浮小叶，细麦落轻花’，‘浮’字、‘落’字是响字也。所谓响者，致力处也。予窃以为字字当活，活则字字自响。”响字是致力处，不必限定某字，如韩子苍之“深”字、“冷”字可知。子苍亦自言下字之法，如“船拥清溪尚一樽”之“拥”字亦是。《瀛奎律髓》于句眼一一指出。杜甫《登岳阳楼》诗“吴楚东南坼，乾坤日夜浮”之“坼”字、“浮”字，注云：“是句中眼。”陈无己《登快哉亭》诗：“度鸟欲何向，奔云亦自闲。”“欲何”“亦自”四字皆称句眼。则虚谷所称之眼，不限一字，更不必在第某字，与潘邠老异。卷十注云：“未有名为好诗而句中无眼者。”其言摆落本原，竞巧末节，宜为纪昀所讥，然此论不始于虚谷，未可归罪一人也。

何谓句活？活字出吕居仁，所谓“字字当活，活则字字自响”是也。《瀛奎律髓》卷二十三注云：“自黄、陈绍老杜之后，惟去非与吕居仁亦登老杜之坛，居仁主活法，而去非格调高胜。”又云：“简斋诗高峭，吕紫微诗圆活，然必曲折有意，如

‘雪消池馆初晴后，人倚阑干欲暮时’‘荒城日落溪山静，野寺人稀鸛鹤鸣’，皆所谓‘清水出芙蓉’也。”又卷二十吕居仁《江梅》诗注云“居仁诗专主乎活”“茶山倡和求印可，而居仁教以诗法，故茶山以传陆放翁，其说曰‘最忌参死句’。今人看居仁诗，多不领会，盖专以工求，则不得其门而入也。以活求，则此梅诗亦可参矣”。“须参活句，勿参死句”二语，在南宋时盛行，故《沧浪诗话》亦袭其说，因知当时江西派之势力入人深矣。

虚谷格高之说，源出曾茶山；字响之说，远绍黄山谷；句法之说，近法吕居仁，皆有所本。至其诗文，则晚岁所宗，乃为陈后山。《秋晚杂书十首》之一，首论诗文歧而为二，不能兼工，而结句则云：“恭惟陈无己，此事独兼之。五七掩杜集，千百臻秦碑。四海紫阳翁，归美岂其私。所以此虚叟，取为晚节师。”附识于此。

《瀛奎律髓》中唯《变体》一卷，论独精到，变体者不拘律诗景一联情一联之体，不拘虚实对称之体也。虚谷自称“有大手笔焉，变化不同。用一句说景，用一句说情，或先后，或不测。此一联既然矣，则彼一联如何处置”，“并取乎用字虚实轻重，外若不等，而意脉体格实佳者”。所选诸诗，如杜甫《屏迹》“桑麻深雨露，燕雀半生成”，及贾岛《忆江上吴处士》“此地聚会夕，当时雷雨寒”。“雨露”“生成”，“聚会”“雷雨”，皆两轻两重自相对者。又贾岛《病起》：“身事岂能遂，兰花又已开。病令新作少，雨阻故人来。”注云：“昧者必谓‘身事’不可对‘兰花’二字，然细味之，乃殊有味。以十字一串贯意，而一情一景自然明白。下联更用‘雨’字对‘病’字，甚为不切，而意极切，真是好诗变体之妙者也。”此注极可寻味。又如陈简斋《怀天经智者因以访之》：“客子光阴诗卷里，杏花消息雨声中。”注云：“以‘客子’对‘杏花'，以'雨声'对'诗卷'，一我一物，一情一景，变化至此，乃老杜'即今蓬鬓改，但愧菊花开'，贾岛'身事岂能遂，兰花又已开'，翻窠换臼，至简斋而益奇也。"注亦极能入微。虚谷论诗真实本领在此。

综虚谷诗评言之，其人论诗，盖一极精微之人，持论往往细者入于无间，而于其大者远者未能遽及。疲神于字句之末，而于诗中之章法，甚至亦漠然置之，如杜甫《秋兴》止取第四首者是矣。其生值首鼠两端之时代，其人为自相矛盾之人物，故当蒙古南侵，开城降虏，而抗志古昔，自比渊明；流连杭郡，耽情声色，而伪附道学，动称文公。即其论诗，亦往往为环境所迫，发为矛盾之谈，明明知老杜诗中尚有细润工密之途，可以药江西之病，而祖述陈言，开宗明义，反谓剥落为止境。明明知黄、陈以外，大有人在，而高谈古今诗人，止有一祖三宗。明明知晦庵说诗与江西分道，而妄相援引，谓得后山三昧，皆可怪也。其他谬论，如言余靖直臣名士，诗当加敬，及论山谷《酴醾》一联"露湿何郎试汤饼，日烘荀令炷炉香"，以为格律绝高，万钧九鼎，不可移易，皆令人有莫知所云之感。又如《瀛奎律髓》卷二十二注云："梅公之诗为宋第一，欧公之文为宋第一，诗不减梅。""黄、陈特以诗格高为宋第一，而张文潜足继圣俞。"语尤不成句法，宜纪昀诮之以为有五第一也。然虚谷于诗人家数，历历在目，如数家珍，批评元、白高下，以为白诗由衷，故胜微之，一语破的；称道贾浪仙、梅圣俞、张文潜诸人之诗，亦不拘拘一派，则以虚谷心印，本与黄、陈已隔一尘故也。以其人之精到细密，论诗可以独抒已见，自成一家，而乃为宗派之见所误，毕生陷于矛盾之中而不自觉，真可惜也。

（原载于《文哲季刊》1931年第二卷第1期，后收入《中国文学论集》，中华书局1983年版）

《瀛奎律髓》里所说的“高格”

◎方孝岳

当宋朝亡的时候，诗学界有一个大批评家，就是方回。他的大著作，就是《瀛奎律髓》。他这书把有宋一代的“诗话之学”和“评点之学”两种体裁综合起来，是很有规模的书。在主张上，他是江西派的后劲，对于西昆，固所不许；对于当时的四灵、江湖诸人，最为鄙薄。严沧浪要以盛唐的诗医宋诗的病，方回则仍抱定黄、陈诸子，以黄、陈接杜甫，建立一条大路。其为江西派的护法，而且也是江西派的救弊者。宋一朝的诗，总还算江西派的势力最大，除了黄、陈，几个有名的大家，都是和江西派不即不离的。我们一说到“宋诗”两个字，脑筋里决不会把西昆、四灵、江湖等派的诗拿来作代表，一定是让东坡、山谷、后山、放翁这些大家占住了脑筋。所以照方回这部书的态度来讲，可以说他的批评，大致都不悖于南北宋多数诗人的观念。固然各人口中的话不能完全相同，方回也当然有他个人的见解，但是可以浑括地说他具有宋诗的眼光了。所谓宋诗眼光，就是说不是唐诗的眼光，也不是明诗的眼光，也不是清诗的眼光。像严沧浪的论调，就可以和唐司空图、清王士祯相提并论了。

方回本来自命为宋之遗民，虽然周密《癸辛杂识》上论方回失节于元，有许多丑行，有十一可斩之说，但宋人笔记小书，时时有党同伐异、轻薄诋諆之习，不是句句话都可信；况且正史上本没有他的传，生平详细事迹不可知。后人但凭周密这个记载，和刘埙的《隐居通议》上所说方回的事来讲，周密、刘埙都是和他同时的人，而刘埙说他"乞斩贾似道谢天下，觉得是一磊落士"，所以后人又何必一定要信周密而疑刘埙呢？我们可以一概不论，单论他的诗说。

清纪昀的《瀛奎律髓刊误序》说方回不应该攀附道学以自重，这也是以周密的话先入为主。我们就书言书，方回时时发其亡国之痛，又往往就诗而论人品论世道，实不愧一个有心的人。至于纪昀的议论，以及他所总裁的《四库全书总目提要》，都免不了清初一班馆阁之见，喜考据而厌道学；对于稍稍谈道学的人，总要设法吹求他一点末节细行，以文致其过，又动辄自夸其通识，好像最恨门户之见似的。例如纪昀既作《瀛奎律髓刊误》，以斥江西；又作《二冯评阅才调集删正》，以斥西昆，自负折中之识，其实他自己的纰缪也很多。像方回这种人，晚年生活在元朝统治之下，却又时作宋室之思，这种态度是清朝那些皇帝所憎恶的，如果方回生在清初，恐怕早已为文字狱所罗织；一班馆阁之臣习染成风，也吠影吠声，殊为可笑。《四库提要》是官书，有时还比较慎重，在方回的《桐江续集》那篇提要上，虽略引周密的话，但也称赞方回的识解。到了纪昀自己作这个《瀛奎律髓刊误》，就大事吹求，简直把方回骂得无地自容，处处皆含成见；他所刊误的，有些地方自然可以补救方回的，但实在远不及方回之精辟独到。关于这一层，我们不可不注意，凡是纪昀评点刊正的书，都切不可认为他所刊正的全是有理的，而被他刊正的，都是错的。

《瀛奎律髓》前面，有方回一篇短短的自序，略说他选诗的义例：

> 律者何？五七言之近体也；髓者何？非得皮得骨之谓也。斯登也，斯聚也，而后八代五季之文弊革也。文之精者

为诗，诗之精者为律，所选诗格也，所注诗话也。学者求之髓，由是可得也。

方回以为律诗是诗体之精者，所以他专选律诗。纪昀对于这句话就根本反对。昀又有《删正方虚谷瀛奎律髓》一书（在《镜烟堂十种》中，是《瀛奎律髓刊误》之约本，或者是最后的定本，故与《刊误》多有异同），在这书里，他驳方回这种以律诗为精之说，他说："古体岂诗之粗者？"纪昀的话，普通看来，当然似乎极有理；但是律诗是唐初承六朝之末，精研声律之风，而衍创出来的一种最工稳的诗体。梁陈的古诗，已经有大似唐初五七言律的地方，唐初沈佺期、宋之问等，又将这种趋势更加研精，遂成所谓律诗。所以律诗本是代古诗而兴的一种作品。一切人事上的变迁，本都是由阔略而趋于细密，由简明而趋于烦碎。在意味上，不必今胜于古，在格律上，总是今密于古。"密"不一定就是好，而且古有古的"密"，今有今的"密"。不过照律诗的声调格律来讲，当然律诗密于古诗，亦是律诗精于古诗。这是自有诗律以来的一种普通观念，并非方回自造之言。元稹的《杜君墓系铭》，已经讲得很清楚，他说："唐兴……沈、宋之流，研练精切，稳顺声势，谓之为律诗。由是而后，文变之体极焉。"但是好古之情，人所恒有，虽然律诗欲取古诗的地位而代之，但作古诗的人，依然还有很多。所以元稹又说："然而莫不好古者遗近，务华者去实，效齐、梁则不逮于魏、晋，工乐府则力屈于五言；律切则骨格不存，闲暇则纤秾莫备。至于子美，盖所谓上薄《风》《骚》，下该沈、宋……尽得古今之体势。"这就是说律诗既兴之后，仍有许多作古诗的人，不过虽作古诗而终不及前人，又以为过于尊律诗，也不无毛病。到杜甫才兼工古今体，既能兼今体之长而无其病，又能上追一切古体之美，所以算个特出的人了。元稹所说的"律切"，正和方回所说“诗之精者为律”是差不多的意思。所以方回的话，并未说错。而且照元稹的话看来，假使没有杜甫再振起古诗之体，恐怕古诗的地位，早已被今体诗挤去得无影无踪了。纪昀的批评，有些是随笔兴到不暇深思的见解。就《瀛奎律髓》而言，方回的话，都是句句思索过一番的说话，虽然不无偏见，但比纪昀要警策一点。

方回的选法，是不以人为类，而以诗题的事类来分的，有所谓“登览类”“朝省类”“怀古类”“风土类”等四十九类，共四十九卷。这种选法本于昭明《文选》，而宋元最盛行，亦取便于学子之揣习。像《唐文粹》，固完全本于《文选》的选法，其他小的选集，像刘克庄的《分门纂类唐宋时贤千家诗选》、赵孟坚的《分类唐诗》，以及无名氏的《类编草堂诗余》等，皆是这一路。有些人说，这种选法不大方。但是以人为类的选法，可以见一个人的精彩。以体为类的选法（例如以诗赋碑铭论、序或四言诗、五言诗、七言诗等为类之选本，即是以体为主之选法），能见一体之流别。至如欲观内容之指事抒情和各人心手异同之处，那么这种以事类为别的选法，也未尝无功。凡是诗文选本，原是代表各人批评鉴别的眼光，并非教人专看选本而不看专集。所以无论如何选法，都可以各从其是，不必是甲而非乙。

但是既以事类为分，对于所分的标准用意，不能不有所说明，所以方回在每类之前，都作一篇小序，说明立这一类诗的用意。有些小序，作得甚有意味，譬如他的“怀古类”小序：

> 怀古者，见古迹思古人。其事无他，兴亡贤愚而已。可以为法而不之法，可以为戒而不之戒，则又以悲夫后之人也。齐彭殇之修短，忘尧桀之是非，则异端之说也。有仁心者，必为世道计，故不能自默于斯焉。

纪昀也赞成这段话，认为“此序见解颇高，可破近人流连光景自矜神韵之习”。又“升平类”，方回的小序说：

> 诗家有善言富贵者，所谓“笙歌归院落，灯火下楼台”“梨花院落溶溶月，柳絮池塘淡淡风”“鸳鸯占水能嗔客，鹦鹉嫌笼解骂人”是也。然亦必世道升平而后可。李太白谓唐明皇盛时，奉诏作《宫中行乐词》，虽渔阳之乱未萌也，而其言已近乎夸矣。今取凡言富贵者，不曰富贵而曰升平，必有升平而后有富贵。羽檄绎骚，疮痍憔悴，而曰君臣上下朋友之间可以逸乐昌太，予未之信也。

这段话又大有道理，纪昀也说：“此论却正。”我前边有论晏殊的富贵风趣一章，略说富贵诗的优劣，说明晏殊的意思，是以为必天怀淡泊的人，才能表现富贵的风趣。这个意思和方回可以互相发明。天怀淡泊不溺于富贵的人，自然就能体贴世道，言有分际，决不会当忧而反乐。关于这一层，欧阳修曾和晏殊闹过一次意见。《苕溪渔隐丛话》卷二十六引《隐居诗话》说：“晏元献殊作枢密使，一日，雪中退朝，客次有二客，乃欧阳学士修、陆学士经。元献喜曰：‘雪中诗人见过，不可不饮也。’因置酒共赏，即席赋诗。是时西师未解，欧阳修句有‘主人与国共休戚，不惟喜乐将丰登。须怜铁甲冷彻骨，四十余万屯边兵’。元献怏然不悦，尝语人曰：‘裴度也曾燕客，韩愈也会做文章，但言“园林穷胜事，钟鼓乐清时”，却不曾恁地作闹。’”裴度相唐朝宪宗的时候，也是国家多事，淮西之乱，并且身自统兵平乱，而《唐书》力称其临事镇定，后来罢官，园林文酒之盛，一时称羡。韩愈是他的宾客。所以晏殊就拿这话来讲。我们看谢安，当他的侄子和苻坚打仗的时候，乃对客下棋，也是镇静的意思。本来临事镇静是要紧的，临大事而手忙脚乱，徒悲嗟涕泣，反是误事。像晏殊这种文酒之会，也不见得就是耽逸乐而忘忧国。欧阳修这诗，未免太过。但是方回拿这种意思提醒人，确是大可注意。如果一个人生在乱世，不能有触于心，反而发出欢乐之音，那岂非等于刘后主的“此间乐不思蜀”，等于陈叔宝之全无心肝吗？又“忠愤类”小序说：

> 世不常治，于是有《麦秀》《黍离》之咏焉。庾信《哀江南赋》，亦人心之所不容泯也。炎、绍间（南宋高宗年号建炎、绍兴）有和江子我诗者，乃曰：“成坏一反掌，江南未须哀。”子我以为何其不仁之甚。惟出于荆舒之学、京黻之门者例如此。今取其“可以怨”者列之。

他引庾信《哀江南赋》，正是怀故国伤宋室之亡，其言甚切。那作“成坏一反掌，江南未须哀”两句诗的人，他认为太过达观无心肝，骂他是出于王安石、蔡京之门，这也是本于宋朝一班道学儒林中人共同的心理，所以憎安石。方回这书，作于元朝至元二十年，距宋亡已七年，不无《麦秀》《黍离》之感，所以不觉情见乎辞。他对于这一类所选各诗，往往有很沉痛的批评，时有论及宋末的政事，十分感叹。像其中汪彦章《己酉乱后寄常州使君侄》那四首和曾茶山《闻寇至初去柳州》、刘屏山《北风》、刘后村《书事》那几首，方回的批评，反复论宋事，语气之间，那样凄楚，不是出于真心，哪能如此呢？纪昀动辄说方回故意矫情自掩其丑行，真太过信周密之言了。至于“闲适类”的小序说“穷居而闲处，升高而望远”“采于山美可茹，钓于水鲜可食。黜陟不闻，理乱不知”“闲适之味矣。诗家之所必有而不容无者也”。纪昀以为这是偏滞之见，他说：“人生穷达系于所遭，不必山林定高于廊庙，而四始六义之源，温柔敦厚之旨，亦非专为石隐者设。”实在闲适一类的诗，在白居易诗集中，已自己立了这一类。“桑者闲闲兮”，在《诗经》中，也早有这种幽隐闲适之风。而且方回并未曾说出山林一定高于廊庙。纪昀过于信手吹求。方回所谓“不容无”，不过说诗界中不可缺少这种风味，并非责廊庙之人一定要个个有这种风味，他这小序的下面不是说“要之闲适者流多在郊野，身在城府朝市而有闲适之心，则所谓大隐君子，亦世之所希有者也”吗？

方回所建立的门户，即是所谓一祖三宗之说。《瀛奎律髓》卷二十六中有一段批注说：“呜呼！古今诗人当以老杜、山谷、后山、简斋四家为一祖三宗，余可预配飨者有数焉。”这是比较《江西诗社宗派图》略有不同的地方，《江西诗社宗派图》好像专以黄山谷做一时诗坛风气之宗主。虽然吕居仁的序中提了杜甫，但还是和李白在一起提的。黄山谷之善于学杜，固是他们所公认，但是《江西诗社宗派图》中，并未曾提及他是专学杜。学杜必由黄山谷，虽然是《后山诗话》的话，但《江西诗社宗派图》也未曾提及。这样看来，大概江西派的末流，或者只知黄山谷而不知杜工部了。所以《苕溪渔隐丛话》也说：“近时学诗者率宗江西，然殊不知江西本亦学少陵者也。”这种情形，实是《江西诗社宗派图》有以开其端，因此有些大家虽源出于江西而时时有起衰救弊之思，像杨万里、陆游等，岂不都要脱化于江西之外么？刘后村的《江西诗派小序》说：“后来诚斋（即杨万里）出，真得所谓活法，所谓流转圜美如弹丸者，恨紫微公不及见耳。”此序又说：“弹丸之语，非主于易”“字字响者，果不可以退惰。”都是指江西派末流之失，以为杨诚斋诸人可以救其弊。但江西派末流根本的病征，乃是虽知山谷之学杜，而不去学山谷之所学，即专门抱定山谷本人为主。所以和吕居仁同时的陈简斋（与义，字去非），就发了一种砭时之论，他说：“诗至老杜极矣，苏、黄复振之而正统不坠。东坡赋才大，故解纵绳墨之外而用之不穷，山谷措意深，故游泳玩味之余而索之益远。要必识苏、黄之所不为，然后可以涉老杜之涯涘。”他正是有专以老杜为法的意思，并且以苏、黄并称，又是不专守黄山谷。《江西诗社宗派图》没有列简斋之名，或者即是这个缘故。而后来刘克庄诗话即说：“元祐后诗人迭起……不出苏、黄二体而已。及简斋出，始以老杜为师……建炎以后，避地湖峤，行路万里，诗益奇壮……造次不忘忧爱，以简严扫繁缛，以雄浑代尖巧。第其品格，故当在诸家之上。”刘须溪序《简斋集》，又明说他较胜苏、黄。这样看来，直学老杜以振江西派末流仅知山谷之弊，尊崇简斋以配山谷，正是方回所在时期一班名家的公见。方回于是正式提出杜甫为祖，简斋和山谷、后山并为三宗，而非必如吕居仁以后山以下，硬要定为山谷之法嗣，他这种手眼，比《江西诗社宗派图》更要妥当，更无流弊。我所以说他不仅是江西的护法，而且是江西的起衰；不但是江西一派的拘墟之论，而且是南北宋一朝多数大家递变日新最后结晶之思想的总汇。

方回处处本杜甫为祖之意，又处处发明简斋之高，词气中即时以简斋学杜的本领，尚在山谷、后山之上。他这种观念，固稍异于《江西诗社宗派图》，又固是本于宋末一班人的意见，但实是身丁乱世，受环境所激成的思想。《瀛奎律髓》卷一说：“老杜诗为唐诗之冠，黄、陈诗为宋诗之冠，黄、陈学老杜者也。嗣黄、陈而恢张悲壮者，陈简斋也。”又卷十三说：“简斋诗独是格高，可及子美。”又卷二十三说：“去非格调高胜，举一世莫之能及。”“欲学老杜，非参简斋不可。”差不多一说到简斋，无不深致推崇，而所以推崇他的眼光，实专注在“恢张悲壮”四个字上。简斋身丁北宋之末，二帝蒙尘之痛，在南北宋之交，他最能表现一种沉痛激越之音。方回也有身世之感，比物连类而致其叹赏，不为无故。陆游的诗，固然也很悲壮，但比较容易流为圆滑。所以方回又提出“格调高胜”四字，以赞简斋，然后他的立说，才不易打破。老杜夔州以后之诗，本是有宋大家所公认的高格，好像《诗人玉屑》卷十七引，吕丞相说“东坡自南迁以后，诗全类子美夔州以后诗，所谓老而严者也”。老而严”，即等于方回所谓“格高悲壮”。所以在方回眼中，简斋学杜得髓，正在此处。山谷、后山所遭之时，较为承平。简斋“避地湖峤，行路万里，诗益奇壮”“造次不忘忧爱”，正和老杜平生，大有相同之点，因此学杜而得其最后的老境，本是理所应然，以此称之，不为太过。方回本着这种观念来论老杜，所以《瀛奎律髓》卷十就说：“大抵老杜集，成都时诗胜似关、辅时，夔州时诗胜似成都时，而湖南时诗又胜似夔州时，一节高一节，愈老愈剥落也”，所谓“愈老愈剥落”正是剥去浮艳，专存真气，有宋大家所注意的，无不在此。江西派固因吕居仁而坚其壁垒，而末流反而束缚规矩无活气，求字响而反哑，求“弹丸”而反涩，正因求工太过，无真情境。方回以此振之，所以说他确是江西派之起衰者。西昆之流为僻，江西之流为险，都非原来主张者之本意。方回也并未曾有生硬粗豪之说。而纪昀《瀛奎律髓刊误序》，硬说他是“以生硬为高格，以枯槁为老境，以鄙俚粗率为雅音，名为尊奉工部，而工部之精神面目迥相左也”，实不免冤枉方回。方回所说的“剥落”和“粗硬”二字相差太远。后山诗“宁拙毋巧”“宁粗毋弱”那几句话，或者可疑，或者也是江西派中人有激而然，矫枉过正之言，但断没有以粗拙做正面的主张的道理。我们要知道清初的朝廷，本来专喜提倡和平中正之音，这本是时代环境不同，但对于这种稍近激昂慷慨的见解，无不大肆抨击，实在太过。纪昀把他抨击方回的话，大书特书于《四库全书总目》之中，使得一班人对于《瀛奎律髓》几视同“邪说”，这是纪昀之过。历代国家衰乱的时候，往往美艳的文学，特别发达，世愈乱，文章愈淫艳，这是常有的例子，六朝五代的文风，不是显而易见吗？方回在《瀛奎律髓》卷七“风怀类”下韩致尧的《幽窗》诗后面，加了几句批评说：“岂非世事已不可救，姑留连荒亡以纾其忧乎？"这也是一种感慨的话。但是南宋之末，"世事已不可救"的时候，居然一反向例，诗文界颇无荒亡淫艳之作，而随处有激昂悲壮之音，民气赖以不坠，这正是有宋诸大诗家的功劳。我们要想明了有宋诸大家的这种功劳，方回《瀛奎律髓》正用得着了。方回自序，所以特标出"八代五季之文弊革"一句，正是这种用意。文学批评，也未尝和时代无关，纪昀何必定要反对？

方回所最注意的，是"格高"二字，这是吕居仁所不曾说到的。所谓"格高"，是注意于意在笔先，先在性情学问上讲求的。《瀛奎律髓》卷二十一说："诗先看格高而意又到语又工，为上；意到语工而格不高，次之；无格无意又无语，下矣。"这是他论诗的根本标准。他这"格高"二字，颇与钟嵘《诗品》中的"风力"二字相当。我们看他推尊简斋，即是以格高为主，同时他又用"格高"二字，遍赞他所谓的"三宗"。《瀛奎律髓》卷二十四说："善学老杜而才格特高，则当属之山谷、后山、简斋。"总是表明他所以取为三宗的用意，完全是因为三人之"格高"。他讥评四灵、江湖诸诗人，都是本着这个观念。所以《瀛奎律髓》卷十说："（姚合）与贾岛同时而稍后"，"格卑于岛，细巧则或过之"，"盖四灵之所宗也"。卷十又说："姚之诗专在小结裹，故四灵学之，五言八句皆得其趣，七言律及古体则衰落不振。又所用料不过花、竹、鹤、僧、琴、药、茶、酒，于此几物一步不可离，而气象小矣。"又卷二十五说："今江湖学诗者，喜许浑诗……以为丁卯句法。"又卷十说："（许用晦）诗出于元、白之后，体格太卑，对偶太切""近世晚进，争由此入，所以卑之又卑也。"又卷十四于戴石屏诗后批云："石屏此诗，前六句尽佳，尾句不称，乃止于诉穷乞怜而已。求尺书，干钱物，谒客声气，江湖间人皆学此等哀意思。"我们拿他这几段话一看，可以知道他所谓格高和格卑的，大略分别了。卷四十七又说：“江西诗，晚唐家甚恶之，然粗则有之，无一点俗也。晚唐家吟不著，卑而又俗，浅而又陋，无江西之骨之律。”这就是表示通江西派的全体而言，都是格高于四灵、江湖，他所以仍主江西一派正是这个缘故。至于江西之粗，他并不为之曲讳，又何尝主张粗硬呢？方回对宋朝一代的诗，有一个去取的总标准。《瀛奎律髓》卷一说：“老杜诗为唐诗之冠，黄、陈诗为宋诗之冠，黄、陈学老杜者也。嗣黄、陈而恢张悲壮者，陈简斋也；流动圆活者，吕居仁也；清劲洁雅者，曾茶山也。七言律，他人皆不敢望此六公矣。若五言律诗，则唐人之工者无数。宋人当以梅圣俞为第一，平淡而丰腴，舍是则又有陈后山耳。此余选诗之条例，所谓正法眼藏也。”

至于论“响字”、论“句眼”，方回在这些技术上，固详示后人，但也都是黄山谷、吕居仁以来的常见。《冷斋夜话》说：“东坡《海棠》诗曰：‘只恐夜深花睡去，高烧银烛照红妆。’……山谷曰：‘此皆谓之句中眼，学者不知此妙，韵终不胜。’”至于吕居仁的话，我前章已经引过了。所以这种地方，并非方回的特创，也并非方回根本注意之点。他的根本要义，只有“格高”二字了。他的《瀛奎律髓》，对于各诗，都详加圈点，所以说他又是兼综宋人圈点之学。但他圈点中所最用心的，就是将所谓“句眼”圈出来，句眼就是响字，诗句中有句眼然后才能“响”。《瀛奎律髓》卷十说：“未有名为好诗而句中无眼者。”譬如杜甫《登岳阳楼》诗中，“吴楚东南坼，乾坤日夜浮”，方回把“坼”字、“浮”字圈出来，说这是句中眼。李白《秋登宣城谢朓北楼》诗中“人烟寒橘柚，秋色老梧桐”的“寒”字、“老”字，也是句眼。诗句中有句眼，然后才能把这一句的神情活泼泼地托出来，不然就是死句。这种解诗的方法，似乎说得琐碎一点，但为教示学人起见，也未尝无功。纪昀骂方回“逐流失本”。其实方回在卷四十二里早已自己表明不可逐流失本的意思，他说：“潘邠老以句中眼为响字，吕居仁又有‘字字响句句响’之说，朱文公又以二人晚年诗不皆响责备焉。学者当先去其哑可也，亦在乎抑扬顿挫之间，以意为脉，以格为骨，以字为眼，则尽之。”这是根本的意思，并不是只管一个字响不响，而不管全篇通不通，往往正因为一个字用得好，而通篇意脉更能豁然呈露。一首诗如果曲折有意，又能句有眼而用字响，自然活气跃然，没有死气了。《瀛奎律髓》卷二十说：“居仁诗专主乎活”“茶山倡和求印可，而居仁教以诗法，故茶山以传陆放翁，其说曰‘最忌参死句’。今人看居仁诗，多不领会，盖专以工求，则不得其门而入也。以活求，则此梅诗亦可参矣。”又卷二十三说：“简斋诗高峭，吕紫微诗圆活，然必曲折有意，如‘雪消池馆初晴后，人倚阑干欲暮时’，‘荒城日落溪山静，野寺人稀鹳鹤鸣’，皆所谓‘清水出芙蓉’也。”这些话更能补足居仁所谓“活法”之意，正是先在“用意”上讲求，何尝教人逐末忘本呢？如果照纪昀的方法来读书，恐怕无论何人都免不了语病。欲加之罪，何患无辞。

《瀛奎律髓》又有“变体类”一卷、“拗字类”一卷，都是详论句调字法，更为精细。“拗字类”是举古今不必协平仄的律诗，他以为老杜这种拗体最多，谓之吴体，但往往因拗而骨格愈峻峭，才小者不能为。江湖诗人推宗许浑的拗体诗，称为“丁卯句法”，其实不知始于老杜。凡拗体总要诗句浑成，气势顿挫，则换一两字平仄无害。他又说：“八句俱拗而律吕铿锵，试以微吟，或以长歌，其实文从字顺也。”“此等句法惟老杜多，亦惟山谷、后山多，而简斋亦然。乃知江西诗派非江西，实皆学老杜耳。……或以壮丽，或以沉郁，或以劲健，或以闲雅，又观本意如何。”他的意思，是说这种拗体不易学，总要看本意如何，要因拗而反峻峭才好，只有老杜最擅此，江西诸家亦得此意，并没有说江西学杜的本领，仅在于此。纪昀又骂他："以此种句法为学杜，杜果以此种为旨乎？"纪昀真是太过信笔吹求。方回以为："如必不可依平仄，则拗用之，尤佳耳。"盖万不得已而后拗，自然也有拗的恰当处，非定主张拗体。纪昀说："拗亦有定法，非随意换易。赵秋谷《声调谱》言之详矣。虚谷尚未尽了了。"但方回又何尝说可以随意呢？《声调谱》难道就没有逐末忘本的流弊吗？不过江西派的人，往往特别欢喜作拗体，所以为人所厌。而《四库全书总目》说方回"以生硬为健笔，以粗豪为老境，以炼字为句眼，颇不谐于中声"，分明是先怀成见，不满意于方回的议论，好像以为他有碍于清初所提倡的和平中正的作风，其实冤枉了方回。

与方回同时而稍前一点，有一个周弼，选有一种《三体唐诗》，是专讨论五七言律诗和七言绝句的格律，有所谓四实、四虚、虚实相半等格律，把诗中句子，分为孰虚孰实，说得很明白，都是研究诗律的人所不可不看的。但周弼所言多常例，方回的"变体类"，正是补其不及。方回说："周伯弼《诗体》，分四实四虚、前后虚实之异。夫诗止此四体耶？然有大手笔焉，变化不同。用一句说景，用一句说情，或先后，或不测。""今选于左，并取夫用字虚实轻重。外若不等，而意脉体格实佳，与凡变例之一二书之。"这种实是教人以圆活的眼光，和居仁所谓"活法"，正是一样。纪昀以琐碎责方回，不如说一切谈诗文的人都是琐碎。

清吴之振是深用功于宋诗的人，选有《宋诗钞》，久为艺林所称许。之振序《瀛奎律髓》说："其诠释之善，则不滥于饾饤，而疏瀹隐僻。其论世则考其时地，逆其志意，使作者之心，千载犹见。其评诗则标点眼目，辨别体制，使风雅之轨，后学可寻。斯固诗林之指南，而艺圃之侯鲭也。"此论十分公允。我们如果略略细心读方回的原书，自然可以明白方回的真面目，他的立意甚高，而示人以轨辙甚明。像纪昀这样任意吹求，实在过分得很。纪昀或许是读这个书的时候，随手批点，不甚经意。我们看纪昀《瀛奎律髓刊误》前又有一篇自己的小序，说“余少时阅书，好评点，每岁恒得数十册”，“忽见李子约斋所录本”，“可谓好事矣。惜余鹿鹿少暇，不能重为李子点勘一过也”。然则纪昀的《瀛奎律髓刊误》，也不必深论了。

方回的自序里说：“所注诗话也。”他这《瀛奎律髓》的批注，如果有人把他提出来编辑一下，恐怕比任何一家诗话的规模，都要大些。宋代遗闻，所说尤多。清厉鹗作《宋诗纪事》，所以采他的话最富。方回又有《文选颜鲍谢诗评》一书，《四库全书总目》甚称赞之，但不是可以代表他重要见解的书。

总而言之，方回的《瀛奎律髓》，并非全无流弊，引用故事，也偶有错误，但都是小疵，对于这部书的大体，没有妨碍。清吴宝芝有一篇《重刻瀛奎律髓记言》，说得也很公允，我现在引他一段，作我这篇的结论：

> “一祖三宗”之说，论诗家每用相诟病，谓其不应独宗江西也。夫訾其为偏，诚所难辞。然观其论诗小序云：“立志必高，读书必多，用力必勤，师傅必真。四者不备，不可言诗。”可知其于此事，煞费工夫来。盖从三折九变之余，而始奉此为归宿，其中甘苦得失之数，必有独喻其微者，非漫然奉一先生之号，傍人门户以自标榜也。昔人积终身之功，晚年有得，乃始树帜建宗，接引后学。今人……于四者之功无一足恃，未尝入古人之藩篱而造其堂、哜其胾，乃徒吹索瘢疵，弹驳古人，或訾其全体，或摘其片言，甚或刺取稗官琐语，用资讪笑，此徒为大耳，朱子所谓外夸者中不足也。果能深历江西派之阃奥，则从此推广，旁通触类，安在诸家之长，不复可兼收并蓄耶？

诗的风气和作者用心之甘苦，其内容曲折，斟酌于利弊多少之间，三折九变之余，而发为一种主张，绝非可以随便拿自己粗略无深切的成见，来乱加讥弹的。方回所谓“立志必高”“师傅必真”，正是他不惜舌敝唇焦而作这个书的用意。吴宝芝笑那班刺取稗官琐语来讪笑方回的，即是指那班奉周密《癸辛杂识》所云方回十一可斩为至宝的人。这些人吹索瘢疵而不足，于是进而想出一种对人的问题，作根本打倒之计，未免太过了。除了《瀛奎律髓》，我国文学批评界，恐怕还找不出传授师法有如此之真切如此之详密的第二部书。后人生在千百年以后，还幸而有这样一种师传真切的书，好像亲听许多诗家躬自指点一样，使文人瞒盰侊侗之病，也不妨借这个书来医一医，岂不大可宝贵吗？学者先从这个师传真切的书中经历一番，然后再博观广学，恐怕更容易得益。吴宝芝的话，说得很清楚了。

（原载于《中国文学批评》，世界书局1934年版）

论《瀛奎律髓》与江西诗派

◎许　总

《瀛奎律髓》[①]是宋元之际的诗论家方回编撰的律诗选集，其主旨是“排西昆而主江西”[②]，阐发了黄庭坚等人的论诗主张。其体例新颖，倾向鲜明，在历代诗选中是颇具特色的。

然而前辈学者对它的评价却是轩轾迥异的。誉之者如吴之振称为“斯固诗林之指南，而艺圃之侯鲭也”[③]，毁之者如纪昀斥其“疑误后生，瞀乱诗学”[④]。

由于《瀛奎律髓》主要阐述了江西诗派论诗宗旨，因此，我们有必要对江西诗派的是非功过作一番客观的考察。

一、应当如何评价江西诗派

北宋时期的江西诗派，是一支作家众多，影响久远，提出了明确的艺术主张，风格大体相同的诗歌流派。在此之前，虽然唐代的边塞诗、田园诗，宋初的西昆体等已各自形成基本相同的风格，孙樵《与友人论文书》与张为《诗人主客图》也已隐然标榜诗文宗派之旨，但是正式提出宗派之名，则始于江西诗派。对

---

① 本文据 1922 年上海扫叶山房印行的纪评本。

② 《四库全书总目提要》。

③ 《瀛奎律髓序》。

④ 《瀛奎律髓序》。

于这个诗派的评价，历来众说纷纭，莫衷一是。而新中国成立以来，由于我们的文艺批评界为“思想内容决定艺术形式”的简单公式所框囿，在对江西诗派缺少实事求是的全面考察的情况下，就采取了基本否定的态度，认为它的诗歌理论和方向是“错误的”，“违反内容决定形式的规律”，“阻碍我国古典诗歌的发展”[①]，“它的影响，主要是坏的”[②]。我认为，对于这样一个风靡诗坛数百年的诗派作这样简单的结论是轻率的，不合实际的。

由于“左”倾思潮的长期影响，我们的文艺批评脱离了艺术的规律，脱离了“美学和历史的观点”[③]，而滑向庸俗社会学的歧途。过去对江西诗派的评价正是如此，以下我们试图以恩格斯这一精辟的言论作为标准来进行评价。

江西宗派说的创立人吕本中作《江西诗社宗派图》，其序云：

> 唐自李杜之出，焜耀一世，后之言诗者，皆莫能及。至韩、柳、孟郊、张籍诸人，激昂奋厉，终不能与前作者并。元和以后，至国朝，歌诗之作或传者，多依效旧文，未尽所趣。惟豫章始大出而力振之。抑扬反复，尽兼众体，而后学者同作并和，虽体制或异，要皆所传者一，予故录其名字，以遗来者。

南宋刘克庄在《江西诗派小序》中也说：

> 国初诗人，如潘阆、魏野，规规晚唐格调，寸步不敢走

① 中国社会科学院文学研究所《中国文学史》。

② 《黄庭坚和江西诗派卷》前记。

③ 恩格斯《诗歌和散文中的德国社会主义》。

作。杨、刘则又专为昆体，故优人有寻扯义山之诮。苏、梅二子，稍变以平淡、豪俊，而和之者尚寡。至六一、坡公，巍然为大家数，学者宗焉。然二公亦各极其天才笔力之所至而已，非必锻炼勤苦而成也。豫章稍后出，会萃百家句律之长，究极历代体制之变，搜猎奇书，穿穴异闻，作为古律，自成一家，虽只字半句不轻出，遂为本朝诗家宗祖。

他们对江西诗派领袖黄庭坚诗歌艺术成就的评价，是基本符合黄氏的创作实践和艺术观点的。从有关材料可以看出，黄氏继续梅尧臣、苏舜钦、欧阳修和苏轼的反晚唐、反西昆工作，并推动宋代诗歌的发展，是有不可否认的贡献的。

黄庭坚确实是在荟萃百家上付出了毕生精力，他的创作主张正是对前人艺术经验的总结，也是诗歌艺术发展到宋代时必然的历史趋向和理论概括。他在《答洪驹父书》中说："古之能为文章者，真能陶冶万物，虽取古人之陈言入于翰墨，如灵丹一粒，点铁成金也。"他的"点铁成金""夺胎换骨"等理论被江西派诸家奉为宗旨，并从各个角度继续完善这一理论体系。曾季狸《艇斋诗话》谓："后山（陈师道）论诗说换骨，东湖（徐俯）论诗说中的，东莱（吕本中）论诗说活法，子苍（韩驹）论诗说饱参，入处虽不同，然其实皆一关捩，要知非悟入不可。"可见江西派诗人对艺术规律的总结的重视是共同的。但如何掌握这些艺术手段，达到如此艺术境地呢？陈师道说："学诗如学仙，时至骨自换。"（《次韵答秦少章》）吕本中说："作文必要悟入处，悟入必自工夫中来，非侥幸可得也。"（《吕氏童蒙训》）又说"只熟便是精妙处"（《紫微诗话》）。这不仅是黄庭坚诗论的具体化，而且与杜甫的"读书破万卷，下笔如有神"也是一脉相承的。江西派诗人对艺术美的执着追求而取得的成就，是呕心沥血的结晶，是严谨的治学态度的反映。这是其创作主张中艺术形式的一面。

有人说，江西派诗人“脱离作品内容而孤立地讲求技巧”[①]，这种说法本身正是脱离江西派诗人的作品内容及其完整的艺术观点而撷其一点不及其余的结果。黄庭坚说：“凡作一文，皆须有宗有趣。”（《答洪驹父书》）“当以理为主，理得而辞顺。”（《与王观复书》）这里的“宗”“趣”“理”，无疑都是类乎思想内容的概念的，可见黄氏在追求艺术技巧的同时，是将思想内容作为其首要前提的。不仅如此，黄氏还很重视文学的社会功用，其《戏呈孔毅父》诗写道：“文章功用不经世，何异丝窠缀露珠。”这些都是属于我国古代传统的现实主义文论思想范畴的。同时，他对过分追求艺术技巧、以辞害意的作品并不欣赏，《与王观复书》指出，“所寄诗多佳句，犹恨雕琢功多耳”，“文章成就，更无斧凿痕，乃为佳作耳”。由此可见，黄氏的主观意愿是将丰富的思想内容纳入艺术规律之中，并坚决反对片面地强调其中某一方面。在这种理论指导下的创作实践，最突出的代表要算被方回尊为江西诗派“三宗”之一、南宋杰出的爱国诗人陈与义。宋室南渡的时代画面、希望团结抗战收复中原的强烈爱国激情以及广阔的社会现实都在他的诗篇中得到大量的反映。我想，持前论者如果了解到江西诗派这一方面的理论与实践，将会作何感想呢?

江西派诗人善于总结艺术经验，遵循艺术规律，继承现实主义的优良传统，正是一个诗派风靡诗坛并产生深远影响的关键所在。南宋诗人郑天锡称其“人比建安多作者，诗从元祐总名家”（《江西宗派》），正是当时的盛况。自北宋末叶直至整个南宋时期，几乎没有一个稍有成就的诗人不和江西诗派有所联系，受其影响。著名大诗人陆游就是曾几的及门弟子，陆氏所作

① 中国社会科学院文学研究所《中国文学史》。

《吕居仁集序》也自称源出吕本中；他的“夜来一笑寒灯下，始是金丹换骨时”（《夜吟诗》），“沛然要似禹行水，卓尔孰如丁解牛”（《六艺示子聿》），“琢雕自是文章病，奇险尤伤气骨多”（《读近人诗》）等诗论与江西派“点铁成金”“夺胎换骨”“只熟便是精妙处”“工夫深处却平夷”的创作主张本质上是毫无区别的。而陆游之所以能够最终越出江西派的畛域，另辟蹊径，取得更大成就，也是他遵循江西派“作诗自立意，不可蹈袭前人”（《吕氏童蒙训》）的理论去实践的结果。他的创作道路及其丰硕成果，正是江西派诗论的积极方面付诸实施取得成功的范例。同时的尤袤、范成大、杨万里也莫不如此。另外，江西诗派还影响到南宋词坛，姜夔等人的词风就明显地带有它的特有色彩；甚至直到清末，在很多作家中还有相当大的影响和支配力，同光体诗人就是以其为楷范的。清人张泰来更进一步地说：“矧江西宗派不止于诗，即古文亦有之，不独欧阳、曾、王也，时文亦有之，不独陈、罗、章、艾也，推之道德节义，莫不皆然。”（《江西诗社宗派图录》）可见江西诗派涉及领域与影响之广阔深远。

继集大成的唐诗之后，宋诗面貌卓然一变，独启门庭，如果其中没有江西诗派，那么，宋诗巍然一代，形成古典诗歌史上的又一座艺术高峰，取得与唐诗相抗衡的地位，则是难以想象的。

二、方回提出江西诗派的完整体系

如果说，南北宋之际的吕本中总结了北宋诗人的诗歌创作，勾勒出以黄庭坚为创始人、以陈师道等二十四人为成员的江西诗社宗派图的大体轮廓，那么，宋元之际的方回则是在此基础之上，纵观两宋，通彻源流，提出了江西诗派的完整体系。他以老杜、山谷、后山、简斋等四家为“一祖三宗”。

江西派诗人尊奉并学习杜甫，在艺术上是颇有成就的；方回首先认为江西诗派继承了杜甫的衣钵，是卓有见地的。其实，在方回之前，已经有人隐然提及这一点。陈师道说："豫章之学博矣，而得法于少陵，故其诗近之。"①胡仔说："近时学诗者率宗江西，然殊不知江西本亦学少陵者也。"②王若虚说，"江西诗律""造老杜浑全之地"，又说"以少陵之肉，傅东坡之骨"③，这透露出江西诗派与杜甫之间的关系。在方回之后，清人黄宗羲说："宋之长铺广引盘折生语，有若天设，号为豫章宗派者，皆源于少陵。"（《张心友诗序》）"少陵体则黄双井专尚之，流而为豫章诗派，乃宋诗之渊薮，号为独盛。"（《姜山启彭山诗稿序》）他不仅指出江西诗派直接源于杜甫，而且说明了江西诗派从继承杜甫衣钵而至于宋诗独特面貌的演变，正是方氏论点的进一步阐明。

有人说，江西诗派"所以能垂诸久远者，皆黄、陈之力也"④。的确，陈师道作为江西诗派大师，对后人的影响并不亚于黄庭坚。即使在当时，也深得文坛前辈的赏识，苏轼称其"文词高古，度越流辈"（《荐布衣陈师道状》），并与傅尧俞、孙觉等上书哲宗，竭力荐举；黄庭坚亦对其推崇备至："其作诗渊源，得老杜句法，今之诗人，不能当也。"（《答王子飞书》）将陈师道与黄庭坚的作品作一全面的比较研究，可以看出，他们虽然同是师法杜甫，但在艺术上的所得不尽相同，黄之广阔，陈之精雅，事实上已各臻其妙境而并峙诗坛。因而，方回将陈师道与黄庭坚并列入"三宗"，是较为切合实际的。

方回不仅补正了吕本中眼力之不足（吕本中说，江西诗派

---

① 《苕溪渔隐丛话》前集卷四十九。
② 《苕溪渔隐丛话》前集卷四十九。
③ 《滹南遗老集》卷三十七《文辨》。
④ 龙榆生《中国韵文史》。

“本其源流，皆出豫章”[①]。据上所析，是不尽然的），而且还扩展了吕氏时代之局限，将南宋时堪称江西诗派之巨擘的著名诗人陈与义、曾几以及吕氏本人增补入派。

在《瀛奎律髓》“节序类”中，方回还有一段更为确切的论述：

> 予平生持所见，以老杜为祖，老杜同时诸人皆可伯仲。宋以后山谷一也，后山二也，简斋为三，吕居仁为四，曾茶山为五，其他与茶山伯仲亦有之，此诗之正派也。余皆傍支别流，得斯文之一体者也。

这里不仅是对江西诗派渊源流变的系统概括，而且是对江西诗派诸大家艺术成就的精当品评，江西诗派的实际状况与完整体系，也正是赖以得到较为全面的反映。至此，“一祖三宗”说几乎成了江西诗派的代名词而广泛地为后人所接受。近人龙沐勋曾说：“宋末方回撰《瀛奎律髓》，主江西派，又倡为‘一祖三宗’之说……此自成系统，影响后来者甚深。”[②]从这个意义上来说，“未作江西社里人”的方回对于江西诗派的贡献是无与伦比的。

三、《瀛奎律髓》的选诗标准及其影响

方回熟精诗律，著述颇丰，对诗文特多精辟理论。朱光潜先生曾说：“最好的文艺批评家往往是文艺创作者本人。诗和戏剧方面的歌德，绘画方面的达·芬奇和杜勒，雕刻方面的罗

① 胡应麟《诗薮》杂编第五卷。

② 龙榆生《中国韵文史》。

丹，小说方面的巴尔扎克和福楼拜等大师，在他们的谈话录、回忆录、书信集或专题论文里都留下了珍贵的文艺批评，其所以珍贵，是因为他们是从亲身实践经验出发的。”[①]方回也正是深知诗歌创作甘苦，熟谙此中三昧，才成为我国十三世纪的杰出诗论家。身为宋季遗老，他目睹当时诗坛已趋衰微，为力挽颓波，“因博综三唐、五代、南北宋诸名家所作，探其实奥，立为法程”，欲使“后之读者，心目轩豁，人人知去皮毛以求其髓之所在”[②]。由于这一主导思想贯穿《瀛奎律髓》全书，其选诗标准及评诗宗旨则自应着重于艺术的选择与作法的探讨。他在《瀛奎律髓序》中说：

> 瀛者何？十八学士登瀛洲也；奎者何？五星聚奎也；律者何？五七言之近体也；髓者何？非得皮得骨之谓也。斯登也，斯聚也，而后八代五季之文弊革也。文之精者为诗，诗之精者为律，所选诗格也，所注诗话也。学者求之髓，由是可得也。

在这一段书名的题解中，已经透露了其选评诗作的大体原则。“文之精者为诗，诗之精者为律”，是《瀛奎律髓》专选律诗的理论根据，也是第一次系统地从理论上阐明律诗在诗歌史上的艺术地位。

纵观中国古代诗歌史，律诗随着音韵学的发展而兴起。它始于南朝末期，经过历代无数诗人的探索、培育、创新、发展，到了南宋，律诗终于成为一种完美的艺术形式矗立于浩瀚的文学之林。它不仅格律精严、声韵铿锵，而且“须具纵横奇恣，开阖阴

① 《西方美学史》上卷。
② 《瀛奎律髓序》。

阳之势，而又必起结转折，章法规矩井然”[①]，与其他文学形式相较，语言更为凝练，内涵更为深沉，韵味更为隽永，具有更严密的艺术结构和更高的美学要求。律诗成为唐宋文学的主要代表形式和古典诗歌繁荣的象征，其原因正在于此。同时，律诗在文学史上的地位和生命力还表现在对其他文学形式的影响，被称为“诗余”“长短句”的词以至后来的曲，其语言艺术形式的形成，无疑都受到律诗的很大影响。因此，从艺术规律及美学要求的角度看，方回独尊律诗，并不是没有道理的。

明人皆春居士在搜访辑录《瀛奎律髓》成书后记曰：“先生自序谓‘诗之精者为律’。今观其所选之精严，所评之当切，涵泳而隽永之，古人作诗之法，讵复有余蕴哉。诚所谓‘律髓’也。”方回亦曾自谓“用事浅近者皆不取”[②]。他一方面固然遵从“一祖三宗”的体系，如“暮夜类”共选诗六十一首，其中杜甫十三首；“晴雨类”选五律九十五首，而杜甫、陈师道、陈与义、吕本中、曾几五家诗就多达五十七首。但另一方面他也注意到各种不同风貌的作家及各类不同题材的作品，如“消遣类”选三十九首，其中白居易十首，陆游十二首，江西派中却未选一首；“怀古类”选入宋代七言律诗共三十五首，而杨亿、钱惟演、刘筠等西昆诸公的作品就多达十七首。可见方氏在实际去取中并非一味偏袒或排斥，而是根据作品的客观艺术价值进行选择，并力求从多方面反映唐宋律诗创作的实际状况。

主要按照作品的题材而分类，是《瀛奎律髓》选诗成集的又一特色。其类别之详，亦正是力求全面之意图使然。吴之振说：“紫阳方氏之编诗也，合二代而荟萃之，不分人以系诗，而别诗以从类。盖譬之史家，彼则龙门之列传，而此则涑水之编年，均

① 方东树《昭昧詹言》卷十四。

② 《瀛奎律髓》卷二十一。

之不可偏废。然聚六七百年之诗，于一门一类间，以观其意境之日拓，理趣之日生，所谓出而不匮，变而益新者，昭然于尺幅之间，则是编为独得已。”[①]出于欲使“后之读者，心目轩豁”的用意，将诸名家的同类作品汇集一处，的确能使同一种题材在艺术上的不同反映与不同风格自然显露，使人得到荟萃百家、融会贯通之益，进而达到“意境日拓”、“理趣日生”、自辟蹊径、自成风格的境地。这种分类法，最早应上溯到梁代萧统的《昭明文选》，《瀛奎律髓》的评选标准一定程度地继承了《昭明文选》的传统，则是毋庸置疑的。

四、《瀛奎律髓》的艺术观

方回将《瀛奎律髓》分为四十九类，各类之首，冠以小序；所选之诗，复加评语。方氏对文艺的见解与观点，正在这些述评之中。

方回所选《瀛奎律髓》的宗旨是“排西昆而主江西”，清纪昀《瀛奎律髓刊误》道：“其论诗之弊，一曰党援：坚持一祖三宗之说，一字一句，莫敢异议……宗派苟同，无不袒庇；而晚唐、昆体、江湖、四灵之属，则吹索不遗余力，是门户之见，非是非之公也。”[②]其实，褒江西贬西昆，正是《瀛奎律髓》的重要特色，也是方氏艺术观在对这两个流派的具体品评中的必然表现。

《西昆酬唱集》的内容主要是歌唱内廷侍臣优游的生活，反映了他们精神生活的贫乏与空虚；语意晦涩，格调低下，摭拾典故，堆积辞藻，有的甚至近似诗谜，读起来支离破碎，味同嚼

① 《瀛奎律髓序》。
② 《瀛奎律髓序》。

蜡。他们公开反对“子美集开诗世界”（王禹偁语）的杜诗，背离现实主义的优良传统，走向“魔道”。而江西派正是继续了宋初及稍后的欧、梅、苏诸家的反西昆工作，恢复了杜甫的地位，开拓了诗歌艺术的新天地。很明显，方回的反西昆崇江西是有道理的。

诚然，方氏论诗不免有偏激之处，所谓“词涉富贵，则排斥立加；语类幽栖，则吹嘘备至”[①]，但是，纪昀只注意了这一方面的表象，而忽视了其本质精神。宗廷辅在《古今论诗绝句》中说得好：“山林台阁，各是一体。宋季方回撰《瀛奎律髓》，往往偏重江湖道学，意当时风气，或有借以自重者，故喝破之。”从这里可以看出，当时或有西昆余孽居文坛高位，描述豪华、炫耀富贵，并以此排斥异己。方氏的偏激之论，正为针对这种现象并欲扶正文风而发。从这一意义看，《瀛奎律髓》不仅有探索创作规律的艺术价值，且具针砭时弊的社会功用。

基于江西诗派的创作主张，方回认为诗歌艺术的最高境界是绚烂之后归于平淡，经过惨淡经营达到妙造自然之境。他评陈师道诗“枯淡瘦劲，情味深幽”[②]，评陈与义诗“气势雄浑，规模广大”[③]，有“闲雅之味”[④]，同时指出，这样雄浑自然的境界，须“力学则可及”。这种论点在他对杜诗的评论中尤为突出，他在《程斗山吟稿序》中，具体地把杜甫在夔州前后的作品作了比较，认为五十四岁以前的杜诗，是“如绣如画”，极尽人工之美；五十四岁以后的杜诗，是“剥浮落华”“绣与画之迹俱泯”，正如黄庭坚所谓“不烦绳削而自合”，功夫纯熟之后自然而至，才是杜甫老境的成就。杜甫自己也曾说过“晚岁渐于诗律

① 《瀛奎律髓刊误序》。
② 《瀛奎律髓》卷四十二。
③ 《瀛奎律髓》卷二十四。
④ 《瀛奎律髓》卷二十六。

细”，又说“老去诗篇浑漫与”，“诗律细”即是锻字炼句的功夫，“浑漫与”即是纯熟自然的境界，而境界必自功夫中来。方回的这种论点，不仅是江西派诗人见解的具体化，而且是传统的文论思想的表现。李白所谓“清水出芙蓉，天然去雕饰”，梅尧臣所谓“作诗无古今，惟造平淡难”，苏轼所谓“当使气象峥嵘，五色绚烂，渐老渐熟，乃造平淡”，皆是此意。这种“平淡”论，对后代诗坛是有深远影响的。清人袁枚说：“诗宜淡不宜浓，然必须浓后之淡。”（《随园诗话》）王士禛说：“为诗先从风致入手，久之要造于平淡。”（《燃灯纪闻》）当然，这些言论有各自的理论基础及思想渊源，但在对诗歌艺术规律的探讨和理解方面，却是一致的。

方氏对诗歌的看法并不完全满足于江西之见，而将古典诗歌史上黄金时期的艺术成就各有千秋的盛唐诸家作为理想准绳来衡量宋人。他评梅尧臣诗“一扫昆体，与盛唐杜审言、王维、岑参诸人合”[①]，又说：“若五言律诗，则唐人之工者无数。宋人当以梅圣俞为第一，平淡而丰腴，舍是则又有陈后山耳。此余选诗之条例，所谓正法眼藏也。”[②]他评王安石诗“最工唐体”，但“苦于对偶太精而不脱洒”[③]。可见在艺术形式上即使某些方面已基本逼肖唐人，但一味机械地师法模仿，不能出入百家，自辟蹊径，仍不是艺术的理想境界。方氏的要求是遵循普遍的艺术规律与作家独创的艺术个性的统一，在风格表现上则应气骨高峻，平淡与丰腴相结合。偏于平淡，则欠丰韵，降低了美学要求；偏于丰腴，则气格卑下，缺乏锻炼之功力。陈衍说得好：“诗贵风骨，然亦要有色泽，但非寻常脂粉耳；亦要有雕刻，但非寻常斧

① 《瀛奎律髓》卷四。
② 《瀛奎律髓》卷一。
③ 《瀛奎律髓》卷四。

凿耳。”（《石遗室诗话》）这正是发展了传统的风骨兼备的辩证思想，可作方氏诗论的绝妙注脚。方氏又说：“予于晋独推陶彭泽一人格高，足方嵇阮。唐惟陈子昂、杜子美、元次山、韩退之、柳子厚、刘梦得、韦应物，宋惟欧、梅、黄、陈、苏长翁、张文潜，而又于其中以四人为格之尤高者，鲁直、无已，上配渊明、子美为四也。”[①]这里值得注意的是，方氏已经意识到宋人所师法的风骨高峻的诗风不仅来自杜甫，而应上溯到更早的陶潜。无怪清人张泰来说“江西之派实祖渊明”（《江西诗社宗派图录跋》）；况且方氏所谓“平淡而丰腴”，与苏轼评论陶诗“质而实绮，癯而实腴”，何其相似乃尔！

刻意锻炼语言，融注艺术构思，是通往“炉火纯青”的必经之路。方氏在总结艺术经验、探讨律诗作法时，对此是极其重视的。他说：“凡为诗，非五字七字皆实之为难，全不必实，而虚字有力之为难。”[②]对于律诗语言的要求，应该说在所有的文学形式中是最简洁而凝练的，诗人要驾驭极少的文字来反映极丰富的内容，因此又必须极形象而生动。皆用实字则呆滞，皆用虚字则浮浅。这里方氏指出了虚实并用的重要性，而这也是驾驭语言的第一道环节。他又说：“所谓敲门推门，争精微于一字之间是也。然诗法但止于是乎？惟晚唐诗家不悟，盖有八句皆景，每句中下一二字以为至矣，而诗全无味，所以诗家不专用实句实字，而或以虚为句，句之中以虚字为工，天下之至难也。”[③]他进一步认为，只知“争精微于一字之间”的局部推敲，而不懂得“悟”的全局观念，是无法构成艺术整体的。他在《唐师善月心诗集序》中说：“诗视文为尤难，愈参则愈悟，愈变则愈进。”这些都是江西诗派“要知非悟入不可”理论的继续和发展。固

① 《桐江续集》卷三十三。
② 《瀛奎律髓》卷四十三。
③ 《瀛奎律髓》卷四十三。

然，诗的语言锻炼表现为所谓的“诗眼”，他评陈师道《山口》诗“五六‘浑’字、‘半’字有眼”①，《秋怀》诗“中四句皆有眼”②；评曾几《长至日述怀兼寄十七兄》诗“‘厌’字、‘空’字、‘强’字、‘略’字皆诗眼”③，《仲夏细雨》诗“第六句‘惬’字当屡锻改乃得此字”，纪昀亦曰“此字微妙，此评亦得其甘苦”④；还有暗藏的诗眼则表现为“极瘦有骨，尽力无痕，细看之句中有眼”⑤。然而，他更主张诗眼不能孤立存在，而应与全篇紧密关联，前后顾注，才能达到传神的目的，所谓“句有关锁，字有眼，意有脉”⑥，才能构成“以万钧九鼎之力束于八句四十字之间”⑦的紧凑严谨、经纬交织的整体美。

方氏诗论主要在于艺术规律与布局结构的研讨，这是《瀛奎律髓》成书的指导思想。然而，我们只要不是走马观花，即不难发现他对诗歌形式中的思想内容并不过于忽视，这类论述虽然如吉光片羽，却是非常精辟而重要的见解，代表了方氏文艺观的另一个方面。他说：“骄富贵，叹贫贱者，咸黜之。是可以见选诗之意矣。”⑧可见他对内容空洞、思想贫乏的纯形式主义的诗作不但毫不欣赏，并坚决将其摒诸入选范围之外。那么，其“选诗之意”究竟是什么呢？他有一段精辟的论述：

> 怀古者，见古迹思古人。其事无他，兴亡贤愚而已。可以为法而不之法，可以为戒而不之戒，则又以悲夫后之人

---

① 《瀛奎律髓》卷二十九。
② 《瀛奎律髓》卷十二。
③ 《瀛奎律髓》卷十六。
④ 《瀛奎律髓》卷十七。
⑤ 《瀛奎律髓》卷十。
⑥ 《瀛奎律髓》卷四十四。
⑦ 《瀛奎律髓》卷三十四。
⑧ 《瀛奎律髓》卷六。

也。齐彭殇之修短，忘尧桀之是非，则异端之说也。有仁心者，必为世道计，故不能自默于斯焉。[①]

这不仅是对“选诗之意”的解答，更重要的是涉及文艺与社会的关系问题。“有仁心者，必为世道计”，说明正确的态度，应善于总结历史的经验，为时代而歌唱。因此，有生命力的文艺作品，也必然能够对社会现实起到感化、教育的作用，这也是对所谓“兴、观、群、怨”的传统理论的阐发。纪昀对方回的这一段话深表赞赏：“此序见解颇高，可破近人流连光景自矜神韵之习。”[②]可见，方氏此论不只在当时具有现实意义，且直至清代尚有针砭文坛陋习之效。从这一点来看，方氏对艺术形式的一贯强调，却并不是纯形式主义的倾向，而是为了思想内容得到更好的表达，产生更大的感染力。正如黑格尔所说：“艺术作品的表现愈优美，它的内容和思想也就具有愈深刻的内在真实。”[③]方氏在评杜甫《登楼》诗时说：“今于‘登览’中选此为式。‘锦江’‘玉垒’一联，景中寓情；后联却明说破。道理如此，岂徒模写江山而已哉！”[④]此诗雄浑奔放，真情迸发，眼见得“花近高楼”，心却伤“万方多难”；“锦江春色”，原为“天地”之精英；“玉垒浮云”，变幻“古今”之时代；咏“后主祠庙”，为的是“朝廷不改”“寇盗莫侵”。无限的时空画面竟纳于数十字中。方氏以此诗为楷范，也正因为“景中寓情”“说破道理”；亦即成功的艺术作品，必须具备“景”“情”“理”的统一，方可达到“真”“善”“美”的境地。

---

① 《瀛奎律髓》卷三。

② 《瀛奎律髓》卷三。

③ 黑格尔《美学》第一卷。

④ 《瀛奎律髓》卷一。

五、结束语

当然，对于方回与江西诗派及其文艺思想，既不能简单地否定，也不应全盘肯定。方回以至江西诗派的理论体系确实还存在很多问题有待研究、分析、批判，《瀛奎律髓》的选诗标准与论诗主张也有舍本逐末的现象。这是时代与评论家的主、客观方面多种因素所决定的。宋元之际，政治黑暗，斯文衰敝，萎靡颓废的世纪末气息必然对批评家产生影响，并反映到其论著之中。正因为如此，我们应当也只能将它们放到当时的历史环境中来研究、评价；对一些现象有了正确的了解和认识，则不必苛求古人了。

（原载于《学术月刊》1982年第6期）

略谈方回的《瀛奎律髓》

◎李庆甲

元初方回编选的《瀛奎律髓》，是一部比较全面地体现宋代江西派诗学观点，而在历史上曾经产生过一定影响的大型唐宋律诗选集。

方回生于南宋宝庆三年（1227），卒于元大德十一年（1307），字万里，号虚谷，歙县（今属安徽）人。宋景定间别省登第，曾知严州。入元，授建德路总管，不久罢官。工诗文。其所为文，《四库全书总目提要》谓为“学问议论，一尊朱子。崇正辟邪，不遗余力，居然醇儒之言”。论诗宗奉江西诗派。有《虚谷集》，已佚。现存著作除《瀛奎律髓》外，有《桐江集》《桐江续集》《续古今考》《文选颜鲍谢诗评》。

我国古代诗歌艺术发展到唐代形成了最高峰，此时，诗人辈出，流派纷繁，作品广泛、深入地反映了当时的社会现实生活，艺术技巧臻于成熟的境地。宋诗在继承唐诗优秀传统的基础之上，许多方面又有所创造和发展，从内容到形式都呈现出自己的特色，成为继唐诗之后的又一座新的艺术高峰。历来的研究者往往把唐诗宋诗相提并论，视为中国诗歌史上两个重要的发展阶段。格律谨严精密的律诗孕育于南北朝，成熟于唐初。唐宋诗歌创作高度发展的标志之一是各种诗歌体裁都取得了丰硕的成果，而其中以律体诗的成绩尤为突出。方回的《瀛奎律髓》专选唐宋五、七言律诗，取材宏富，共选三千零十四首（其中重出二十二首，实为二千九百九十二首），三百八十五家。全书以作品题材作分类的主要标准，分为四十九类，每类按时代先后为次编为一卷，共四十九卷。该书选诗侧重于宋代的，入选一千七百六十五首，二百二十一家，比重超过唐代的；江西派重要作家入选的作品也较多。这反映了方回崇尚江西诗派的立场。然而从全书的情况来看，方回未为宗派观念所囿，选诗尚能根据作品的客观艺术价值决定取舍，所选作品以大家为主，同时也注意到不同流派的作家和不同题材的作品，编排的体例又比较别致。因此，这部诗选还是比较全面地展示出了唐、五代、北宋、南宋将近七百年诗歌创作繁荣的盛况和律诗发展、流变的轮廓。

江西诗派是一个作家人数众多、文学见解大体一致、作品风格基本相同的诗歌艺术流派，为北宋后期黄庭坚所开创。黄庭坚的诗作具有特殊的个性与风格；他还提出了一套作诗的主张，所论多言法度，强调规摹古人。其创作和理论在当时很有吸引力，为一些士大夫文人所普遍喜爱，受到影响的作家无形中就形成一种流派。最先提出“江西诗派”这一名称的是南北宋之际的吕本中，他的《江西诗社宗派图》把黄庭坚作为诗派的创始人，又把陈师道等二十四人作为这一诗派的成员。江西诗派形成之后，经由师友的传授，绵延发展，声势很大，影响深远，在北宋末以及整个南宋时期，包括陆游、杨万里、范成大之流的大诗人在内，几乎没有一个作家不与之在创作上有过不同程度的联系。但是，到了南宋后期，宗尚晚唐的四灵诗派兴起，江湖诗派风行，早已显露出自身流弊的江西诗派相形之下日趋衰微。重振江西诗派的旗鼓，纠正其阙失，维护和发扬其创作主张和美学准则，以改革四灵诗派、江湖诗派所造成的颓俗卑弱的诗风，是方回编选《瀛奎律髓》的根本宗旨。

方回在该书自序中说：“文之精者为诗，诗之精者为律，所选诗格也，所注诗话也。”依诗说话，论对诗发，将选诗和评诗结合起来，使诗选和诗话融为一体，是《瀛奎律髓》的一个显著特色。这部诗选对所选之诗多详加圈点、标明句眼、指出写作特点，还对唐宋诗歌中各个流派和重要作家、作品的艺术风格、特征作了十分细致的分析。方回评论入选作品，基本上以江西诗派之法为法，吸取了江西派作家所总结的一套格律句法之学。江西派诗人对诗歌创作的命意、结构、格律、句法、对偶、用字等问题的意见往往发表于短札和谈片，散见于有关文集、诗话、笔记等著作。《瀛奎律髓》把这些零碎的意见集中在一起，加以系统化，并且通过评点作品的方式把它们具体而明白地显示出来。整个宋代，研究格律句法的诗学特别兴盛。对江西诗派以外各家的意见，方回也广为吸取。从某种意义上讲，《瀛奎律髓》这部律诗选集同时又是一部宋代的诗律学全书。

《瀛奎律髓》在吸取、运用江西派诗学理论的同时，对它进行了较为全面的整理与总结，并作了必要的修正、补充，使之得到进一步的发展。值得注意的有下列几点：

一

在江西诗派所提出的一系列作诗法则之中，许多人奉“夺胎换骨”“点铁成金”之说为纲领，方回却特别注重“拗字”“变体”等法则，在《瀛奎律髓》里列出专类予以探讨：卷二十五专论“拗字”，卷二十六专论“变体”，分析具体而微。“拗字”是作律诗时改变某些字的平仄格律，使作品骨格峻峭，语句浑成，气势顿挫。“变体”是作律诗时妥善处理情句和景句、实字和虚字，以及色彩的浓和淡、辞意的重和轻等对立而又统一的各对矛盾，使作品的体制富于变化。我们应该指出，“拗字”“变体”之法对于创作具有苍劲瘦硬风格的律诗确实是重要的艺术手段，它们是江西派诗法体系中较有价值的精华；而所谓“夺胎换骨”“点铁成金”，主要是要人在创作时规摹古人诗意，点窜古人诗句，搬弄典故，使用古语，实际上是以借鉴代创造，容易造成摹拟剽窃的恶习。南宋魏泰《临汉隐居诗话》、金王若虚《滹南诗话》都曾对此提出过尖锐的批评。方回虽不以“夺胎换骨”“点铁成金”之说为非，并在评诗时加以运用，但突出“拗字”“变体”之法，将之作为江西派诗法的重点进行深入的研究与总结，改变了该派原先以“夺胎换骨”“点铁成金”的主张为核心的做法，这对于江西派诗律学体系是一个改造与提高。

二

方回评诗，明确标举江西诗派作家所一致注重的“格”作为主要标准。他说：“诗以格高为第一。”（《桐江续集·唐长孺艺圃小集序》）他又说：“诗先看格高而意又到语又工，为上；意到语工而格不高，次之；无格无意又无语，下矣。”（《瀛奎律髓》卷二十一，以下引文仅注明卷数）基于这样的原则，方回高度赞扬了江西诗派的代表作家，评黄庭坚、陈师道云：“黄、陈特以诗格高为宋第一。”（卷二十二）评陈与义云：“简斋诗独是格高，可及子美。”（卷十三）也是从“格高”的要求出发，方回批评了诗格卑弱的四灵诗派、江湖诗派以及他们所宗尚的晚唐的许浑、姚合等作家的诗风。

方回所说的“格高”，是指诗歌苍劲瘦硬的风格。江西诗派以具有这样独特的艺术风格而使自己成为一个独特的艺术流派。作为江西诗派后起的中坚，方回所尽力维护和发扬的正是这一种风格。他对于“拗字”“变体”等手法的总结，都是属于经由锻字炼句以达到这种风格的实践途径。但是，由于江西派诗人一味强调“格高”，流弊所及，反映到作品艺术风格上来，产生了明显的缺陷。方回对此并不讳言，他说："江西苦于丽而冗。"（卷十）又说："江西之弊又或有太粗疏而失邯郸之步，亦足以发文章与时高下之叹也。"（卷十）为了消除弊病，方回对江西诗派的美学准则进行了修正与补充。具体地讲，就是主张在以"格高"为基础的前提之下，一要以"细润"济粗犷，他说："大历十才子以前，诗格壮丽悲感。元和以后，渐尚细润，愈出愈新，而至晚唐，以老杜为祖，而又参此细润者，时出用之，则诗之法尽矣。"（卷一）二要以"圆熟"济生硬，他说："熟也者，非腐烂陈故之熟，取之左右逢其原是也。"（卷二十）"平熟圆妥，视之似易，能作诗到此地亦难也。"（卷十六）三要以"丰腴"济枯涩，他说："若五言律诗，则唐人之工者无数。宋人当以梅圣俞为第一，平淡而丰腴，舍是则又有陈后山耳。此余选诗之条例，所谓正法眼藏也。"（卷一）

三

注意诗歌与现实的关系，强调诗歌的社会作用，是方回文学思想的一个重要方面。这表现在对杜甫作品的评价上，除了讲求其格律句法，方回还一再提示要注意其中所表现的忧世悯生的怀抱："明皇、妃子之酣淫，林甫、国忠之狡贼，养成渔阳之变。史思明继之，回纥掎之，吐蕃踵之，四方藩镇不臣，盗贼蜂起。老杜卒于大历五年庚戌，自天宝十四年乙未始乱，流离凡十六年。唐中叶衰矣，却只成就得老杜一部诗也。"（卷二十九）"老杜平生虽流离，多在郊野，而目击兵戈盗贼之变，与朝廷郡国不平之事，心常不忘君父，故哀愤之辞不一，不独为一身发也。"（卷二十三）"他人对雪，必豪饮低唱，极其乐。唯老杜不然，每极天下之忧。"（卷二十一）《瀛奎律髓》

“忠愤类”选录了不少反映唐宋各动乱时期历史现实的优秀诗篇，以杜甫《春望》冠于卷首，批语云：“此第一等好诗。想天宝、至德以至大历之乱，不忍读也。”（卷三十二）该卷中其他一些作品后的批语也常常流露出这样的感慨。“升平类”中对那些粉饰现实的作品，颇多微词。“朝省类”批评贾至等四人在“京师喋血之后，疮痍未复”的情势下写“夸美朝仪”的《早朝大明宫》诗是“不已泰乎”！（卷二）“怀古类”小序更正面指出：“有仁心者，必为世道计”；认为即使写怀吊古迹之作，也不应一味流连光景，而要从“兴亡贤愚”中探求历史的经验教训以“为法”“为戒”，使创作有益于社会。（卷三）江西诗派始创者黄庭坚本人就是偏重形式技巧而轻视作品社会内容、回避政治斗争的，造成了极大的不良影响。方回的上述主张，一定程度上弥补了江西派在诗歌创作的这个至关重要的理论问题上的严重缺失。

四

方回不但系统地总结了江西诗派的诗学理论，而且通彻源流地重新整理了这一个诗歌流派的组织体系，提出了著名的“一祖三宗”的论点。他指出黄庭坚、陈师道“号江西派，非自为一家也，老杜实初祖也”（卷一），并宣称说：“古今诗人当以老杜、山谷、后山、简斋四家为一祖三宗，余可预配飨者有数焉。”（卷二十六）黄庭坚诗学原是推尊杜甫的；其他的江西派诗人也都以杜甫为标榜，视黄庭坚为杜甫的直接继承者。但是，黄庭坚学杜，只注意从形式技巧中寻求经验和规律，存在很大的片面性；而江西诗派的末流，心目里只有黄庭坚，连杜甫的作品都弃而不读。在这种情况下，方回明确揭示本源，推尊杜甫为“初祖”，对于号召后学直接学习杜甫，在与杜甫作品的实际接触中真正体会杜甫的精神和成就，克服片面性，具有重要的意义。陈与义是宋朝南渡之际的杰出诗人，他目睹了北宋之亡，亲身经历了时代的动乱，后期作品多感愤沉郁之音，表现出爱国忧时的思想。和黄庭坚、陈师道一样，陈与义也尊杜学杜，对苏轼、黄庭坚亦很推重，然而他又说："要必识苏、黄之所不为，然后可以涉老杜之涯矣。"（《简斋诗集引》）尽管陈与义对苏、黄有一定的保留，而严羽《沧浪诗话》也认为"简斋体"是"亦江西之派而小异"，但方回把他列为"三宗"之一，其目的显然是为了壮大江西诗派的阵营，从而借以扩大后学者的眼界。清吴宝芝说："'一祖三宗'之说，论诗家每用相诟病，谓其不应独宗江西也。夫訾其为偏，诚所难辞。然观其论诗小序云：'立志必高，读书必多，用力必勤，师傅必真。四者不备，不可言诗。'可知其于此事，煞费工夫来。盖从三折九变之余，而始奉此为归宿，其中甘苦得失之数，必有独喻其微者，非漫然奉一先生之号，傍人门户以自标榜也。"（《重刻瀛奎律髓记言》）指出方回重新整理了江西诗派的组织体系与其文学思想之间的密切关联，真可谓是深得其用心。

上面所讲的四个问题，是方回对江西派诗学的重要发展。如果说，江西派的诗学理论是瑕瑜互见，那么，方回对它的整理与总结，则是使它朝着克服消极面、发扬积极面的方向前进了一大步。在宋代诗坛流行了两百年之久的江西诗派虽然存在较大的局限性，但是它在创作、理论上的建树及其在文学史、文学理论批评史上的地位是不容抹煞的。因此，方回对江西派诗学理论的改造与提高，对古代诗歌理论的发展作出了积极的贡献。

当然，江西诗派存在的主要弊病是以"流"为"源"，靠前人的书本去作诗，脱离广阔的现实生活。尽管在诗歌的现实性和社会作用问题上方回的见解是值得重视的，然而这并不意味着他对江西诗派脱离社会生活和脱离作品内容而孤立地讲求艺术技巧的错误倾向，有正确的认识。从根本上说，《瀛奎律髓》所指示的创作道路，仍是江西诗派的老路，方回自己的创作就打着这样的烙印。此外，由于方回宗奉江西诗派的立场，特别是由于其时代和阶级的局限，在选诗和论艺方面存在的问题很多，应予分析、批判，这里不一一细说。

《瀛奎律髓》成书于元至元二十年（1283），当时即已刊刻流行。明成化三年（1467）皆春居士重刻该书，为之作序说："先生自序谓'诗之精者为律'。今观其所选之精严，所评之当切，涵泳而隽永之，古人作诗之法，讵复有余蕴哉。诚所谓'律髓'也。"此评价甚高，反映了在诗歌创作崇尚盛唐的明代，这部为宋代江西诗派张目的诗选仍然有人在推重。到了清代，诗坛上出现了宗唐、宗宋的激烈的门户之争，论者的立足点不同，对《瀛奎律髓》的评价也就大相径庭。清代初期，取法晚唐温庭筠、李商隐的冯舒、冯班对该书持彻底否定的态度，如冯班批评说："方君所娓娓者，止在江西一派，观其议论，全是执己见以绳缚古人，以古人无碍之才，圆变之学，曲合于拘方板腐之辈，吾恐其说愈详而愈多所戾耳。"（顾嗣立《元诗选·桐江集小序》引）康熙、雍正时期，宋诗派学者吴之振的看法与二冯针锋相对，称誉该书说："其论世则考其时地，逆其志意，使作者之心，千载犹见。其评诗则标点眼目，辨别体制，使风雅之轨，后学可寻。斯固诗林之指南，而艺圃之侯鲭也。"（《瀛奎律髓序》）宋诗派诗人查慎行也说："诗以气格为主，字句抑末矣。然必句针字砭，方可进而语上。虚谷先生评诗之意以此，余之丹黄亦以此。"（《查初白十二种诗评·瀛奎律髓》）乾隆、嘉庆时期，论诗主张"根柢乎八代、三唐而兼涉乎江西"的纪昀则以折中的姿态出现，在《瀛奎律髓刊误序》中一方面指摘"左袒江西"的方回，说他"选诗"有"矫语古淡""标题句眼""好尚生新"之弊，"评诗"有"党援""攀附""矫激"

之弊；另一方面，批评“左袒晚唐”的二冯，说他们“负气诟争，逐并其精确之论，无不深文以诋之。矫枉过正，亦未免转惑后人”。为了纠正“方氏之僻，冯氏之激”，特地作了《瀛奎律髓刊误》一书。围绕着《瀛奎律髓》所展开的关于诗歌创作领域里许多问题的争论，一直延续到晚清以后。清代两百多年之中，评点《瀛奎律髓》的竟然有十多家。总之，在整个清代，对方回的这部诗选褒贬纷纷，这正说明了它在当时的历史地位和作用，及其影响是很大的。

［原载于《中国文艺思想史论丛》编委会编《中国文艺思想史论丛（二）》，北京大学出版社1985年版，第243—250页］

方回诗歌美学思想初探

◎詹杭伦

方回，字万里，号虚谷，歙县（今属安徽）人，生于宋理宗宝庆三年（1227），景定三年（1262）进士及第，恭宗德祐元年（1275）任严州太守，宋亡降元，授建德路总管兼府尹，至元十八年（1281）休官，大德十一年（1307）卒。

方回是宋末元初著名诗人、诗评家。著有《桐江集》《桐江续集》《瀛奎律髓》《文选颜鲍谢诗评》诸书。平生于诗学造诣最深，持论推尊杜甫，崇尚江西诗派，对唐宋律诗发展及诗学理论颇有建树。本文拟从美学的角度，对方回在诗歌本质和功用、诗歌创作和欣赏等方面的一些带根本性的意见，作一点初步的探索。

一、诗歌的本质和功用

方回善于给一些传统的文学批评原则赋予新的时代意义，使其成为自己手中锐利的理论武器。他对“诗言志”“诗无邪”“诗亦史”“兴观群怨”等传统理论作了精湛的研究，从中阐述了他对诗歌的本质特征及其社会功用的认识。

（一）诗言志

方回在《赵宾旸诗集序》中说：

舜之命夔曰："诗言志，歌永言，声依永，律和声。"今所谓永言、依永、和声者，泯不复传，惟言志尚可论耳。舜之言"喜起"，皋之言"明良"，此诗也，即皋、舜之志也。由、求、赤、点所言虽异，皆一时无韵之诗也。《大序》曰："在心为志，发言为诗。"彼尘污俗染者，荤膻满肠胃，嗜欲浸骨髓，虽竭力文饰乎外，自以为近而相去愈远。古之人虽闾巷子女风谣之作，亦出于天真之自然。而今之人反是：惟恐夫诗之不深于学问也，则以道德性命、仁义礼智之说，排比而成诗；惟恐夫诗之不工于言语也，则以风云月露、草木禽鱼之状，补凑而成诗，以哗世取宠，以矜己耀能。愈欲深而愈浅，愈欲工而愈拙。此其故何也？青霄之鸢非不高也，而志在腐鼠，虽欲为凤鸣，得乎？是故诗也者，不可以勇力取，不可以智巧致。学问浅深，言语工拙，皆非所以论诗。（《桐江集》卷一）

"诗言志"，是一古老的诗学理论，朱自清称之为中国诗论"开山的纲领"（《诗言志辨序》），这一理论经过《诗大序》的发挥，在中国诗论史上产生了巨大的影响。尽管后来发生了"诗言志"与"诗缘情"（《文赋》）的争论，但多数人认为"情、志一也"（《左传》昭公二十五年《正义》），二者都是表达诗歌本质的概念。方回认为，舜之"喜起"之歌："股肱喜哉，元首起哉，百工熙哉。"皋之"明良"之歌："元首明哉，股肱良哉，庶事康哉。"（见《尚书·益稷》）表达他们希望君臣和睦、天下大治的心情，这是舜、皋所言之志；而在孔子的诱导下，由、求、赤、点各言其志（见《论语·先进·子路曾皙冉有公西华侍坐章》），他们的言语也可说是"无韵之诗"。因此，诗之所以为诗，就在于能否表达作者的情志，而不

在韵之有无、言语之工拙、学问之深浅。方回这一思想后来被清代学者章学诚承袭并加以发挥。（见《文史通义·诗教下》）

方回如此立论，在当时是有为而发。宋季元初，诗坛有两股歪风：一是“以诗言理学”（《七十翁吟》，《桐江续集》卷二十二），用道德、性命、仁义、礼智之说排比成诗，把生动活泼的言志之诗，变成了死板枯涩的道学讲义，结果是“愈欲深而愈浅”；二是雕琢言语，卖弄辞藻，如四灵、江湖之徒，以风花雪月、竹树虫鱼饾饤成诗，只求言语工拙，不见真实感情，结果是“愈欲工而愈拙”。为了反对这两种恶劣倾向，方回树立起“诗言志”这面传统大旗，强调诗歌出于“天真之自然”，必须抒发作者眇眇临云之志、真实感人之情。这就使古老的“诗言志”说具有了新的时代意义。

方回又说，赵宾旸自序其诗，“乃谓‘学必本洙泗，文必本六籍、先秦、西汉’。此以教后学入门可也，使后学由此以求君之所谓诗，而不本于志，则亦好龙画虎而已。予于是存其尤者，序而行之，俾当世诗人反求乎根柢之所在，而无徒掇拾菁英，以事其外焉”（《赵宾旸诗集序》）。“本六籍”只是后学入门之途，“诗言志”才是诗人“根柢之所在”，这个见解极有意义。观乎此，我们自然想起严羽曾说过：“诗有别材，非关书也；诗有别趣，非关理也。然非多读书，多穷理，则不能极其至。所谓不涉理路，不落言筌者，上也。诗者，吟咏情性也。”（《沧浪诗话·诗辩》）此段议论，后人笺释繁多，歧义百出，大都不得要旨。结合方回之说考察，则可涣然冰释。所谓诗之“别材”“别趣”者，便是诗具有“言志”“吟咏情性”的本质，并以此区别于其他文学样式；所谓“不涉理路”“不落言筌”者，便是反对“以诗言理学”，反对“以言语工拙论诗”，而“读书”“穷理”只是“后学入门”之途，诗之根柢并不在此。严、方二人尽管诗学宗尚不尽相同，而对诗之本质的认识，则所见略同；在反对宋季诗坛之流弊上，也是携手同进的同盟军。

方回既体认到诗歌言志抒情的本质，更认定各类题材之诗皆是言志抒情之作。他的“春日类”小序、“朝省类”小序、“晨朝类”小序、“旅况类”小序等，认为不论是睹物伤情的节序诗、尽忠补过的朝省诗、高卧晚起的闲适诗、行旅忧叹的旅况诗，还是其他各类诗作，皆是诗人情志的物化、遭遇的纪实。而如何在诗中更好地表达情志，则是方回毕生努力的目标。他说：“诗所以言情性、理胜物、淡胜丽，予弱冠以来，五十年学不逮此。”（《吴尚贤渔矶续语序》，《桐江集》卷一）

（二）思无邪

方回《唐三体诗序》说：

> 子曰：“诗三百，一言以蔽之曰：思无邪。”此诗之体也。又曰：“小子何莫学夫诗？可以兴，可以观，可以群，可以怨，迩之事父，远之事君，多识于鸟兽草木之名。”此诗之用也。

此序是佚文，明瞿佑录入《归田诗话》卷上。瞿氏称此序“议论甚正，识见甚广”，说明方回以“思无邪”为“诗之体”，以“兴观群怨”为“诗之用”，得到了后人的肯定。

“思无邪”，是孔子对《诗经》所作的高度概括的道德评价。如何理解此话？在宋代理学家之间展开了一场空前的争论。方回在《可言集考》一文中，略述了这场争论的概况，并指出：《风》诗中的所谓“淫诗”，“非淫奔者自为之诗”，乃“旁观者”为之也。从当时争论的实际情况来看，朱熹不囿于传统之见，指出《诗经》中存在着“淫奔之诗”，这在经学史上是一场空前的革命。后人正是在此基础上继续前进，从而认识到《诗经》中存在着男女情歌。但朱熹未能弥合其“淫诗说”与孔子“思无邪”之间的矛盾，故每每遭到封建文人的大肆攻击，在当时，大理学家吕祖谦便与朱熹立异。方回是在承认朱熹所称“淫奔之诗”的基础上，进一步论证“淫诗”非出于淫奔者之口，而是旁观者的纪实之词。这就为作者和读者皆“思无邪”作出了合理的说明，在孔子的“思无邪”与朱熹的“淫诗说”之间搭起了一座桥梁，并为朱、吕二家之间的“未了公案”作了一个总结。

（三）诗亦史

方回的贡献不仅在经学上，更有意义的是，他通过对“思无邪”论争的总结，进一步提出了“采诗观风，诗亦史也”的崭新命题。这一命题在文学理论上的重要意义在于：作家只要抱着劝善惩恶的无邪之思，那么，对现实就既可以歌颂，也可以暴露。

方回能提出“诗亦史”的新说，是有历史和现实原因的。其一，古代有“采诗观风”的传说。这表明，古人已在某种程度上将民间诗歌作为反映现实的史料对待。这是“诗亦史”说得以产生的历史依据。其二，唐宋以来，在对杜诗的评论中已有“史诗”之说。唐孟棨云：“杜逢禄山之难，流离陇蜀，毕陈于诗，推见至隐，殆无遗事，故当时号为‘诗史’。”（《本事诗·高逸》）宋孙仅序杜诗云：“先生以诗鸣于唐，凡出处去就，动息劳佚，悲欢忧乐，忠愤感激，好贤恶恶，一见于诗，读之可以知其世，学士大夫谓之‘诗史’。”（《诗人玉屑》卷十四引）其他如《新唐书·杜甫传赞》以及诸家宋人诗话也有类似的意见。方回将唐宋人对杜诗的评论，推衍为对整个诗歌本质的看法，这在理论上是一个重大的进步。方回还自诩己作为“诗史”，《丙申生日七十自赋二首》诗云：“忽到古希年七十，犹思上大化三千。苦吟足可编诗史，狂醉真宜号谪仙。”（《桐江续集》卷二十一）可见专指杜甫的“诗史”称号，到方回时已普遍使用了。其三，宋代新兴的文艺形式反映市民生活，抒事成分增多，这给了方回很大启发。他说：“譬如今之鄙俚如‘赚’如‘令’，连篇累牍形容狭邪之语，无所不至。”所谓“赚”“令”都是宋代的说唱艺术，南宋耐得翁《都城纪胜》云：“唱赚在京师日，有缠令、缠达。有引子、尾声为缠令；引子后只以两腔迎互，循环间用者为缠达。”唱赚所用脚本为赚词，都是反映市民生活，形容狭邪的所谓“淫奔”之词。这些从民间兴起的说唱艺术是宋元以后逐渐兴盛的戏曲、小说的前身，是我国叙事文学的雏形。这是方回“诗亦史”说得以产生的现实条件。

在“诗言志”这一文学本质论的支配下，我国唐以前的文学发展史，多是以抒情文学为主，所以人们称其为“重在表现”的文学体系。唯杜甫诗多有敷陈时事如史者，因而首先获得“诗史”的称号。宋以后，诗中叙事的成分逐渐增多，“以文为诗”蔚成时尚，其他叙事文艺品种也渐渐兴盛，我国文学由“重在表现”向“重在再现”渐次转化。在这样的文学形势下，“诗言志”已经不能完美地概括新兴文学的本质，方回“诗亦史”的文学本质论便应运而生。“诗亦史”作为“诗言志”的补充，较好地概括了诗歌抒发情志、反映现实的本质特征，既重表现也重再现，可推广应用于一切文学，为我国宋元以后戏剧、小说等叙事文学的兴盛作了理论上的准备。

（四）诗可以怨

经学上的突破带来文学上的收获。“诗亦史”命题的成立，为诗歌反映现实开辟了广阔的道路。既然“思无邪”可以解释成“劝善惩恶”的创作目的，那么，“兴观群怨”也可以解释成“劝善惩恶”的社会功用。这里，仅着重阐述方回对“诗可以怨”的认识。“忠愤类”小序说：

> 世不常治，于是有《麦秀》《黍离》之咏焉。庾信《哀江南赋》，亦人心之所不容泯也。炎、绍间有和江子我诗者，乃曰：“成坏一反掌，江南未须哀。”子我以为何其不仁之甚。惟出于荆舒之学、京黻之门者例如此。今取其可以怨者列之。（《瀛奎律髓》卷三十二）

这是说，《诗经》的《麦秀》《黍离》，庾信的《哀江南赋》等，都是哀怨世道衰乱的作品，而以玩弄权术成败来看待世道治乱的某些法家学派人物，却看不到其中对人民苦难的同情，对社会衰乱的悲哀，因为他们认为诗人无须乎哀怨，世事的成坏都在政治家的反掌之间。这种观点抹杀了诗歌反映现实的功能，是方回所不能同意的。所以他在“忠愤类”中选了杜甫的《喜望》、陈与义的《伤春》、吕本中的《兵乱后杂诗》、陆游的《书愤》等大量感时怨愤的诗作。方回在“鲜舒多惨，乐而淫不无之，哀而伤比比皆是”（《晓窗吟卷序》，《桐江集》卷一）的惨烈现实感召下，发挥他“诗亦史”的学说，进一步提出了诗“可以哀而哀，可以伤而伤”的新观点。《送罗架阁弘道并序》说：

> 诗之音安以乐，吾侪之所愿也。不得已而至于哀以思，岂诗人之所愿哉？盖成败兴替，天也，而人不能无情。……怀昔悼今，其音哀以思、哀而伤，亦人情之所不能已也。……夫哀以思，哀而伤，非诗人之罪也，可以哀而哀，可以伤而伤也。（《桐江续集》卷五）

《礼记·乐记》说："治世之音安以乐，其政和；乱世之音怨以怒，其政乖；亡国之音哀以思，其民困。声音之道，与政通矣。"方回身处宋亡之际，认为诗人情之所感，不得不发出"哀以思"以至于"哀而伤"的亡国之音。方回"怀古类"小序说："有仁心者，必为世道计。"（《瀛奎律髓》卷三）作为一位有仁爱之心的作家，他的诗歌反映惨烈的现实，哀叹人民的苦难，就是他"为世道计"的具体行动。这一观点，突破了"乐而不淫，哀而不伤"的中庸之道，为诗歌大胆地暴露现实的黑暗拓开了新的疆域。

但方回毕竟是正统的儒家学派，他认为哀怨仍然应该有所节制。《晓窗吟卷序》说：

> 汉淮南子评《离骚》曰："《国风》好色而不淫，《小雅》怨诽而不乱，若《离骚》者，可谓兼之矣。"予谓斯言也未莹。色至于好，怨至于诽，淫与乱不难也。今变风、变雅可考也。子曰："《关雎》乐而不淫，哀而不伤。"淮南盖集用其语而意不醇者。……原之著《离骚》也，深契乎《三百篇》之六义，而淮南浅之。其于鬼神变化、草木芳秽、男女乖合、国家成败，言抑扬，意开阖。惟澹庵胡公句句而析之，十有九蕴焉（案：《离骚胡澹庵说》见《桐江续集》卷三十）。其曰："满堂兮美人，忽独与予兮目成？"此托辞也，于色也岂有所谓好？其曰："已矣哉！国无人莫我知兮。"此直辞也，于怨也岂有所谓诽？由原之作推原之心，虽进之正风正雅及颂皆可也。（《桐江集》卷一）

方回怨不得至于诽之说，远祖《诗大序》："发乎情，止乎礼义。"近出黄庭坚，黄氏《书王知载朐山杂咏后》曾说："诗者，人之情性也，非强谏争于廷，怨忿诟于道，怒邻骂坐之为也。”（《豫章黄先生文集》卷二十六）这一理论在用于批驳叫嚣怒骂影响诗之美感效果时，是正确的；方回用此理论来评价屈原《离骚》，也能切理餍心。但这一理论也具有片面性，它否定了诗歌的“谏诤”作用，降低了诗歌的社会功用，对后世产生了不好的影响。

二、诗歌的创作和欣赏

前面我们已经介绍了方回关于诗歌的本质及社会功用的观点，以下试从美学的角度探讨方回在诗歌创作和欣赏上的一些带根本性的看法和经验。

（一）诗家眼

诗歌的创作和欣赏是一种审美活动。现代美学认为，审美活动得以发生，需要主客观两方面的参与，不仅需要有审美对象，而且需要一个在审美上训练有素的主体。方回有一篇文章叫作《天下夕阳佳诗说》，提出了在诗歌的创作和欣赏中需要“诗家眼”的观点，就是阐述这个问题的。他说：

> 予行天下多矣，每登临高胜之处，惟向西为尤佳，而佳景亦多向西。钱塘之涌金门、丰乐楼，金陵之赏心亭，武昌之南楼，汉阳之秋兴亭，巴邱之岳阳楼，江陵之仲宣楼，长沙之定王台，钟陵之滕王阁，无不西向。其所以胜绝者，在夕阳欲落未落之际，其景不可以寻常论也。故杜牧之诗曰：“夕阳无限好。”（案：当为李商隐《乐游原》诗句）白乐天《岳阳楼》诗曰：“夕波红处近长安。”予于严陵寓居，得旧扁“西斋”二隶字，因其名赋诗曰：“偶得西斋字，向西开此斋。人间诗眼少，天下夕阳佳。”盖谓天下之

佳，无过于夕阳，惟西向则得之，而人间所少者，诗家眼耳，故不识此景。必具诗眼者，而后识此句此景也。（《桐江续集》卷三十）

从美学的角度来看，此文有三个要点：一是作为审美对象的夕阳佳景，不可以同寻常景致相提并论，“其所以胜绝者”，在于夕阳佳景比常景提供了更多的审美可能性。二是能够欣赏夕阳佳景的审美主体必须具备“诗家眼”，也就是必须具备感受对象美的审美能力。正如马克思所说：“只有音乐才能激起人的音乐感，对于不辨音律的耳朵来说，最美的音乐也毫无意义。”所以审美者必须具备“感受音乐的耳朵，感受形式美的眼睛”。马克思所说的“感受形式美的眼睛”正是方回所说的“诗家眼”。三是审美主体和审美对象相结合，用“诗家眼”来观赏“夕阳佳景”，就获得了美感，产生了美的结晶——夕阳佳诗。这就像西方美学家贾勒德在《美的探索》一书中所说：“客观对象必须是一个适当的对象，而主体也必须是准备就绪的主体……而美就出现在这两者之间的关系之中。”

“诗家眼”不是天生的，可以通过后天的培养锻炼而获得。方回指出三条锻炼“诗家眼”的办法，他在《古斋箴序》一文中说：“吾之好古有三，专心致志者得之读，触目兴怀者得之游，寄情寓意者得之玩。”（《桐江续集》卷二十九）即通过读古书、游古迹、玩古物来增进知识，陶冶情操，提高艺术鉴赏力。诗歌创作特别需要这三方面的经历，方回在“论诗类”小序中强调多读书：“诗人，世岂少哉？而传于世者常少，由立志不高也，用心不苦也，读书不多也，从师不真也，喜为诗而终不传。其传不传，盖亦有幸不幸；而其必传者，必出乎前所云之四事。”（《瀛奎律髓》卷三十六）在“川泉类”小序中强调多游览：“浮游浪波之上，玩泳泉壑之间，大而沧海、黄河、长江、巨湖之汹涌；小而溪谷陂池之靓深；雄壮而观潮，凄酸而阻风，闲寂而弄水寻源。”（《瀛奎律髓》卷三十四）在“技艺类”小序中强调不可视艺术为小技：“书画琴棋、巫医卜筮，百工技巧，史为立传，以艺之难臻也。唐宋以来，挟一艺游公卿之门，因诗以得名者不少焉，岂可以小技易视之哉！”（《瀛奎律髓》卷三十七）通过读万卷书，行万里路，参与艺术活动，就可以逐步提高感受美的能力，丰富审美经验，从而具备一副明亮的“诗家眼”。

（二）所感之怀

战国时代，在楚王的宫殿里，当一阵风吹来之时，宋玉对楚王说，那吹到宫廷里的，是大王之雄风；吹到百姓家的，是庶民之雌风。（事见宋玉《风赋》）为什么同一阵风会有雄雌之分呢？这引申到美学上，就是审美判断为何出现差异的问题。方回对此曾作了这样的解答，“夏日类”小序说：

> “南风之薰，以解民愠，以阜民财”，舜之咏也。“人皆畏炎热，我爱夏日长”，唐太宗之咏也。所处之时同而所感之怀不同，故宋玉有雌雄风之对焉。（《瀛奎律髓》卷十一）

“所处之时同而所感之怀不同”，所以会有“雌雄风之对”。用美学术语来讲，就是审美的时间、对象相同，而审美主体之心境、怀抱不同，就会对同一对象作出不同的审美评价，甚至对其美学性质作出截然不同的判断。尽管同是一阵风，但楚王的心境怀抱与庶民不同，所以宋玉说，楚王感受到的是畅快的雄风，而百姓感受到的是惨烈的雌风。舜是传说中的圣贤之君，他有与民同乐的高风亮节，因而能同百姓一起享受和煦的南风。而唐太宗高居帝王尊位，他的心境怀抱与众不同，面对盛夏，众人皆畏炎热，他却独爱夏日的悠长了。审美判断差异产生的根源，主要取决于审美主体的心境、怀抱。这是方回论雌雄风给我们的一个重要启示。

在方回之前，黄庭坚曾思考过审美评价发生分歧的原因。他在《书林和靖诗》一文中说："欧阳文忠公极赏林和靖'疏影横斜水清浅，暗香浮动月黄昏'之句，而不知和靖别有《咏梅》一联云：'雪后园林才半树，水边篱落忽横枝。'似胜前句。不知文忠公何缘弃此而赏彼？文章大概亦如女色，好恶止系于人。"（《豫章黄先生文集》卷二十六）所谓文章如女色，好恶系于人，这也是说审美主体在判断作品的好恶时起着决定的作用。方回认为这是二人所持的审美标准不同，大概"山谷专论格，欧公专取意味精神耳"（《瀛奎律髓》卷二十）。实际也是二人的心境、怀抱不同。

方回曾利用"所感之怀不同"的美学观点去考察各类诗作。"边塞类"小序说："征战守戍，大而将帅，小而卒伍，其情不同。"（《瀛奎律髓》卷三十）将军和战士面对征战守戍，"所感之怀不同"，所以"其情不同"。这对于边塞诗中描写将军和战士对战争的不同态度，提供了依据。"送别类"小序说："送行之诗有不必皆悲者，别则其情必悲。"（《瀛奎律髓》卷二十四）送行诗与送别诗虽然都是送人，但"所感之怀不同"，所以感情不一样。这为如何理解送别诗中的感情描写提供了线索。

方回还运用这一理论指导诗歌创作。《重阳吟小序》说：

兴有不同而皆极天下之感，君子以之冥心焉。陶渊明曰"闲居爱重九之名"，此闲寂之极感也；苏长翁曰"菊花开时即重阳"，此旷达之极感也；潘邠老曰"满城风雨近重阳”，此衰谢之极感也；吕居仁曰“乱山深处过重阳”，此羁旅之极感也。予不肖，何足以跂前人？尝有诗曰“干戈丛里见重阳”，此亦乱离之极感也。（《桐江续集》卷二）

各位诗人都是“感物而动”，但因“兴有不同”，即心境、怀抱、遭际不同，所以创作出体现各种感情的诗歌。

自从《文子》《乐记》《诗品》诸书提倡 “感物而动”以来，虽然对物我关系作出了唯物论解释，但在理论上并未解决为什么同是“感物”而创作结果不同的问题。方回“所感之怀不同”的理论，强调审美主体的主观能动作用，把文艺学中物我关系的研究，向前推进了一大步。这无论在文论上还是在美学上，都是一个新贡献。清代叶燮“境一，而触景之人心不一”的观点（《黄叶村庄诗序》，《已畦文集》卷八），当渊源于此。

（三）状貌之外观精神

方回《跋吴友梅诗》说：“物之初未始有声也，形相戛、气相磨而后声生焉。”又说：“凡天地间之有声者，虽本于形与气之所为，而其所以感人动物之妙，殆必有超于形气之外者。”（《桐江集》卷三）这“超于形气之外者”究竟是什么？他后来在一首诗中作了回答：

自言画是作诗法，状貌之外观精神。（《野趣居士杨公远令其子依竹似孙为予写真赠以长句》，《桐江续集》卷十六）

在中国美学史上，“形神论”起源于汉代，兴盛于六朝。汉朝刘安认为“画西施之面，美而不可说；规孟贲之目，大而不可畏，君形者亡焉。”（《淮南子·说山训》）刘安反对以形为君，仅求形似，说明他已意识到，在形貌之外还有“可悦”“可畏”的东西。东晋顾恺之正式提出了“以形写神”说（《论画》），指出画家应该通过对事物外在形象的逼真描绘，进而做到“传神”。（《世说新语·巧艺》）唐、宋以来，不少画家、诗人更将“形神论”引向深入。唐张彦远论画，既强调“形似”，又强调“神韵”，并进而指出：“以气韵求其画，则形似在其间矣。”（《历代名画记》）宋苏轼指出：“论画以形似，见与儿童邻。”（《书鄢陵王主簿所画折枝》）他又提倡“观画取其意气所到”。黄庭坚指出“妙于形似，亦何所赏”，说明宋人轻“形似”重“传神”已蔚成风气。

方回在传统“形神论”基础上，全面论述了形神关系，并创造性地运用于诗画批评中。他认为必须先求于形声之内，才能观察到形声之外。他强调“诗人须真”：“黄陈今不作，天地少诗人。不是诗人少，诗人未必真。”（《后秋思》，《桐江续集》卷二十六）强调“画闻不如画见”“写真求似”这些都是形声之内的功夫，然而也是基础的功夫。在求得形似以后，方回认为，要进一步追求遗貌取神，离形得似。在创作上，要做到“善画不画形”：“吾闻善画不画形，画山画水画烟雨。”（《五湖山空濛图》，《桐江续集》卷二十六）在审美欣赏中，就要做到“状貌之外观精神”。在诗歌评论中，他执此为准绳，批评西昆体“形完而味浅”（《瀛奎律髓》卷四十二），批评许浑“形胜于神”（《瀛奎律髓》卷四十七）他说：“大抵工有余而味不足，即如人之为人，形有余而韵不足，诗岂专在对偶声病而已哉？”（《瀛奎律髓》卷十）又在《过李景安论诗为作长句》一诗中说：“姚合许浑精俪偶，青必对红花对柳。儿童效之易不难，形则肖矣神何有？求之雕刻绘画间，鹄乃类鹜虎胜狗。”（《桐江续集》卷十四）在绘画评论中，他赞美吴古梅之画“精妙入神”，在《铁瓶吴处士善画序》中云：“偶于秘书性存家公会手所执扇；松风茅屋，一晋衣冠者偃仰一榻，是谓《羲皇上人图》，曰：此吴生画也。《陶渊明传》及《归去来辞》，尽在此一扇间矣，岂不谓之神乎？”（《桐江续集》卷三十三）

（四）美之者存乎天，重之者托乎人

如何看待自然美？自然美与人的关系如何？艺术在反映自然美方面有什么作用？这些都是美学所关注的问题。唐代文学家柳宗元曾提出“美不自美，因人而彰。兰亭也，不遭右军，则清湍修竹，芜没于空山矣！”（《邕州柳中丞作马退山茅亭记》）这是说：美的东西不能自己显露出来，必须人彰扬它，自然美才会焕发出异彩。这一论点得到方回的全面继承，《觉喜泉记》说：

> 《九成宫醴泉铭》，欧阳率更书，而醴泉之名千百世不朽，以其字也；灵隐冷泉亭，得骆宾王、宋之问之句，而冷泉之名千百世不朽，以其诗也。欧阳公为孤山僧惠廑赋《山中乐》，苏长公名其泉曰“六一泉”，而六一泉之名亦千百世而不朽，以欧苏文章甲天下也。泉不能自重，赖人以为重。吴隐之所酌，贪泉不贪；柳子厚所穴，愚泉不愚。人重则泉重，明矣！（《桐江集》卷二）

所谓“泉不能自重，赖人以为重”，就是柳宗元所说“美不自美，因人而彰”的意思。自然美依靠人的彰扬和发宣，这说明自然美同人类社会有着极为密切的联系。从根本上讲，在人类社会存在之前，自然界是无所谓美的；自然界之所以有美，是社会的产物，是历史的结果。自然美绝不是一种脱离人类社会的自在之物，它是在人类的社会实践中诞生和发展起来的，自然美的基础，只能是马克思所说的“人化的自然”。柳宗元和方回意识到人和自然美的密切关系，并且认识到艺术在反映自然美方面具有重大作用，可以使自然物的美名历千百世而不朽，这是难能可贵的。

方回还在《九峰山重建佛殿记》中认为，自然物本身存在着天生的美的因素，但要使它的美学特征充分显露出来，必须借助于环境的衬托，依靠人的推重；并且经过人力的精心培育（包括艺术加工），自然物可以更加美丽、更加兴隆。清代作家叶燮说："凡物之生而美者，美本乎天者也，本乎天自有之美也，然孤芳独美，不如集众芳以为美。待乎集事在乎人者也。夫众芳非各有美，即美之类而集之。集之云者，生之植之，养之培之，使天地之芳无遗美，而其美始大。"（《滋园记》，《巳畦文集》卷六）此论讲到，天然之美需要人工养育、培植，需要人去发宣昭著。这在方回自然美论里已见端倪。

以上，我们对方回的诗歌美学思想作了一次初步的巡礼。可以看出，方回的美学思想非常丰富，相当精深。这是因为，唐、宋以来的诗歌创作实践和理论已经取得了丰硕的成果。方回得以在前人的基础上，总结过去，面向未来，因而能够使他的理论在中国诗歌美学史上，产生极为深远的影响。

［原载于《西北师大学报（社会科学版）》1986年第2期］

方回诗论的再评价

◎王琦珍

在元代诗学理论家中，方回是一位很值得注意的人物。他曾以选评诗作的形式，比较系统、全面地整理和阐释江西诗派的诗法理论，他的诗学观点，散见于《瀛奎律髓》的评语，以及《桐江集》和《桐江续集》的诸多序跋中。但自清代以来，由于诗坛上分唐界宋、入主出奴的聚讼，方回诗论的评价，也无端地被卷入这种门户间的纷争里，成为文学批评史上一段难了的公案。

清人的分歧，主要集中在评价他的《瀛奎律髓》一书上。宗主晚唐者曾激烈批评他“全是执己见以绳缚古人”，是“以古人无碍之才，圆变之学，曲合于拘方板腐之辈”①；宋诗派则称赞说：“其论世则考其时地，逆其志意，使作者之心，千载犹见。其评诗则标点眼目，辨别体制，使风雅之轨，后学可寻。斯固诗林之指南，而艺圃之侯鲭也。”②稍后的纪昀虽然显得似乎比较持正，既批评晚唐派“负气诟争”，“矫枉过正，亦不免转惑后人”，同时也鄙薄宋诗派对方回的推许。但对方回的指摘，他实际上不减于晚唐诗派。在《瀛奎律髓刊误序》中，他言辞尖锐地批评方回“左袒江西”，有“党援”“攀附”“矫激”之嫌，“宗派苟同，无不袒庇”，“而晚唐、昆体、江湖、四灵之

① 顾嗣立《元诗选·桐江集小序》。

② 《瀛奎律髓序》。

属，则吹索不遗余力，是门户之见，非是非之公也”。

清人的聚讼影响及于当代，学术界对方回的评论，基本上是沿袭晚唐诗派和纪昀的观点，认为方回只是重复着江西诗派的理论，除说明他深刻的门户偏见之外，并无积极意义。

公正地说，江西诗派从理论到创作，都是瑕瑜互见的，关键在于评论者如何评价。明乎此，再结合方回其他诗论进行考察，我想，我们对方回诗论，当会有另一种认识。

一

方回诗论中为人诟病最多的，是他的“一祖三宗”之说，纪昀说他“党援”“攀附”“矫激”，指的便是这一观点。后世所谓想以此扩大江西诗派阵营，壮大其声势的说法，也是由此派生出来的。但学术界也有人以为，这是由于陈与义南渡后的诗歌体现了杜甫现实主义精神，方回以陈与义为“三宗”之一，意在以此来补救江西派诗歌忽视社会现实内容的缺憾，使江西派的学杜显得更完美，因而“一祖三宗”之说体现着方回诗论积极的意图。

评论任何问题都离不开原始的史料，方回提出“一祖三宗”之说的意图和得失，自然还应该是从他自己的论述中体现出来的。这主要见于《瀛奎律髓》中两段评点文字，卷一评点晁君成《甘露寺》一诗时，方回说：

> 以人或尚晚唐诗，则盛唐且不取，亦不取宋。殊不知宋诗有数体：有九僧体，即晚唐体也；有香山体者，学白乐天；有西昆体者，祖李义山。如苏子美、梅圣俞并出欧公之门，苏近老杜，梅过王维，而欧公直拟昌黎，东坡暗合太白。惟山谷法老杜，后山弃其旧而学焉，遂名黄、陈，号

> “江西派”，非自为一家也，老杜实初祖也。

又卷二十六评陈与义《清明》诗中的颔联“寒食清明惊客意，暖风迟日醉梨花”时，也说：

> 三、四变体，又颇新异。呜呼！古今诗人当以老杜、山谷、后山、简斋四家为一祖三宗，余可预配飨者有数焉。

显然，方回所论并不含有恢复杜诗现实主义传统，为江西派学杜纠偏的意图。但以“党援”“门户”目之，则也持论太过。方回这两段话虽同时论及“一祖三宗”，角度却不一样，因而也就存在着两个不同层面的含义。前者所论，实际上是宋诗与唐诗的关系，以及宋诗的发展道路，而后者则是以能为“变体”乃“大手笔”这样一个角度来评价“三宗”学杜的成就。而这两者都没有多少可指摘之处。

北宋诗歌是从取法唐人开始起步的。除苏轼学李白、陶渊明之外，其余各派所取法的唐诗，其实都是杜诗某一两个方面的拓展。北宋中叶以前的诗人们相继在唐诗中寻找典范，并经过一番“递相祖述复先谁”的艰苦探索后，终于发现这些典范都各有各的不足，于是企望寻找到一种既奄有各家长处，又可扬弃不足的诗歌作为楷模，而“兼人人所独专”的杜诗便在这种背景下首次被人们所认识和认同了，这反映了宋诗发展中带历史性的选择。王安石是宋人学杜的先驱，黄庭坚、陈师道则是这一风气最得力的倡导者，江西后学也以此相标榜。于是，学杜便成了江西诗派的旗帜。不过，他们多不直接学杜，而只是以黄诗作为学杜的榜样，而黄学杜，本身就带有许多局限。北宋特定的政治历史背景，使整个社会的潜意识，已经日渐形成和积聚着一种时代性的忧郁症和迟暮感，封建地主阶级自信心的萎缩和进取精神的衰竭，使他们只是在宗教式的虔诚中，挣扎着维持那业已日过中天的封建秩序。江河日下，百感苍茫的衰败气氛，大厦将倾而又回天无力的浓重悲哀，怒邻骂座式的批评朝政招来的政治迫害，迫使诗人们改变杜诗公开谏诤的精神，而重倡儒家诗教微婉而讽的方式。黄庭坚的反怒邻骂座，便是这一背景的产物。因此，黄庭坚学杜就不能不侧重于艺术方面。而杜诗又未给后人留下太多的开拓余地，所以黄庭坚的取法也相对地集中在两个方面：一是化用前人诗语、典故，这便是后来被奉为江西家法的“夺胎换骨”“点铁成金”；二是大量创作拗体七律，以形成瘦硬劲峭的风格。实际上是一力拓展那些被人认为是诗病的变音变调，使宋诗显示出不同于唐诗的风貌。

我们不能说黄庭坚的努力全无可取之处，但其缺憾则是显而易见的，而江西后学又只是以黄庭坚为师，实际上连杜诗也被扬弃不学了。正如胡仔在《苕溪渔隐丛话》中所批评的：“近时学诗者率宗江西，然殊不知江西本亦学少陵者也。”这种已见狭窄的取法中，他们又更侧重于学习风格的奇峭，与点化前人的诗语，这就不止将杜诗的谏诤精神扬弃了，就连诗歌源于生活的原则也扬弃了，而在上述两者中，江西派用以形成奇峭瘦硬的主要方法又是大量制作拗体、变体。但正如方回所说，这类诗“不止句中拗一字，往往神出鬼没。虽拗字甚多，而骨格愈峻峭”，要达到“浑成”境地，“则才小者不能为之矣”[①]。老杜是初祖，黄、陈得其风神，而江西后学则多因才力所不及，而未造此境界。所以，到江西派末流，“资书以为诗”几乎成了不可治愈的痼疾。只有生当南渡前后的陈与义，才重造黄、陈学杜的力求“浑成”的境界。所以方回在将他列为“三宗”之一时，在这一卷的小序中说了一段带前提性的话：“周伯弼《诗体》，分

① 《瀛奎律髓》卷二十五。

四实四虚、前后虚实之异。夫诗止此四体耶？然有大手笔焉，变化不同。用一句说景，用一句说情。或先后，或不测。此一联既然矣，则彼一联如何处置？”他所说的“大手笔”正是评语中说的“一祖三宗”。因此，在这一卷中，除这四大家外，他只选入了寥落晨星的几位他认为“可预配飨者”的诗作，他们是：贾岛、杜牧、苏轼、张耒、范成大。

方回这一论断的偏颇是显而易见的。纪昀说他“矫激”，确实不为太过。这里值得注意的，倒是他提出这一理论，重倡江西诗风的背景。江西派末流的弊端，使它在南渡后招致了许多人的反对，在纠偏的过程中，杨万里、江湖派、永嘉四灵重倡晚唐诗风，取法姚合、吴融、韩偓。结果，在江湖和四灵诗中，便充满了虫吟草间、鸟鸣花丛的衰鄙气息。方回对此是很不满意的，他批评说：“予谓诗家有大判断，有小结裹。姚（合）之诗专在小结裹，故四灵学之，五言八句皆得其趣，七言律及古体则衰落不振。又所用料不过花、竹、鹤、僧、琴、药、茶、酒，于此几物一步不可离，而气象小矣。”[①]又评江湖派诗人戴复古《岁暮呈真翰林》诗说：“石屏此诗，前六句尽佳，尾句不称，乃止于诉穷乞怜而已。求尺书，干钱物，谒客声气，江湖间人皆学此等哀意思，所以令人厌之。”[②]鄙薄之意，溢于言表。于是，他想重倡江西诗风，力图借此来消除这种衰鄙气息。但江西派诗人中，真正具有这种笔力的只有黄庭坚和二陈，“一祖三宗”之说，也便因此而被提了出来。

应该说，方回对江湖、四灵的批评不是全然没有道理的。他的不足，在于将“三宗”提高到了不适当的位置，也在于他对杜诗精神与传统的片面的理解。中国诗坛，名家辈出，谓古今

① 《瀛奎律髓》卷十。

② 《瀛奎律髓》卷十四。

诗人当以此四家为宗祖，这实在是推许太过了。纪昀说他“党援”“攀附”，措辞虽有失分寸，但平心而论，纪昀的批评还是有可取之处的。在他之前，吴宝芝在此书的重刻记言中说：“‘一祖三宗’之说，论诗家每用相诟病，谓其不应独宗江西也。夫訾其为偏，诚所难辞。然观其论诗小序云：‘立志必高，读书必多，用力必勤，师傅必真。四者不备，不可言诗。’可知其于此事，煞费工夫来。盖从三折九变之余，而始奉此为归宿，其中甘苦得失之数，必有独喻其微者，非漫然奉一先生之号，傍人门户以自标榜也。昔人积终身之功，晚年有得，乃始树帜建宗，接引后学……果能深历江西派之阃奥，则从此推广，旁通触类，安在诸家之长，不复可兼收并蓄耶？”吴宝芝这段话，毁誉参半，但大致上还是为方回抱屈的。纪昀披阅后，评点说：“此论固为平允，然诗家之有江西，正如饮食之有海错，可兼尝而不可常馔。东坡比山谷诗于江瑶柱，诚至论也。学者根柢乎八代、三唐，而兼涉江西，得其别致，未为不佳。如专以江西为宗，则出手已是偏锋，愈入愈深，愈歧愈远，积成粗犷之习，高自位置，转相神圣，不可复以正理诘矣。又安能旁通触类，兼收诸家之长耶？”这个看法，应该说，还是很中肯的。

二

正由于方回是从纠正江湖、四灵诗风的角度出发，来重倡江西诗风的，所以他特别崇尚江西派的“格高”，强调人格与诗格的关系，力图以此来扫除江湖、四灵诗中的衰鄙气息。在《唐长孺艺圃小集序》中，方回明确主张“诗以格高为第一”。在《瀛奎律髓》卷二十一的评点中也说：“诗先看格高而意又到语又工，为上。”方回的所谓“格高”并非单指诗风的苍劲率真而言，而是指这种诗风与诗人高尚的人格相融合后形成的一种境界。他推杜甫为初祖，也包含了对杜诗这种境界的崇尚。他在《瀛奎律髓》中就尤为突出地选录杜甫后期的作品，认为它们“顿挫悲壮，剥浮落华”。在《程斗山吟稿序》中，他寻绎杜诗的演变轨迹，说：“山谷论老杜诗，必断自夔州以后。试取其庚子至乙巳六年之诗观之，秦陇剑门，行旅跋涉；浣花草堂，居处啸咏。所以然之故，如绣如画。又取其丙午至辛亥六年诗观之，则绣与画之迹俱泯。赤甲白盐之间，以至巴峡、洞庭、湘潭，莫不顿挫悲壮，剥浮落华。今之诗人，未尝深考及此，善为诗者，由至工而入于不工。工则粗，不工则细；工则生，不工则熟。”丙午即代宗大历元年，杜甫在夔州，这历来被认为是杜诗进入炉火纯青阶段的分界线。黄庭坚便曾一再告诫后学当以杜甫至夔州以后诗、韩愈贬潮州以后文为楷模。方回也同意这一观点。在《读张功父南湖集并序》中，他便历举杜诗许多律句，然后评论说：“此等诗不丽不工，瘦硬枯劲，一斡万钧，惟山谷、后山、简斋得此活法，又各以其数万卷之心胸气力鼓舞跳荡。初学晚生，不深于诗而骤读之，则不见奥妙，不知隽永，乃独喜许丁卯（浑）体，作偶俪妩媚态，予平生不然之，而江湖友朋未易以口舌争也”。

方回所标举的“由至工而入于不工”，指的正是江西派所发展的杜诗中的拗字、变体一类诗格。他认为，这不仅是一个艺术手法纯熟的问题，而且涉及作者的品德修养，他因而十分欣赏那种嶙峋不俗的气节和傲骨，崇尚那种如同松柏翠竹的精神风貌，“诗存瘦骨全如我，花倚春风不是梅”[①]。人格高尚，诗格也便自然易于劲峭：“刚肠百炼劲，老笔万钧悬。”[②]在《赵宾旸诗集序》中，他很细致地阐释过这一认识：

① 《小至日书》，《桐江续集》卷二。

② 《解闷》，《桐江续集》卷八。

《诗》之存于世者，三百五篇，圣人删定垂世，为六艺之一。使人观之，而有所感发惩创，初不计其言语之工拙，与夫学问之浅深也。

又说：

《大序》曰："在心为志，发言为诗。"彼尘污俗染者，荤膻满肠胃，嗜欲浸骨髓，虽竭力文饰乎外，自以为近而相去愈远。古之人虽闾巷子女风谣之作，亦出于天真之自然。而今之人反是：惟恐夫诗之不深于学问也，则以道德性命、仁义礼智之说，排比而成诗；惟恐夫诗之不工于言语也，则以风云月露、草木禽鱼之状，补凑而成诗，以哗世取宠，以矜己耀能。愈欲深而愈浅，愈欲工而愈拙。此其何故也？青霄之鸢非不高也，而志在腐鼠，虽欲为凤鸣，得乎？是故诗也者，不可以勇力取，不可以智巧致。学问浅深，言语工拙，皆非所以论诗。

方回本人人品如何，我们可置而勿论。只从言论本身看，这些论述是很有见地的。他从人品对诗品影响的角度，阐释了诗歌创作中一条极重要的规律。这中间既包含了对江湖、四灵诗风的批评以及对道学家诗论的否定，也客观上对江西派的"资书以为诗"起到了纠偏和补弊的作用。

和这相关的，是对诗歌现实性与时代感的论述。我们在上文中说他的"一祖三宗"说不含有恢复杜诗现实主义传统的意图，那只是就他这一理论的实际内涵而言，不等于说方回就全然否定或忽视了杜诗这一精神。方回诗论中确实没有正面批评江西派脱离现实、脱离生活的创作倾向，但他同时又一而再，再而三地强调诗歌与社会现实、民生疾苦、国家兴亡的关系。《仇仁近百诗序》说："自盛唐、中唐、晚唐而及宋，代有作者，虽未尽合宫商钟吕之音，不专主怨刺讽讥之事，而诗号为能言者，往往相与笔传口授，于世而不朽，此其故何也？气有所抑而难宣，意有所未易喻，时有所触，物有所感，事有所不可直指，形之为诗，则一言片语而尽之矣。"在《送罗架阁弘道并序》中，他也说过："诗之音安以乐，吾侪之所愿也。不得已而至于哀以思，岂诗人之所愿哉？盖成败兴替，天也，而人不能无情。"因而诗人中也就"不能无南冠、越吟之仪舄"，他们"怀昔悼今，其音哀以思、哀而伤，亦人情之所不能已也"。

这种认识，也体现在《瀛奎律髓》的评语中，其"忠愤类"小序说："世不常治，于是有《麦秀》《黍离》之咏焉。庾信《哀江南赋》，亦人心之所不容泯也。""升平类"小序说："必有升平而后有富贵。羽檄绎骚，疮痍憔悴，而曰君臣上下朋友之间可以逸乐昌太，予未之信也。"这类论述中，最有代表性的，还是"怀古类"小序："怀古者，见古迹思古人。其事无他，兴亡贤愚而已。可以为法而不之法，可以为戒而不之戒，则又以悲夫后之人也。齐彭殇之修短，忘尧桀之是非，则异端之说也。有仁心者，必为世道计，故不能自默于斯焉。"以此，他便十分推崇杜甫忧国忧民、悯世济困的诗作，在《秋晚杂诗》中称赞说："处处苦战斗，言言悲乱离。其间至痛者，莫若《八哀诗》。我无此笔力，怀抱颇似之。"在《瀛奎律髓》中，凡评点及于这类诗歌，他也都时时流露出一种沉痛的情感。

和倡导"格高"一样，方回关于现实性、时代感的论述，也是对江湖、四灵及道学家诗风而言的，而在客观上，又同时对江西派有补弊的作用。无怪乎有人会将他对陈与义的推许，误认为是要以此弘扬杜诗的谏诤精神，来纠正江西派的失误，并借此扩大江西派的影响了。

三

《瀛奎律髓》作于元至元二十年（1283），当时方回五十五岁。这时他的诗歌创作正在酝酿着一个重大的变化。五年之后，他为自己的《桐江续集》作了一篇序文，文中借与客人对话的形式，回顾了自己所经历的创作道路：

> “子之诗初学张宛邱，次学苏沧浪、梅都官，而出入于杨诚斋、陆放翁，后乃悔其腴而不癯也，恶其弱而不劲也，束之以黄、陈之深严，而参之以简斋之开宏。古体诗其始慕韩昌黎而惧乎博之过，慕柳柳州而惧乎褊之过，慕元道州而惧乎短涩之过，慕韦苏州而惧乎谆谵之过，既而亦于子朱子有得，追谢尾陶，拟康乐，和渊明，亦颇近矣。而谓作诗无法，是欺我也。”予凝思久之，而复其说曰：“此皆予少年之狂论，中年之癖习也。去岁适六十一矣，始悟平生六十年之非。所作诗滞碍排比，有模临法帖之病。翻然弃旧从新，信笔肆口，得则书之，不得亦不苦思而力索也。然后自信作诗不容有法。”

这是一种解脱，也是一种彻悟。二十年后，即他去世的前一年，他写了《诗思》十首，在小序中说：“年甫弱冠而学吟诗，新春将八十矣，凡用六十年之工夫，仅至此地，俗人不识，晚进不知，自纪厥事，凡十。”显然，这中间依旧带着一种迟暮之悔的遗恨。不过，经过一番彻悟之后，他也开始将陶、杜诗认作诗歌的最高典范了：“世称陶谢诗，陶岂谢可比”[①]，“万

① 《秋晚杂诗三十首》，《桐江续集》卷二。

古陶兼杜，谁堪配飨之”，“菊花篱下酒，万古一渊明”[①]。他依旧崇尚杜甫，但对陶诗的推重，则显见得比以前要突出多了。

这种变化不是偶然的，在他崇尚江西派的瘦硬劲峭的同时，他对诗歌的清新自然、纯真率直的一面已作过许多探索。《桐江集》中有一篇过去一直被忽略的《心境记》，这其实是方回的一篇重要的诗论著作。他在品评陶诗“心远地自偏”时，提出了一个新概念：“心境。”所谓“心境”，其实就是诗人独立于喧嚣的尘世之外，在求得内心的自我解脱之后，所体味到的一种了然自得的艺术境界。方回认为，和喜新而恶常者追求的那种空妙超旷而又虚无缥缈的仙境、佛境不同，和优游于林泉的隐者所追求的超尘脱俗的幽境也不一样，诗人追求的“心境”是一种现实的存在，它真实而又自然。陶诗的“心远地自偏”便是这种境界的写照。“‘盥濯息檐下，斗酒散襟颜’，人有是，我亦有是也。‘相见无杂言，但道桑麻长’，我有是，人亦有是也。”“顾我之境与人同，而我之所以为境，则存乎方寸之间，与人有不同焉者耳。”以此，诗人同样可以生活在尘世的喧嚣里而自得其乐，“农其家，不啬不奢，我境桑麻；儒其居，奚槁奚腴，我境诗书；境之圃，蔬可以俎，莫狐予侮；境之泉，钓则有鲜，莫蛟予涎”。更不必“抉天地而出其表，能飞翔于人世之外”。陶诗的自然清新、千古风流，正是一片真情真性从肺腑中流出的结果，而这种情性又得之于他心境的自然与纯真。方回所论述的“心”与“境”的关系，所涉及的其实就是诗歌创作中艺术与现实、主体与客体的关系问题。方回看到了艺术与现实是两种不相等同的境界这一特点，也进而看到了在实际创作中作家主观意识和内在修养对意境形成所产生的支配作用。所以，他主张“治其境莫如治其心”，所谓“心即境也，治其境而不于其

① 《诗思》，《桐江续集》卷二十八。

心，则迹与人境远，而心未尝不近；治其心而不于其境，则迹与人境近，而心未尝不远”，其所强调的，正是这样一个方面。他的这种认识，充分注意到了艺术创作中主体作用的影响，有着不容否定的价值。

方回“心境”说的形成，主要导源于两个方面的因素。首先，从诗学理论本身的发展来说，它深受两宋以来，尤其是南宋诗禅理论的影响。尽管他反复强调“心境”不同于“仙境”“佛境”的虚幻，讥讽世人对那空幻迷茫世界的追求，但他对“心境”特点的论述，却体现了老庄与佛学思维方式的影响和渗透，体现了两宋诗禅理论的艺术积淀。他对陶诗艺术的认识，也就比宋人要深刻得多。其次，这也是南宋以来审美观念新嬗变的反映。在方回之前，郝经在《内游》一文中，已经提出了相类似的认识，但郝经所论，仅限于文。方回则对此加以改造和引申，进而导入他的诗学理论中。

与此有关，方回就特别崇尚清新。《冯伯田诗集序》说：“天无云谓之清，水无泥谓之清，风凉谓之清，月皎谓之清，一日之气夜清，四时之气秋清，空山大泽鹤唳龙吟为清，长松茂竹雪积露凝为清，荒迥之野笛清，寂静之室琴清，而诗人之诗亦有所谓清焉。清矣，又有所谓新焉。”他认为，世间诸种事物之“新”可以有多种形式：或以旧为新，或名旧而实新，或舍旧而图新，或善用以至于常新。诗则不同，诗之“新”须和“清”联系在一起，“非清不新，非新不清，同出而异名，此非可以体用言也”。清新的主要特点，就在于“意味之自然”，这和以才力而显示出的俊逸风格还不一样，在艺术上属更高的品味与境界。所以《瀛奎律髓》中的评点，也特别推重清新的一类，如对杜审言、杜甫、王安石、苏轼、陈师道、吕本中等人诗歌的评价，便都从不同角度论及于此。他反复强调，这种“意味”，主要得力于诗人对生活的感受与体味，得之于自然天成。

从这种认识出发，方回便对宋以来诗坛上以陈腐圆熟相标榜、以刻削堆砌为新、以对偶声病为工的种种风气进行了批评，指出这些诗都不是好诗。《恢大山西山小稿序》说："他人之诗，新则不熟，熟则不新。熟而不新则腐烂，新而不熟则生涩。"《跋遂初尤先生尚书诗》说："诚斋时出奇峭，放翁善为悲壮，然无一语不天成。……近世乃有刻削以为新，组织以为丽，怒骂以为豪，谲觚以为怪，苦涩以为清，尘腐以为熟者，是不可与言诗也。"此外，我们在上文中引录的《赵宾旸诗集序》一文的论述，同样也从另一个角度论及于此。

我们很难确切地界定方回这些文章的具体写作时间，但有两点至少是可以明确的：第一，方回并非单一地鼓吹江西派的理论，他的诗学思想中许多内容实际上已大大地超出了江西派理论的藩篱；第二，方回的迟暮自悔以及对陶诗的推重，又正是他前期诗论中这些潜在因素发展的必然结果。

总之，方回的诗学理论是一个复杂的整体，和他学诗所走过的曲折道路一样，他的诗论也有一个艰苦探索、甄别到最后彻悟的演变过程，因而也就呈现出一种较为复杂的现象，仅仅把他当作江西派的诗论家来进行估价，自然也就是片面的了。

（原载于《中国韵文学刊》1995年第2期）

从《瀛奎律髓》看方回的宋诗观

◎莫砺锋

在历代的唐宋诗选本中，方回的《瀛奎律髓》是很值得注意的一种。一方面，人们对此书在分类、选目、评注等方面的偏颇和谬误严词指责；另一方面，此书却不断被翻刻，历经元、明、清三代显行不衰，仅在清代即有十多人对它细加评点。一般的文学选本都能通过取舍标准而显示编者的文学思想，《瀛奎律髓》则格外强烈地体现了方回的诗学观点。诚如其在自序中所云："所选诗格也，所注诗话也。"此书不但通过对诗人、诗作的取舍体现了方回的手眼，而且以评注（包括小序）和圈点方式直接表述了方回的观点。那么，《瀛奎律髓》所体现的到底是什么样的一种诗学观点？清代评点过此书的冯舒、冯班、纪昀等人一致认为它体现了维护江西诗派的诗学观点，现代的学者钱钟书、朱东润等也持相似的看法①。所以李庆甲在《瀛奎律髓汇评》的前言中断言："《瀛奎律髓》是一部比较全面地体现宋代江西派诗学观点……的大型唐宋律诗选集。"②我们认为上述看法不够全面也不尽准确，事实上《瀛奎律髓》体现了方回对唐宋诗的总体看法，其中最重要的是他的宋诗观，而那些观点并

① 见钱钟书《谈艺录》中"朱子诗学""虚谷诗论与松雪相背""虚谷论晚唐与江西诗派"诸条、朱东润《述方回诗评》（载《中国文学论集》）。

② 见《瀛奎律髓汇评》，李庆甲集评校点，上海古籍出版社 1986 年版。本文凡引《瀛奎律髓汇评》皆据此版，下文只注卷数。

不仅仅是江西诗派的门户之见。

一、对唐宋诗的总体评价

《瀛奎律髓》成书于元至元二十年（1283）[①]，时距南宋灭亡四年。虽说把唐宋诗进行比较研究的工作从南北宋之际的张戒以来一直有人在进行，但包括刘克庄、严羽在内的诗论家都生活在宋亡之前，从逻辑上说，他们所评论的宋诗不是完整的有宋一代之诗。所以生活于宋末元初的方回是最早具有条件对宋诗作出整体观照的人选，而《瀛奎律髓》就是这种观照的最初结果。

《瀛奎律髓》以五七言律诗为选诗范围，自序中解释说："诗之精者为律。"此话颇有语病，纪昀反诘说："古体岂诗之粗者？"但我们认为方回把考察唐宋诗的目光集中于律诗还是很有道理的。古体诗早在唐代以前就进入了繁盛时期，有的论者甚至认为唐代的五古仅是汉魏六朝五言诗的余波[②]。而律诗则是在唐代定型且臻于成熟的诗体，入宋以后也还有广阔的发展余地。因此以五七言律诗作为视角来考察唐、宋两代诗歌的成就和特色，确是一个明智的具有史识的选择。

由于唐诗的巨大成就对宋人产生了巨大的心理压力，所以宋人比较唐宋诗之异同时总是自觉气短，张戒、严羽等人尊唐贬宋的论点在南宋诗坛上相当流行。在方回之前，只有刘克庄的《分

---

① 方回《瀛奎律髓序》署曰"至元癸未"即至元二十年，书即刊于是年，现存至元癸未刻巾箱本，藏于首都图书馆。值得注意的是，方回的选注工作一直持续到付梓之前，他在卷十三白居易《戊申岁暮咏怀二首》的注中说："予年五十七岁选此诗。"方回生于宝庆三年（1227），至元二十年正好五十七岁。在卷四十七僧惠崇《赠文兆》的注中且云："诗殊不止此，容续添入。"在同卷僧契嵩《寄月禅师》注中又云："甚有清瘦奇古之句，容续入。"可见方回本来还想对全书作些修订加工的，因匆匆付梓而未能实行，也许这是此书舛误较多的原因之一。

② 参看拙文《论初盛唐的五言古诗》，《唐代文学研究》第3辑，广西师范大学出版社1992年版。

门纂类唐宋时贤千家诗选》一书选录的宋诗篇数多于唐诗，表现出重视宋诗的倾向。但此书本为蒙学课本，故多选近人浅近之诗，且舛误甚多，未得世人重视。而且刘克庄对宋诗持有这样的总体看法："本朝则文人多，诗人少。"（《竹溪诗序》，《后村先生大全集》卷九十四）故《分门纂类唐宋时贤千家诗选》多选宋诗仅是一种偶然现象。《瀛奎律髓》则不然，此书对唐宋诗都给予高度的重视，在评论唐宋诗之优劣异同时首次表现出一种平等、自信的心态。

首先，《瀛奎律髓》入选诗人三百八十人，其中宋人二百十七人，占总数的百分之五十七。入选诗歌二千九百九十二首，其中宋诗一千七百六十五首，占总数的百分之五十九。无论是作者还是作品，宋诗的比重都超过了唐诗。当然我们应该注意到，《瀛奎律髓》的编选存在着铨选欠严的缺点：一是因人存诗，凡是方回认为应予尊重的人物如名臣、理学家等，选诗时常常降格以求，例如卷十七选裴度诗，方回注曰："裴晋公度，累朝元老，于功名之际盛矣。"卷四十二选杨时诗，纪昀批曰："徒以大儒而选之。"二是各种门类收诗多寡不成比例，以至于某些类别选诗太滥，例如卷二十"梅花类"收诗达二百零九首，宋末专喜咏梅的张泽民一人之诗便入选三十六首。又如卷四十七"释梵类"收诗达二百五十一首，遂致大量平庸的僧人诗入选。三是出于对佳联、佳句乃至"句眼"的偏爱，选入了一些难称全璧的作品，例如卷一选王平甫《金山同正之吉甫会宿作寄城中二三子》，方注："此诗只第四句佳。"卷三选皇甫冉《馆陶李丞相旧居》，方注："此诗好处元只在'平子赋、郑公乡'一联。"但是上述缺点在全书中所占比重不是很大，而且基本上平均分布在唐宋两代，所以尚不至影响我们作数量分析。现将《瀛奎律髓》中选诗二十首及以上的两代诗人以选诗多少为序列表如下[①]：

	一	二	三	四
唐	杜甫（221首）	白居易（127首）	贾岛（67首）	刘禹锡（52首）
宋	陆游（188首）	梅尧臣（127首）	陈师道（111首）	王安石（81首）

	五	六	七	八	九
唐	张籍（47首）	姚合（42首）	韩偓（36首）	岑参（31首）	李商隐（24首）
宋	张耒（79首）	陈与义（68首）	曾几（63首）	苏轼（41首）	刘克庄（39首）

	十	十一	十二	十三
唐	刘长卿、吴融（各21首）	王建（20首）	（以下缺）	
宋	宋祁、张泽民（各36首）	黄庭坚（35首）	杨万里、尤袤（各31首）	吕本中、范成大（各28首）

	十四	十五	十六	十七
唐				
宋	王安国（25首）	韩琦、翁卷、赵师秀（各24首）	林逋、赵蕃（各23首）	韩淲、朱熹（各22首）

从表可见，选诗二十首及以上的诗人共三十六人，其中唐人十二人，宋人二十四人，是一与二之比，这说明在方回心目中，宋代的重要诗人远比唐代的多。

其次，《瀛奎律髓》的批注中常把宋人与唐人进行对比，指出两者之间的渊源关系，有时还认为宋人有后来居上之处。除涉及江西派诗人的部分将在下文再予论述外，兹举例如下：林逋——“和靖诗，予评之在姚合之上”（卷二十三）；梅尧臣——“梅过王维”（卷一）、“圣俞诗似唐人而浑厚过之”

① 李庆甲《瀛奎律髓汇评》后附有《作者篇目汇检》，极便于读者。但《瀛奎律髓》中对诗人或称名，或称字、号，常有一人异称的情况，以致《作者篇目汇检》中将一人之异称误作二人，以宋人为例就有洪觉范与释惠洪、翁灵舒与翁续古、戴式之与戴石屏、赵章泉与赵昌父，其实两个名称指的是同一个人。

（卷二十四）；欧阳修——“七言律力变昆体，不肯一毫涉组织，自成一家，高于刘、白多矣。如五、七言古体则多近昌黎、太白”（卷四）；张耒——“此诗全似唐人，高于张司业也”（卷六）；陆游——“有晚唐，有中唐，亦有盛唐。此篇虽陈、杜、沈、宋，亦不过如此”（卷四）；徐照——“此诗真不减晚唐”（卷二十三）；等等。可见在方回看来，宋代诗人绝非仅仅跟在唐人后面亦步亦趋，而是有因有革，推陈出新，所以在某些方面已经超越了唐人。这种看法在宋末元初的批评界可谓空谷足音。方回对宋诗的评价当然有可商之处（详见下文），但由于他消除了对唐诗的绝对崇拜心理，摆脱了以唐诗为绝对典范的评判标准，从而有可能对宋诗的发展过程、流派渊源及艺术特征作出细致深入的考察。

二、对宋诗发展过程及宋诗流派的梳理

与唐诗一样，宋诗的发展具有明显的阶段性。而宋代诗坛还有异于前代之处，即流派林立，或同时并存，或此起彼伏，它们形成了宋诗这条长河中的波澜和浪花。这些情形在今天已经成为文学史常识，但在宋、元时期，人们对此尚缺乏清晰的认识。方回是较早对宋诗发展过程及宋诗流派进行全面梳理的人，这种梳理集中体现在《瀛奎律髓》中，下面按时间顺序对此进行论述。

（一）宋初诗歌

宋初诗深受晚唐、五代诗风的影响，这是有目共睹的事实。但是这种影响的具体表现如何，在宋初诗坛上形成了哪些流派呢？北宋末年的蔡居厚首先指出：“国初沿袭五代之余，士大夫皆宗白乐天诗，故王黄州主盟一时。大中祥符、天禧之间，杨文公、刘中山、钱思公专喜李义山，故昆体之作，翕然一变。”

（《蔡宽夫诗话》）南宋的严羽则认为："国初之诗，尚沿袭唐人，王黄州学白乐天，杨文公、刘中山学李商隐，盛文肃学韦苏州。"（《沧浪诗话·诗辨》）除盛度诗名不著可以不论之外，蔡、严二人的看法是一致的，即都认为宋初诗坛上有两个流派，方回则指出：

> 宋刬五代旧习，诗有白体、昆体、晚唐体。白体如李文正、徐常侍昆仲、王元之、王汉谋；昆体则有杨、刘《西昆集》传世，二宋、张乖崖、钱僖公、丁崖州皆是；晚唐体则九僧最逼真，寇莱公、鲁三交、林和靖、魏仲先父子、潘逍遥、赵清献之父。（《送罗寿可诗序》，《桐江续集》卷三十二）

这段话中有两点创见：一是指出宋初诗坛上存在着三个流派，即在白体和昆体之外还有一个晚唐体。二是为三个流派开列了一份较为详备的名单。除了在时间顺序上昆体应列于晚唐体之后这一点疏忽，方回对宋初诗坛的分析已很接近现代学术界的共识。从《瀛奎律髓》来看，方回对白体不很重视，仅选入王禹偁、李昉、徐铉三人共七首诗。他对昆体和晚唐体则相当重视，选昆体诗人杨亿、刘筠、钱惟演、丁谓、宋祁、宋庠、晏殊、舒雅、刁衎等九人，诗八十二首，其中宋祁一人之诗即达三十六首。选晚唐体诗人寇准、林逋、魏野、潘阆、鲁交、曹汝弼、赵抃[①]、九僧等十六人，诗八十四首，其中林逋一人之诗即达二十三首。《瀛奎律髓》的评注更清楚地表明了方回对宋初诗歌的看法，他在评论白体诗人时只是说徐铉诗"有白乐天之风"

① 赵抃生于大中祥符元年（1008），比寇准等人年轻四十多岁。当欧、梅开始革新诗风时，他年仅二十余岁，不应算是宋初诗人。方回所云未免疏忽。

（卷十六），王禹偁诗“盖白乐天体也”（卷四十四）。但他在评论晚唐体诗人时则论入细微，称寇准诗“字字工密”（卷二十三），称九僧诗“不知其几锻炼，几敲推乃成，一句一联不可忽也”（卷四十七）。对于昆体，他除了指出其诗“组织故事有绝佳者，有形完而味浅者”（卷二十二），还着重指出昆体在宋诗发展中承前启后的历史地位：“组织华丽，盖一变晚唐诗体、香山诗体，而效李义山，自杨文公、刘子仪始。欧、梅既作，寻又一变，然欧公亦不非之，而服其工。”（卷三）由此可见方回对宋初诗坛的把握是从细微的艺术分析入手的，是以通观宋诗发展过程的历史意识为指导思想的，这比起蔡居厚、严羽的简单论断要精密得多。

（二）北宋中期诗歌

别于此期诗坛，方回最注重的是欧阳修、梅尧臣二人，尤其是梅尧臣，《瀛奎律髓》中选其诗达一百二十七首，在宋人中雄踞第二名。《瀛奎律髓》对梅、欧的评论首先着眼于他们对宋初诗风（主要是昆体）的革新，方回说“圣俞诗一扫昆体”（卷四），又说“细味欧阳公诗……所作已超元、白之上，一扫昆体”（卷二十四）。方回在指出梅、欧变昆的同时也看到梅、欧诗风与昆体有相近之处，他说“梅诗淡而实丽，虽用工而不力”（卷十），又说“欧阳公于自然之中或壮健，或流丽，或全雅淡”（卷十二）。上述二评系对梅诗《春寒》与欧诗《秋怀》而言，而这两首诗恰恰是近于昆体精丽诗风的，不过稍为疏隽而更形雅淡。方回还独具只眼地认为从昆体到梅、欧的变化具有内在的必然性，他说：“昆体诗一变，亦足以革当时风花雪月、小巧呻吟之病，非才高学博，未易到此。久而雕篆太甚，则又有能言之士，变为别体，以平淡胜深刻。时势相因，亦不可一律立论也。”（卷三）他把梅、欧变昆看成“时势相因”，意即诗风变化是随着时代的推移而逐渐演变的必然结果，而不是少数诗人个人意愿的表现。这种见解是相当深刻的。

（三）北宋后期及南北宋之际诗歌

宋诗到北宋后期即元丰、元祐时期进入了极盛阶段，元祐前后的诗歌已经充分完成由唐转宋的演变，从而形成了使宋诗作为一代之诗的总体特征。方回对此深有会心，他说："元祐诗人诗，既不为杨、刘昆体，亦不为九僧晚唐体，又不为白乐天体，各以才力雄于诗。"（卷二十一）意即元祐诗歌已彻底超越了宋初诗风①，所以能以充沛的才力和自信心在诗坛上驰骋争雄。《瀛奎律髓》中选诗二十首以上的此期诗人有六人：王安石、王安国、苏轼、黄庭坚、陈师道、张耒。其中除王安国以外，都是名副其实的重要诗人。方回对这些诗人都给予极高的评价：王安石——"诗律精密如此，他人太工则近弱，惟荆公独能工而不萎"（卷四），"半山诗工密圆妥，不事奇险"（卷十）；苏轼——"坡，天人也。作诗不拘法度。而自有生意""惟东坡诗语意天然自出"（卷二十）；黄庭坚、陈师道——"黄、陈诗为宋诗之冠"（卷一），"黄、陈特以诗格高，为宋第一"（卷二十二）；张耒——"宛丘诗大抵不事雕琢，自然有味（卷二十九）。

自元祐到南北宋之际，诗坛上最引人注目的现象无疑是江西诗派的形成，《瀛奎律髓》中对此反复予以论述，学界对这点论之已详，本文不再重复。我们想强调的是，方回对江西诗派的评述除了对黄、陈和陈与义、吕本中、曾几等人的评点，还有大量的对诗派渊源关系的梳理、论述，包括著名的"一祖三宗"之说

① 我们以"元祐"代指北宋后期诗歌，因为苏轼、黄庭坚、陈师道等人在那个时期处于创作高峰期。当然这是不够精密的说法，事实上元祐只有八年，而且王安石早在元祐元年（1086）就去世了。

（卷二十六）。自从吕本中在北宋末年作《江西诗社宗派图》以来，这是学者第二次系统地论述江西诗派的诗学谱系。由于方回的论述着眼于诗歌艺术的传承递嬗，并且江西诗派代表着两宋之交诗坛的主流，所以方回为宋诗从北宋到南宋的发展演变描绘了一条清晰的轨迹。

（四）南宋前期诗歌

南宋初期，江西诗派的影响笼罩着整个诗坛，直到绍兴中叶陈与义、吕本中先后去世，诗坛风气才有了转变，陆游、杨万里、范成大、尤袤、萧德藻等诗人称雄一时。稍晚，“永嘉四灵”也活跃于诗坛。这个时期的宋诗流派纷呈，诗人们与江西派的离合关系以及“江西”与“晚唐”之争都使人眼花缭乱。方回对此作了较为清晰的论析。首先，他指出了“中兴四大诗人”在诗史上的重要地位：“宋中兴以来，言治必曰乾、淳，言诗必曰尤、杨、范、陆，其先或曰尤、萧，然千岩早世不显，诗刻留湘中，传者少，尤、杨、范、陆特擅名天下。”（《跋遂初尤先生尚书诗》，《桐江集》卷三）在《瀛奎律髓》中，尤、杨、范、陆四人入选诗歌都在二十首以上，其中陆游选诗达一百八十八首，雄踞宋代之榜首。其次，方回对“四灵”也没有忽视，他说：“自乾、淳以来，诚斋、放翁、石湖、遂初、千岩五君子，足以蹑江西，追盛唐。过是，永嘉四灵，上饶二泉、嫩庵、南塘二赵为有声。”（《晓山乌衣圻南集序》，《桐江集》卷一）《瀛奎律髓》中对四灵的评论很多，一方面，方回对四灵诗的精莹细密颇有好评，说：“四灵非极莹不出，所以难。”（卷四十二）他还对四灵内部的成就高下有细致的分析，认为“四灵诗赵紫芝为冠”（卷四十七），“徐灵渊……予许其诗在四灵中当居丁位”（卷十一）。另一方面，方回认为宋诗从“中兴四大诗人”到四灵的演变呈下降的趋势，他这样论述四灵的历史地位："自是始降而为江湖之诗，叶水心适以文为一时宗，自不工诗。而永嘉四灵从其说，改学晚唐，诗宗贾岛、姚合，凡岛、合同时渐染者，皆阴挦取摘用，骤名于时，而学之者不能有所加，日益下矣。"（卷二十）方回对此期诗歌的论述紧紧抓住了"江西""晚唐"之争的关键，由于他偏嗜江西诗风，所以对严守江西藩篱的赵蕃、韩淲奖誉过当，但他对江西派影响之消长与诗坛风气之演变两者间的关系看得相当清楚。第一，《瀛奎律髓》所选尤、杨、范、陆、萧之诗往往能显示"蹑江西"的特点，如卷二十中尤袤《和渭叟梅花》、卷四中范成大《人鲊瓮》、卷二十七中萧德藻《次韵傅惟肖》、卷二十中杨万里《怀古堂前小梅渐开》、卷二十三中陆游《登东山》等诗，都昭示着作者与江西派的渊源关系。第二，方回也认识到陆、杨等人并未被局限于江西派之藩篱，而是能入能出，自成一家。例如他评论四大诗人中成就最高的陆游说："放翁诗出于曾茶山，而不专用江西格，间出一二耳。有晚唐，有中唐，亦有盛唐。"（卷四）对于四灵崇尚晚唐而抵斥江西的作风，方回深表不满："四灵学姚合、贾岛诗而不至，七言律大率皆弱格，不高致也"（卷四十四）；"名曰厌傍江西篱落，而盛唐一步不能少进"（卷二十）。方回的观点当然有偏颇之处，但此期诗坛的繁纷局面经他条分缕析后变得脉络清晰了，这是功不可没的。

（五）南宋后期诗歌

南宋后期诗坛上江湖诗风弥漫一时，方回对江湖诗人的干谒习气深为不满，在《瀛奎律髓》中多次予以抨击，他说："庆元、嘉定以来，乃有诗人为谒客者，龙洲刘过改之之徒不一人，石屏亦其一也。相率成风，至不务举子业，干求一二要路之书为介，谓之阔匾，副以诗篇，动获数千缗，以至万缗……钱塘湖山，此曹什伯为群，阮梅峰秀实、林可山洪、孙花翁季蕃、高菊硐九万，往往雌黄士大夫，口吻可畏，至于望门倒屣。”（卷二十）他还批评戴复古诗说：“求尺书，干钱物，谒客声气。江湖间人皆学此等哀意思，所以令人厌之。”（卷十四）方回认为江湖诗人的最大缺点是气格卑俗，他引用赵汝谈之言批评戴复古：“一言以蔽之，曰轻俗而已，盖根本浅也。”（卷二十）他还批评江湖派中成就最高的刘克庄：“后村诗，细味之极俗，亦颇冗。”（卷二十）方回对江湖派的艺术渊源也作了分析，他以刘克庄为例：“刘潜夫初亦学四灵，后乃少变，务为放翁体，用近人事，组织太巧，亦伤太冗……此近人诗之源流本末如此。”（卷二十）他还在刘克庄《落梅》诗的评注中详细叙述了“江湖诗祸”的始末（卷二十，文冗不录）。可以说，方回的论述已经为江湖诗派勾勒了一部具体而微的简史。

《瀛奎律髓》中写作年代最晚的作品是卷十三赵与东的《次韵方万里寒甚送酒》，作于祥兴元年（1278），即宋亡前一年。也许是由于方回的忌讳，《瀛奎律髓》中没有入选宋末爱国诗人的作品。如果撇开这一点不论，《瀛奎律髓》把江湖诗派看作南宋后期诗坛的主要现象还是合理的。

从上面的论述可以看出，《瀛奎律髓》通过选诗和评注，实已对有宋一代的诗歌发展及流派渊源进行了梳理和分析。尽管方回对宋诗流派的价值判断不尽准确，但他对流派特征的界定、流派自身的演变及不同流派之间的渊源递嬗关系的描述是很有学术价值的。清人冯舒对《瀛奎律髓》百般指责几至体无完肤，但他在批语中也承认：“然此书于诗派甚明。至宋人，每每论其世。九僧、四灵、西昆，诸诗仅存此本。刘、钱以降，亦自说得细腻。”（卷二十五）可见方回的此点贡献是为后人公认的。

三、对陈师道的推崇

方回论诗推尊江西诗派，《瀛奎律髓》中不但提出了著名的“一祖三宗”之说，而且多次论及江西诗派的传承关系，排出了从黄庭坚、陈师道到陈与义、吕本中、曾几、赵蕃、韩淲的诗派渊源世系表。在方回心目中，黄庭坚和陈师道是尤为卓绝的，他们在江西诗派中具有领袖地位和典范作用。方回的这些观点已为世人所熟知，且已为多数人认可。当然，这种观点也引起了一些人的激烈的反对，如冯舒甚至诟骂方回：“说到山谷，便如蛆之恋粪，蜣之转丸，嗜病逐臭，不足道也。”（卷四十七）无论是赞成还是反对，人们对方回推尊黄、陈之事都已习焉不察了。然而我们细读《瀛奎律髓》可发现方回对黄、陈的态度尚有需要探讨之处。

《瀛奎律髓》中选黄庭坚诗仅有三十五首，在宋人中名列第十一。而陈师道诗入选一百一十一首，名列第三，两者差距甚大。对此，方回曾有意无意地作过解释：“山谷宏大而古诗尤高，后山严密而律诗尤高。”（卷十七）意即黄长于古体而陈精于律诗，既然《瀛奎律髓》是一部律诗选本，选陈诗多于黄诗也就是顺理成章的事了。这个解释貌似有理，其实是经不起推敲的。首先，黄庭坚固然长于古诗，但律诗的成就也足与古诗平分秋色，例如在今人陈永正先生所选的《黄庭坚诗选》中，选古诗四十七首，律诗四十首，两者基本持平，这是符合黄诗实况的。所以就黄诗自身而言，不能断言“古诗尤高”。其次，黄诗的整体成就胜于陈诗，黄的律诗造诣也不逊于陈，虽说陈诗中确实是律体高于古体，但这不应成为扬陈抑黄的理由。所以我们认为，《瀛奎律髓》中选陈诗多于黄诗，并不是由其专选律诗的性质决定的。其实，这反映了方回对黄、陈二人的真实态度。

从表面上看，方回对黄庭坚的尊崇是无以复加的，他说：

"山谷诗宋三百年第一人。"（《刘元辉诗评》，《桐江集》卷五）他也重视黄、陈之间的师生关系，他论陈师道的少作说："予细观之，轻重县绝。使不遇山谷，则安得黄、陈并称乎？"（《跋许万松诗》，《桐江集》卷四）但在总体上，方回并不认为陈诗逊于黄诗，他说："后山为文，早师南丰，不知何年以诗见山谷，听山谷说诗，读山谷所为诗，焚弃旧作，一变而学豫章。然未尝学山谷诗，字字句句同调也。意有所悟，落花就实而已。然后山平生诗，初不因山谷品题而后增价也。"（《读后山诗感其获遇山谷》，《桐江集》卷四）《瀛奎律髓》中有许多地方黄、陈并称，但细绎其言，往往尊陈胜于尊黄。例如卷四中云："学诗者不可不深造黄、陈，摆落膏艳而趋于古淡。"由于在方回心目中"趋于古淡"云云主要是陈诗的特征，所以此言虽黄、陈并称而意则偏重陈。又如卷十中云："自山谷始学老杜，而后山继之。'山谷学老杜而不为'，此后山之言也。未知不为如何？后山诗步骤老杜，而深奥幽远。咀嚼讽咏，一看不可了，必再看。再看不可了，必至三看、四看，犹未深晓何如者耶！"虽然承认陈诗继黄，但已隐隐含有祧黄祖陈之意。至于《瀛奎律髓》中单独赞扬陈师道诗的话，则在数量上及程度上都远远超过了对黄诗的赞美，例如卷二十三云："选众诗而以后山居其中，犹野鹤之在鸡群也。"卷二十四又云："诸平正熟烂、绮靡饾饤诗中见后山诗，犹野鹤之在鸡群云。"相反，《瀛奎律髓》中对黄诗却稍有微词，例如卷十四云："虽山谷，少年诗亦有不甚佳者，不可为前辈隐讳也。"卷二十四还指出黄诗《送顾子敦赴河东三首》中"一寸功名心已灰"之句："此句有病。"并批评说："大抵山谷诗律高，而用意亦多出于戏。"所以我们有理由认为，方回虽然并尊黄、陈，但相形之下，他对陈诗更为推尊，甚至越过黄庭坚而把陈师道看作杜甫的直接传人："自老杜后，始有后山，律诗往往精于山谷也！"（卷十七）

方回对陈师道如此推崇是由他的诗学观点所决定的。纪昀在《瀛奎律髓刊误序》中指出："其选诗之大弊有三：一曰矫语古淡，一曰标题句眼，一曰好尚生新。"此句概括得相当准确，只是一概称之为"弊"则未必妥当。其实三者正是方回选诗的艺术标准，其中又以第一点最为重要，堪称《瀛奎律髓》一书的金科玉律。陈师道正是在这种艺术眼光的观照中才得以凌驾于黄庭坚之上的。黄、陈诗风有异，南宋人都已见到，陈振孙还指出："后山虽曰'见豫章之诗，尽弃其学而学焉'，然其造诣平淡，真趣自然，实豫章之所缺也。"（《直斋书录解题》卷十七）当然事实上黄诗也有平淡、自然的一面，尤其是晚期黄诗，已有明显的返璞归真之象，但黄诗最引人注目的风格特征是早期诗的生新瘦硬，方回就是这样体认黄诗的。《瀛奎律髓》中选入的黄诗多数作于早期，二十二首七律中只有四首作于晚年，其中又偏偏包括拗峭生新的《题胡逸老致虚庵》和语言精丽的《次韵雨丝云鹤二首》[①]，可见方回对晚期黄诗的风格转变并未予以重视。陈诗则不然，陈诗中虽然也偶有华美之作，但其主导风格无疑是平淡质朴，并且一以贯之，无怪乎方回要对之情有独钟了。

方回对陈师道的推崇是与《瀛奎律髓》中对其他诗人的评价出于同一个尺度的。我们把《瀛奎律髓》的选目与评注结合起来，便可看出此书最重视的宋代诗人有以下两类：第一类以梅尧臣、陈师道为代表，诗风以平淡生涩为主要特征。第二类以张耒、陆游为代表，诗风以平易流丽为主要特征。这两种风格也可用一个外延较大的概念来统摄，那就是平淡。方回认为梅、陈的诗风是相当接近的，下面的评语便说明了这一点：梅尧臣——"平淡之中有滋味，亦工致"（卷三），"梅诗淡而实丽，虽用

① 据《瀛奎律髓》卷二十七方注，此二诗乃"山谷在戎卅代史夫人炎玉作"，"盖亦游戏所为"，所以与黄庭坚晚年诗风追求质朴的倾向不合。

工而不力”（卷十）。陈师道——“枯淡瘦劲，情味深幽”（卷四十二），“淡中藏美丽，虚处着工夫，力能排天斡地，此后山诗也”（卷十）。方回对张耒、陆游也颇有好评：张耒——“宛丘诗大抵不事雕琢，自然有味”（卷二十九），“平熟圆妥，视之似易，能作诗到此地亦难也”（卷十六）。陆游——“平稳有味”（卷十六），“眼前事耳，能道者不妨自高于人，有工无迹”（卷二十三）。那么，为什么方回认为陈师道最具典范意义呢？我们认为原因之一是陈师道诗在客观效果上较能涵融梅尧臣与张耒的诗风于一体，方回说陈诗“格律又与宛丘同”（卷十一），已逗此意。原因之二是陈师道诗的影响较大，方回再三指出陈诗对其他诗人的启迪作用：晁冲之——“此诗才学后山，便有老杜遗风”（卷二十）。朱熹——“文公诗深得后山三昧”（卷十六），“文公诗似陈后山，劲瘦清绝”（卷二十）。赵蕃——“昌父诗参透江西而近后山，此追迫老杜矣”（卷二十四）。韩淲——“惟陈后山到此地，仲止笔力古淡，亦能之”（卷二十）。在方回看来，作诗学习陈师道，不但是达到平淡境界的最佳途径，而且是迫近杜甫的方便法门。遍检《瀛奎律髓》，我们可以发现没有其他宋代诗人得到如此程度的重视。所以我们认为，尽管方回曾把梅尧臣、黄庭坚尊为宋诗“第一”，尽管《瀛奎律髓》中入选的陆游和梅尧臣的作品多于陈师道的，但事实上方回最推尊的宋代诗人是陈师道，这是理解方回诗学观的关键。

四、对宋诗艺术特征的体认

方回以自己的风格论为准绳对收入《瀛奎律髓》的唐宋诗人作了具体的评论，对此，纪昀讥曰：“是门户之见，非是非之公也。”（《瀛奎律髓刊误序》）我们认为纪昀的话说得太绝对了，事实上方回对宋诗的重视并未限于某一流派，他所持的评骘标准也不尽符合江西诗派的诗学宗旨。方回说："爱而知其恶，憎而知其善，君子于待人宜然，予之评诗亦皆然也。"（卷十四）可见他在主观上是不想以门户之见自囿的。他在评杜诗《立春》时说："晚唐之弊既不敢望此，江西之弊又或有太粗疏而失邯郸之步。"（卷十）对于南宋诗坛上的晚唐、江西之争也能作持平之论。所以我们对于方回的风格论尚需作细致的探讨，不能把它等同于江西派的诗论而束之高阁。

上文说过，纪昀批评《瀛奎律髓》有三弊："矫语古淡""标题句眼""好尚生新"。我们认为这恰恰是《瀛奎律髓》的学术价值之所在，因为这体现了方回对宋诗艺术特征的整体把握。在上述三点中，"古淡"即"平淡"，是占主导地位的。首先，方回认为"平淡"是宋诗的整体美学特征。在他看来，不但梅尧臣、陈师道的诗风是平淡的，而且其他宋代诗人也或多或少具有这种倾向，例如王禹偁、欧阳修、张耒、陆游、尤袤、范成大、杨万里、朱熹、赵蕃、韩淲等，《瀛奎律髓》中或选其风格平淡之诗，或予以"平淡"的评语。即使是那些主导风格并非平淡的诗人，方回也常常能从他们身上发现"平淡"的因素，例如他评杨亿《书怀寄刘五》诗是"昆体之平淡者"（卷六），评王安石《半山春晚即事》诗除首联外"余皆淡静有味"（卷十），评秦观诗"流丽之中有淡泊"（卷十二）。其次，方回把"平淡"视为宋诗发展的大势所趋，他评西昆体说："久而雕篆太甚，则又有能言之士，变为别体，以平淡胜深刻。"（卷三）众所周知，平淡诗风并不始于宋人。那么，被方回视为宋诗风格特征的"平淡"又何以区别于前代诗歌呢？关键在于，方回所说的平淡是经过"摆落膏艳而趋于古淡"（卷四）的过程而升华达到的艺术境界，而不是像陶诗那样的天然之境。方回认为宋诗的这个艺术特征导源于杜甫："后山述山谷之言矣，譬之奕焉，弟子高师一着，始及其师。老杜诗所以妙者，全在阖辟顿挫耳。平易之中有艰苦，若但学其平易，而不从艰苦求之，则轻率下笔，不过如元、白之宽耳。”（卷十）方回时时强调，平淡应是“淡”和“丽”的有机统一，应体现为“淡”对“丽”的超越而不是规避，他评梅诗“平淡而丰腴”（卷一），评陈诗“淡中藏美丽”（卷十），都表明了这种观点。正因如此，方回在倡导“平淡”的同时又对炼字炼句与立意生新表现出极大的兴趣。《瀛奎律髓》中对“句眼”的圈点充斥全书，且大受后人讥评，其实这正体现了方回的一番苦心，他是想以“句眼”之求来造成精警细密的效果，进而防止因追求平淡而陷入粗率滑易，诚如他评江西诗派僧善权《寄致虚兄》时所云：“谓晚唐雕虫小技，不及此之大片粗抹，亦恐过矣。老杜之细润工密，不可不参，无徒曰喝咄以为豪也。”（卷四十七）

有一个问题需要细加辨析。由于律诗的炼字炼句往往集中体现在中间两联，作为律诗选本的《瀛奎律髓》就对对仗艺术予以格外的关注。但是方回对于对仗工整的态度似乎是自相矛盾的，他有时反对这样做，例如李群玉《登蒲涧寺后二岩》的颔联：“涧有尧时韭，山余禹日粮。”方回评曰：“尧时韭、禹日粮之对工矣，诗忌太工，工而无味，如近人四六及小学答对，则不可兼。”（卷一）但有时又啧啧称赏，例如陈师道《寄潭州张芸叟》的颔联：“秋盘堆鸭脚，春味荐猫头。”方回评曰：“猫头、鸭脚，工矣。”（卷四）纪昀因此指责说：“虚谷能议李文山‘尧时韭’‘禹日粮’，而不敢议后山此句，则左袒江西之故也。”（卷四）无须讳言，方回对江西诗派尤其是陈师道确实特别偏爱，但《瀛奎律髓》中此类例子甚多，是否全出于门户之见呢？我们认为问题并不如此简单。方回对唐人许浑的对仗攻击最烈：“体格太卑，对偶太切。”“皆近乎属对未工，而所对之句若牵强。”（卷十四）他又具体指出许浑《早发天台中岩寺度关岭次天姥岑》中“星河半落岩前寺，云雾初开岭上关”一联：“对偶太甚，所谓方得一句，便拿捉一句为联，而无自然真味。”（卷十四）方回对许浑的批评有些过火，但他确实一针见血地指出了许诗的弊病：对仗工整而呆板，词意卑俗，常流于熟套。方回赞赏的则是与此大异其趣的对仗艺术：一、字句生新精警。例如贾岛《夏夜》云：“磬通多叶罅，月离片云棱。”方评：“特用生字，而奇涩工致。”（卷十一）又吕本中《宜章元日》云：“避地逢鸡日，伤时感雁臣。”方评：“鸡日、雁臣之句甚工。北夷酋长遣子入侍者，常秋来春去，避中国之热，号曰雁臣。”（卷十六）二、词意烹炼，句法新奇。例如陈师道《早起》：“有家无食违高枕，百巧千穷只短檠。”方评：“各自为对，乃变格。要见字字锻炼，不遗余力。”（卷十四）赵师秀《冷泉夜坐》云：“楼钟晴听响，池水夜观深。”方评：“下一字是眼，中一字是眼之来脉，作诗当如此秤停。”（卷十五）三、情景交融而力避色泽浓丽，如一首诗中有一联对仗精工，则另一联力求平淡古拙以调节之。方回评陈师道《别刘郎》云：“四十字无一字风花雪月，凡俗之徒所以阁笔也。”（卷二十四）他又认为：“老杜诗不可以色相声音求。如所谓‘圆荷浮小叶，细麦落轻花’‘市桥官柳细，江路野梅香’……他人岂不能之？晚唐诗千锻万炼，此等句极多。但如老杜‘水流心不竞，云在意俱迟’，即如‘片云天共远，永夜月同孤’。景在情中，情在景中，未易道也。”“正如山谷诗‘秋盘登鸭脚，春网荐琴高’，其下却云‘共理须良守，今年辍省曹’，上联太工，下联放平淡，一直道破，自有无穷之味，所谓善学老杜者也。”（卷二十三）在上述三点中，一、二两点体现了追求生新的精神，第三点则体现了崇尚平淡的精神。由此可见，在方回看来，平淡的风格倾向与生新的艺术构思都可通过烹炼的语言形式得以体现，这三者的关系是互相蕴涵，互为表里的。

上面的分析说明，方回的风格论观点是以宋诗艺术特征为立论基础的。由于方回以这种风格论作为《瀛奎律髓》一书的艺术准绳，所以他对唐宋诗人的看法就常常与那些以唐诗为诗艺典范的论者大相径庭。例如评论晚唐诗人许浑，方回说："陈后山《次韵东坡》有云：'后世无高学，举俗爱许浑。'以此之故，予心甚不喜丁卯诗。"冯舒却认为许诗"精密清新，工夫极矣"。纪昀则批评方回："'以此之故'四字，纯是依门傍户之态。"（卷十四）又如杜甫的晚年诗，方回认为："大抵老杜集，成都时诗胜似关、辅时，夔州时诗胜似成都时，而湖南时诗又胜似夔州时，一节高一节，愈老愈剥落也。"纪昀讥之云："此宗山谷之论，其实英雄欺人。"（卷十）从表面上看，方回之论确有故意标新立异、哗众取宠之嫌，而且很像是江西诗派的门户之见，但事实上方回云云都是以他自己心目中的风格论为准绳来衡量唐诗的，虽然这种观点往往与黄、陈一脉相承，但就方回来说是以他对宋诗艺术特征的全面把握为立论基础的。所以体现出更加深沉的史识。

我们认为，唐诗、宋诗正如春兰秋菊，虽然色香不同，但是各有千秋。像二冯那样以唐诗为典范来规范宋诗从而对宋诗百般挑剔的做法，与方回那样以宋诗为准绳来要求唐诗从而对唐诗多有讥评的做法都是失之偏颇的，"楚则失矣，而齐亦未为得也"。然而在尊唐抑宋之风占压倒性优势的时代，方回最早从总体上对宋诗的艺术特征作出比较深刻的体认，而且摆脱了以唐诗为至高典范的传统观念的束缚，这对后人独立地思考宋诗的性质和价值是有一定启迪作用的。

（原载于《文艺理论研究》1995年第3期）

方回论“格高”与“圆熟”

◎查洪德

今人论元代文学批评，以方回为大家。而论方回诗论，都要谈到他所倡导的“格高”，因为方回论诗，首推“格高”。我则认为，方回诗论中“格高”与“圆熟”是两个相对的概念，两者相对又互济，谈“格高”而不谈“圆熟”便不是对方回诗风崇尚的完整认识。

方回（1227—1307），生活于宋元之际，前半生在南宋末年度过。那时的诗界，统治诗坛达百年之久的江西诗派已经为人厌弃，代之而起的是四灵、江湖。江西诗派末流因其粗硬艰涩为世所厌，批评江西诗派效法晚唐的四灵及流行一时的江湖诗风则卑弱不振，虽有一些清新圆熟之作为人所喜，但靡弱诗风充斥，呈现的是一派衰世景象。方回欲振起诗风，他一面要以有“一斡万钧之力”的江西诗派前辈诗风为宋末诗坛救弊，一面又不得不提倡“圆熟”以防江西诗派末流粗硬之弊。所以他说：“夫诗莫贵于格高。不以格高为贵，而专尚风韵，则必以熟为贵。”①

① 方回《瀛奎律髓》卷二十张泽民《梅花二十首》批，上海古籍出版社 1986 年李庆甲集评校点本。

一、“格高”与“圆熟”的来处

方回有这样一段著名的话：

> 诗以格高为第一，三百五篇，圣人所定，不敢以格目之。然风、雅、颂体三，比、兴、赋体三，一体自有一格，观者当自得之于心。自骚人以来，至汉苏、李，魏曹、刘，亦无格卑者，而予乃创为格高卑之论者，何也？曰：此为近世之诗人言之也。①

按其说，则“格高”“格卑”之论是他所创，创此论的目的是要以古之“格高”救近世诗之“格卑”。其实，无论是“格高”，还是“格卑”，都非方回所创。在他之前，唐殷璠《河岳英灵集》就说：“贞观末，标格渐高；景云中，颇通远调。”又卷中储光羲小传评其诗：“格高调逸，趣远情深。”王昌龄《诗中宗旨》则说：“诗有二格：诗意高，谓之格高；意下，谓之格下。”皎然《诗式》也有“格高”“体贞”“调逸”“声谐”等说。宋代陈善《扪虱新话》下集卷一有《诗有格高有韵胜》条云：

> 予每论诗，以陶渊明、韩、杜诸公皆为韵胜。一日见林倅于径山，夜话及此，林倅曰：“诗有格有韵，故自不同。如渊明诗，是其格高。谢灵运‘池塘春草’之句，乃其韵胜也。格高似梅花，韵胜似海棠花”。

此“格高”之说为方回所继承，在《瀛奎律髓》卷二十评

① 方回《桐江续集》卷三十三《唐长孺艺圃小集序》，文渊阁《四库全书》本。

林逋《梅花》和《仙园小梅》中两联之优劣时曾运用。他“诗莫贵于格高”和“专尚风韵”的话，显然也与此有渊源关系。“格卑”之说，也见于前人之论。宋吴可《藏海诗话》云：“晚唐诗失之太巧，只务外华，而气弱格卑，流为词体耳。”方回批评晚唐诗及四灵格卑，持论即与此同，如说姚合诗“有气格卑弱者”，许浑诗“体格太卑，对偶太切”，刘克庄“对偶巧而气格卑”，四灵“词工格乃平”[①]。而叶适《徐斯远文集序》中更有“格有高下”之论，说江西诗派“格有高下，技有工拙，趣有浅深，材有大小”。方回所谓“格高”“格卑”，也即叶适之“格有高下”。

所谓以“格高”“格卑”论诗，亦即以格论诗，唐宋人对此已习以为常。此处试举数例，如《洪驹父诗话》有《柳子厚郑谷诗格高下》条云：

> 东坡言郑谷诗“江上晚来堪画处，渔人披得一蓑归”，此村学中诗也。子厚云：“千山鸟飞绝，万径人踪灭。孤舟蓑笠翁，独钓寒江雪。”信有格也哉！殆天所赋，不可及也。

最后一句一本作“诗格清超，胜郑作远矣”，此言柳诗格高，郑诗格下（即“格卑”）。可见格高格下之论早见于苏轼诗论。此种意义的“格”，乃诗之品格，在方回诗论中常见。又刘克庄《后村诗话》后集卷一：“杨文公《谈苑》云：‘近世钱惟演、刘筠首变诗格，得其格者蔚为佳咏。’……余按首变诗格者

① 分别见方回《瀛奎律髓》卷二十四姚合《送李侍御过夏州》批、卷十四许浑《晚发鄞江北渡寄崔韩二先辈》批、卷十许浑《春日题韦曲野老村舍》批、卷二十七刘后村《老将》批，上海古籍出版社 1986 年李庆甲集评校点本。方回《桐江续集》卷二《晚秋杂书三十首》之十七，文渊阁《四库全书》本。

文公也。”此处“格”即诗之风格，或言诗体。方回也说：“中山刘子仪，首变诗格为昆体者。”（刘筠字子仪）他又说：“杨文公亿，字大年，首与刘筠变国初诗格。”[①]此种意义的“格”在方回诗论中也常见。又蔡居厚《诗史》有《浑诗远赋》条说：“许浑诗格清丽。”此“诗格”与刘克庄引杨亿所言“诗格”大同小异。方回论“诗格”也有此义。

我们不能将宋人以格论诗的话一一拈出。追寻“格高”说的来处，不外要说明方回的“格高”说乃是在宋人多以格论诗的背景下出现的。明于此，将有助于我们准确地理解他的“格高”说。当然，方回“创为”云云也非故意自高，他之所创，乃在“诗以格高为第一”，即评诗首推“格高”。这是方回诗论的显著特点。

“格高”说在方回诗论中具有非常重要的地位。在江西诗派退舍、萎靡诗风弥漫的晚宋，方回要起衰救弊，推出了律诗“一祖三宗”说，上推唐杜甫为江西诗派之初祖，而以宋人黄庭坚、陈师道、陈与义并列三宗，引导人们通过学习杜甫而学习盛唐，继承上下三千年诗史优良传统，提倡恢张悲壮的诗风。而“格高”正是他对“一祖三宗”诗风的概括。相对的，他所批判的四灵、江湖，则以“格卑”概之。他说：

> 予于晋独推陶彭泽一人格高，足方嵇阮。唐惟陈子昂、杜子美、元次山、韩退之、柳子厚、刘梦得、韦应物，宋惟欧、梅、黄、陈、苏长翁、张文潜，而又于其中以四人为格之尤高者，鲁直、无己，上配渊明、子美为四也。……何以谓之格高？近人之学许浑、姚合者，长孺扫之

① 分别见方回《瀛奎律髓》卷二十四刘子仪《淮水暴涨舟中作》批、卷二十七杨文公《梨》批，上海古籍出版社 1986 年李庆甲集评校点本。

如秕糠，而以陶、杜、黄、陈为师者也。[①]

方回推陶、杜、黄、陈四人为“格之尤高者”。他又说：“善学老杜而才格特高，则当属之山谷、后山、简斋。”“简斋诗独是格高，可及子美。”“去非诗格调高胜，举一世莫能及。”[②]则又将陈与义与四人齐观。他所批判的晚唐姚合、许浑以及学晚唐的四灵等，则一概指为“格卑”：“不当学姚合、许浑，格卑语陋，恢拓不前。”[③]可以说，“格高”说乃方回诗论的核心。

至于方回“圆熟”之说，研究者极少注意，更不用说考其出处了。今按“圆熟”之说，直接来自梅尧臣，其《和晏相》诗云：“因今适性情，稍欲到平淡。苦词未圆熟，刺口剧菱芡。”他把“圆熟”作为诗歌的艺术追求。方回评他：“圣俞诗淡而有味。此亦信乎拈来，自然圆熟。”“圣俞诗不争格高，而在乎语熟意到”[④]。但方回讲的“圆熟”，含义却要丰富得多，有“意到语工”（由梅尧臣“意新语工”点化而来）、“圆活”（由吕本中“活法”“梳转如弹丸”来）、“圆熟自然”（从张耒来）等意。他评梅诗“语熟意到”“自然圆活”；评吕诗“吕紫微诗圆活，然必曲折有意……皆所谓清水出芙蓉也”；评张耒诗“文潜诗大抵圆熟自然”[⑤]。这些都可用“圆熟”概括。

就方回的用心来说，他欲救宋末诗风萎弱之弊而倡导格

① 方回《桐江续集》卷三十三《唐长孺艺圃小集序》，文渊阁《四库全书》本。

② 分别见方回《瀛奎律髓》卷二十四梅圣俞《送徐君章秘丞知梁山军》批、卷十三陈简斋《十月》批、卷二十三陈简斋《山中》批，上海古籍出版社1986年李庆甲集评校点本。

③ 方回《桐江集》卷一《送俞唯道序》，上海古籍出版社《续修四库全书》本。

④ 分别见方回《瀛奎律髓》卷十四梅圣俞《晓》批、卷十六《依韵和李舍人旅中寒食感事》批，上海古籍出版社1986年李庆甲集评校点本。

⑤ 分别见方回《瀛奎律髓》卷二十三吕居仁《孟明田舍》批、卷二十九张宛丘《自海至楚途寄马全玉》批，上海古籍出版社1986年李庆甲集评校点本。

高，而一味推崇格高又易形成江西诗派末流粗硬恶习，于是济之以圆熟。过度提倡圆熟又恐流于尘腐，因而必须坚持“格高为第一”。倡导“格高”推尚黄庭坚、陈师道、陈与义；提倡“圆熟”推尚梅尧臣、张耒、吕本中。“宋诗孰第一？吾赏梅圣俞。绰有盛唐风，晚唐其劣诸!……黄陈吟格高，此事分两途。”①此“两途”即格高语壮与圆熟平易，二者相对又互补，不可偏废。所以他说：

> 诗先看格高而意又到语又工，为上；意到语工而格不高，次之；无格无意又无语，下矣。②

他又说：“诗莫贵于格高。不以格高为贵……则必以熟为贵。”在许多地方，他都是并提“格高”“圆熟”的，见于上引者已经不少，另如《瀛奎律髓》卷二十三评杜甫“格高律熟，意奇句妥，若造化生成”。同卷将陆游与曾几对比说“茶山格高，放翁律熟；茶山专祖山谷，放翁兼入盛唐”。《桐江续集》卷二十八《诗思》十首其五云“格高为第一，意到自无双”等，所谓“律熟”“意到”“句妥”等，都属于“圆熟”。到晚年，他进一步要求“格高”“圆熟”融而为一，二者兼具，认为陶渊明、杜甫到此境界。其《七十翁五言十首》之九云：“诗家自有律，高处在平中。能使生为熟，何愁拙不工！”③评陶渊明、张泽民诗则云：“圆美精熟，虽极力锻炼者不逮。无一语不平淡，而豪放之气自不可掩。”④

---

① 方回《桐江续集》卷二十八《学诗吟十首》其六，文渊阁《四库全书》本。

② 方回《瀛奎律髓》卷二十一曾茶山《十二月六日大雪》批，上海古籍出版社 1986 年李庆甲集评校点本。

③ 方回《桐江续集》卷二十二，文渊阁《四库全书》本。

④ 方回《桐江集》卷一《张泽民诗集序》，上海古籍出版社《续修四库全书》本。

二、何谓“格高”“圆熟”

做过探本求源的工作，我们回到方回“格高”“圆熟”说本身的讨论上来。

关于“格高”，谈论者已经不少。郭绍虞在《中国文学批评史》中说方回“格高”有诗人的看法和道学家的看法。曾永义《元代文学批评资料汇编·绪论》发挥说：

> 就诗人的看法而言……所谓“格高”，和学问的涵养有很密切的关系。必须要胸中有数万卷，发为气力，鼓舞跳荡，然后才能拔乎流俗，臻于高妙。其次就道学家的看法而言……诗格的高低，不止在学问一端，和人品的优劣也有极密切的关系。
>
> “格高”既然含有学问和人品的双重意义，他又反对四灵、江湖的绮丽卑靡，所以所谓格高便是一种讲求古淡、朴拙、瘦硬的风格。……可见方回所讲求的是“枯淡瘦劲”的风格，以此而达到“情味深幽”的境界。能如此，则是所谓“格高”。①

他认为“格高”包括人品、学问、诗之风格三方面，所论不限于作品。方孝岳《〈瀛奎律髓〉里所说的“高格”》说：

> 所谓“格高”，是注意于意在笔先，先在性情学问上讲求的。……他这“格高”二字，颇与钟嵘《诗品》中的“风力”二字相当。②

① 曾永义《元代文学批评资料汇编》，台湾成文出版社1984年版。

② 方孝岳《中国文学批评》，生活·读书·新知三联书店1986年版。

他是从创作论和风格论两方面来认识的。李庆甲《略谈方回的〈瀛奎律髓〉》说：

> 方回所说的“格高”，是指诗歌苍劲瘦硬的风格。江西诗派以具有这样独特的艺术风格而使自己成为一个独特的艺术流派。作为江西诗派后起的中坚，方回所尽力维护和发扬的正是这一种风格。他对于拗字、变体等手法的总结，都是属于经由锻字炼句以达到这种风格的实践途径。①

他只从风格论来认识。敏泽《中国美学思想史》则从美学的角度说：方回“格高”“首先重视的是审美主体高尚的道德情愫和人格美”，强调诗人“人格、志节的高洁”。而这“人格美”，必托诸诗而后见，所以这高格“既指诗格中所反映的人格美，又指与其相联系的风格美，及二者的统一”。他又批评方回：“重视诗的苍劲的风格之美，却常常流于对瘦硬枯劲风格的赞誉和追求。”“独崇瘦硬或寒瘦”“是极其片面的。”②邓绍基指出：

> 显然他认为，杜甫是格高的典范，其表现就是“莫不顿挫悲壮，剥浮落华”，并能“恢张悲壮”。这样“格高”的观点也是与他倡导的诗歌要有现实性、要有真情是一致的。③

他认为这“格”就是风格，而这风格又与诗歌的思想内容密切相关。顾易生等著《宋金元文学批评史》认为所谓“格

① 《中国文艺思想史论丛》第 2 辑，北京大学出版社 1985 年版。

② 敏泽《中国美学思想史》第二卷，齐鲁书社 1989 年版，第 502 页、第 503 页。

③ 邓绍基主编《元代文学史》，人民文学出版社 1991 年版，第 420 页。

高”，其内涵大致包括五个方面：一、“诗体浑大”为格高；二、“剥浮落华”为格高；三、“瘦硬枯劲”为格高；四、“恢张悲壮”为格高；五、自然质朴、豪放深蕴为格高。并说：“大体而言，其所谓格主要是指诗歌的艺术风格。”萧华荣《中国诗学思想史》则将“格高”的内涵概括为两个方面：“第一，境界阔大雄浑者为格高，局促细小为格卑。”“第二，枯劲瘦硬、剥浮落华为格高，工丽柔媚为格卑。”[①]两者都只从诗的艺术风格角度认识“格高”。张少康、刘三富《中国文学理论批评发展史》则认为“此诗格实际是指诗歌之立意”，并说：

> 纯正的思想内容和老成的艺术境界之融合，是方回所提倡的“格高”之基本含义。也就是说，在思想内容方面，诗歌应当体现诗人远大的思想抱负、高尚的精神情操，表现广阔的社会内容；在艺术形式方面，要做到自然天成、雄浑劲健、雅而不俗、意境深远，具有含蓄不尽之余味。[②]

可见学者们对“格高”的探讨是广泛和深入的。本文试图在已有研究的基础上，对“格高”说作多侧面的剖析。

作为对诗人修养的要求，“格高”首先是人格崇高，品格高尚。格者，品格也，风格也，古人本以之论人，后才借以论文。所以“格高”首先作为对诗人品格的要求是自然的。方回论诗，首推陶、杜格高。他论陶诗说：

> 不纯乎天理，公论不尽；不拔乎流俗，人品不高。……

① 顾易生等《宋金元文学批评史》，上海古籍出版社 1996 年版，第 934—935 页；萧华荣《中国诗学思想史》，华东师范大学出版社 1996 年版，第 217 页。

② 张少康、刘三富《中国文学理论批评发展史》（下册），北京大学出版社 1995 年版，第 141—142 页。

必知此者，始可与语陶渊明之诗也欤！[①]

人唯有品格高，才能诗格高。反过来，人品卑污者诗格亦低下。方回曾论到北宋时陷害苏轼的舒亶，其有《和石尉早梅二首》，方回说：

眼不识东坡，而谓其能识梅花耶？兼亦格卑句巧，似乎凑合而成。……其人品不堪与东坡作奴。[②]

人格低下不能写出格高的诗，这是对前人“心声”“心画”说的继承。方回认为，要学习前代优秀诗人，也必须从“精神胸臆”去学，要“意会神合”方可。如黄庭坚学杜甫“未尝以本画葫芦”，但学到了精神，故能“格极天下之高”，而江淹、韦应物等人学陶渊明则不然，“江淹为人，又岂可望陶之万一哉！……韦应物学陶，其诗登山临水，僧交道侣，语意萧淡，然本富贵宦达之人，燕寝兵卫，岂真陶乎！”[③]。总之，要诗格高，须人品高。

作为对诗人修养的要求，“格高”还表现为识见之高。而要识见高，就得学问深，在诗作中表现为一种“力”。必有“上下古今之博识”，才有“出入天地之奇思”。要做到“格高律熟”，“非真积力久不可到也”。怎样“积力”呢？就是学问修养，“无一书不读以养其力，无一息不存以坚其志”。要有“数万卷之心胸气力，鼓舞跳荡”，方能有“一斡万钧”之力。要

① 方回《桐江集》卷一《张泽民诗集序》，上海古籍出版社《续修四库全书》本。
② 方回《瀛奎律髓》卷二十苏东坡《岐亭道上见梅花戏赠季常》批，上海古籍出版社1986年李庆甲集评校点本。
③ 方回《桐江集》卷五《刘元辉诗评》，上海古籍出版社《续修四库全书》本。

得“有一贯万古之胸”，才能有“一斡万钧之势。”[①]在方回那里，“力”乃是格高的表现。而“力量不及”“力不逮”的人，诗格只能卑弱。与此相连的还有“才”。如果说有“学”有“识”才有“力”，那么“学”与“识”融而为“才”则表现为“气”，“才大则气盛”，写出诗来便“若转石下千仞山”。“才高”“气劲”方能有“格高”之作。反之，“才不逮”则流地“对偶巧而气格卑”[②]。

作为对诗人修养的要求，“格高”还表现为情趣之高。“前辈巨公，有不可专以诗人目之者，至于难题高致，下笔便自不同，以胸中天趣胜也。”谢灵运的好诗，那是“天趣流动”。被方回推为格高的韩愈有诗云：“洞门无锁钥，俗客不曾来。”方回评其“风致甚高”，“譬之曾点舍瑟，异乎三子者之撰也”。其情趣是高出流辈的。相反，“近人学晚唐，出于强揠而无真趣也”，因为他们“修词溢誉，气味浅短，题山林，意朝市”[③]。他认为诗人“高致”得自于“天真之自然”，由此他批判了以道学为诗者的迂和江湖、四灵的浅：

古之人虽闾巷子女风谣之作，亦出于天真之自然。而今之人反是：惟恐夫诗之不深于学问也，则以道德性命、仁义礼智之说，排比而成诗；惟恐夫诗之不工于言语也，则以风

① 分别见方回《桐江集》卷三《跋尤冰僚诗》，《瀛奎律髓》卷二十三杜工部《狂夫》批，《桐江集》卷四《跋俞则大诗》，《桐江续集》卷八《读张功父南湖集》。《桐江集》卷一《送胡植芸北行序》，上海古籍出版社《续修四库全书》本。

② 分别见方回《瀛奎律髓》卷二十四杜工部《送段功曹归广州》批、卷四宋之问《早发始兴江口至虚氏村作》批、卷二十七刘克庄《老将》批，上海古籍出版社1986年李庆甲集评校点本。

③ 分别见方回《瀛奎律髓》卷二十张南轩《与弟侄饮梅花下分得香字》批，《文选颜鲍谢诗评》卷二颜延年《和谢监灵运一首》评，《瀛奎律髓》卷二十四梅圣俞《送邵户曹随侍之长沙》批。《桐江集》卷四《跋无名子诗》，上海古籍出版社《续修四库全书》本。

云月露、草木禽鱼之状，补凑而成诗，以哗世取宠，以矜己耀能。愈欲深而愈浅，愈欲工而愈拙。此其故何也？青霄之鸢非不高也，而志在腐鼠，虽欲为凤鸣，得乎？①

方回骂这些人：“彼尘污俗染者，荤膻满肠胃，嗜欲浸骨髓”，纵然装腔作势，“竭力文饰乎外”，也绝写不出高雅之作。他批评戴复古诗“乃止于诉穷乞怜而已。求尺书，干钱物，谒客声气，江湖间人皆学此等哀意思，所以令人厌之”②。所谓“哀意思”，亦即人格、诗格卑下。

方回论诗重人品，认为人格高下决定诗格高下。有一段话可以看作他对人品要求及人品与诗格关系的概括，引来作为以上三层论述的小结：

人品高，胸次大，学问深，笔力健。……诗如弈棋，如挽弓，高一着者，决定高一着臂力。弱者虽欲强进，分寸不可也。③

“笔力健”诗格乃高，条件是人品高、胸次大、学问深。其中“胸次大”可包含情趣高。在《瀛奎律髓》卷三十六“论诗类”小序中，他列举诗作必传于世的四个条件是立志高、用心苦、读书多、从师真，可与这段话相互发明。

从诗艺方面看，“格高”含义也是颇为丰富的。“格”字在方回诗论中随处可见，其义又常不同，大致有风格、品格、格调、体格等义，这里无暇详辨。体格一义且置而不论，风格、品

① 方回《桐江集》卷一《赵宾旸诗集序》，上海古籍出版社《续修四库全书》本。

② 方回《瀛奎律髓》卷十四戴式之《岁暮呈真翰林》批，上海古籍出版社 1986 年李庆甲集评校点本。

③ 方回《桐江续集》卷三十二《孙元京诗集序》，文渊阁《四库全书》本。

格、格调，乃是诗人人品、识见、情趣以及才学等的表现。这里作些探讨。

首先，“格高”是“恢张悲壮”，是有感慨、意思深。除了要具有沉挚廓大的气象，还表现为诗歌要有现实性，要有真情。方回在《瀛奎律髓》卷一陈简斋诗批中说：“老杜诗为唐诗之冠，黄、陈诗为宋诗之冠，黄、陈学老杜者也。嗣黄、陈而恢张悲壮者，陈简斋也。”这四人正是他推为“格极天下之高”的“一祖三宗”。在《瀛奎律髓》卷十姚合《游春》诗评中说：

> 姚少监合……与贾岛同时而稍后……而格卑于岛……其病在乎矜夸无感慨。……予谓诗家有大判断，有小结裹。姚之诗专在小结裹，故四灵学之，五言八句皆得其趣，七言律及古体则衰落不振。又所用料不过花、竹、鹤、僧、琴、药、茶、酒，于此几物一步不可离，而气象小矣。

“衰落不振”“气象小”都是格卑之表现。“无感慨”实指其诗境狭窄、无关世事。能寄寓感慨、关乎世道者为“大判断”，而“以浮声切响单字只句计工拙”，连篇累牍“不过花、竹、鹤、僧、琴、药、茶、酒”者为“小结裹”。同书卷二十三列姚合格卑于贾岛的表现说：“斤两差，一不逮；对偶切，二不逮；意思浅，三不逮。”所有这些，都着重在诗的内容。内容贫乏，感情不真，便是格卑。而感慨深、斤两重的作品，在诗风上表现出一股雄浑之气。方回说：“盛唐律诗体浑大，格高语壮；晚唐下细工夫，作小结裹，所以异也。”他又说：“简斋诗气势雄浑，规模广大。”[①]此所谓“格”，乃指诗之品格（近于今人所言品位）。我们不妨借宋人刘克庄的话加以发明：

> 元祐后诗人迭起……要之不出苏、黄二体而已。及简斋出，始以老杜为师。……建炎以后，避地湖峤，行路万里，诗益奇壮。……造次不忘忧爱，以简洁扫繁缛，以雄浑代尖巧。第其品格，故当在诸家之上。[②]

就这点说，方回的看法与刘克庄不异。他常因简斋多沉痛激越之音，而称其“独是格高”。

其次，“格高”表现为“力”与“劲”。方回评黄庭坚诗“格律绝高，万钧九鼎，不可移也”；比喻陈师道诗格高如“万钧古鼎，千丈劲松，百川倒海”，“力能排天斡地”；赞孙元京诗“悬万千钧系一丝”[③]。格高的诗“笔力雄”，故方回又赞陈后山诗“瘦铁屈蟠，海底珊瑚枝不足以喻其深劲也”，“极瘦有骨，尽力无痕”。赵藩的诗“全是枯骨劲铁”，说自己的作品“有气骨，不作江南诗人软媚态”。刘长卿诗格不高，是因为“颇欠骨力”[④]。他又认为“格高”的作品应是有力而不见其

---

① 分别见方回《瀛奎律髓》卷十五陈子昂《晚次乐乡县》批、卷二十四陈简斋《送熊博士赴瑞安令》批，上海古籍出版社1986年李庆甲集评校点本。

② 刘克庄《后村先生大全集》卷一百七十四，《四部丛刊》影印旧钞本。

③ 分别见方回《瀛奎律髓》卷二十七黄庭坚《观王主簿酴醿》批，卷十许浑《春日题韦曲野老村舍》批、陈师道《春怀示邻曲》批，上海古籍出版社1986年李庆甲集评校点本。《桐江续集》卷九《题孙元京近诗》，文渊阁《四库全书》本。

④ 分别见方回《瀛奎律髓》卷二十六陈后山《次韵春怀》批、卷十陈后山《早春》批，卷二十七赵昌父《菊》批。《桐江续集》卷三十三《赵西皋明叔集序》，文渊阁《四库全书》本。《瀛奎律髓》卷四十七刘长卿《寄灵一上人》批，上海古籍出版社1986年李庆甲集评校点本。

用力，如说刘禹锡格高而“不吃力”[①]，要能举重若轻方好。这种“力”与“劲”，表现为“峥嵘”“高峻”的风格。“格律高，步骤阔，骨格峥嵘，神采飞动”，或称“诗格峥嵘”，或称“骨格峻峭”，有时也称“奇崛”等。他称陈简斋诗“气岸高峻，骨格开张，殆天授，非人力”[②]。此所谓“格”，乃指诗的风格。“格高”乃指风格的高峻、劲瘦。他的这种风格崇尚，遭到后人的尖锐批评，清人纪昀说他是“以生硬为格高，以枯槁为老境”[③]。就方回的初心论，乃在以瘦劲纠宋末卑弱之病，如果矫枉过正，自然易成流弊。应该明确的是，方回提倡“圆熟”以济“格高”，也正为此。

最后，“格高”又有“格调高胜”之义。如他评卢象《杂诗》：“有古乐府之意，格调甚高。”他评陈与义《山中》诗：“去非格调高胜，举一世莫之能及。”[④]但何谓“格调高胜”，语意并不明朗。他评杜甫《暮归》诗云：“自是一种骨格风调。”则所谓“格调高胜”，当指诗中表现的诗人情趣、情致之高，以及诗的摆浮落艳、雅洁古淡。按方回所评，如陈简斋《山中》诗“风流丘壑真吾事，筹策庙堂非所知。白水春陂天澹澹，苍峰晴雪锦离离”者是，如杜甫《暮归》诗“客子入门月皎皎，谁家捣练风凄凄。……年过半百不称意，明日看云还杖藜”者是。其韵味皆雅洁不俗。

以上分析，只是从几个方面来认识“格高”的含义。但在

① 方回《瀛奎律髓》卷四十七刘宾客《送景玄师东归》批，上海古籍出版社1986年李庆甲集评校点本。

② 分别见方回《桐江续集》卷三十一《后乐集序》，《瀛奎律髓》卷十四吕居仁《西归舟中怀通泰诸君》批、卷二十五“拗字类”序、卷二十三陈简斋《题东家壁》批，上海古籍出版社1986年李庆甲集评校点本。

③ 纪昀《瀛奎律髓刊误序》，载扫叶山房本卷首。

④ 分别见方回《瀛奎律髓》卷四十六卢象《杂诗》批、卷二十三陈简斋《山中》批，上海古籍出版社1986年李庆甲集评校点本。

方回，在哪些地方使用何种意义，并未作分别，我们也不要强作分别。方回既然以“格高”为评诗第一标准，则“格”在他那里应是一综合概念，只不过在具体使用时，有时表现为这方面的含义，有时表现为那方面的含义。而在许多时候，表现的就是综合的含义。

为了从反面认识“格高”的含义，我们拈出几段方回谈“格卑”的话来。他评项斯诗“觉太工，太工则拘，拘则狭”；评许浑诗“诗格颇卑，句太偶”，“句句工，但太工则形胜于神耳”；评李商隐诗“组织有余，细味之，格律亦不为高”；评杜荀鹤《山中寡妇》“三四格卑语率，‘废来’‘荒后’，似此者不一，学晚唐者以为式，予心甚不然之”。他又评《冬来同友人泛潇湘》：“‘买得’‘沽来’等语，晚唐诗卑之尤卑者。”评韩偓《幽窗》诗：“致尧笔端甚高。唐之将亡，与吴融诗律皆不全似晚唐，善用事，极忠愤。惟香奁之作，词工格卑。岂非世事已不可救，姑留连荒亡以纾其忧乎？”评王安石诗：“半山诗步骤老杜，有工致而无悲壮，读之久则令人笔拘而格退。”[①]方回极推陈师道诗格高，说：

> 诸平正熟烂、绮靡饾饤诗中见后山诗，犹野鹤之在鸡群云。[②]

从这些材料中，可以得出关于格卑的一些认识：就形式

① 分别见方回《瀛奎律髓》卷三十五项斯《宿胡氏亭》批、卷四十六许浑《岁莫广江至新兴往复中题峡山寺》《洛东兰若夜归》批、卷二十八李义山《茂陵》批、卷三十三杜荀鹤《山中寡妇》批、卷三十四杜荀鹤《冬来同友人泛潇湘》批、卷七韩致尧《幽窗》批、卷十六王半山《壬辰寒食》批，上海古籍出版社1986年李庆甲集评校点本。

② 方回《瀛奎律髓》卷二十四陈后山《送秦觏二首》批，上海古籍出版社1986年李庆甲集评校点本。

说，一味追求工巧不注重内容，即因形伤神为格卑；走向另一极端，不注意诗的技巧，出语粗率也是格卑。就内容说，关心社会、极忠愤、多悲壮为格高，反之，流连荒亡，沉浸于香艳之作以逃避现实，作“小结裹”，无大判断为格卑。就风格说，平正、熟烂、粉绘，都是格卑。

关于“圆熟”，研究者没有给予关注。其含义，当然也就缺乏探讨。上文在考查它的出处时，已经粗略分析了它的含义。方回《瀛奎律髓》卷二十张泽民《梅花二十首》一段批语，对理解他之所谓“圆熟”很有价值：

> 夫诗莫贵于格高。不以格高为贵，而专尚风韵，则必以熟为贵。熟也者，非腐烂陈故之熟，取之左右逢其原是也。此二十首梅诗，他人有竭气尽力而不能为之者，公谈笑而道之，如天生成，自然有此对偶，自然有此声调者，至清洁而无埃……

据此我们可有以下几点认识：第一，“圆熟”与“风韵”有关，“尚风韵”亦即以韵胜的诗讲求“圆熟”，这是与“格高”相对又相济的风格追求。正如方回评张泽民《梅花二十首》诗：“篇有意，句有韵”“其诗格为‘江湖’，不务太高而圆熟混沦，与人色笑和易而远俗子为仇。”[①]第二，“圆熟”须与宋末尘腐诗风区别。宋末“尘腐以为熟”是衰世诗风，方回所推尚的“熟”是左右逢源、自然圆转、举重若轻的风格，所谓“信手圆成，不吃一丝毫力也”。当然，“平熟圆妥，视之似易，能作诗

① 分别见《宋百家诗存·实斋咏梅集》方回序。《瀛奎律髓》卷二十张泽民《梅花二十首》批，上海古籍出版社1986年李庆甲集评校点本。

到此地亦难也”[①]。它是以诗人超人的功力为基础的。第三，“圆熟”是自然天成。如方回称尤袤诗“却自圆熟，无一斧一斤痕迹也”，“如浑脱铸成，本只是烂熟说话，而无手段者自不能撮虚空也”。[②]第四，“圆熟”是一种雅洁和平的诗风，所谓“至清洁而无埃，至和平而不怨”，或云“和平则不流，优游则不怒”[③]，要得性情之真之正。另外，“圆熟”主“韵”，“格高”主“意”，其中还有一些值得深入探讨的东西，这里无法展开了。

“熟”与“新”互济，方是好诗。方回评恢大山诗云：

> 他人之诗，新则不熟，熟则不新。熟而不新则腐烂，新而不熟则生涩。惟公诗熟而新，新而熟，可百世不朽。[④]

一味求熟而不求新会流为腐烂，故“于熟之中更加之熟则不可，熟而又新则可也”[⑤]。“圆熟”虽与“格高”相对，但两者都是老境美。方回认为：“善为诗者，由至工而入于不工。工则粗，不工则细；工则生，不工则熟。”要达到“绣与画之迹俱

① 分别见方回《桐江集》卷三《跋遂初尤先生尚书诗》，上海古籍出版社《续修四库全书》本。《瀛奎律髓》卷十一陆放翁《夏日二首》批、卷十六张宛丘《寒食赠游客》批，上海古籍出版社 1986 年李庆甲集评校点本。

② 分别见方回《瀛奎律髓》卷二十尤延之七言律、五言律《梅花》批，上海古籍出版社 1986 年李庆甲集评校点本。

③ 方回《桐江集》卷一《晓窗吟卷序》，上海古籍出版社《续修四库全书》本。

④ 方回《桐江续集》卷三十三《恢大山西山小稿序》，文渊阁《四库全书》本。

⑤ 方回《桐江集》卷四《跋俞仲畴诗》，上海古籍出版社《续修四库全书》本。关于圆熟与新及陈腐等的关系，王恽有一段讲文章的话，足可参考，其《遗安郭先生文集引》说，要想写好文章，“必需道义培植其根本，问学贮蓄其穰茹，有渊源，精尚其辞体，为之不辍，务至于圆熟，以自得有用为主，浮艳陈烂是去，方能造乎中和醇正之域，而无剽切捞攘、灭裂荒唐之弊。故为之甚难，名家者亦不多见”。载《秋涧集》卷四十三，《四部丛刊》影印明弘治翻元本。

泯”“剥浮落华”的地步方为熟[①]。

“圆熟”作为方回重要的评诗标准，也是一个综合概念，要条分缕析地指出其含义是不容易的，但只要我们从与“格高”相对又互济的高度去把握，其含义也就易于了解了。李庆甲在《略谈方回的〈瀛奎律髓〉》一文中说：“方回对江西诗派的美学准则进行了修正与补充。具体地讲，就是主张在以‘格高’为基础的前提下，一要以‘细润’济粗犷”；“二要以‘圆熟’济生硬”；“三要以‘丰腴’济枯涩”。其实，“细润”“丰腴”都与“圆熟”相关联，并可纳入“圆熟”这一综合概念。“圆熟”与“格高”相对又相济，而“粗犷”“生硬”“枯涩”，都是强调“格高”时所应防止的流弊。

三、余论

南宋末年，诗坛弥漫着意境狭窄、纤弱萎靡的诗风。方回对这种诗风深恶痛绝，他以起衰救弊为己任，为此而倡导以唐杜甫，宋黄庭坚、陈师道、陈与义等人为代表的关心时事、恢张悲壮、苍劲顿挫的诗风。他推杜、黄、二陈为唐宋律诗之“一祖三宗”，概括他们的诗风为“格高”，并以此为评诗的最高标准。黄庭坚是宋代有影响的诗人，人们以他相标榜，形成江西诗派。江西后学学黄庭坚，由求新务奇而入于粗硬生涩。两宋之际的吕本中倡导“活法”，主张诗应“流转如弹丸”，可以治粗硬之病。但江西诗派流弊却愈演愈烈，南宋杨万里、陆游等都冲破江西诗派束缚，追求诗的圆转、丰腴而各自成家。到南宋后期，卒至江西诗派为人所厌，代之而起的却是四灵、江湖的卑弱诗风。有鉴于此，方回既倡导格高又要防止江西之弊重演，于是

① 方回《桐江集》卷一《程斗山吟稿序》，上海古籍出版社《续修四库全书》本。

总结吕本中等人的经验，上推宋初的梅尧臣和其后的张耒，倡导“圆熟”，以此与“格高”相济。可以说，“格高”与“圆熟”互济的诗风追求，是方回总结了宋诗三百年发展经验教训而提出的，他企图以此为当时诗坛起衰救弊。

方回倡导“格高”，济之以“圆熟”，是系统而深刻地反思宋诗的结果。元代诗论是在反思宋诗、批判宋末诗弊中展开的，方回是这一反思和批判的先导之一，其观点对元代诗论影响颇大。他的反思也有局限性。他以改造江西诗派为目的反思宋诗，在宋初批九僧、昆体，在宋末批四灵、江湖，他也有批江西诗派，但批判的目的是为江西诗派起衰，这与后起者以后来人的眼光审视宋诗是不同的。元诗创作的实际，也没有照方回主张的方向发展，甚至他个人的诗作也没能贯彻其诗学主张。

（原发表于《殷都学刊》1998年第3期，署名李仲祥，后收入《元代诗学通论》附录）

关于“清新”

——读方回诗论札记之一

◎贾文昭

方回（1227—1307），字万里，号虚谷，歙县（今属安徽）人，宋末景定进士，官严州知州。入元，官建德路总管，寻罢。著有《桐江集》《桐江续集》，又选评唐宋律诗为《瀛奎律髓》。他标榜江西诗派，诗论多有乖谬，招致后人的讥议。然而，我们不能因此而忽视其中的“精确之论”①。《四库全书总目提要》编者在评价《瀛奎律髓》时，着重对其“颇不谐于中声”之处作了评说，但最后还是承认“其议论可取者亦不一而足”。后人对古人的著述应该持“片善是求”②的态度，何况方氏诗论不止是“片善”而已。

现在，我们且看看方回关于“清新”的一些论述。

在《桐江集》《桐江续集》中，已有一些谈论“清”“新”或“清新”的文字；在《瀛奎律髓》中，用“清”“新”二字作评语者更是比比皆是。在方回笔下，“清”与“新”不仅是评议诗歌时使用频率最高的批评标准，而且在理论上得到了多侧面的阐发。在古代文论领域，方回对诗歌的“清新”问题可以说是进行了一次前所未有的全方位探索。

---

① 纪昀语，《瀛奎律髓刊误序》。

② 白居易语，《赋赋》。

一、清

方回在《冯伯田诗集序》中，以自然界的多种景象，对“清”作了解说，诸如“天无云谓之清，水无泥谓之清。风凉谓之清，月皎谓之清”“长松茂竹，雪积露凝为清”等，最后落脚到“而诗人之诗亦有所谓清焉”。在《瀛奎律髓》中，“清”的评语屡见不鲜，如：

> 全篇劲健清瘦，尾句尤幽邃，此其所以逼老杜也。（陈后山《登快哉亭》）评语）
>
> 文公诗似陈后山，劲瘦清绝，而世人不识。（朱文公《观梅花开尽不及吟赏感叹成诗聊贻同好二首》评语）
>
> 茶山嗜茶，茶诗无一篇不清峭有奇骨。（曾茶山《逮子得龙团胜雪茶两胯以归予其直万钱云》评语）
>
> 五、六尽水乡之妙。尾句尤清而有味。（李频《送德清喻明府》评语）

这四则评语分别用了“清瘦”“清绝”“清峭”“清”。此外，书中用的评语还有“清婉”“清淡”“清润”“清洒”“清爽”“清楚”“清洁”“清古”“清苦”“清劲”“清健”等，总共二十多处，其中“清瘦”“清峭”“清爽”均出现多次。所有这些评语，都是“清”的不同类别，且都是褒词，毫无贬义。在这些类别中，按照常理，最受人们青睐的当是“清而有味”的“清”或“清美”，然而方氏却并非如此。与江西派的一些有偏嗜的诗人一样，他最欣赏的是与“瘦劲”相联系的“清”。其评语中所说的“劲健清瘦”“劲瘦清绝”，是他竭力倡导的“格局”的基本标识，也是其各类“清”的褒词中褒义程度的词。

二、新

方回认为，世上之人“喜新而恶常”[①]，故在生活上追求新鲜：“新沐者必弹其冠，新浴者必振其衣，此以旧而为新者也；古尝黍稻麻麦皆贵新，此名旧而实新者也；田硗则易，器敝则改，此舍旧而图新者也。”他由此而推论到诗，认为诗人之诗“清矣，又有所谓新焉”[②]，并且把诗中之新——新意、新语、新题材、新风格、新手法，作为评诗的最重要的着眼点。他在《瀛奎律髓》中，单独用“新”（包括“甚新”“尤新”“最新”“极新”“尖新”）字作评语的就有四十多处，如：

> 中四句皆工，后联尤新。（耿湋《东郊别业》评语）
>
> 李洞云：“日闪剃刀明。”意新语工而险。（僧知圆《赠闻聪师》评语）
>
> 诗欲新而不陈，“已辨酒中蛇”则无疑矣。“已辨”二字佳，事故而意新。“枸杞悬泉水”“芙蓉伏火砂”，亦新。（包佶《答窦拾遗卧病见寄》评语）
>
> “春寒误早花”，此句极佳。诗中无此等新句，而欲名世可乎？（僧善珍《春寒》评语）

使用频率仅次于“新”的是“新异”，有十余处。方氏在巩仲至《离建》一诗后写道：“仲至诗每每新异。新则不陈，异则不俗。”可见“新异”是褒词。再次是“新美”，有近十处，不用说也是褒词。此外还有“新怪”“新诡”“新谲”“新

① 方回《心境记》。

② 《冯伯田诗集序》。

巧”“新丽”等评语，也都属于“新”的不同类别，且均是褒词，并无贬义。清人李渔曰：“文字莫不贵新。”[①]“新也者，天下事物之美称也。”[②]看来方氏正是把“新”当作“美称”来看待和使用的。

不过，这里有两点需要看到：第一，方氏对“新”固然是一味肯定，但对于取新的途径和手段并非一味肯定。他对于“刻削以为新”[③]是反对的，对于晚唐诗“搜索细碎以为新”[④]也是反对的。这表明他虽然看重新，但并不赞成那种用人工“刻削”手段获得的矫揉造作的新，也不赞成通过“搜索细碎”生活原料的途径所获得的题材新。第二，他对于各种不同类别的新并非一视同仁。从他所评论的具体诗篇、诗句可以看出，他最欣赏的往往是与“瘦劲”联系的“新异”，也即“生新”。这表明他同江西派不少诗人一样崇尚生新瘦劲的艺术风格。纪昀批评他“好尚生新”[⑤]，基本上是符合实际的。

三、清与新

方回在《冯伯田诗集序》中说：“然则诗人之诗，清而后能新，即新而后能清耶？老杜谓‘清新庾开府’，并言之，未尝别言之也。非清不新，非新不清，同出而异名，此非可以体用言也。”认为清与新是“同出而异名”——一个东西两个名称，一而二、二而一，内涵并无差异。故他评诗经常是单独用“清”或单独用“新”，“清新”合用者极少。在《瀛奎律髓》中只有两

① 《窥词管见》。
② 《闲情偶寄·脱窠臼》。
③ 《跋遂初尤先生尚书诗》。
④ 《瀛奎律髓》卷一杜审言《登襄阳城》评语。
⑤ 纪昀语，《瀛奎律髓刊误序》。

处，一是评王维《送梓州李使君》："清新隽永，唐人如此者极多。"二是评王建《原上新春》："老杜谓'清新'，此等语亦清新者也。"

方氏把清与新视为"同出而异名"，看来不尽确当。清与新的内涵并非毫无差异，"新"者可以同时是"清"，但并不完全等同于"清"，比如杜甫的"三吏""三别"，无疑是前无古人的戛戛独造，可以称得上"新"，但要称之为"清"似乎勉强。至于讲杜甫并未将"清"与"新"分"别言之"，也不符合实际。杜甫《解闷十二首》之六："复忆襄阳孟浩然，清诗句句尽堪传。即今耆旧无新语，漫钓槎头缩颈鳊。""清"与"新"就是分"别言之"。又，《戏为六绝句》之"不薄今人爱古人，清词丽句必为邻"，《长吟》之"赋诗新句稳"，《奉和严中丞西城晚眺十韵》之"诗清立意新"，"清"与"新"也是分"别言之"。仅仅依据"清新庾开府"一语，就断言老杜对"清新"只是"并言之，未尝别言之"，并由此推论清、新只是"同出而异名"，未免莽撞。

四、新与熟

方回在《恢大山西山小稿序》中说："他人之诗，新则不熟，熟则不新。熟而不新则腐烂，新而不熟则生涩。惟公诗熟而新，新而熟，可百世不朽。"他在《跋俞仲畴诗》中又说："于熟之中更加之熟则不可，熟而又新则可也。"这都是主张诗既要新又要熟，新熟必须兼备并融为一体。只新不熟或只熟不新，就会产生"生涩"或"腐烂"的弊端，就不可能流传后世。因此，他不仅看重新，而且看重熟。其《诗思》十首之四云："满眼诗无数，斯须忽失之。精深元要熟，玄妙不因思。"其《程斗山吟稿序》又云："善为诗者，由至工入于不工。工则粗，不工则细；工则生，不工则熟。”这里他又把熟看作诗歌达到“精深”的必要条件，看作诗歌“由至工入于不工”这个最高境界的重要标志。方氏这些关于熟及新熟关系的论说，应该说是相当精辟的。

在《瀛奎律髓》中，他多次用“熟”字作评语，如评白乐天《病眼花》“诗律圆熟”，评赵师秀《延禧观》“平熟妥贴”；又如评刘屏山《次韵张守梅诗》“梅诗难赋，不必句句新，得如此圆熟亦可也”；评朱文公《次韵雪后书事》“后首第三句熟料，第四句却以生对熟，忆百寮贺雪而退，有新意”。其中的“熟”“平熟”“圆熟”，都是褒词。需要分辨的是“烂熟”。方氏对陆放翁《闲中颇自适戏书示客》的评语是：“纵说，横说，烂熟。”此处的“烂熟”是指熟之极致，即我们平常讲的“滚瓜烂熟”，因而是赞语，并无贬义。但他对徐致中《山居》的评语：“近乎烂熟，然亦不可弃也。”此处的“烂熟”就明显含有贬义了。

那么，方氏对“熟”“烂熟”究竟是如何理解的呢？《瀛奎律髓》一书有条评语对此作了解说：“夫诗莫贵于格高。不以格高为贵，而专尚风韵，则必以熟为贵。熟也者，非腐烂陈故之熟，取之左右逢其原是也。”①这条评语中有两点值得注意和辨析：一、他对“熟”作了解释，说明“熟”不是“腐烂陈故之熟”，而是“左右逢其原”之熟，这自然是说得很对的。我们由这一解释也可领悟到，他对熟之极致的“烂熟”并不反对，反对的只是“腐烂陈故”的“烂熟”。二、方氏论诗尚“格”，对“风韵”往往不太看重，故曰“诗莫贵于格高”。这种“格高”的诗，既贵新，又贵熟，即上面说到的“熟而新，新而熟”。如果不是尚“格”，而是“专尚风韵”，那就要“以熟为贵”，但

① 《瀛奎律髓》卷二十张泽民《梅花二十首》评语。

这种熟亦必须是“左右逢其原”之熟。这一看法也欠妥，实际上无论是尚“格”还是尚“风韵”，均应新熟并贵才是。尚“风韵”的诗如果只熟不新或熟有余而新不足，也会产生陈旧甚至“腐烂”的弊端。

五、清新与俊逸

“清新庾开府，俊逸鲍参军”，这本是杜甫《春日忆李白》中上下相连的两句诗。故方氏的《冯伯田诗集序》在援引前一句对“清新”作了辨析之后，接着又联系后一句的“俊逸”对“清新”作了进一步论述：“或谓：老杜之寄太白也，以清新对俊逸，而予于冯君之诗，独以清新许之，无乃于俊逸不足乎？曰：不然，才力之使然者为俊逸，意味之自然者为清新，可无彼不可无此，故不同也。”这里为了与“才力之使然者为俊逸”相对称，只讲了“意味之自然者为清新”。实际上我们仅从前面列举的一些“清”“新”的评语即可看出，他心目中的“清新”并不限于“意味之自然”，而是包括“语”“意”两方面的清新。至于讲“清新”与“俊逸”二者“可无彼不可无此”，则不仅表现了方氏对“清新”的高度重视，且体现了他非常明确地把“清新”视为诗的不可缺少的本质属性。古文论中主张“诗贵新”，把“新”视为诗的本质属性者并不少见，但把“清新”视为诗的本质属性者仅见于此，可以说是方氏的一个创举。

六、清新之由来

方回在《冯伯田诗集序》中写道：“或又问：清新之所自来，得之学乎？得之思乎？世未尝无苦学精思之士，而或不能为诗，或能为之而不能清新。”我们知道，方氏是非常注重“苦学精思"的，他劝勉学诗者要"无一书不读，以养其力"，并主张写诗要"锻炼磨砻，不稳不已"[①]，但他认为单靠"苦学精思"未必能写出清新之诗。那么，怎样才能写出清新的诗呢？我们且看看他在《跋愈仲畴诗》中讲的两句话："新之如何？料与意皆不必全似贾（按：指贾岛）、合（按：指姚合）也。必出于己而得于天，则所进岂易量哉！"所谓"出于己"，即出于自己独特的新感受；"得于天"，即得于自己特有的写诗天赋。以此二语来解释"新"，似仍不甚透彻。但认为"清新之所自来"，单靠"苦学精思"未必奏效，还得加上"出于己""得于天"，这在理论上还是比较完善的。

以上六条，是我对方回关于"清新"的一些论述的初步归纳和分类梳理。

在梳理完毕之后，我们不能不谈到方回所标榜的"一祖三宗"。

我们知道，方回最引人注目的一个举措，是提出"一祖三宗"之说为江西诗派护法。"一祖"，指杜甫；"三宗"，指黄庭坚、陈师道、陈与义。他把这四位诗人奉为江西派的"祖""宗"，并奉为律诗的代表人物。这四位诗人都是有强烈的创新意识的。杜甫有关"清新"的论述，前面已列举数例，此处不赘。黄、陈主"新"的言论也颇有一些，如黄庭坚以"句法俊逸清新"[②]为标准评论前人诗歌，以"豪壮清丽"称赞嵇康诗[③]，主张"文章最忌随人后"[④]，声称"我不为牛后人"[⑤]；陈师道称赞杜甫《阆中歌》"辞致峭丽，语脉新奇，句

① 《跋俞则大诗》。

② 《再用前韵赠子勉四首》之三。

③ 《书嵇叔夜诗与侄榎》。

④ 吕本中《童蒙训》。

⑤ 《赠高子勉》。

清而体好”[①]，又称赞苏轼诗“新”，而杜甫则是“新陈莫不好也”[②]。方回关于“清新”的众多论述，显然受到“一祖三宗”说的影响，但较之“一祖三宗”说显然更细致更全面，且有其精到和可取之处。方回对诗歌“清新”问题进行的全方位探索（包括探索的正确一面和错误一面），至今仍能给人以有益的启示。

（原载于《文艺理论研究》1998年第6期）

① 张表臣《珊瑚钩诗话》卷二。

② 《后山诗话》。

关于方回诗论的“一祖三宗”说

◎查洪德

杜甫论诗主张转益多师，唐人及宋初人论诗尚无门户，自北宋前期，始有所谓晚唐体、白体、昆体、九僧体。江西诗派出，论诗乃各有门户。元人反思宋诗之弊，复归于转益多师。而由宋入元的方回，则是由宋人各守门户到元人破除门户过渡中的诗论家。一般认为，他是江西诗派的后劲，有研究者认为，他的诗论是为江西护法而批九僧、昆体、四灵、江湖。谈到方回诗论，人们常提到的是他为江西诗派创“一祖三宗”之说，其说见于其所著《瀛奎律髓》：

> 古今诗人当以老杜、山谷、后山、简斋四家为一祖三宗，余可预配飨者有数焉。①

他推尊唐杜甫为律诗之祖，而以宋代黄庭坚（山谷）、陈师道（后山）、陈与义（简斋）并列三宗。需要指出的是，方回对“一祖三宗”之说并非一贯坚持。他始则立“一祖三宗”之说为江西诗派拓展门户，以扩大后学眼界，纠江西诗派狭隘之病；终则自破“一祖三宗”之说而主“诗备众体”。这就是从守门户到

① 方回《瀛奎律髓》卷二十六陈简斋《清明》批，上海古籍出版社 1986 年李庆甲集评校点本。

消除门户之间的过渡。但至今为止，我们对方回诗论的研究还是不够全面的，所以过多地强调了“一祖三宗”说，而不大注意他对“一祖三宗”说的突破。如此也就影响了我们对方回诗论的总体把握与评价。

这里还有两个问题必须明确：第一，“一祖三宗”说为纠江西诗派偏狭之病，但就方回而言“一祖三宗”是“古今诗人”之“一祖三宗”，而非江西诗派之“一祖三宗”[①]。后人以此为江西诗派之“一祖三宗”，并非方回之意，由此引起的有关争论以及对方回的相应批评，也是后人的理解，甚至是误解，都是后人的事。第二，此所谓“古今诗人”，只能限定在律诗发展历史上的古今，从方回生活的年代说，就是唐宋两代律诗发展三百年的历史，因为《瀛奎律髓》是一部律诗学著作，它所讨论的所有问题，都只限定在律诗学范畴中，包括“一祖三宗”说。忘记这一前提而指责“一祖三宗”说，那是批评者的主观解读，其批评不具备合理性。这一点下文将作具体论述。

一、方回诗论研究中的局限

方回（1227—1307），字万里，号虚谷，徽州歙县（今属安徽）人。宋元之际诗人兼诗论家。今存《桐江续集》三十七卷，《桐江集》八卷[②]，《瀛奎律髓》四十九卷，《文选颜鲍谢诗

① 方回《瀛奎律髓》卷一晁端友《甘露寺》批还明确地说：“山谷法老杜，后山弃其旧而学焉，遂名黄、陈，号‘江西派’，非自为一家也，老杜实初祖也。”如果据此说老杜为江西派之初祖，显然是误解。方回的意思很明确：因老杜是初祖，所以江西派“非自为一家”。因为无论如何，杜甫都不可能是江西派，方回不会犯这样的逻辑错误。

② 按方回原有《桐江集》，已佚，此《桐江集》乃“后人掇拾《续集》之所无者，有文无诗”（清朱绪曾《开有益斋读书志》卷五），与原《桐江集》非一书，因而《桐江续集》也不是此书的续集。

评》四卷；另有《续古今考》三十七卷，《虚谷闲钞》一卷。其中，《桐江集》《桐江续集》“专以论诗”[①]；《瀛奎律髓》选唐宋律诗三千首，逐一批评，“所选诗格也，所注诗话也”[②]，是一部重要的唐宋律诗学著作；《文选颜鲍谢诗评》则“取《文选》所录颜延之、鲍照、谢灵运、谢惠连、谢朓之诗，各为论次”[③]，也是一部诗评专著。他留下的诗论资料如此丰富。

清人纪昀对方回诗论持批评态度，他说方回：“其诗专主江西，平生宗旨，悉见所编《瀛奎律髓》。”[④]受其影响，至今谈论方回诗论，人们还多把目光集中于一部《瀛奎律髓》，认识也就难免以偏概全。其实，《桐江集》《桐江续集》中论诗的文字，数量与质量都不在《瀛奎律髓》之下，自不能弃而不谈。《文选颜鲍谢诗评》一书，规模虽小，但也自有其价值，特别是其中反映了与《瀛奎律髓》明显不同的诗学观点，与《桐江集》《桐江续集》一起，体现了方回另一方面、另一阶段的诗学理论，实不可废。清代纪昀就曾说它：“究较《瀛奎律髓》为胜，殆作于晚年，所见又进欤？”[⑤]但研究者至今仍绝少提及。不以其全部诗论资料为依据进行研究，我们对方回的认识，就是不完整的。建立在这一基础之上对其的所有诗论史的批评，都不可能是客观的。

方回诗论研究中的以偏概全，突出表现在将《瀛奎律髓》代表的方回律诗学作为方回诗学的全部。《瀛奎律髓》只以唐宋律诗为评鉴对象，它所反映的只是方回唐宋律诗学理论。他对古诗和唐宋古体诗的论述，则保存在《桐江集》《桐江续集》和《文

① 方回《瀛奎律髓》卷十六陈简斋《清明》批，上海古籍出版社1986年李庆甲集评校点本。

② 方回《瀛奎律髓序》，《瀛奎律髓》卷首，上海古籍出版社1986年李庆甲集评校点本。

③ 纪昀等《四库全书总目·文选颜鲍谢诗评》提要，中华书局1965年整理本。

④ 纪昀等《四库全书总目·桐江续集》提要，中华书局1965年整理本。

⑤ 纪昀等《四库全书总目·文选颜鲍谢诗评》提要，中华书局1965年整理本。

选颜鲍谢诗评》中。所以人们不能把他的律诗学理论看作他诗学理论的全部。他的“一祖三宗”说，是就唐宋律诗说的，更严格地说，主要是就七言律诗说的，我们不应大而化之。方回说：

> 大概律诗当专师老杜、黄、陈、简斋，稍宽则梅圣俞，又宽则张文潜。此皆诗之正派也。五言古，陶渊明为根柢，三谢尚不能满人意。韦、柳善学陶者也。七言古，须守太白、退之、东坡规模。绝句，唐人后惟一荆公。实不易之论。[①]
>
> 老杜诗为唐诗之冠，黄、陈诗为宋诗之冠，黄、陈学老杜者也。嗣黄、陈而恢张悲壮者，陈简斋也；流动圆活者，吕居仁也；清劲洁雅者，曾茶山也。七言律，他人皆不敢望此六公矣。若五言律诗，则唐人之工者无数。宋人当以梅圣俞为第一，平淡而丰腴，舍是则又有陈后山耳。此余选诗之条例，所谓正法眼藏也。[②]

方回将《诗》《骚》以后的诗别为五体：五言古、七言古、五言律、七言律、绝句。诗各有体，人各有长，“一祖三宗”是方回标举的唐宋律诗或者更严格地说是七言律诗的杰出代表。学古诗则“必本苏武、李陵”[③]。

方回诗论研究中的以偏概全，还表现在忽视了方回诗学理论的发展。据现有资料可知，《瀛奎律髓》成书于元世祖至元二十

① 方回《桐江集》卷一《送俞唯道序》，上海古籍出版社《续修四库全书》本。

② 方回《瀛奎律髓》卷一陈简斋《与大光同登封州小阁》批，上海古籍出版社1986年李庆甲集评校点本。

③ 方回《瀛奎律髓》卷四宋之问《早发始兴江口至虚氏村作》批，上海古籍出版社1986年李庆甲集评校点本。

年（1283），时方回五十七岁[①]。而他在至元二十五年（1288）编定《桐江续集》时，有自序云：

> 此皆予少年之狂论、中年之癖习也。去岁适六十一矣，始悟平生六十年之非。所作诗滞碍排比，有模临法帖之病。翻然弃旧从新，信笔肆口，得则书之，不得亦不苦思而力索也。然后自信作诗不容有法……[②]

值得注意的是，作诗苦思力索和讲究诗法，恰是江西诗派的特点。当然，我们并不能据此认定他六十岁后对自己以往诗论来个大翻案，他又曾说自己“平生守所见，弱冠至七十”[③]。但以六十岁为界，将他的诗论分为前后两期是不成问题的。前期诗论主张主要体现在《瀛奎律髓》一书中，而《桐江集》《桐江续集》中的序跋文字及论诗诗大多可归入后期。《文选颜鲍谢诗评》的成书时间不详，纪昀“殆作于晚年”的推断当不差，故也可归入后期。方回前后期诗论有连续性，但也有很大差别，他后期突破了“一祖三宗”说就是一个显例。

弄清方回诗论研究中的这些局限，对我们恰当地看待“一祖三宗”说在方回诗论中的地位，进而全面客观地评价方回诗论，是重要的。

二、“一祖三宗”说的实质

方回提出“一祖三宗”说，是基于他对宋诗发展的总体认

① 方回《瀛奎律髓》款识“至元癸未良月旦日，紫阳虚谷居士方回撰”。至元癸未，为至元二十年，即1283年，方回生于1227年，是年五十七岁。

② 方回《桐江续集》卷三十二《虚谷桐江续集序》，文渊阁《四库全书》本。

③ 方回《桐江续集》卷二十二《七十翁吟五言古体十首》其七，文渊阁《四库全书》本。

识，也是基于他当时（前期）总的诗学观点的。就主观上说，他是要为江西诗派起衰，进而企图用振兴的江西诗学救当时诗坛之弊。

宋诗的发展，大致可分为四个时期，即两宋各分前后期。北宋前期，沿晚唐五代之习，有学白居易而无大成就的“白体”，有效法贾岛而风格清苦幽僻、诗意浅薄的“九僧体”，有学李商隐而善对偶、用典故、尚辞藻但伤于雕琢堆砌的“西昆体”。至欧阳修、梅尧臣、苏舜钦出，始革晚唐之习。北宋后期，王安石、苏轼、黄庭坚上承欧、梅而发展，各成风格，各成流派，形成了宋诗有别于唐诗的独特美学风格，宋诗进入了繁荣期。其中黄庭坚在当时影响最大，他学习杜甫拗体诗法，以横空排奡的奇句硬语和喜用奇事奇字的显著特点而引人注目，学者竞相效法，于是形成了宋代影响最大最深远的诗歌流派“江西诗派”。南宋前期是宋诗发展的第二个繁荣期，此时有所谓“尤杨范陆”（尤袤、杨万里、范成大、陆游）各自成家，诗坛一时蔚为大观。四大家风格不同，但有一共同处，即早期都受江西派影响，后期则力图突破江西派，自立门户，而终自成一体。此时江西诗派粗硬之病已成流弊，但它在诗界的影响仍然很大。到南宋后期，江西派已是槎牙晦涩，百病丛生，人们已经“厌傍江西篱落”，于是有人以工巧轻快矫江西派之弊，这就是“永嘉四灵”，其诗虽有清新淡远、自然圆熟之趣，但也有语工气弱、内容贫乏、意境狭窄之病，江西派之弊未革而其自身流弊已成。又有以诗为“游走乞索之具”的“江湖派”，更是诗格卑弱。方回有对宋三百年史诗进行过认真的审视和思考，他说：

> 宋刬五代旧习，诗有白体、昆体、晚唐体。……晚唐体则九僧最逼真，寇莱公、鲁三交、林和靖……凡数十家，深涵茂育，气极势盛。欧阳公出焉，一变为李太白、韩昌黎之诗，苏子美二难相为颉颃，梅圣俞则唐体之出类者也。晚

> 唐于是退舍。苏长公踵欧阳公而起；王半山备众体，精绝句，古五言或三谢；独黄双井专尚少陵，秦、晁莫窥其藩；张文潜自然有唐风，别成一宗；惟吕居仁克肖陈后山，弃所学学双井，黄致广大，陈极精微，天下诗人北面矣。立为江西派之说者，铨取或不尽然，胡致堂诋之。乃后有陈简斋、曾文清为渡江之巨擘，乾淳以来，尤、范、杨、陆、萧其尤也。……嘉定而降，稍厌江西。永嘉四灵，复为九僧。……后生晚进，不知颠末，靡然宗之，涉其波而不究其源，日浅日下。……今学诗者不于三千年间上溯下沿，穷探邃索，而徒追逐近世六七十年间之所偏，非区区所敢知也。[①]

这是方回对宋诗发展史的总体认识。首先，他对宋末诗风，具体说是对四灵、江湖深恶痛绝，他之厌恶四灵、江湖已经超出了文学的思考：“乾淳以后学无师，嘉绍厌厌士气衰。何等淫辞《南岳稿》，不祥妖谶晚唐诗。”[②]正如唐末晚唐诗出唐继之以亡一样，他认为宋末晚唐体诗兴起乃是宋亡之兆，故以为晚唐体乃宋亡之“不祥妖谶”。其次，他认为宋诗兴而江西派出，江西派衰而宋诗不振。江西诗派之盛衰关系着宋代诗运。基于以上认识，自然地，他把诗界起衰救弊的希望寄托于江西诗派。在方回看来，这也是为他个人的学诗经历验证过了的。他自述：“初学张宛邱，次学苏沧浪、梅都官，而出入于杨诚斋、陆放翁，后乃悔其腴而不癯也，恶其弱而不劲也，束之以黄、陈之深严，而

① 方回《桐江续集》卷三十二《送罗寿可诗序》，文渊阁《四库全书》本。

② 方回《桐江续集》卷十七《送紫阳王山长俊甫如武林五首》其一，文渊阁《四库全书》本。按《南岳稿》为刘克庄（字潜夫，号后村）诗集。明徐伯龄《蟫精隽》卷十五《宋诗家数》言：“庆元、嘉定以来，有江湖谒客，如龙洲刘过改之、石屏戴复古式之、壶山宋谦父自逊、阮梅峰秀实、林可山洪、孙花翁惟信季蕃、高菊硐九万、刘江村澜，号江湖体，杭书肆陈宗之刊《江湖集》，后村《南岳稿》亦与焉，紫阳方虚谷咸不重之，以为轻俗。”

参之以简斋之开宏。”[①]准确地说，方回的理想应是以黄、陈之劲骨与梅（梅尧臣圣俞）、张（张耒文潜）之圆熟互济，各扬其长，各避其短，起衰救弊，实现诗坛的振兴。

要救诗风萎靡之病，方回还需要开出一个具体药方。在前期的诗学观念中，方回认为律诗高于古体，所谓“文之精者为诗，诗之精者为律”[②]，这就引导他在唐宋律诗中寻求药方。自来轻熟诗风统治诗坛而流为靡弱时，救弊者多倡导老境瘦硬、高格奥义的诗风。从这一方面看，方回自然也会把被晚宋人批判的江西诗派拿出来加以张扬。不过他也明白，江西诗派绝非理想药方，只不过在当时权衡利病，择其较优者而已。所以他说：

> 江西诗，晚唐家甚恶之，然粗则有之，无一点俗也。晚唐家吟不著，卑而又俗，浅而又陋，无江西之骨之律。[③]

宋代文化尚雅忌俗，黄庭坚论诗最忌俗，曾反复说：“士大夫处世，可以百为，唯不可俗，俗便不可医也。”[④]方回认同这样的观点，以为百病皆可医，唯俗不可医。比较晚宋诗坛两大对立诗派，江西派虽粗但不俗，而晚唐体最大之弊在俗。粗可医，俗不可医。在两者中选择可担当救弊起衰大任的，只能取江西派而舍晚唐体。但要用江西派救弊，先得为江西派起衰。江西派开宗者黄庭坚本以学杜称，而江西派却专推黄为宗主，正如《苕溪渔隐丛话》所云：“近时学诗者率宗江西，然殊不知江西本亦学少陵者也。”杜诗有细润工密一格，正可医江西派粗作大卖之病；

① 方回《桐江续集》卷三十二《虚谷桐江续集序》，文渊阁《四库全书》本。
② 方回《瀛奎律髓序》，《瀛奎律髓》卷首，上海古籍出版社1986年李庆甲集评校点本。
③ 方回《瀛奎律髓》卷四十七吕居仁《寄璧公道友》批，上海古籍出版社1986年李庆甲集评校点本。
④ 黄庭坚《豫章黄先生文集》卷二十九《书缯卷后》，《四部丛刊》影印宋乾道刊本。

杜诗的博大精深、融会百家，正可破江西狭隘之病；况当赵宋新亡，天下震悼之时，也正需要杜甫沉郁顿挫的诗风；其以天下百姓为念的精神，也正为江西后学所缺乏。如此看来，提出“一祖三宗”之说，改造江西诗派，而后加以倡导，希望以此救诗界之弊。这在方回，应是必然的选择。清代吴宝芝云：

> “一祖三宗”之说，论诗家每用相诟病，谓其不应独宗江西也。夫訾其为偏，诚所难辞。然观其论诗小序云：“立志必高，读书必多，用力必勤，师傅必真。四者不备，不可言诗。”可知其于此事，煞费工夫来。盖从三折九变之余，而始奉此为归宿，其中甘苦得失之数，必有独喻其微者，非漫然奉一先生之号，傍人门户以自标榜也。[①]

此可谓深能体贴方回之用心。但“訾其为偏”，则论者也是以偏概全；而“师傅必真”，反倒正见方回确有门户。当时诗学界及方回本人，都尚未达到消除门户、兼容各家的境界。

江西诗出自杜甫，并非方回之新见。在方回之前，叶适《徐师远文集序》、胡仔《苕溪渔隐丛话》都曾指出这一事实。那么就破除江西后学的狭隘性、打破江西旧樊篱、开阔后学眼界方面说，“一祖三宗”说倡导学杜还有没有意义？首先，江西后学普遍眼界狭窄，知学黄庭坚而不知学杜，学黄庭坚则只在诗法上下功夫。要救江西派之弊，必须通彻源流，学习杜甫及杜甫之所学。其次，读方回之论，我们就会明白，方回倡导“一祖三宗”说，引杜甫为律诗之祖，绝不仅仅是引入杜甫一人，他是把杜甫作为中国诗史优秀传统的集中体现者看待的。在他看来，杜甫身上凝结着其前千百年中国诗歌的一切优秀精神，又开启了其后数

① 吴宝芝《重刻瀛奎律髓记言》，扫叶山房本《瀛奎律髓》卷首。

百年诗史异彩纷呈、各竞一时之秀的众多流派，“其意趣全古之六义，而其格律又备后世之众体”①。学习杜甫就包含了学习杜甫以前以后所有优秀的诗人，其意义是如此重大。他说：

> 学老杜诗而未有入处，当观老杜集之所称咏敬叹及所交游倡酬者，而求其诗味之，亦有入处矣。其称咏敬叹者，苏武、李陵、陶潜、庾信、鲍照、阴铿、何逊、陈子昂、薛稷、孟浩然、元结之类。其所交游倡酬者，李白、高适、岑参、贾至、王维、韦迢之类是也。②

又说：

> 皋歌，诗之始；孔删，诗之终；屈《骚》，诗之变。论今之诗，五七言古律与绝句，凡五体。五言古，汉苏李、魏曹刘、晋陶谢。七言古，汉《柏梁》、临汾张平子《四愁》。五言律、七言律及绝句自唐始。盛唐人杜子美、李太白兼五体造其极。③

这些是说老杜诗的来处，可以理解为杜甫继承了、集中了、表现了从皋歌“明良”到杜甫当时所有优秀诗人的优点，并且“才高气劲，又能致广大而尽精微耳”“集众美而大成”④。因此可以说，他之提倡学习杜甫，就是提倡学习杜甫以前中国诗

① 方回《桐江集》卷四《跋许万松诗》，上海古籍出版社《续修四库全书》本。

② 方回《瀛奎律髓》卷二十四岑参《送怀州吴别驾》批，上海古籍出版社1986年李庆甲集评校点本。

③ 方回《桐江续集》卷三十三《恢大山西山小稿序》。按此文写于晚年，故李杜并称。

④ 方回《瀛奎律髓》卷四宋之问《早发始兴江口至虚氏村作》批，上海古籍出版社1986年李庆甲集评校点本；《桐江集》卷五《刘元辉诗评》，上海古籍出版社《续修四库全书》本。

史的全部优良传统。杜甫又是一个时代的代表，“予平生持所见，以老杜为祖，老杜同时诸人皆可伯仲”[①]。可见方氏以老杜为祖乃是包含老杜同时诸人在内的。“孟浩然、李白、王维、贾至、高适、岑参，与杜甫同时，而律诗不出则已，出则亦足与杜甫相上下”[②]。他之提倡学习杜甫，就是提倡学习盛唐时期以杜甫为代表的诸多伟大诗人。方回还认为，杜甫开启了其后诗歌的众多流派。唐宋诗虽有诸多风格流派，在方回看来，有成就的流派都可溯源到杜甫：

> 王维、岑参、贾至、高适、李泌、孟浩然、韦应物，以至韩、柳、郊、岛、杜牧之、张文昌，皆老杜之派也。宋苏、梅、欧、苏、王介甫、黄、陈、晁、张、僧道潜、觉范，以至南渡吕居仁、陈去非……尤、萧、杨、陆、范，亦老杜之派也，是派至韩南涧父子、赵章泉而止。别有一派曰昆体，始于李义山，至杨、刘及陆佃绝矣。[③]

沿韩愈而下则“有孟郊、贾岛、张籍、卢仝、李贺之体”，由韩愈上溯至杜甫。而“晚唐者特老杜之一端，老杜之作，包晚唐于中，而贾岛、姚合以下得老杜之一体”[④]。这些都是“老杜之派”。可以说，唐宋两代，几乎所有有成就的诗人及流派都包含在其中了。因此还可以说，方回之提倡学习杜甫，就是

① 方回《瀛奎律髓》卷十六陈简斋《道中寒食二首》批，上海古籍出版社1986年李庆甲汇评本。

② 方回《瀛奎律髓》卷一陈子昂《度荆门望楚》批，上海古籍出版社1986年李庆甲汇评本。

③ 方回《桐江续集》卷三十三《恢大山西山小稿序》，文渊阁《四库全书》本。

④ 方回《瀛奎律髓》卷四韩退之《送桂州严大夫》批，上海古籍出版社1986年李庆甲集评校点本；《桐江集》卷四《跋许万松诗》，上海古籍出版社《续修四库全书》本。

提倡学习杜甫以后唐宋两代的优秀诗人。

论到这里，我们就可以说：方回提倡“一祖三宗”说的实质，就是高扬杜甫的旗帜，引导人们通过学习杜甫而于“三千年间上溯下沿，穷探邃索”，学习和继承中国史诗一切优秀的遗产，打破江西后学狭隘眼界，破除江西派末流积弊。他的主张，已经远不同于当时的江西诗派了。

有学者说，方回“正式提出老杜为祖，又推重简斋的高格，欲为江西派下一剂起死回生的妙药”①。为了江西诗派的“起死回生”，他对江西诗派的批判也是严厉的。如他指出江西派中徐师川诗“可憎可厌”“殊为粗率”“不律不精，可厌也”；指江西派中三僧诗“矫古语，无韵味，殊使人厌”；批评江西的“粗做大卖”“太粗疏而失邯郸之步”；认为江西的“大片粗抹”并不高于“晚唐雕虫小技”；反复强调“老杜之细润工密，不可不参，无徒曰喝咄以为豪也”②。他很注意在前辈诗人身上揭示江西后学缺乏的优长：在他赞赏的诗人中标榜梅尧臣（圣俞）的“平淡丰腴”，张耒（文潜）的“自然不雕刻”，陈与义（简斋）的“恢张悲壮”，吕本中（居仁）的“流动圆活”，陆游（放翁）的“流丽绵密”；从他批判的诗人身上揭出九僧诗的“滢洁”，晚唐诗的“纤细”，四灵诗的清新工巧，江湖诗人如戴复古（石屏）的“轻快可喜”。这些都是教人兼容并取，以革江西粗硬之病③。他认为，每一时期的诗派，都有其价值和其弊

① 方孝岳《中国文学批评》三十四《元遗山以北人悲歌慷慨之风救南人之失》，生活·读书·新知三联书店1986年版。

② 分别见方回《瀛奎律髓》卷二十一徐师川诗批、卷十六谢无逸诗批、卷四十七僧善权诗批、卷十六曾茶山诗批、卷十杜工部诗批、卷四十七僧善权《寄致虚兄》批，上海古籍出版社1986年李庆甲集评校点本。

③ 分别见方回《瀛奎律髓》卷一陈简斋诗批、卷四陆放翁诗批、卷四十二李太白诗批、卷二十戴石屏诗批等，上海古籍出版社1986年李庆甲集评校点本。

端，诗派更迭，乃是“时势相因”，故“不可一律立论也”[①]。在方回前期的诗论中已有这种思想，它对元代诗论走向消除门户、转益多师，是有积极影响的。

三、方回自破“一祖三宗”说

以上我们论述方回“一祖三宗”说的实质，主要以他前期诗论为立论依据。以下则想根据他后期对诗统的标举，说明他对“一祖三宗”说的突破。

从对方回前期诗论的分析中我们知道，他的“一祖三宗”说是有条件的，是仅就唐宋律诗而言的，而且持论并不十分坚决和一贯。在《瀛奎律髓》中，我们常常看到，他把属于温润和平一路的梅尧臣、吕本中、张耒提到同于或高于二陈（陈师道、陈与义），甚至同于黄庭坚的地位，苏舜钦（子美）、曾几（茶山）的地位也常被推尊得很高。他在《瀛奎律髓》卷一中自称其选诗之“正法眼藏”是：七言律推举六人，杜甫一人为“唐诗之冠”，宋人中黄庭坚、陈师道为“宋诗之冠”，此外便是陈简斋的“恢张悲壮”，吕居仁的“流动圆活”，曾茶山的“清劲洁雅”，“他人皆不敢望此六公矣”。五言律，“唐人之工者无数”，宋人则推“梅圣俞为第一”。又说：

> 梅公之诗为宋第一，欧公之文为宋第一，诗不减梅。苏子美不早卒，其诗入老杜之域矣。一传而苏长公之门得四学士，黄、陈特以诗格高为宋第一，而张文潜足继圣俞。盛

① 方回《瀛奎律髓》卷三钱思公《始皇三首》批，上海古籍出版社1986年李庆甲集评校点本。

哉！盛哉！[①]

有时他又说："老杜之后有黄、陈，又有简斋，又其次则吕居仁之活动，曾吉甫之清峭，凡五人焉。"[②]"一祖三宗"说在类似的说法中并未见十分突出，只因为概括得好，故被后人拈出，作为方回代表性的诗论观点。

到了后期，"一祖三宗"及其类似的说法已难见到。今天的研究者已经注意到了这一点，邓绍基先生就说："方回晚年所撰的《唐三体诗序》中，依旧批评四灵、江湖，但原先所持的狭窄的'一祖三宗'说已有变化，比较地转益多师了"。[③]

方回后期论诗，主张"诗备众体"，论诗统以"毛《诗》屈《骚》为祖"，《诗》《骚》之后，标举"四先生"与"八贤"。在律诗学领域中，他提出"此事分两途"，将梅尧臣一路的丰润提到与黄、陈一路的格高并列的地位。

关于"诗备众体"之说，前期诗论中已见。《瀛奎律髓》卷一李群玉诗评中就有"善为诗者备众体"的话。到后期，此话则被他时时强调。他说：

> 诗不可不自成一家，亦不可不备众体。老杜诗中有曹、刘，有陶、谢，有颜、鲍，于沈、宋体中沿而下之。[④]

他又说"始不拘一家，终自成一家，真诗人也"，认为"学问必取诸人以为善，杜陵集众美而大成"。与前期强调"师傅必

① 方回《瀛奎律髓》卷二十二梅圣俞《和永叔中秋月夜会不见月酬王舍人》批，上海古籍出版社1986年李庆甲集评校点本。

② 方回《瀛奎律髓》卷二十四陈简斋《送熊博士赴瑞安令》批，上海古籍出版社1986年李庆甲集评校点本。

③ 邓绍基主编《元代文学史》，人民文学出版社1991年版，第420页。

④ 方回《桐江集》卷四《跋仇仁近诗集》，上海古籍出版社《续修四库全书》本。

真”不同，方回晚年强调学无师法。他曾举陈师道“于诗初无师法”的话，又自称“我诗无所师，意略与古同”[①]。“无所师”既无所不师，乃是广泛学习的极致。

方回当然不可能达到无所不师的地步，他还是有一定之师的，这就是他所标举的诗统。《跋刘光诗》一文较全面地说明了他在这方面的主张：

> 回最爱《丽泽诗选》，或云东莱吕成公所选也。三百五篇，经圣人选矣。成公所选第一卷，郭茂倩古乐府选焉；第二卷，昭明太子《文选》诗再选焉；第三卷，陶渊明诗专选焉，徐、庾诸人诗不选；第四卷至第十四卷，唐人王无功至许用晦四十二家选焉，杜子美诗最多，李太白、元次山、韦应物亚之，韩、柳、元、白又亚之；第十五卷，王荆公《唐百家诗选》再选焉，凡二十八家；第十六至三十五卷，始选宋人诗，分为九体。回谓后人学为诗者，读此足矣。以毛《诗》屈《骚》为祖，以《丽泽选》为宗。[②]

在这篇跋中，他还提出了“尚陶慕杜，近韦逮柳”（韦、柳指韦应物、柳宗元）的主张。《丽泽选》今不存，就此序看，它是《诗经》《楚辞》以后历代诗的选本。以今人之目光衡之，其所选也是恰当的，特别是重视汉乐府。如果说方回前期提倡的“一祖三宗”是就唐宋律诗说的，则“以毛《诗》屈《骚》为祖，以《丽泽选》为宗”则是就整个诗史说的，此说无疑是精当的，后人不应再“訾其为偏”。进一步概括他这一认识的，有

① 方回《桐江集》卷四《跋刘光诗》、卷五《刘元辉诗评》，上海古籍出版社《续修四库全书》本。《桐江续集》卷三十二《唐师善月心诗集序》、卷十六《以采菊东篱下悠然见南山为韵赋十首》其二，文渊阁《四库全书》本。

② 方回《桐江集》卷四《跋刘光诗》，上海古籍出版社《续修四库全书》本。

《学诗吟十首》其二与其五，兹摘录于下：

> 三百篇既绝，孔圣作《春秋》。……楚《骚》降一等，尚可风雅俦。汉盛出苏李，魏兴起曹刘。历览逮六朝，仰止兹为优。独一陶元亮，龙凤翔九州。韩柳继李杜，黄陈绍苏欧。
>
> 《离骚》谓绝响，此道传人心。外物有鼎革，能言无古今。曹刘与陶谢，五柳擅正音。李杜与韩柳，一字直万金。欧苏与黄陈，孰浅而孰深？尤萧杨陆范，乾淳鹤在阴。①

值得注意的是，此处将欧、苏置于黄、陈之上，起码是认为黄、陈上继欧、苏。在《唐三体诗序》中，他写道："唐诗前以李杜、后以韩柳为最，姚合以下，君子不取焉。宋诗以欧苏黄陈为第一，渡江以后，放翁、石湖诸贤诗，皆当深玩熟视，体认变化。"②这与前期"宋诗以黄陈为第一"的说法自不相同。这里顺带说明一点，元好问《论诗三十首》批评江西诗派"讳学金陵犹有说，竟将何罪废欧梅"的偏狭，方回是不存在的。

《诗》《骚》而外，汉至宋诗，方回之所标举，较为成熟的概括当是"四先生"与"八贤"之说：

> 老子持公论，评诗众勿惊。更无双子美，止有一渊明。响接东坡和，肩随太白名。吾尝图画像，释菜四先生。
>
> 万古陶兼杜，谁堪配飨之？赦还儋耳海，谪死瘴城宜。无已玉堂冻，去非榕岭驰。更添韩与柳，欲筑八贤祠。③

---

① 方回《桐江续集》卷二十八，文渊阁《四库全书》本。

② 瞿佑《归田诗话》卷上，《历代诗话续编》本，中华书局1983年版，第1235页。

③ 方回《桐江续集》卷二十八《诗思》十首其二、其三，文渊阁《四库全书》本。

"四先生"即陶潜、杜甫、李白、苏轼。"八贤"则是陶、杜、苏（赦还儋耳海）、黄（谪死瘴城宜）、陈师道（无已）、陈与义（去非）、韩愈、柳宗元。这里陶、杜并举，乃言古体称陶，律诗尊杜。他论古体说："苏、李体至陶、谢而极，陶劲谢婉，后乃有杜、李、韦、柳。"[①]论宋诗，晚期则更推尊梅圣俞，在以唐杜甫为宗主的前提下，将丰润和平的梅圣俞一路与"格高"的黄、陈一派并提。《学诗吟十首》其六云：

> 宋诗孰第一，吾赏梅圣俞。绰有盛唐风，晚唐其劣诸。……真言写实事，组刻全屏除。黄陈吟格高，此事分两途。

一句"此事分两途"，就在唐宋律诗学内部打破了"一祖三宗"说。梅尧臣代表的是与黄、陈"格高"相对的风格，上溯则经白居易而至盛唐，下沿则有张耒、吕本中。方回极重梅尧臣在宋诗中的地位，说："变西昆体诗为盛唐诗，自梅都官圣俞始。当是时，变五代文体者欧阳公也，故世称欧梅。……昔圣俞虽固穷一世，王荆公之兄弟诗，二苏兄弟诗，苏门六君子如黄、陈诗，视圣俞皆后出。……考其诗之规矩而观其文之衡鉴，岂非百世之师乎？"[②]

后期的方回突破了"一祖三宗"说，更加注重广泛地学习和借鉴了。考其前后变化的内因，大致有以下几点：

第一，与前期特重律诗不同，方回后期多提倡古体。他自己是"晚独喜陶渊明"，为"古五言诗今罕见"而遗憾，鼓励人们"着鞭更与追陶谢"[③]。在《婺源黄山中吟卷序》中，他说：

---

① 方回《桐江续集》卷四《李寅之招饮同登九江城并序》，文渊阁《四库全书》本。

② 方回《桐江续集》卷三十三《送倪耕道之官历阳序》，文渊阁《四库全书》本。

③ 分别见方回《桐江集》卷四《跋江石卿诗文》，上海古籍出版社《续修四库全书》本。《桐江续集》卷十一《夏自然惠五言古体久之以律体和谢》，文渊阁《四库全书》本。

> 唐诗承陈隋流口之余，沈宋始概括为律体，而古体自是几废。然陈子昂、元次山、韦应物，及李、杜、韩、柳诸公，追刘、陶、曹、谢与之伍，亦未尝尽废也。今之诗人，专尚晚唐，甚者至不复能为古体。①

也许他认为古体诗的古朴厚重更有利于救四灵、江湖饾饤粉绘之病。他曾追根求源地指出律诗与纤琐诗风的关系，说："齐永明体自沈约立为声韵之说，诗渐以卑，而玄晖诗徇俗太甚，太工太巧，阴、何、徐、庾继作，遂成唐人律诗，而晚唐尤纤琐，盖本原于斯。"②他后期作《文选颜鲍谢诗评》，大力倡导建安魏晋诗风，正好与前期编著《瀛奎律髓》大谈律诗句法字法形成鲜明对比。他重视古体，自然会标举苏李（苏武、李陵）、曹刘（曹植、刘桢）、陶谢（陶渊明、谢灵运），在唐自然将李白与杜甫并举，在宋自应推重苏东坡，再不会如前期之"取杜不取李""取黄不取苏"。

第二，与前期津津于诗法不同，方回后期倡导"作诗无法"，这在前引《桐江续集序》中已说得很清楚。他从强调锻炼功夫转而推崇"信笔信手"、得之于自然的境界，使人联想起苏轼提倡"信手拈得俱天成"而批评黄庭坚的"求深""务奇"。由此，方回后期不再坚持"诗之精者为律"，反而认为"协音韵而便诵读"便好。他说：

> 诗不特虞廷赓歌、三百五篇为诗也，尧、舜、禹、汤、伊尹、傅说告君，箕子陈《洪范》，周公作《六典》，孔子赞

① 方回《桐江集》卷一《婺源黄山中吟卷序》，上海古籍出版社《续修四库全书》本。

② 方回《文选颜鲍谢诗评》卷四谢玄晖《和王主簿怨情》一首评，上海古籍出版社1986年版《瀛奎律髓汇评》附。

《易》，老氏著《五千言》，战国之士述《吴越春秋》，司马迁《龟策》《日者》，扬雄《太玄》，皆协音韵而便诵读。协音韵而便诵读，则笔之而不烦，口之而易于不忘，文辞之极致也。[①]

他从一个极端走向另一个极端，自不足为训，且这种理论容易引人走向粗疏，也不应被提倡。他本人晚年作诗有粗率之病，也应与这种主张有关。但他在品评以往诗人时，前期以“律宽”而排斥的，如李白、苏轼辈，在后期则多被接受。这也是对前期偏狭品评的修正。

第三，对于风格的追求，方回前期独赏格高，后期则更重平和。应该说，这是他学诗之初风格追求的复归。在《送俞唯道序》中他自述学诗经历时说，早年在乡里学诗，初学张文潜诗，“有味，欲学其体”。后入天目山，读王安石诗，“凡佳句必再三拈掇之”。二十六岁后，有人赠梅圣俞集，他“又欲学梅圣俞”。这以后才与友人“相与抄诵少陵、山谷、后山律诗，似未有所得。别看陈简斋诗，始有入门。于是改调，通老杜、黄、陈、简斋玩索”[②]。经过“三变九折”，方回才找到“一祖三宗”这条“正路”。他在《虚谷桐江续集序》中也说是初学张文潜、次学苏沧浪（舜钦）、梅都官（尧臣），而出入于杨诚斋（万里）、陆放翁，“后乃悔其腴而不癯也，恶其弱而不劲也”，这才“束之以黄、陈之深严，而参之以简斋之开宏”[③]。但他实际上做得如何呢？我们仍看他的自述：

回二十学诗，今七十六矣。七言决不为许浑体，妄希

① 方回《桐江续集》卷三十二《仇仁近百诗序》，文渊阁《四库全书》本。
② 方回《桐江集》卷一《送俞唯道序》，上海古籍出版社《续修四库全书》本。
③ 方回《桐江续集》卷三十二《虚谷桐江续集序》，文渊阁《四库全书》本。

黄、陈、老杜，力不逮则退为白乐天、张文潜体。乐天诗，山谷喜之，摘其佳者在集。文潜诗自然不雕刻……五言，回慕后山，苦心久矣，亦多退为平易，中有阆仙之敲而人不识也。[①]

原来主观的追求是一回事，实际所造是另一回事，主客观远未能统一。虽追慕黄、陈却不能为黄、陈，始终仍是白乐天、张文潜一路。所以方回晚年主张平易，才是老老实实的态度。曾学诗于方回的戴表元，序方回诗集云："平生于诗无所不学。盖于陶、谢学其纡徐，于韩、白学其条达，于黄、陈学其沉鸷，而居常自说欲慕陆放翁。"[②]近人钱基博评方诗："其大旨则跻江西而祧晚唐。然方回为律绝，体物写怀，以愁苦出清新，以瘦炼臻幽秀，则有不期而比于四灵以攀晚唐者。"[③]不过学者一般认为他的诗优点在于朴素自然、真切清新，缺点则在于粗或俗，大略如白居易、张耒。所以说，他晚年主平易才是本色。

四、余论

应该说，方回倡导"一祖三宗"之说，高扬杜甫的旗帜，是一箭两雁：其一是为江西诗派起衰，打破江西后学的自我局限，引导人们放宽眼界，于三千年诗史上讨下索，学习一切值得学习的东西。按方回之意，学习杜甫就是学习三千年诗史的优良传统，这乃是"一祖三宗"说的真谛；其二是为当时诗界救弊。为江西派起衰也就是为诗界救弊。后期的方回则进一步突

① 方回《桐江续集》卷二十七《春半久雨走笔五首跋》，文渊阁《四库全书》本。

② 戴表元《剡源集》卷八《桐江续集序》，文渊阁《四库全书》本。按"慕陆放翁"应该是方回真实的风格追求，今人统计，在《瀛奎律髓》中，选诗最多的诗人是陆游，共选一百八十八首，而黄庭坚诗仅选三十五首。

③ 钱基博《中国元代文学史》第三节，湖南蓝田新中国书局 1943 年版。

破“一祖三宗”说，比较地转益多师了。他将中国诗史各主要时期、各种诗体、多数风格流派的著名诗人都标举出来，提倡学诗既要“备众体”，又要“成一家”。他的这些主张，在当时和以后都有较大影响。在元代，刘埙、吴澄等人的诗论可视为江西诗派之嗣响。读他们的诗论，我们会时时看到与方回相通处，感受到方回诗论的精神气息。

但突破了“一祖三宗”说并不等于完全破除了门户。方回八十岁时写《送俞唯道序》，仍推尊江西诗派前辈黄、陈等。他本人没有完成从宋人各守门户到元人不立门户的转变，从这一意义上说，方回是由宋向元过渡的诗论家。

曾学诗于方回的戴表元，既受方回影响，又接四灵之绪，论诗主张广泛学习，转益多师，不主一家，不废一家。他有所谓“酿诗法如酿蜜法”之说：

> 酿诗如酿蜜，酿诗法如酿蜜法。山蜂穷日之力，营营村廛薮泽间，杂采众草木之芳腴，若惟恐一失，然必使酸咸甘苦之味无可定名，而后成蜜。若偏主一卉，人得咀嚼其所从来，则不为蜜矣。①

这是遍采各家而不失一家的主张。此后，兼综百家、不立门户的风气逐步形成。这是元代学术的风气，也是元代文论、诗论的风气。

（原发表于《文史哲》1999年第1期，后收入《元代诗学通论》附录）

① 戴表元《剡源集》卷二十四《蜜谕赠李元忠秀才》。

方回的诗统论

◎李成文

与韩愈、欧阳修等人重建儒家的伦理价值体系（道统）及与之相适应的话语表达体系（文统）一样，方回也试图建构自己理想的、完备的诗歌传承系统。作为封建统治主流意识形态之儒家价值体系的道统与其权力话语的文统、诗统之间存在着矛盾运动，其结果是文统、诗统自身地位的确立与提升。这意味着，文统、诗统挣脱道统的束缚，取得相对的独立性，作为本体的诗歌文体学价值和审美规律也得以进一步凸显。

一、诗歌的传承史观

方回诗统论的重要内涵之一就在于他梳理了先秦至宋末的诗歌发展史。他认为元代以前的诗歌历史经历了三个不同的发展阶段："诗三体，唐虞三代，一也；汉魏六朝，二也；唐宋始尚律诗，三也。"①在《仇仁近百诗序》中，他指出，诗之源头不仅有"虞廷赓歌、三百五篇"，古圣先贤尧、舜、禹等人的语录文告以及《洪范》《六典》《易》等，因其具有"协音韵而便诵读"②的审美特点，也应属诗歌之列。他还认识到诗歌审美特征对

① 方回《跋俞伯初诗》，《桐江集》，《全元文》，江苏古籍出版社1998年版，第209页。本文《桐江集》资料，皆出此版，兹不另注。

② 《桐江集》，《全元文》，第118页。

政治教化的促进作用。诗歌正因为自身具有协音韵、便诵读、不易忘、文辞美的特点，所以才被广泛地应用于教化民众、察识民情、郊庙祭祀等政教活动中。这种重视诗歌自身审美特征的思想，不能不说是其尊体意识使然，在一定程度上修正了因过分重视诗歌功利作用而忽视诗歌艺术美的传统诗教观。

方回认为汉魏晋诗歌是古诗的繁盛期："古诗以汉魏晋为宗，而祖三百五篇、《离骚》。"[①]它又分为两个不同的阶段：晋、宋之前五言古诗特别繁荣，汉之苏李、曹氏父子及建安七子、嵇康、阮籍、陶渊明诗均以格高著称；刘宋至陈隋的诗歌是唐代律体诗的孕育期，"律诗自徐陵、庾信以来，亹亹尚工，然犹时拗平仄。唐太宗时，多见《初学记》中，渐成近体，亦未脱陈、隋间气习。至沈佺期、宋之问，而律诗整整矣"[②]。他指出律诗自南朝徐陵、庾信时即已孕育而成，已注意到诗体自身由汉魏古诗到唐宋律诗的转变。他的《文选颜鲍谢诗评》，在具体评诗过程中从字、词、声律等语用学角度探讨了由南朝诗向唐诗转变的轨迹，不乏真知灼见。与一些贬抑南朝诗的偏见不同，他从诗歌内部自身演变的审美角度探讨了唐诗繁荣是南朝诗发展的结果[③]。

唐宋诗歌以杜诗一派为主流。在《恢大山西山小稿序》中，方回说："唐人杜子美、李太白兼五体造其极，王维、岑参、贾至、高适、李泌、孟浩然、韦应物，以至韩、柳、郊、岛、杜牧之、张文昌，皆老杜之派也。宋苏、梅、欧、苏、王介甫、黄、陈、晁、张、僧道潜、觉范，以至南渡吕居仁、陈去非，而乾淳诸人，朱文公诗第一，尤、萧、杨、陆、范，亦老杜之

① 《汪斗山识悔吟稿序》，《桐江集》，《全元文》，第92页。

② 李庆甲《瀛奎律髓汇评》，上海古籍出版社1986年版，第75页。本文《瀛奎律髓汇评》资料，皆出此版，兹不另注。

③ 詹杭伦《方回的唐宋律诗学》，中华书局2002年版，第204—216页。

派也。是派至韩南涧父子、赵章泉而止。别有一派曰昆体，始于李义山，至杨、刘及陆佃绝矣。炎祚将讫，天丧斯文，嘉定中忽有祖许浑、姚合为派者，五七言古体并不能为，不读书亦作诗，曰学四灵，江湖晚生皆是也。”[①]他将整个唐宋诗歌发展史分为两脉：一脉是老杜之诗派的发展演变史，一直延续至宋末嘉定中期。方回抓住了唐宋诗歌发展的主流，但杜诗之脉并未因四灵、江湖诗人学晚唐而中断，它仍然若隐若显地存在着、发展着。宋元易代之际，杜诗的影响突然显现出来，无论是文天祥、汪元量辈诗史精神的张扬，还是杜诗艺术风格的凸显，都表明杜诗的典范意义获得了当时普遍认同。另一脉是昆体，源于李商隐，成于杨、刘、钱等北宋前期诸公，绝于陆佃。这是属于非主流的一派。当然，方回的唐宋诗史两脉论是不符合诗歌发展历史的实际情况的。本来，盛唐诗流派纷呈、风格多样，王维、孟浩然、韦应物、柳宗元等人一脉相承，渊源于陶渊明、大小谢，发展成为独树一帜的山水田园诗，诗风以清新淡雅为主。盛唐诗的另一大流派是以高适、岑参等人为代表的边塞诗派，他们深受鲍照及汉魏乐府的影响，诗风以雄浑刚健著称，不能将他们视作老杜之脉。中唐的韩孟诗派和元白等人的新乐府诗派，尽管受到杜诗的影响，但他们从不同的方面继承并发展了杜甫诗歌的艺术风格，形成了个性鲜明的诗歌流派，也不能将他们视作杜甫的衣钵传人。李商隐也学杜，而且深得其精髓，从创作渊源方面来说，义山体属于杜诗之一端。至于宋代，大多数诗人都受到杜甫的影响，但这并不能表明他们都属于老杜之脉，如苏轼，以才气为诗，兼综百家之长，除老杜外，他更多地接受李白、白居易、韩愈、柳宗元等诗人的影响。将王安石、张耒、晁补之、僧

① 方回《桐江续集》，《全元文》，江苏古籍出版社1998年版。本文《桐江续集》资料，皆出此版，兹不另注。

道潜、觉范视为老杜之脉也是不符合实际的：王安石诗以精工新奇、意蕴含蓄著称，其诗渊源也是多方面的；张耒是以学白居易为主；晁补之以文、词著名，其诗平平；僧道潜、觉范诗多取法贾岛、晚唐体，意境幽僻狭仄，与杜诗相去甚远。而方回推朱熹诗为乾淳诸人之首，完全是因朱子理学成就突出而故意抬高其诗的地位。他这样做完全是出于建构其诗统论的需要，达到尊派的目的。

既然老杜诗派是唐宋诗歌发展的主流，那么，江西诗派将杜甫推尊为创作典范也是理所当然的。方回对江西诗派源流演变的认识也是符合江西诗派的创作实际的。目前，学界对此已论甚详，拟不再述[①]。不过，我们想强调的是，方回提出江西诗派“一祖三宗”之说是其诗统论的重要内涵，也是他从唐宋诗发展内在规律中自然而然得出的结论。他说：“古今诗人当以老杜、山谷、后山、简斋四家为一祖三宗，余可预配飨者有数焉。”[②]哪些人可足“配飨”呢？唐代与老杜同时的王、孟、高、参、李、贾岛、姚合，北宋欧、苏、梅、黄、陈，南宋吕居仁、曾茶山、尤、杨、范、陆、朱文公、二泉等人均可为羽翼。这样，他就建立了以杜、黄、陈后山、陈简斋为骨干，众多诗人为羽翼的完备的江西诗派骨干系统。可是，这一骨干系统同样也是主观的，其原因是他所列为“羽翼”的一些诗人有的并不属于老杜之脉。经过这一精心设计，他就将江西诗派纳入元以前的整个诗统序列之中，使江西诗派成为儒家经典之一《诗经》的合法传承者，从而抬高江西诗派的地位，达到尊派的目的。

那么，江西诗派为什么能成为整个诗统不可缺少的一部分呢？方回认为，在社会历史的发展中，有因袭延续、亘古不变的因子，也有不断改变、不断革新的因素，那不变的正是儒家

① 莫砺锋《唐宋诗论稿》，辽海出版社 2001 年版，第 551 页。

② 陈与义《清明》诗评，《瀛奎律髓汇评》，第 1149 页。

之道。具体到诗歌方面来说，从《诗经》到唐宋，尽管诗体有三变，但是不变的是诗道、诗之义理，也就是诗歌所承载的儒家价值观念。在方回看来，《离骚》对《诗经》来说是一次变化。无论从体制方面来说，还是从内容的博大、感情的深厚方面来说，《离骚》确是《诗经》之变，但其所蕴含的圣人之道是未变的。在《离骚胡澹庵三说》中，方回完全赞成胡澹庵"《离骚经》渊源帝王之道，可以方大雅"之说，且"有契于心"[①]。而老杜被奉为江西诗派之祖，雄视百代，其原因就在于杜诗在精神上与《诗经》一脉相通："老杜所以独雄百世者，其意趣全古之六义，而其格律又备后世之众体。"[②]在方回看来，杜诗正是因为"意趣全古之六义"与古诗之"六义"相通，所以才能够接续古诗，成为诗统序列中的光辉典范。这里的"六义"既有诗歌内容方面的因素，也有属于表达方式方面的，但其内容要旨多归于儒家之道。江西诗派是杜甫的衣钵传人，自然也继承了《诗经》以来的风雅传统，这是江西诗派成为《诗经》法嗣的内在基础。

方回对《离骚》、杜诗的阐释有明显的依经立论的倾向。在《赠邵山甫学说》中，他说："古之经皆文也，皆诗也。后世下笔未易及经，则分为两途。"[③]方回之经即诗文的观点，脱胎于文以载道的思想，其实质就是将经与诗文并列，就是"宗经""征圣"，依经典立论，这就提高了作为文学作品的诗文之地位，是出于建构诗统论的需要。同时，"经即诗文"说既然将圣贤之道奉为衡量诗文优劣的重要标准之一，那就容易导致对诗歌发展史阐释的单一化倾向。凡是能够传道、继承儒家诗道的诗人、诗作或诗歌流派都被纳入儒家诗统的序列中，被奉为学习的典范，像习书一样临之摹之。杜甫因诗歌创作忠实地践行了儒家的道德伦

① 《桐江续集》，《全元文》，第232—233页。

② 《跋许万松诗》，《全元文》，《桐江集》，第207页。

③ 《桐江续集》，《全元文》，第250页。

理观念而被后世奉为诗圣，被方回尊为江西诗派之祖，并成为诗歌传承系统的典范。对那些不符合儒家诗统的诗人，方回则曲解以从之，或弃而不顾。视《离骚》渊源于帝王之道，方之大雅，显然有故意曲解、强行将其纳入诗统之嫌，有悖于《离骚》的创作实际。实际上，诗人在提高诗歌伦理价值品位的同时，无形中贬低了诗歌的独立审美价值。

方回认为，晚唐体、四灵游离于诗歌发展的主流，不能达到老杜等所达到的诗歌境界，故而其诗多“饾饤粉绘，率皆死语、哑语。试令作七言大篇，如苏、黄、李、杜，五言短篇，如韦、陶、三谢、嵇、阮、建安七子，则皆缩手不能。又且借是以为游走乞索之具，而诗道丧矣”[①]。“诗道丧矣”的原因是多方面的，从诗歌体制方面来看，晚唐体诗人多五、七言近体诗，粉饰藻丽，且取境不高，师范不当。其中最主要的原因是不能持志自守，将诗歌创作当作干谒乞食的工具，缺乏创作所需要的道德修养。方回对四灵、晚唐体的批判虽然不乏门户之争、有维护江西诗派之意，但我们认为，其更深的原因应该是维护摇摇欲坠、斯文扫地的儒家诗道，是借辨四灵、晚唐之伪以达到存其儒家诗歌承传之统的目的。

方回之前的严羽已对唐宋以前的诗歌历史作过整体观照。但其否定宋诗，将唐诗与宋诗的发展完全割裂开来，因而不能建构一个传承脉络分明、体系完备的诗统。而方回将宋诗视为《诗经》以来诗歌发展之内在必然，才完成建构元以前诗统论的重任。

二、方回诗统论的学理依据

不论是道统还是文统、诗统，都必须具有三方面的内容，即

① 《藤元秀诗集序》，《桐江集》，《全元文》，第75页。

建构谱系、确立典范、辨伪存真。方回构建其诗歌传承系统的学理依据之一是儒家的道统。他不但完善了宋末以前的儒家之道的传承史，而且还从建构儒家道统的实践中汲取了建构诗统论的一些方法。

中唐时期，韩愈重建了自尧、舜、禹以至孔子的儒家道统，到宋元之际，两宋道学有了进一步的发展，方回便自觉地对韩愈建构的道统进行了丰富和发展，使之更系统更完备。在《吴云龙诗集序》中，在韩愈儒道体系论的基础上，方回又增加了宋代周、二程、张子以及朱子，至此，元之前的儒学道统传承谱系的建构已经完成。此外，方回还对不同的儒家经典所承载的不同义理作了区别。他认为，儒家的价值观念是由不同的经典著作分别承载的。这些经典，分则为各专门义理之学，各有侧重；合则为儒家之道的整个价值体系。不仅如此，他还对各位大儒在该系统中的地位及其贡献作了比较恰当的评定。他认为："八圣四贤暨濂洛关西，学之祖也。张宣公、吕成公早世而书传，朱文公独后死而书大备，学之宗也。黄直卿《通释》、陈安卿《字义》之外，各有文集，羽翼文公。真希元之《读书记》，义理之本根。魏华父之《九经要义》，典故之渊薮。又各有集百卷，皆学者所由入之门也。"[①]在这个儒家道统的骨干谱系中，他将尧、舜、禹等至宋代的周、张、二程尊奉为儒道之祖，将张栻、吕祖谦、朱熹奉为三宗，而黄直卿、陈安卿则为朱熹之羽翼，真德秀、魏了翁为学道之入门阶梯。他的权衡评定，不仅能够让人抓住儒家之道的传承脉络，而且为后学者提供了正确的学道门径。

与韩愈一样，方回在建构其儒家之道统时也采用了辨伪去妄的方法批判儒家之道内部各种异端思想。方回不遗余力地抨击

① 《送柯德阳如新城序》，《桐江续集》，《全元文》，第 44 页。

佛老。不过，宋末元初之时，佛老的势力对儒学已不能构成实质性威胁。相反，儒家思想内部各种与周、张、二程、朱子等主流思想相悖的非主流思潮对儒家正统的价值观念体系构成了极大的冲击。因此，“辟邪”便转为与王安石新学，陆九渊心学，叶适、陈亮之永嘉事功之学等非主流思想作斗争。方回认为这些思潮都“近理乱真者，妄意于成己，而不足以成物。商功计利者，又一切以成物为急务，而不本于成己。此佛老管商所以异于吾道者，二而分之也”[①]。方回经过去伪存真，建构了比较完备的儒家道统，为建构诗统论提供了可供借鉴的方法论。

方回建构诗统论的另一理论基础是文以载道。北宋时，文以载道的思想十分盛行，一切文学都归附于六经，文体尽管有发展变化，但其所体现的儒学之道是不能改变的。为了服从创建诗统的需要，方回也重弹旧调：“窃尝谓道一而已，而物有万。古圣贤之学，不专在言语文字，而亦不离言语文字。日月星辰与天为体，运而不已。山川草木与地为体，生而不穷。言语文字与圣贤为体，传而不朽。体物也，所以用之者道也，道不离物。……天地之心耳，此之谓道。而以其道用乎日月星辰、山川草木之物，故曰道不离物。圣贤之心，欲使千万世之人为善不为恶，以复其有善无恶之性，则不容不著之书。此言语文字所以为斯道有形之体，而无形之道所以用乎有形之体而寓于言语文字之中也。”[②]方回此语的核心是道为体、文为用。道就是“天地之心”，而文则是表现道之载体，其归结点仍是一个“文以载道”的问题。方回重拾前人牙慧却别有深意。既然一切付诸语言文字的东西都是道的载体，都承担着传达圣贤之心的使命，那么，随着时代的变迁、历史的发展，儒家的道统也在不停地向前发

① 《晦庵集钞序》，《桐江集》，《全元文》，第70页。

② 《应子翱经传蒙求序》，《桐江集》，《全元文》，第112页。

展，就应该有与之相应的文统、诗统来反映道统的承传脉络。从孔子到欧阳修的古文承传谱系早已在北宋建构完成[①]，他就自觉地承担起重建儒家诗统的历史使命。他将其建立诗统的理论置于“文以载道”的基础上，这是方回之诗统与道统结合的缩结点。

简言之，方回的诗统论建构既从其道统论中汲取了方法论的指导，又从“文以载道”的传统观点中找到了立足之根。二者共同支撑了方回的诗统论体系，缺一不可。

三、方回诗统论的特点

方回的诗统论是比较全面、完整的诗歌文体系统论。具体来说，它有以下三个特点：

其一，方回的诗统论包括创作论、批评论和文学史三种成分。前面提到的方回论诗歌起源、演变的一些内容，是极为简明的诗歌史，也是纵论作家作品的批评论，其中也渗透着创作论。比如，他论杜诗有古诗之义，又兼备众体，认为这是杜诗雄视百世的原因，属于批评论。同时，他指出作诗的准则是诗歌内容不能违背儒家之道，且应当转益多师，这属于诗歌创作论的范畴。

其二，就批评论而言，他的批评标准主要是诗格论。在《唐长孺艺圃小集序》中，他说：“诗以格高为第一，三百五篇，圣人所定，不敢以格目之。然风、雅、颂体三，比、兴、赋体三，一体自有一格，观者当自得之于心。自骚人以来，至汉苏、李，魏曹、刘，亦无格卑者，而予乃创为格高卑之论者，何也？曰：此为近世之诗人言之也。予于晋独推陶彭泽一人格高，足方嵇阮。唐惟陈子昂、杜子美、元次山、韩退之、柳子厚、刘梦得、韦应物，宋惟欧、梅、黄、陈、苏长翁、张文

① 罗立刚《宋元之际的哲学与文学》，复旦大学出版 1999 年版，第 227 页。

潜。而又于其中以四人为格之尤高者，鲁直、无己，上配渊明、子美为四也”[①]。方回的诗格论的内涵包括两个层面。就创作主体而言，方回所谓“格”的着眼点首先在人格。人格的高低又与人之道德修养有关，道德修养转化为诗人胸中之气，即蓬勃旺盛的生命力。这样，诗格又与诗中之气结合起来了。诗人人格的高低决定诗格的高低。无论是陶渊明脱离污浊的官场，回归田园，超然物外，还是杜甫虽命运多舛却不改其忠，能以民胞物与的博大胸怀关注乱世中的百姓，他们都人格高尚，是格高的典范。就诗歌文本而言，人的生命之气渗透到诗歌作品中，人的生命力类型不同，诗歌的风格也会不同。人之气有刚柔，贯注了激励刚健生命力的诗作就有劲健质朴的骨力；相反，生命力萎靡不振的诗人，其诗自然格卑体弱。同时，不同的体裁，其声色、语辞、韵律等也各不相同，“一体自有一格”，呈现出语用学方面的差别。可见，方回的诗格论包括诗歌的思想内容和诗歌的具体形相（风格、体类）两方面的内容，是比较完备的诗歌语体论。

其三，在建构其诗统论时，方回更多地关注文学史发展的内在规律性。他认为，诗歌的发展存在着一条从一个主要结构成分到另一个主要结构成分、从一种创作范式到另一种创作范式的内在演变轨迹。诗歌之外的社会现实（包括政治、经济、意识形态）的变化和转折可能会影响诗歌的发展进程，但不能改变这种发展的内在逻辑理路。前面所引律诗起源于南朝徐庾说、唐宋诗史两派说，方回就打破了以王朝兴衰的变化为限的传统文学史理念。他还注意到诗人创作从一个创作范型到另一个创作范型的转变。在评杜诗《早起》时，他说：“此乃老杜集之晚唐诗也。起句平，入晚唐也。三、四着上‘贴’‘防’‘开’‘出’字为眼，则不特晚也。五、六意足，不必拘对而有味，则不止晚唐

① 方回《唐长孺艺圃小集序》，《桐江续集》，《全元文》，第134页。

矣。尾句别用一意，亦晚唐所必然也”[1]。一般说来，诗的起句平，难以振起全诗，显得骨力衰弱，格调卑靡，但杜甫能别开新面，摆脱衰飒之气。方回从文学发展的自身规律出发，认为杜诗已孕育晚唐的因子，这是符合诗歌发展的内在理路的。当然，方回强调诗歌总是按照其自身不可动摇的规律发展变化，并不意味着他否定社会现实对诗歌的影响。比如，他认为杜诗内容的博大精深、风格的沉郁顿挫都是与杜甫个人的遭遇及其所生活的时代密切相关的。

综上，方回的诗统论，一方面构建元代以前的儒家诗歌传承的谱系，尤其是将江西诗派纳入这个谱系，达到了尊派的目的；同时，他又能够根据诗歌的内在发展理路构建诗歌的承传史，体现尊体的意识。其目的在于为江西诗派争正统地位，维护日渐衰退的儒家诗道。另一方面，他的这个诗学谱系没有摆脱儒家道统论的束缚，其哲学基础仍然是文以载道的儒家诗教观，这就不可避免地走入因过分强调诗歌的政教功利性而贬低诗歌独立审美价值的误区。可见，方回的诗统论是一个充满矛盾的诗歌文体系统论。

［原载于《四川大学学报（哲学社会科学版）》2006年第2期］

① 《瀛奎律髓汇评》，第503—504页。

方回的“吴体”诗论及其诗学批评意义

◎王奎光

一、问题的提出

诗有“吴体”之名，始于杜甫《愁》诗自注“强戏为‘吴体’”；诗有“吴体”之争，则源于方回的“吴体”诗论。方回于《瀛奎律髓》中正式提出“吴体”概念，因此被后人解读成混淆于拗体，于是议论蜂起。方回“吴体”说，无疑是杜诗研究中的重要成果，又是方回诗学的重要组成部分，同时还是引发后人争鸣的根源之所在。因此，对方回的“吴体”诗学进行专题研究，对于研究杜甫诗歌、研究方回诗学，以及从一个侧面研究唐宋诗学之间的渊源流变，将具有一定的积极意义。然学界于杜甫“吴体”研究较多，而于方回“吴体”研究却重视不足。因此，笔者本文即着重探讨方回的“吴体”诗论，以求教于方家。

二、宋代杜甫“吴体”的研究概况

方回《瀛奎律髓》中之诗学，可视为对宋代诗学的一种总结与提升，其“吴体”诗论也当是如此。因此，我们在正式探讨方回“吴体”诗学之前，对宋人关于老杜“吴体”研究的概况作简要的考察，将不无裨益。

宋人于“吴体”的探讨，有鲍照“吴体”、苏舜钦“吴体”

以及杜甫“吴体”之分[1]，其中又以老杜“吴体”最受重视。这当然与老杜在宋代备受尊崇不无关系，但也是格律诗创作发展的必然结果。律体定型以后，创作日久，则格律熟俗、软媚，难有新意，于是自然有突破声律的内在要求，而拗峭的声律却能自成品格，以其高古又劲健的特点而颇能新人耳目。此即为老杜创制的拗律被宋人看重并广泛学习之根本原因。宋人于诗又特重自立、创新，所以老杜所开创的拗律便大行其道，影响深远。宋人对老杜“吴体”类拗律的认识也经历了一个从注意到推崇的过程。就诗话而言，如北宋蔡居厚曾论道：“文章变态，固亡穷尽；然高下工拙，亦各系其人才。子美以‘盘涡鹭浴底心性，独树花发自分明’为吴体，以‘家家养乌鬼，顿顿食黄鱼’为俳谐体，以‘江上谁家桃树枝，春寒细雨出疏篱’为新句，虽若为戏，然不害其格力。”[2]（按：所举“吴体”诗即老杜《愁》诗）蔡氏注意到了老杜多种新型诗体的创作，并予以一定的认可，但对这些诗体未予特殊重视。

胡仔则特别看重老杜“破弃声律”的特殊拗律：

> 古诗不拘声律，自唐至今诗人皆然，初不待破弃声律。诗破弃声律，老杜自有此体，如《绝句漫与》《黄河》《江畔独步寻花》《夔州歌》《春水生》，皆不拘声律，浑然成章，新奇可爱，故鲁直效之作《病起荆州江亭即事》《谒李材叟兄弟》《谢答闻善绝句》之类是也。老杜七言如《题省中院壁》《望岳》《江雨有怀郑典设》《昼梦》《愁》（强戏为吴体）、《十二月一日三首》。鲁直七言如

① 论鲍照“吴体”，参见王观国《学林》卷八；论苏舜钦“吴体”，参见刘克庄《后村诗话》卷二。

② 胡仔《苕溪渔隐丛话》前集卷十四引，人民文学出版社1962年版，第93页。本文《苕溪渔隐丛话》资料，皆出此版，兹不另注。

《寄上叔父夷仲》《次韵李任道晚饮锁江亭》《兼简履中南玉》《廖致平送绿荔支》《赠郑郊》之类是也。……老杜自我作古，其诗体不一，在人所喜取而用之……[①]

对这类拗律，胡仔强调的是“破弃声律”“不拘声律”的声律特点，看重的是“浑然成章，新奇可爱”的积极效果。胡仔指出杜甫此类拗律对黄庭坚的创作影响甚大。又胡氏列举出老杜特殊七言拗律有八首之多，其中六首被后来的方回选录为“吴体”。胡仔又从另一角度提出律诗“变体”说：

律诗之作，用字平侧，世固有定体，众共守之。然不若时用变体，如兵之出奇，变化无穷，以惊世骇目。……凡此皆律诗之变体，学者不可不知。[②]

胡仔如此看重律诗“变体”正是看到了其特殊的艺术表现效果。从“变化无穷”“惊世骇目”的用词看，胡氏所论“变体”绝对不是指一般的拗律。结合前文所引胡氏所论“不拘声律”的拗律看，所谓律诗“变体”，应用以指称老杜的“吴体”类诗歌最为恰切。胡仔如此推崇律诗“变体”，当是与其诗尊老杜不无关系[③]。又胡仔诗学与同乡晚辈方回有较大的渊源关系，故方回后来提出“吴体”诗说当是受到胡氏的影响[④]。胡氏上述特殊拗律理

① 《苕溪渔隐丛话》前集卷四十七，第 319—320 页。

② 《苕溪渔隐丛话》前集卷七，第 42—43 页。

③ 胡氏此书的宗旨即是“独宗少陵”“师少陵而友江西”（参见《苕溪渔隐丛话》前集卷四十九，第 332 页）。

④ 胡氏《苕溪渔隐丛话》曾为方回幼时诗学启蒙读物，后方回对此书评价一直很高。分别参见方回《先君事状》《〈渔隐丛话〉考》《〈古今类总诗话〉考》《〈诗话总龟〉考》《〈诗海遗珠〉考》《〈诗人玉屑〉考》等（参见《全元文》第 7 册，江苏古籍出版社 1998 年版，第 391 页、第 268—271 页、第 274 页。本文《全元文》资料，皆出此版，兹不另注）。

论可视为方回提出“吴体”说的理论渊源。

于杜诗笺注方面考察，黄庭坚注杜诗“野艇恰受两三人”条曰：“改作航，殊无理，此特吴体，不必尽律。”[①]（按：“野艇恰受两三人”出自杜诗《南邻》）这是山谷于《愁》诗之外明确认可的一首“吴体”诗，其确认的标准是“不必尽律”。南宋赵次公注杜诗，极为时人及后人推重。其注《释闷》曰：“诗六韵。谓之古诗而中四韵尽对，谓之近体而字眼不顺、句之平仄不拘，盖所谓吴体者乎？”[②]又注《寄岑嘉州》曰：“诗乃吴体，故不拘诗眼。”[③]其他明确认可的“吴体”诗还有《江雨有怀郑典设》《昼梦》《晓发公安数月憩息此县》[④]。赵氏共指出老杜“吴体”诗五首（按：未包括《愁》诗，当是老杜已有自注），其辨识“吴体”的标准也是在声律上：“不拘诗眼”“平仄不拘”。连字眼的声律都可不拘，可见“吴体”“破弃声律”程度之大。值得注意的是，赵次公大概是第一个以“吴体”来命名老杜大拗律诗的宋人。另，赵氏所确认的老杜“吴体”诗也基本被方回认可。

综合而论，在两宋时期，人们已逐渐认识到老杜特殊拗律的积极作用，最终是以老杜只用一次的“吴体”一词来概括这类特殊拗律。虽然他们所确认的“吴体”诗歌数目有多少之别，但皆从声律上去辨析则是一致的。

---

① 《山谷集·山谷别集》卷四，影印文渊阁《四库全书》本。

② 林继中《杜诗赵次公先后解辑校》，上海古籍出版社1994年版，第603页。原标点疑有误，今改。

③ 《杜诗赵次公先后解辑校》，第740页。

④ 《杜诗赵次公先后解辑校》，第881页、第895页、第1356页。

三、方回的“吴体”概念

方回“吴体”概念的正式提出，是在《瀛奎律髓》卷二十五的“拗字类”序中：

> 拗字诗在老杜集七言律诗中谓之“吴体”，老杜七言律一百五十九首，而此体凡十九出。不止句中拗一字，往往神出鬼没。虽拗字甚多，而骨格愈峻峭。今“江湖”学诗者，喜许浑诗“水声东去市朝变，山势北来宫殿高”“湘潭云尽暮山出，巴蜀雪消春水来”，以为丁卯句法。殊不知始于老杜，如“负盐出井此溪女，打鼓发船何郡郎”“宠光蕙叶与多碧，点注桃花舒小红”之类是也。如赵嘏“残星几点雁横塞，长笛一声人倚楼”，亦是也。唐诗多此类，独老杜“吴体”之所谓拗，则才小者不能为之矣。五言律亦有拗者，止为语句要浑成，气势要顿挫，则换易一两字平仄，无害也，但不如七言“吴体”全拗尔。[①]

此序言简意赅，是方回“吴体”诗论的纲要。现结合方回《瀛奎律髓》中的“吴体”批语，对方回的“吴体”概念作出简要的分析说明。

“拗字诗在老杜集七言律诗中谓之‘吴体’，老杜七言律一百五十九首，而此体凡十九出。”这句话指明：（1）“吴体”是根据老杜的七言“拗字诗”命名的，与别人的七言拗律无关；（2）“吴体”是七言拗律，与五言拗律毫无瓜葛；（3）“吴体”的范围有十九首，而不等同于老杜所有的拗律。前两点方回

① 李庆甲集评校点《瀛奎律髓汇评》，上海古籍出版社2005年版，第1107页。本文《瀛奎律髓汇评》资料，皆出此版，兹不另注。

语意甚明，最后一点则要略作说明。据当代学者分析，老杜的拗律少则有十五首，多则有九十首[①]，然依据方回“拗字类”序所言，唐人中流行的许浑类拗律出自老杜拗律之一体，而老杜“吴体”又与许浑等迥然不同，因此方回所论老杜“吴体”绝不等同于老杜七言拗律自明，老杜七言拗律绝对多于十九首。方回所论表明，“吴体”概念的外延是杜甫的七言拗律。后人往往批评方回“吴体”论与拗体混淆，当是只看到方回的这点说明，而没有注意下面所论的方回的进一步界定。

那么，方回“吴体”概念的内涵又是什么呢？换言之，“吴体”与一般七言拗律相区别的根本是什么？方回认为是“全拗”。“全拗”又有两点内容：拗字多与位置多变。这两点都是针对常规拗律而言。常规拗律正如同纪昀在《瀛奎律髓刊误》中所归纳的那样，有“单拗”与“双拗”之分，其拗字如方回所说“换易一两字平仄”，且拗字位置基本固定[②]。而结合方回“吴体”诗的批语看，老杜“吴体”拗句的拗字多，拗句的位置灵活多变。也正因如此，方回的“吴体”才有全篇“吴体”与部分“吴体”之分。如论“拗字类”的“吴体”就都是“八句俱拗”（老杜《题省中院壁》方回批语），而其他类的则或四句，或两句不等，但至少有两句的大拗律句[③]。也由此可见，方回论老杜“吴体”“凡十九出”，数量多于胡仔与赵次公的认定，正是因为其认定的标准较为宽松。

“吴体”拗句的位置多变容易理解，而“吴体”的“拗字甚多”又如何具体理解呢？既然不是指“换易一两字平仄”的拗

① 参见刘明华《完善与破弃——对杜甫“拗体”的思考》，《杜甫研究学刊》1997年第2期。

② 参见《瀛奎律髓刊误》卷二十五纪昀对拗字五律的相关诗评。《丛书集成续编》影印忏花庵丛书本。

③ 参见《瀛奎律髓》卷十六范成大《重午》、卷十六梅尧臣《依韵和李舍人旅中寒食感事》、卷十九曾几《家酿红酒美甚戏作》等诗方回评语。

句，那又是指什么样的特殊拗句呢？这是解读方回“吴体”的关键，但方回在“拗字类”序中对此未置一词。然而，我们却在《瀛奎律髓》卷十六梅尧臣《依韵和李舍人旅中寒食感事》诗方回批语中窥得“玄机”：“此乃吴体，第一句六字仄声，第二句五字平声，愈觉其健。”句式全平或全仄，这是古诗常用句式。由此我们推断，方回“吴体”“全拗”的根本，是指参用古句句式。古句与律句相较，则自然是拗字甚多；古句参用的愈多，则拗字自然愈多；古句多而又位置不一，则必然又生拗对、拗粘。这应是方回“吴体”“全拗”的真正意思。也正因如此，“吴体”似乎就更远离律体而接近古体，这也是学界争论“吴体”是律体还是古体的主要原因。

然方回对“吴体”“全拗”声律的具体分析毕竟只有一例，我们的推断能否成立呢？这就需要我们参考古今著名学者对老杜“吴体”类律诗声律的经典分析。清代许印芳在《律髓辑要》中对老杜《题省中院壁》的批语，分析老杜《十二月一日三首》诗曰：“第二首‘寒轻世上’云云，前三联用平起，通首作拗体，而首句参用平调，六句及尾联参用古调，与前二诗不同。第一首‘今朝腊月’云云，四联皆平起，重沓甚矣，而句法参用平调、拗调、古调，便不嫌其重沓。”[①]又在黄庭坚《题落星寺》批语中分析老杜《愁》诗道：“前三联皆对偶，首句、四句、六句是古调，次句、三句、五句是拗调，每联中古调、拗调参用，上下联不黏，是为拗调变格。尾联上句仍用拗调，下句以平调作收，变而不失其所，此‘吴体’所以为律诗，不能混入‘古诗’也。少陵集中，此体最多，不知者或误为古诗。”又接着分析黄庭坚《二月丁卯喜雨吴体为北门留守文潞公作》诗曰：“前半散行用拗调，第三句却不拗，后半用平调，第六句却拗

① 《瀛奎律髓汇评》引，第 1115 页。

‘春’字。通首上下相黏，全是律体，不用古调。与杜诗参用古调者迥然不同，而题目明标‘吴体’。即此而观，可见‘吴体’即是拗体，亦不必尽如杜诗之奇古。”[①]许氏分析表明，老杜“吴体”类律诗是“古调、拗调参用，上下联不黏”，是一种“拗调变格”；老杜“吴体”区别于山谷“吴体”的根本是“参用古调”。由此，我们就可以理解胡仔与方回在列举山谷“吴体”作品时均不选标有“吴体”的《二月丁卯喜雨吴体为北门留守文潞公作》诗，是因为山谷式“吴体”只用拗调而未如老杜式“吴体”的参用古调。

王力先生也根据采用古句数量的多少，将老杜这类大拗七律分为“全篇古体”“大部分古体”“半古半律”三种类型，其中采用古句最少的至少有两句。王先生所用的诗例又以杜诗为首且杜诗又最多，共计十四首，其中八首曾被方回选定为“吴体”，这八首中又有六首被王力先生选入“全篇古体”类型。[②]又启功先生在分析“拗句与拗调”时说：“拗句的情况与古调句可以说没什么两样，都是不合律诗的句子。只是拗句是处在律诗篇章环境中的，古调句是处在古诗环境中的罢了。”又分析老杜《题省中院壁》云：“这首每句都拗，前四句关系不合，前两联中上下句关系亦不合。”[③]可见，启功先生也是从采用古句的角度来分析的。

前辈学者对老杜“吴体”类律诗的声律分析，是比较接近方回所界定的老杜“吴体”的声律原则的。因此，我们基本可以确认，方回“吴体”的声律特质是“全拗”，而“全拗”的内容又具体包括参用古句与因此而生成的拗对和拗粘，其中参用古句是

① 《瀛奎律髓汇评》引，第1119—1120页。

② 参见王力《汉语诗律学》，上海教育出版社1979年版，第456—462页。王力先生在分析参用古句、拗句的同时，又标出拗对、拗粘，更为具体可感。

③ 启功《诗文声律论稿》，中华书局2000年版，参见第37页、第42页。

根本，因为有古句才有拗对，有拗联才又有拗粘。但也有学者认为“吴体”声律特质不能仅以古调论析。如郭绍虞先生的“古体+民歌”说[①]、施蛰存先生的“吴音”说[②]，以及管遗瑞先生的“吴音+律体”说[③]等。但我们认为这些观点大都是探讨“吴体”大拗声律的来源，有其可取之处，但对于方回所论的“吴体”声律特点则并不适合，因为方回的“吴体”诗论从未有涉及民歌、方言以及语言通俗之类的内容，方回所关注的是“吴体”的声律特点以及审美效果。方回甚至在选录老杜《愁》诗时，竟有意无意地删去老杜自注“强戏为吴体”之语，以见其“吴体”概念的严肃与雅正。综上分析，我们认为方回的“吴体”主要是指参用古句的七律拗体。

方回在《瀛奎律髓》中依据“全拗”标准共选录老杜“吴体”诗十二首，另提及三首。这些“吴体”诗主要集中在卷二十五“拗字类”中，具体是《题省中院壁》《愁》《昼梦》《暮归》《早秋苦热堆案相仍》。另外，此卷又提及《郑驸马宴洞中》《九日至后崔氏草堂》《晓发公安》三首。其他“吴体”诗则散布在卷十二、卷十三、卷十六、卷二十三以及卷三十二中。在所有的“吴体”诗人中，老杜的“吴体”诗选录最多，可见方回推崇老杜之旨。相较于宋代的胡仔与赵次公，无论在选诗上还是在理论上，方回都要更为成熟一些。也正因如此，我们认为方回的“吴体”诗论是对宋人老杜“吴体”诗论的继承、总结与发展。

---

① 参见《论吴体》一文，《照隅室古典文学论文集》（下编），上海古籍出版社1983年版。

② 参见《杜甫：吴体七言律诗两首》，《唐诗百话》，华东师范大学出版社1996年版。

③ 参见《“吴体”与“拗体”》，《杜甫研究学刊》1992年第3期。

四、方回的“吴体”诗观

方回在《瀛奎律髓》中不仅提出“吴体”概念，还简要论及他的“吴体”诗观。兹略述如下：

其一，“吴体”在声律上具有“骨骼峻峭”的审美特点。方回“拗字类”序论“吴体”道：“虽拗字甚多，而骨骼愈峻峭。”卷十六批梅尧臣《依韵和李舍人旅中寒食感事》云：“第一句六字仄声，第二句五字平声，愈觉其健。”又卷二十五批老杜《题省中院壁》曰：“此篇八句俱拗，而律吕铿锵。”这“骨骼愈峻峭”“健”与“律吕铿锵”，都是指“吴体”声律峭拔精警、硬朗劲健，这是“吴体”声律在审美上呈现出来的突出特点。

方回欣赏“吴体”声律的硬朗，与其诗学观点密切相关。方回一向非常看重声律，将其比作骨骼，如其《汪斗山识悔吟稿序》云：“律为骨，意为脉，字为眼，此诗家大概也。”[①]可见，声律如同人的骨骼，要硬朗才行，否则诗的躯干就立不起来。声律与立意、字眼一样，同是诗歌创作的基本要素。

其二，“吴体”破弃了律诗的外在声律，但是又合乎律诗以“文从字顺”为标志的内在声律。《瀛奎律髓》卷二十五评老杜《题省中院壁》云：“此篇八句俱拗，而律吕铿锵，试以微吟，或以长歌，其实文从字顺也。”可见，“文从字顺”是律诗的根本声律。卷二十五黄庭坚《次韵杨明叔》批语说“不专为拗字而止”，正是表明声律变革是表情达意上的需要。其实，对于“吴体”类律诗的这一特殊声律特点，宋人也早有认识。如前文所论蔡居厚论老杜“吴体”类新诗体是“不害其格力”，这“格”就有声律体式的意思，也就是说“吴体”类律诗没有从根本上打破律诗的声律。前文所引胡仔论“破弃声律”的格律诗

① 《全元文》第7册，第92页。

时，就指出其“不拘声律”却又“浑然成章”的特点。宋代周弼《三体唐诗》五律“一意”格也云：“确守格律，揣摩声病，诗家之常。若时出度外，纵横放肆，外如不整，中实应节，则又非造次所能也。”[①]“外如不整，中实应节”，即是大拗类律诗的内在声律特点。后来明代的王世贞也谈论说：“子美晚年诗，信口冲出，啼笑雅俗，皆中音律，更不宜以清空流丽风韵姿态求之。”[②]今人余冠英、王水照先生评杜甫的拗体诗歌说：“他的有些七律参用古诗的音调和句法，间有表明为‘吴体’的，都是所谓拗体。这些拗体并非率意为之，而是为了追求别一种声律，有心创造出来的。读者对于杜诗声律的‘细’处，也可以从他的拗体去体会。”[③]可见，古今学者对“吴体”类律诗的内在声律特点是有共识的，方回所论确实揭示出了“吴体”的声律特点。“吴体”内外声律的矛盾统一，是源于表现情志的需要。如明王嗣奭注析老杜《愁》诗云：“愁起于心，真有一段郁戾不平之气，而因以拗语发之，公之拗体大都如此。”[④]可见，“吴体”在外在声律上的顿挫，正是表达激越不平情感的需要。将诗体与抒情有机地结合在一起，这正是老杜“吴体”的高妙之处。

其三，声律如此复杂的“吴体”诗，必然在审美风格上独具特色。如方回《瀛奎律髓》卷十四评王质《东流道中》为“遒美”，卷十七评赵蕃《晚晴》为“聱牙细润”，卷二十评曾几《瓶中梅》为“神清萧散”，卷二十五评张耒《寒食》《晓意》二诗为“皆顿挫有味，穷而不怨”等。总之，因声律生新而顿挫劲健，又因文从字顺而细润雅致，虽略有侧重，但又互相渗透，从

① 周弼选、释圆至注《笺注唐贤绝句三体诗法》卷十八，海南出版社 2000 年版，第 31 页。

② 仇兆鳌《杜诗详注•附编》“诸家杜论”引，中华书局 1979 年版，第 2325—2326 页。

③ 余冠英、王照水《唐诗发展的几个问题》，《文学评论》1978 年第 1 期。

④ 王嗣奭《杜臆》卷七，中华书局 1983 年版，第 245 页。

而呈现出特殊的韵味来。而这正是方回诗学追求的目标之一。

其四，“吴体”难度极大，只有才大者才可为之。“吴体”既要“破弃声律”，又要“文从字顺”，其创作难度必然不小。方回于《瀛奎律髓》“拗字类”序中特别点出：“老杜‘吴体’之所谓拗，则才小者不能为之矣。”又卷十二评老杜“吴体”诗《七月一日题终明府水楼》（宓子弹琴宰邑日）云：“惟山谷能学而肖之，余人似难及也。”又卷二十三评杜甫《狂夫》云：“然格高律熟，意奇句妥，若造化生成，为此等诗者，非真积力久不能到也。学诗者以此为准，为‘吴体’拗字变格，亦不可不知。”就方回所言，“吴体”创作就是江西诗派中也只有山谷学得最好，其他人则逊色不少，由此可见其难度。在刀尖上跳舞，才更有刺激性，也才更具艺术性。高妙的艺术总是超出俗流的。方回所论“吴体”，正体现出“取法乎上”与“知难而进”的进取精神，并由此体现出对老杜及江西诗派的敬重。又方回指出“吴体”创作只有学识深厚、才力大者才可为之，旨在为江西诗派末流指明出路。

其五，“吴体”诗体并不局限于律诗。《瀛奎律髓》卷二十五方回评曾几“吴体”《张子公召饮灵感院》云：“此体不独用之八句律，用为绝句尤佳。”胡仔讨论特殊拗律诗也指出有绝句、律诗两种诗体，但并未分高下，方回这里却认为“吴体”声律适宜于绝句更甚于律诗，这似乎是有所发展。但方回所论未免有所夸张，因其《瀛奎律髓序》明言：“文之精者为诗，诗之精者为律。”方回的重点是律诗，而从“骨骼峻峭”的表现效果看，恐怕也只有字多篇大的七律才更适合体现①。

① 张秋娥《方回〈瀛奎律髓〉中“吴体”之所指分析》认为：“方回的‘吴体’之所指：用拗联或全拗的七言诗，包括用拗联或全拗的七言律诗和七言绝句。”见《殷都学刊》2007年第1期。

五、方回“吴体”论的诗学批评意义

方回《瀛奎律髓》中的诗法建构常与诗学批评结合在一起，这在“吴体”“变体”等特殊诗法上，体现得最为典型。诗体变革是诗歌自身发展的必然要求，所以往往带有对旧诗体批评与匡救的意味。如明王世懋评论老杜拗律道：“子美七言律之有拗体，其犹变风变雅乎？”[①]宋刘克庄评价杜牧与许浑律诗云：“杜牧、许浑同时，然各为体。牧于唐律中，常寓少拗峭以矫时弊。浑则不然，如‘荆树有花兄弟乐，橘林无实子孙忙’之类，律切丽密或过牧，而抑扬顿不及也。”[②]再如霍松林先生评析黄庭坚拗体说：“在格调上力避圆熟，追求峭拔脱俗的独特风格。”[③]方回在元初大力提倡“吴体”，也是基于对现实诗坛的不满与批评，其批评的对象除江西诗派末流外，更主要的是尊崇晚唐许浑七律的江湖诗派。

江西诗派定名于北宋后期吕本中撰写的《江西诗社宗派图》，吕氏奉黄庭坚为盟主，列陈师道等二十五人为诗派成员[④]。但就在吕本中创立“江西宗派”之时，江西诗弊已经彰显，最大的问题是江西诗社中人大都宗黄而不知杜，而宗黄又不知变通。所以，吕本中与稍后的陆游等人均对此有所认识与批评。至南宋后期，江西诗派已成强弩之末，江西诗派末流诗弊横生，所以当四灵、江湖诗派先后以“晚唐体”相号召时，晚宋诗风为之一变，“晚唐体”遂盛行天下。但“晚唐体”诗人因其学力上的先天不足，导致作品格卑力弱、律熟味浅。所以，正像李

---

① 《艺圃撷余》，《历代诗话》本，中华书局 1981 年版，第 776 页。

② 《后村诗话》前集卷一，中华书局 1983 年版，第 17 页。

③ 《简论近体诗格律的正与变》，《文学遗产》2003 年第 1 期。

④ 详情可参考莫砺锋先生《江西诗派研究》附录三《吕本中〈江西诗社宗派图〉考辨》，齐鲁书社 1986 年版。

庆甲先生所指出的那样："重振'江西'旗鼓，纠正其缺失，维护、发扬其创作主张和审美准则，以改革'四灵''江湖派'所造成的颓俗卑弱的诗风，是方回编选《瀛奎律髓》的根本宗旨。"[①]而"吴体"诗法，就是方回实现这一诗学目的最为重要的技术手段之一。

方回"吴体"对江西诗派的批评，首先体现在以"吴体"诗法为技术纽带，建构以老杜为祖的新的江西诗派诗统，以重新确立江西诗派的权威与正统地位；其次则表现在确立老杜"吴体"为新的创作范式与审美规范，从而开拓学诗的渠道，以提升江西诗人的创作品格，并借此批评与匡救江西诗派末流只认黄而不知杜的诗学弊端。

方回的"吴体"诗学批评，是通过"吴体"诗选与"吴体"诗评来体现的。从选诗看，《瀛奎律髓》收录诗人"吴体"作品最多的依次是杜甫十二首（另提及三首）、黄庭坚五首（另提及一首）、曾几五首、张耒二首、赵蕃二首，以及梅尧臣、谢逸、谢薖、王质、范成大、吕本中、汪藻、胡铨各一首。此外提到的还有尤袤与杨万里等人。从诗选看，老杜、黄庭坚、曾几的"吴体"诗数量排前三甲，而这三人在方回的江西诗派新诗统中，或是诗祖，或是宗将。剩下诗人中吕本中、曾几、二谢、汪藻、赵蕃等六人皆为江西诗派中人，其余诗人也大都与江西诗派有着间接的渊源。由此可见，方回选录"吴体"的诗学倾向是很明显的，即老杜首创的"吴体"诗法在江西诗派中一灯相传。其尊崇江西诗派之心非常明显。

从诗评看，方回的这一用心更为显著。《瀛奎律髓》卷二十五评吕本中《张祎秀才乞诗》云："自山谷续老杜之脉，凡江西诗派皆得为此奇调。汪彦章与吕居仁同辈行，茶山差后，皆

① 李庆甲《瀛奎律髓汇评·前言》。

得传授。茶山之嗣有陆放翁，同时尤、杨、范皆能之。乃后始盛行晚唐，而高致绝焉。”卷二十五评杜甫《题省中院壁》则表达更为直接：“此等句法惟老杜多，亦惟山谷、后山多，而简斋亦然。乃知江西诗派非江西，实皆学老杜耳。”其他如卷十二评老杜《七月一日题终明府水楼》曰：“惟山谷能学而肖之，余人似难及也。”卷十九评曾几《家酿红酒美甚戏作》曰：“此诗三四不甚入律……前此未有，当时时玩味之，乃老杜‘吴体’，山谷诗法也。”又卷二十五评曾几《张子公召饮灵感院》道：“茶山曾公学山谷诗，有‘案上黄诗屡绝编’之句。此其生逼山谷，然亦所谓老杜‘吴体’也。”同卷评曾几《南山除夜》云：“合入‘时序’诗中，以其为拗字‘吴体’，近追山谷，上拟老杜，故列诸此。”同卷评谢薖《饮酒示坐客》云：“此学山谷，亦老杜‘吴体’。”总之，“吴体”滥觞于老杜，山谷学习老杜，而后人又通过学习山谷进而学习老杜。这样，以“吴体”为纽带，以山谷为枢纽，环环相扣，就将江西诗学的宗祖从宋代的山谷远溯到唐代的杜甫。方回所以如此，与卷二十六建构“变体”诗法一样，皆是以格法为技术手段，重新建构以老杜为祖的新的江西诗派诗统，以此提升江西诗派的地位与威望。

此外，由于“吴体”是一种“奇调”与“高致”，才大者才能为之，所以方回推崇“吴体”就是为江西诗派末流指出一条“取法乎上”的道路。方回通过老杜“吴体”，为江西诗派指出“向上一路”，就是要由山谷上溯到老杜，以杜甫“吴体”诗等为活水来洗涤江西诗派这半亩方塘积存近二百年的污垢，以使其能长久地健康发展。又方回通过对老杜“吴体”的引进，让江西诗派末流去学习一种新的诗学规范与审美趣味，从而提升他们创作的品格，使作品能够格高调古、生新硬朗，以便与当时仍在风行的晚唐体相抗衡。

方回推崇“吴体”，更主要的是为了批判当时盛行的江湖诗派。方回对宋末江湖诗派非常不满，一再加以严厉批判。方回对江湖诗派的批判策略，是集矢于晚唐的许浑，因为在方回看来，江湖诗派是诗宗许浑的。方回在《滕元秀诗集序》中说："近世为诗者，七言律宗许浑，五言律宗姚合，自谓足以符水心、四灵之好，而饾饤粉绘，率皆死语、哑语。试令作七言大篇，如苏、黄、李、杜，五言短篇，如韦、陶、三谢、嵇、阮、建安七子，则皆缩手不能。又且借是以为游走乞索之具，而诗道丧矣。"[①]又《恢大山西山小稿序》云："炎祚将讫，天丧斯文，嘉定中忽有祖许浑、姚合为派者，五七言古体并不能为，不读书亦作诗，曰学四灵，江湖晚生皆是也。呜呼，痛哉！"[②]《瀛奎律髓》卷十四许浑《晓发鄞江北渡寄崔韩二先辈》批语也云："其诗出于元、白之后，体格太卑，对偶太切。陈后山《次韵东坡》有云：'后世无高学，举俗爱许浑。'以此之故，予心甚不喜丁卯诗。……七言如：'一声山鸟曙云外，万野水萤秋草中。''星河半落岩前寺，云雾初开岭上关。'殆不成诗，而近世晚进，争由此入，所以卑之又卑也。"在方回看来，许浑七律已是体格太卑，而江湖诗派又学之，则自然是"卑之又卑"了。又方回《瀛奎律髓》卷二十五"拗字类"序中已指出"丁卯句法"本是源自老杜，而许氏拗律与老杜拗律却有天壤之别。郭绍虞先生曾对此作过比较说："丁卯句法"是"只重平起中一句的第五字，偶不合律必须对句相救。这种句法在律诗中，不但不起破坏作用，起的反是辅助作用"；老杜、许浑拗律之根本差别在于"杜有不受律格束缚的气魄，而许则是在律格范围内的一些创造。所以，杜的七律会完成拗体，而许的七律则始

① 《全元文》第7册，第75页。
② 《全元文》第7册，第136页。

终局限于律体范围内的一些新格"[①]。无疑，老杜"吴体"就是不受格律束缚的一种特殊拗体，是一种创造，而江湖诗派则学许不学杜，重流而不溯源，其成就也就可想而知了。

可见，方回通过高扬老杜"吴体"大旗，既提升了江西诗派的地位，又巧妙地打击了江湖诗派，可谓一箭双雕。方回"吴体"之诗学批评意义也由此彰显。

六、关于方回"吴体"的批评与辨析

对方回"吴体"诗学不满的主要是清代的冯舒、冯班兄弟，以及纪昀等，此外，现当代也有不少批评者。综合而论，方回"吴体"遭受责难，其"错误"主要集中在三个方面："吴体"与"拗律"相混淆；"吴体"不是律诗；江西诗派学杜"吴体"并不合适。以下试作简要综述并加以相应的简单辨析。

其一，"吴体"是否与"拗体"相混淆？解决这一问题的关键，是弄清老杜"吴体"是否有声律特质。关于"吴体"的声律问题，前文已有专论，兹不赘言。这里考察学者们对"吴体"声律特质的认识。纪昀在《瀛奎律髓刊误》中，承认"吴体"与拗体有别，认为"'吴体'亦有声调"（卷十六赵蕃《上巳》批语）。其总结出的"吴体"声律有二：一是"其诀在每对句第五字以平声救转"（卷二十五老杜《题省中院壁》批语）；一是"全不入律，与前首用拗法者不同"（卷二十五老杜《愁》等四诗批语。按："前首"指《题省中院壁》）。前者以一般拗法形式比附，后者虽理解正确，却不能深入。总之，皆有隔靴搔痒之嫌，其结果正如他自己批评方回的那样，是"似是而未了了"

① 《关于七言律诗的音节问题兼论杜律的拗体》，《照隅室古典文学论文集》（下编），第494页、第505页。

（卷十六梅尧臣《依韵和李舍人旅中寒食感事》批语）。

当代学者鲍恒先生曾发表《历史误读与范式确立——杜甫“吴体”新论》[①]一文，首先“论证”老杜“吴体”特质不在声律形式，而在源于“吴均体”的风格特色，然后进一步推演方回“吴体”论道：“方回把吴体‘拗’的特征作了极度的放大，使人产生‘拗’是吴体最鲜明与唯一标志的错觉，这也是他在所编选之《瀛奎律髓》一书中将‘拗体’单列为一类的原因之所在，‘吴体’也就因此而被误读为拗体。”“方回的误读，首先在于他混淆了‘吴体’与拗体的界限。”鲍先生这一论断的前提是认为“历代学者虽于‘吴体’之声律特征用力甚多，但均无结果”，而这一前提显然是对“吴体”声律表达方式的理解出现了偏差。由于“吴体”是特殊的拗体，声律变化极大，故其不能总结出像常规拗律那样的简单具体的声律形式，它只可能是一个概括性的基本原则。这是解读方回“吴体”的钥匙，舍此就不能得其门而入，只能在“吴体”门外打转。而许印芳、王力、启功等古今著名学者对“吴体”类律诗“全拗”声律的分析证明，老杜“吴体”声律与拗体声律迥然不同，其内容就是参用古调或古句的句式。所以鲍先生所言“吴体”没有声律形式的论断，是有问题的。方回强调“吴体”拗的特征，是基于“吴体”之拗迥异于一般拗法的事实，而不是一种极度“放大”与有意“误读”。而鲍先生对方回“吴体”的“误读”的认识倒有可能是一种无意间的“误读”。

其二，“吴体”是古诗还是律诗？对这一问题的争论是比较激烈的。“吴体”似乎是介于古律之间的诗体，所以很难将其归属。如王力先生将这种“古风式的律诗”放进“古体诗”部分

① 《文学评论丛刊》2003年第六卷第1期，南京大学出版社，2003年。

去讨论，显然是倾向于其为古诗。[①]韩成武先生评杜甫《愁》诗也说：“正如杜甫在《愁》诗题中所注‘强戏为吴体’，说明他有意使用吴地民歌的拗句，虽借用七律的句数和对仗的形式，却并非在写七言律诗。……全诗中唯有第八句是律句，余皆为拗句，且无补救，近体诗的声律已然失尽，故不能归入律诗之列，作者标明使用‘吴体’，这已然将其排出律诗之外了。”[②]

但支持“吴体”为律诗的似乎占据多数。宋代胡仔、赵次公等大都把“吴体”类诗歌看作律诗[③]。方回是把“吴体”看作律诗的，并对山谷的“吴体”诗被选入古诗愤愤不平[④]。冯舒、纪昀等虽然对方回的“吴体”论颇为不满，但坚守“吴体”是律诗的观点。如冯舒评方回《瀛奎律髓》“‘拗字类’序”道：“拗字不妨为律诗，以其原论声病也。虚谷不知源流，遂立此一类，其为全不知诗信矣。”[⑤]许印芳则坚决支持方回，他分析《愁》诗说：“变而不失其所，此‘吴体’所以为律诗，不能混入‘古诗’也。”[⑥]郭绍虞先生认为“拗体可该吴体，吴体不可该拗体”[⑦]；“拗体只能打破声律上的问题，如‘调’，如‘叶’，如‘谐’，但绝不能破除律体的基本条件，如‘整’‘俪’‘韵’‘度’，所以拗体仍不妨其为律体”[⑧]。此

① 参见《汉语诗律学》第三十二节。

② 《试论七律的定型与成熟》，《河北大学学报（哲学社会科学版）》1997年第1期。

③ 《释闷》诗有六韵，赵次公认为是古诗（《杜诗赵次公先后解辑校》，第603页）。

④ 参看《瀛奎律髓》卷二十五黄山谷《题落星寺》《汴岸置酒赠黄十七》批语。

⑤ 《瀛奎律髓汇评》引，第1107页。

⑥ 《瀛奎律髓汇评》引，第1120页。

⑦ 《论吴体》，《照隅室古典文学论文集》（下编），第455页。

⑧ 《关于七言律诗的音节问题兼论杜律的拗体》，《照隅室古典文学论文集》（下编），第518页。

外，金启华、兰香梅先生也有类似观点[①]。

就衡量律诗之所以为律诗的标准看，声律合乎要求无疑是极为重要的条件，但又不是唯一的条件。基于方回“吴体”虽打破律诗外在的声律形式，却又完全合乎律诗内在的声律形式的特点，笔者认为，将“吴体”划为律诗似乎要更为合理一些。

其三，江西诗派专学老杜“吴体”是否合适？七言拗体本为老杜律诗一体，既非杜律主体，也非唐律正体。江西诗派大多无老杜才情而专学此种诗体，便是剑走偏锋，虽也能取得一些成就，但毕竟缺乏大气。前人对此也早已有所批评。如王世贞认为老杜拗律：“作七言拗体者，必以意兴发端，精神傅合，浑融疏秀不见穿凿之迹，顿挫抑扬，自出宫商之表可耳。虽老杜以歌行入律，亦是变风，不宜多作，作则伤境。”[②]胡震亨云：“凡七言律作拗峭语者，皆有所不足也。杜牧之非拗峭不足振其骨，刘蕴灵非拗峭不足宕其致。材愈降，愈借以盖其短。岂唯二子，即少陵之拗体，亦盛唐之变风、大家之降格，而非其正也。”[③]冯班在方回“‘拗字类’序”批语中说：“拗字诗，老杜偶为之耳。黄、陈偏学此等处，而遂谓之格高，冤哉！”[④]纪昀在《瀛奎律髓刊误》卷二十五中的批评则最为严厉，如杜甫《题省中院壁》批语云：“以此种句法学老杜，杜果以此种为宗旨乎？”吕居仁《张祎秀才乞诗》批语云：“此体（按：指吴体）杜亦偶为之，不专以此为高致，此论太僻。”又批老杜《愁》诗云：“此诗殊无可采。”又批老杜《早秋苦热堆案相仍》诗云：“杜诗亦有工拙，须有别裁，不至效其所短。此等依草附木之说，最误后

① 参见金启华《论杜甫的拗体七律》（《杜甫研究学刊》1998 年第 1 期）、兰香梅《杜甫大拗律诗的声律分析——兼谈杜甫拗律的归属》（《杜甫研究学刊》2004 年第 3 期）等。

② 胡震亨《唐音癸签》卷三引，上海古籍出版社 1981 年版，第 22 页。

③ 《唐音癸签》卷八，第 77 页。

④ 《瀛奎律髓汇评》引，第 1107—1108 页。

人。此杜极粗鄙之作。以此求杜公，杜公远矣。”不仅指出“吴体”非杜律正体，甚至认为“吴体”粗鄙不堪，不值得效法。

诚然，前贤对方回“吴体”论的批评不无道理。方回于《瀛奎律髓》中专取老杜“吴体”诗法作为重点学习的方向，这确实是取径太窄。问题是我们要了解方回何以要如此做。我们知道，宋人极富自立精神，欲于唐诗之后另开一新世界，虽知其难却又竭力为之。张高评先生说得好：“技巧之讲究、诗法之提示、破体之开创、新变之追求，乃是宋诗有别于唐诗、宋调有别于唐音的关键所在。”[①]可见宋诗主要是在诗法技巧上下功夫。这些内容恰恰是杜甫首先开拓，而唐人并未来得及跟进的，宋人一眼看准而着力开拓发展，从而形成宋诗气候。“吴体”便是一个典型。方回在前人学杜的基础上，专门拈出“吴体”来说话，正是对宋诗立场的坚守，是对宋诗独立精神的一种肯定。

更为重要的是，方回的“吴体”说还承载了诗学批评的任务。《瀛奎律髓》卷十方回评老杜《春日江村》云：“老杜诗所以妙者，全在阖辟顿挫耳。平易之中有艰苦，若但学其平易，而不从艰苦求之，则轻率下笔，不过如元、白之宽耳。学者当思之。”方回别具慧眼，精辟地指出杜诗的平易是以艰苦为基础的，学杜诗不首先从艰苦入手，而只是执着于表面的平易，那么结果必然是流于元稹、白居易式的肤浅。最能体现杜诗“阖辟顿挫”处的，无疑是以老杜发轫的“吴体”“变体”等诗法为典型。而宋元之际的诗学，无论是江西诗派末流，还是江湖诗派，或粗疏，或肤浅，皆应从学习老杜诗歌入手来进行自我救赎。所以，方回于《瀛奎律髓》中隆重推出老杜“吴体”“变体”类诗歌范式，对于匡救宋元之际诗坛盛行的浅俗弊病，未必不是一副清醒有效的良药。所以，我们在分析方回的诗学观点

① 《宋诗特色研究·自序》，长春出版社 2002 年版。

时，一定要注意到它们的现实诗学批评意义，只有这样，我们才有可能对其进行全面、客观的认识与评价。

七、余论

客观而论，方回将老杜“吴体”诗法视为江西诗学中一灯相传的家法，确有借重老杜以尊崇江西诗派，并借此来贬抑江湖诗派之目的，其中不乏门户之见。但我们绝不能因此而轻视甚至抹杀方回的“吴体”诗论的诗学价值。如方回对“吴体”声律体式及其审美价值的精辟分析，对唐宋诗歌史上“吴体”类律诗创作现象的初步总结，通过“吴体”概念的界定与“吴体”诗的批评对当时的诗学弊端进行反思、批评与救赎，等等，对于后人理解杜诗、认识唐宋律诗的演变、了解唐宋诗学在宋元之际的对立与融合等，无疑提供了极其宝贵的参考资料。至于方回的“吴体”观由于个性鲜明而引发后人的论争，则更说明方回诗学的复杂性与个中魅力——古今中外真正有价值的诗学往往如此，更需要也更值得我们去认真研究。

（原载于《文学遗产》2008年第4期）

论方回之崇白及其对白诗的评点

◎尚永亮

方回（1227—1307），字万里，别号虚谷，由宋入元的诗人、诗选家和评论家。其道德人品，常遭人批评，但其诗歌创作及选诗、评诗眼光却为人称道，四库馆臣谓“其诗专主江西……虽不免以粗率生硬为老境，而当其合作，实出宋末诸家上”[①]。这话恐只说对了一半。事实上，方回不只是“专主江西”，在他学江西派黄、陈之作的同时，还将效法目光投射到白居易身上，而到了晚年，对白诗关注益夥。

一、晚学白体与崇白效白

方回对白居易及其诗歌的态度，屡见于其自述及诗篇。在《春半久雨走笔五首》诗后，方回曾自述学诗经历云：

> 回二十学诗，今七十六矣。七言决不为许浑体，妄希黄、陈、老杜，力不逮则退为白乐天、张文潜体。乐天诗，山谷喜之，摘其佳者在集。文潜诗自然不雕刻，山谷不敢□也。五言，回慕后山，苦心久矣，亦多退为平易，中有

① 《四库全书总目》卷一百六十六《桐江续集提要》，中华书局 1965 年影印本，第 1423—1424 页。

阆仙之敲而人不识也。[1]

据此而言，方回最推崇的诗人是黄山谷、陈后山、杜子美诸人，只是因为“力不逮”，才退而求其次，效法白乐天、张文潜体[2]。我们知道，张耒诗的一大特点是学白诗的平易自然，而方回在学白的同时也学张，则其最终归趋仍是效白，用他的话说，便是“亦多退为平易”。观其入元罢官后所作之《桐江续集》所收诗，虽不无“阆仙之敲”等雕刻痕迹[3]，但总体风格较为近白，由此看出方回自述不虚。在《思家五首》其四中，方回再次回溯创作历程，并对诸家诗稍事评点：

弱冠吟诗六十年，自然熟处有肥仙。（自注：诚斋“晚爱肥仙诗自然，何曾巧饰事雕镌”。回诗初学张文潜，晚参黄、陈）坡翁追和陶元亮，谷老深惭白乐天。苦李道傍人不采，蟠桃海上事空传。平心定气求中道，佳句无穷在眼前。[4]

“肥仙”者，宋人张耒也。《四库全书总目》卷一百五十四《宛丘集提要》谓张耒“晚岁诗务平淡，效白居易，乐府效张籍，故《瀛奎律髓》载杨万里之言，谓肥仙诗自然”。《瀛奎律髓》卷十六张耒《冬至后》诗下评云：“张文潜诗，予所师

① 《桐江续集》卷二十七，《景印文渊阁四库全书》集部第132册，上海古籍出版社1987年版，第574页。本文《桐江续集》资料，皆出此版，兹不另注。

② 方回学张，并不自晚年始。其《赠叶宗贵一山》（《桐江续集》卷二十七）诗谓：“我诗初学张文潜，晚悟后山拜山谷。”将此诗与《春半久雨走笔五首》之自述合观可知，他是先学张，继学黄、陈，而后又转向张、白的。

③ 方回曾主张由贾岛入杜：“老杜如何可学，曰：自贾岛幽微入，而参以岑参之壮，王维之洁，沈佺期、宋之问之整。”（《瀛奎律髓》卷二十三《题李频新居》评语）纪昀谓此大谬不然：“全是欺人之语，学杜从贾岛入，所谓北行而适越。”（李庆甲集评校点《瀛奎律髓汇评》中册，上海古籍出版社2005年版，第960页）

④ 《桐江续集》卷二十八，第591页。

也。杨诚斋谓肥仙诗自然，不事雕镌。得之矣。”这里，方回一再致意于效法白诗的张文潜，看重的便是其自然冲淡、不事雕琢的特点，而这一点也正是白居易乃至陶渊明诗的特点。“坡翁追和陶元亮，谷老深惭白乐天”，连苏东坡、黄山谷都赏爱陶、白之作，那么，以学张文潜诗自居的方回对白诗取何态度，不就一目了然了吗？

然而，方回在其他场合说的话，又与此不尽相同。如其《唐长孺艺圃小集序》于晋、唐、宋三代诗人中，共拈出陶渊明、陈子昂、杜甫、元结、韩愈、柳宗元、刘禹锡、韦应物、欧阳修、梅尧臣、黄庭坚、陈师道、苏轼、张耒十四位“格高”者，又于其中进一步拣择，得陶、杜、黄、陈四人，誉之为“格之尤高者”[①]，予以推奖，而白居易却不见踪影。究其原因，主要的一点恐在于受“白俗”论长期流播的影响，方回不便公然将被宋人斥为“格制不高，局于浅切”[②]的白居易与上引“格高”诸公并列；同时，在他心目中，平易通俗的白诗也确难进入“格高”的范围。尽管如此，这并不妨碍方回晚年在生活情趣上与白居易靠近，不妨碍他在非正式场合一再表白心迹，致意于白诗。细细揣摩，这里存在一种两难心态：就私心而言，方回是喜爱白诗的；但就公论而言，又不宜将白诗抬得过高。二者相较，外在的公论终究抵不过内在私心的诱惑，所以其创作最终还是“亦多退为平易”了。换言之，他的崇白，一方面固然如他所说，是学黄、陈力所不逮，遂退而求其次的选择；另一方面则缘于历经事变心衰力竭后对闲适生活的向往，对白居易晚年心性及其平易、近人情诗风的歆羡。《桐江续集》卷十八《十二月二十日立春系癸巳岁予年已六十七白刘唱和有云共把十千沽一斗相看七十

① 《桐江续集》卷三十三，第682页。

② 魏泰《临汉隐居诗话》，《历代诗话》（上），中华书局1983年版，第327页。

欠三年因此遣兴》云：

客途穷极亦陶然，自觉平生愧乐天。能办十千沽一斗，何知七十欠三年。日晴雪路初行处，春到椒盘未颂前。好念故园小儿女，团栾闻早醉花边。

同书卷二十《乙未生日二首》其二云：

虚叟惭非饮八仙，举杯属客每陶然。重逢今日初生日，预算明年致仕年。元亮有儿聊慰意，斛斯为话且随缘。老衰不竞黄陈律，前日诗如白乐天。

这里所说“平生愧乐天”“诗如白乐天”，都反映了一种向白居易靠拢的不期然而然的情形，其间并无多少人为的勉强因素，较之他的力学黄、陈，颇有不同。由于他是自觉地向白居易靠拢，故其晚年之作较少剑拔弩张之态和雕镂刻削之痕，而更多的是悠闲容与、平易畅达，并展现出明显的生活化倾向。诸如年寿、致仕、生日、饮酒、交游、纪行、哀吊等，便成为他写诗最常用的材料；对人生的感喟、对往事的回味、对事理的反思，也成为其诗中主要表现的内容。其《三月二十日张君锐约饮王子由紫霞道院酒字为韵》诗声言：“主客十人人能诗，冥搜远讨心欲呕。何如平易任天真，索纸便作龙蛇走。”由此可知，注重生活情趣，追求平易天真，摆脱“冥搜远讨”的苦心经营，已成为方回后期诗歌理论和诗歌创作的一大特点。

也许是一种定向思维的作用，晚年方回在诗中最常提及的前代诗人之一便是白居易。“乐天”“白傅”“香山”“白公”等称谓在诗中交替出现，或以之誉人，或以之比己，从中可以见出他对白居易的爱慕已达很深程度。如《呈阎子静廉访翰学二首》

其二：“后身白傅到西湖。”《送白廷玉常州教二首》其二：“祖风雅肖香山白，白玉堂登未是难。”《次韵李景安提学同过伯几》：“香山老子闲无事，张丈殷兄或许呼。”[①]《寄寿牟提刑献之巘》：“诗名我愧刘宾客，心事君真白乐天。”《醉题二首》其二：“贫闲略比陶元亮，老寿将过白乐天。”这里，以白誉人，表现的是方回对对方的推奖；以白自比，表现的则是方回的惬意和自得。当然，方回也多次自谦，说己不如白。如《六月二十九夜》：

> 小阁微凉上，闲人半醉中。双明萤度水，一向柳拖风。委曲聊随俗，艰难敢讳穷。香山吾不逮，犹胜杜陵翁。

《六十五春寒吟七首》其一：

> 日日春寒昼掩扉，惊嗟六十五年非。未为白傅同州起，犹胜坡翁海外归。斗分军兴群盗作，浙乡水患细民饥。忍穷苟活犹闲管，痛惜残梅万点飞。（自注：白乐天六十五，同州刺史不赴，封冯翊县侯，自此分司告老。东坡六十五，元符庚辰自儋耳北归。）

细绎二诗意，前者以“闲人”自居，就生活质量与杜甫、白居易二人作比，认为虽不及白之闲适优游，却胜杜之艰难潦倒。后者则以人生经历与白居易、苏东坡二人作比，认为自己罢官退居后再未踏入宦海，较之白居易晚年优游洛下，犹有同州之命却坚辞不起的事迹和行为，是有所不及的；但较之苏轼晚年

① 白居易《岁日家宴戏示弟侄等兼呈张侍御二十八丈殷判官二十三兄》有“犹有夸张少年处，笑呼张丈唤殷兄”之句，见《白居易集》卷二十四，中华书局1979年版，第540页。

被放海南、经磨历劫始得回归的经历，则又是幸运的。比上不足，比下有余，一方面为其知足心态的形成奠定了基础，另一方面也使得他对白居易常常抱有一份歆羡追慕的情怀。

方回晚年寓居钱塘，闲适优游，地理位置的接近和生活方式的相似，使他对曾做过杭州刺史的白居易更易产生亲近感。其《海东青赋》之乱辞有言："始浚西湖者李公泌，续广西湖者蔡公襄。白公乐天之井，佛家德水；苏公子瞻之堤，召伯甘棠。与我高定翁之海青亭，五贤姓名千古香。"在《送述明居士燕道觉归东林》诗中，他进一步将白居易与宋人林逋、苏轼相提并论："君不见钱塘西湖三贤堂，林苏宋人白傅唐。三贤生本不相识，死乃异代同烝尝。"其中流露的，乃是对白居易的高度称许和衷心向慕。这样一种心情，在方回的其他诗篇中也常有表现，如《记正月二十五日西湖之游十五首》其十一写西湖竹阁，谓"赖是白公资佛力，小留苍翠作秋声"；《于氏琵琶行》写其闻佳人于氏弹奏琵琶的感受是："白发多情似乐天，衫袖江州司马湿。"所有这些，既可看作方回接受白居易的一种结果，也可视为方回靠近白居易的背景因素。

二、《瀛奎律髓》对白诗的评点

方回对白居易的接受，还表现在其选诗、评诗的实践中。《瀛奎律髓》共选唐宋385家、五七言律诗3014首（其中重出22首，实为2992首），其中唐代诗人164家、诗1227首。而在唐代诗人中，杜甫诗入选最多，达221首，其次便是白居易诗，有127首。若以元和著名诗人入选多寡而论，白居易以下依次为贾岛（67）、刘禹锡（54）、张籍（47）、王建（20）、韩愈

（13）、柳宗元（11）、元稹（8）、孟郊（1）[①]。据此，可大致了解方回对这些诗人的态度，也可看出他最为欣赏和看重者首推白居易。

在《瀛奎律髓》中，方回对白诗的评论大致分为三种情况。

其一，聚焦于白诗平易自然的特点和佳句，或细加评说，或击节称赏。如《喜张十八博士除水部员外郎》诗后评曰："张籍是除，乐天贺之，五十六字如一直说话，自然条畅。"（卷二）《百花亭》后评语谓："大抵中唐以后人多善言风土，如西北风沙酪浆毡幄之区，东南水国蛮岛夷洞之处，亦无不曲尽其妙。乐天《送人游岭南》有云……亦可谓尽南中之俗矣。"（卷四）《解苏州自喜》诗后评云："道是白诗平易，三四都如此，奇哉异哉！出律破格，本是自然，胸怀无粉饰也。"《喜罢郡》诗后评云："久困仕宦，方知此诗之妙。乐天真乐天哉！"（卷六）《卧疾来早晚》诗后评云："'婢能寻药草，犬不吠医人。'此联绝妙。"（卷四十四）此数条专就白诗的平易自然立论，而对其宛如说话、曲近其妙、写景鲜活等特点一一摘出，并借自己的亲身体验说诗，誉之为"奇哉异哉""久困仕宦，方知此诗之妙"。很明显，这种评说已超越了一般的鉴赏层面，而是一种设身处地的体悟和赏爱了。

方回在称赏白诗平易自然特点的同时，还特重其贴近人情的一面。《瀛奎律髓》卷十七选白氏《久雨闲闷对酒偶吟》："凄凄久雨暗铜驼，袅袅凉风起漕河。自夏及秋晴日少，从朝至暮闷时多。鹭临池立窥鱼笱，隼傍林飞拂雀罗。赖有杯中神圣物，百忧无奈十分何。"诗后评曰："乐天诗多近人情，三四是也。"卷十九选白氏《把酒思闲事》："把酒思闲事，春愁谁最

① 以上数据依李庆甲《瀛奎律髓汇评》书后所附《作者篇目汇检》统计所得；其中个别数据依上海古籍出版社 1993 年影印本《瀛奎律髓》酌改。

深？乞钱羁客面，落第举人心。月下低眉立，灯前抱膝吟。凭君劝一醉，胜与万黄金。”“把酒思闲事，春娇何处多？试鞍新白马，弄镜小青娥。掌上初教舞，花头欲按歌。凭君劝一醉，劝了又如何？”诗后评曰：“乐天所赋，必近人情。前一诗言羁穷之人不可无酒也，后一诗言得志之人酒后有所不能自已也。一以怜，一以戒也。”这些评说，均从白诗细微处着眼，发掘其对人在特定情境下心理活动及生活情态的表现，并总谓之“近人情”，亦即接近普通人都具有的心理情感，可谓具眼之论，而且较之宋人张戒所谓元白诗“专以道得人心中事为工”①的观点，更为具体化了。

其二，将白诗与他人诗作进行比照，借以展示白氏其人其诗的特点。《瀛奎律髓》卷四选录柳宗元《登柳州城楼寄漳汀封连四州》《柳州寄丈人周韶州》《得卢衡州书因以诗寄》《岭南江行》《柳州峒氓》诸诗，评曰：“柳柳州诗精绝工致，古体尤高。世言韦柳，韦诗淡而缓，柳诗峭而劲。此五律诗，比老杜则尤工矣。杜诗哀而壮烈，柳诗哀而酸楚，亦同而异也。……年四十七卒于柳州，殆哀伤之过欤？然其诗实可法。”其后接选白居易《杭州》《守苏答客问杭州》《杭州春望》诸诗，评曰：“乐天守杭州，以和适之趣处繁华；子厚守柳州，以愁苦之怀处荒寂。情景异，欢戚殊。以乐天之二（按：当为“三”）诗视子厚之五诗，相去远矣，然子厚亦隘者也。东坡谪黄谪惠谪儋耳，无一言及于怨尤夷鄙，是亦可以观人焉。”这两则评语，先以柳诗与杜诗相比，指出柳诗虽“精绝工致”却“哀而酸楚”的特色；继以白诗与柳诗作比，认为二者“情景异，欢戚殊”，白诗较柳诗“相去远矣”。然就其对待忧患的态度而言，则乐天接近曾远谪岭南而“无一言及于怨尤夷鄙”的苏轼，达观超然，子

① 张戒《岁寒堂诗话》卷上，《历代诗话续编》，中华书局 1983 年版，第 459 页。

厚却穷愁狭隘，其心性品格是迥然不同的。

进一步看，这里所说“相去远矣”一语，固然包含白诗不及柳诗“精绝”的含义，但同时也指其格调声情之不相类。精绝与平易，是两种不同的风格，两种不同的美。对这两种不同的风格，方回常借比较予以指出，其中并未存明显的是此非彼之心。如评刘禹锡《送浑大夫赴丰州》诗谓：“梦得诗句句精绝，其集曾自删选，故多佳者。视乐天之易不侔也。”（卷二十四）又评其《送景玄师东归》诗谓：“刘梦得诗格高，在元白之上，长庆以后诗人皆不能及。”（卷四十七）表面看来，方回确在扬刘抑白，但若通而观之，则又不然，因为方氏此语只是论刘诗时侧重点的偏移，一旦专论白诗，其侧重点便又转向平易自然一方。用同书卷二十三白居易《闲坐》诗后评语来说，便是“乐天心事旷达，而诗律宽和，虽则云然，着力为诗者终不能及也”。

其三，以后人对白诗的承传为基线，寻觅其衍化轨迹。如评王禹偁《病起思归》曰：“诗盖白乐天体也。”（卷四十四）评丁谓《公舍春日》：“近似白乐天体。”（卷十）评徐铉《寒食成判官垂访》：“有白乐天之风。”（卷十六）类似这样的评说，在《瀛奎律髓》中所在多有。与此同时，方回还注意从细部发现问题，就某些句子的出处追根溯源。如谓赵师秀《秋日偶书》“诗亦平妥，但三四俗，五六有乐天语意”（卷六）；其《薛氏瓜庐》之“野水多于地，春山半是云”即本于白氏仄韵古诗“人家半在船，野水多于地”（卷三十五）；赵蕃《梅花》之“直从开后至落后”句即“乐天‘赏自初开直至落’”（卷二十）；陆游《题庵壁》之“身并猿鹤为三口，家托烟波作四邻”句效法白诗，而且白诗“身兼妻子都三口，鹤与琴书共一船”“尤佳”，二者盖“小异而律同”（卷二十三）；詹中正《香山》诗则“全似乐天”，其中之“几多”“大半”，“字虽俗而不觉俗，以秤停恰好也”（卷三十三）。

与上引诸诗论相比，方回对陈师道诗的评说更引人注目。陈师道是江西诗派的代表人物之一，方回曾将他与黄庭坚、陈与义一起誉为江西派的“三宗”，并以诗学黄、陈相标榜。按理，陈诗重推敲锻炼，白诗重自然平易，其创作过程颇不相同，但二者的最后归宿却有一致处，即陈诗虽苦吟却追求朴拙，由此形成质朴无华的诗风，就此而论，其诗与白诗的平易简淡不无相似。方回抓住这一点，从陈诗中发现不少取法白氏的诗意、诗句，一一拈出，俾其认祖归宗。如评陈诗《除夜》“七十已强半，所余能几何”句谓：“乐天亦云：‘行年三十九，岁暮日斜时。’前辈竞辰如此，晚辈可不勉哉？”（卷十六）评白诗《何处难忘酒》云：“‘鬓为愁先白’一联，后山略换数字，便锻铁成金。”（卷十九）白居易《何处难忘酒》有“鬓为愁先白，颜因醉暂红”句。细阅陈诗，知方回所指当为《黄梅五首》其二之“旧鬓千丝白，新梅百叶黄”①、《赠关彦长》之“白首鬓毛新，青衫颜色故”②诸句，其中确存由白诗衍化之痕。

再如陈师道《寄文潜无咎少游三学士》云：“北来消息不真传，南度相忘更记年。湖海一舟须此老，蓬瀛方丈自飞仙。数临黄卷聊遮眼，稳上青云小着鞭。李杜齐名吾岂敢，晚风无树不鸣蝉。”方回于诗后评云：“‘青云小着鞭’，本白乐天赠乃兄诗语也。”（卷四十二）查今存白诗，有多首用了“着鞭”一词，其《送考功崔郎中赴阙》诗云：“称意新官又少年，秋凉身健好朝天。青云上了无多路，却要徐驱稳着鞭。”其《送敏中新授户部员外郎西归》诗云：“千里归程三伏天，官新身健马翩翩。行冲赤日加餐饭，上到青云稳着鞭。长庆老郎唯我在，客曹

① 《后山集》卷八，《景印文渊阁四库全书》集部第53册，上海古籍出版社1987年版，第582页。

② 《后山集》卷二，第526页。

故事望君传。前鸿后雁行难续，相去迢迢二十年。”比较陈、白诸诗，不只是“青云”“着鞭”词语相同，而且诗意、韵脚亦相类，则陈诗效法白诗，不辨已明。

此外，方回还善于从诗风辨别某些诗篇之归属。如《瀛奎律髓》卷二十三选录贾岛《南斋》，诗云：“独自南斋卧，神闲景自空。有山来枕上，无事到心中。帘卷侵床月，屏遮入座风。望春春未至，应在海门东。”诗后评云：“此诗中四句却平易，白乐天集亦有此诗，题云《闲卧》，起句云：‘尽日前轩卧’，第三句有云‘当枕上’，第五句‘月’作‘日’，第七句‘至’作‘到’。恐只是白公诗。”《白氏长庆集》卷二十三有《闲卧》一篇，二诗相较，除方回所指几处字词小异外，余均同，可知方氏所言不为无据。此后纪昀《瀛奎律髓刊误》批此诗曰：“通体平易，决是白诗。”齐文榜《贾岛集校注》将此诗列于《删除诗》首篇，并谓：“白氏生前手定其集，当不误，惟题作《闲卧》，字句稍异。”[①]从而将此诗的著作权明确划归白居易。而细究起来，这一错误的第一发现人却是方回。倘若没有对白诗的熟稔，没有对白氏诗风的真切体认，这样的错误恐怕是不易发现的。

综上所述，方回对白居易及其诗歌所作赞扬和点评，表明这位向来被人视为江西派后裔的诗人、评论家还有另一副面目，即在学黄、陈的同时还倾心于白居易及其自然平易的诗风。一方面他的每以乐天自比和取法白诗，固然与其对闲适生活的向往、对白居易晚年情境的歆羡有关，但另一方面，也缘于其学江西诗派后的困而知返，缘于其对诗歌创作“无粉饰”“近人情”之天真自然旨趣的体悟和认肯。至于他在《瀛奎律髓》中对白诗的点评尤其是对后人承袭白诗处的发现和指摘，说明他已具有相当的

① 齐文榜《贾岛集校注》，人民文学出版社2001年版，第562页。

创作接受学的意识；他的若干评说，虽不系统，却言简意赅、切中肯綮，说明这是建立在熟知创作甘苦基础上的有得之见。就此而言，方回的诗学转向，无疑具有诗歌理论和创作实践的双重意义，而他的存在，则可视为宋元之际白居易接受史中颇具影响力的一位殿军。

[原载于《北京大学学报（哲学社会科学版）》2009年第5期]

方回审美主体心境论考释

◎邱光华

方回（1227—1307），安徽歙县人，宋元之际著名的诗人和批评大家。其著述现所知名者共有二十四种，内容涵盖经、史、子、集。今存《桐江集》《桐江续集》《瀛奎律髓》《文选颜鲍谢诗评》《续古今考》《虚谷闲钞》等六种[①]。在宋末元初这样一个混乱时代，方回走过了曲折的一生。他有着深切的情感体验及哲学省思，而且在丰富的创作和阅读、批评实践中，对于审美主体心灵之诗性超越特征亦有体贴之识。他从不同的角度和层面对审美主体心灵境界的涵养作了深切的思考与言说，其中不乏抉幽发微之论。本文拟结合其创作实践、阅读及理论批评实践，就此作一番初步的探讨。

一

对于审美活动中审美主体所呈现的心灵状态，方回在其诗歌创作中屡有论及。“身是空中一点尘，心包天地却无垠。”[②]人之身体形质是渺小而被局限的存在物，但心灵世界可以无限宽

① 参见詹杭伦《方回的唐宋律诗学》附录一，中华书局 2002 年版。

② 方回《桐江续集》，《景印文渊阁四库全书》集部第 132 册，上海古籍出版社 1987 年版，第 481 页。本文《桐江续集》资料，皆出此版，兹不另注。

广，因而“心与江流远，眼逐天宇大”①。更为重要的是，人虽身处世俗喧嚣、逼仄之境，诗性之心却能超拔于尘俗之表，“小圃无亭榭，心闲地自宽”②，进而栖居于诗意之境。在此诗意时空境域之中，个体的情怀意绪也就有了依托，精神灵魂也因此得以安顿。

关于审美主体之“心”的这种超越性及其与个体现实之“境”的异质性、非对应性，方回在其《心境记》一文中也作了集中的阐述，兹节录于下：

> 惟晋陶渊明则不然，其诗曰：“结庐在人境，而无车马喧。”有问其所以然者，则答之曰“心远地自偏”。吾尝即其诗而味之，东篱之下，南山之前，采菊徜徉，真意悠然，玩山气之将夕，与飞鸟以俱还，人何以异于我，而我何以异于人哉！“盥濯息檐下，斗酒散襟颜”，人有是，我亦有是也。“相见无杂言，但道桑麻长”，我有是，人亦有是也。其寻壑而舟也，其经丘而车也，其日涉成趣而园也，岂亦抉天地而出其表，能飞翔于人世之外耶？顾我之境与人同，而我之所以为境，则存乎方寸之间，与人有不同焉者耳。……然则此渊明之所谓心也，心即境也。治其境而不于其心，则迹与人境远，而心未尝不近。治其心而不于其境，则迹与人境近，而心未尝不远。……以此心处此境者，桐江马君天骥也。观其境而知其心者，前太守紫阳方回也。③

---

① 《桐江续集》，第263页。

② 《桐江续集》，第420页。

③ 李修生主编《全元文》第7册，江苏古籍出版社1998年版，第295—296页。本文《全元文》资料，皆出此版，兹不另注。

在此，方回首先明确地把陶渊明与世之“喜新恶常”“慕夫空妙超旷以自为高”以至“弃捐世事”之徒区别开来，深刻地揭示了陶渊明与世俗之流的同与不同之所在：陶渊明的隐逸生活并非离群索居、捐弃世事，隐遁于尘世生活之外，而是和光同尘，处人情物态之“常”，生活于世俗人境之中，这是他与世俗之人相同的地方。陶渊明虽处于世俗境域之中，却并不与世沉浮，徇于俗流时好，而是以高远之心志自主自持，对外在所处之境作超越性观照，超越人境之现实生存的局限，卓然独立于人境之外，从而体悟宇宙造化、万事万物之真意妙理。正所谓“人因雅俗分高下，同是园林兴不同”[①]。面对一定的现实境遇，不同个体因心志品格、境界的差异，其所体验的情境便各自不同。陶渊明与世俗者流之所以不同，正是由于主体心志品格、境界的这种根本性差异。境同而心异，主体之心境与客观之物境并非对应一致。方回从中体认到了个体诗性之心对外在现实之境的突破、拓延、净化与升华。

接着，方回进而认识到，个体之“心”与其所观照、所体认之“境”又具有同构性、对应性。方回认为，个体心志有远近高低之不同，其所观照、所体认之境也就有高低远近之异。有闲远之心便可至于闲远之境，若主体之心志徇于流俗，其所能观照之境亦为俗境。此即其所云“心即境也”。具“此心”便能体得“此境”，情怀意绪、精神灵魂便亦处于“此境”之中，而观其心所体认之境，也可推知其心志情怀。陶渊明，“其寻壑而舟也，其经丘而车也，其日涉成趣而园也”，身处于日常、平实之境域中，却自得天人融合之乐趣，便根源于其娴雅超拔之诗心。由此看来，审美主体心灵之诗性品格及其境界，从根本上决定了审美活动的展开及其所能实现的境界。

① 《桐江续集》，第558页。

基于上述之体认，方回在审美活动中极其重视审美主体之心性境界的涵养。这在方回的诗学思想体系里，主要包括两大方面：其一，审美主体之“虚”“明”心境状态的存养；其二，审美主体知“道”、明“理”之心胸情志的培育。以下分别加以论述。

二

方回要求审美主体存养真朴娴雅、澄澈明净之心境，作为审美活动得以展开的前提：

> 搜览心应惬，题评句必瑰。（《赠送李显之》）①
>
> 洗心方见易，知道始能诗。（《八月二十三日早起》）②
>
> 胸中朗彻水月澄，笔端变化云雾蒸。（《呈赵左丞》）③
>
> 孰肯剖肠湔垢滓，始能落笔近风骚。（《读子游近诗复次前韵二首》其一）④

心灵涤净了尘俗垢滓，便有可能洞明天道人事之生息消长，体察天理人情之恒常、变更，从而心契万境，对其进行本色之审美观照，创造出“近风骚”的诗歌审美境界。

方回对此也有着极为丰富的创作体验，兹举一例即可观其一斑。《次韵王俊甫山长九日登乌聊二首》其一曰：“山色初明小雨开，可容无地拓襟怀。荒寒试与登临去，奇崛能随感慨来。何限诗愁关世故，终凭烂醉了生涯。风流二谢犹堪恨，俯首刘郎戏

① 《桐江续集》，第222页。
② 《桐江续集》，第582页。
③ 《桐江续集》，第452页。
④ 《桐江续集》，第309页。

马台。”[①]诗人以清朗、开阔之心怀静观众境，此时其内心之意绪、情兴亦缘境而发，在情与景、意与境的这种相契相生中，诗人心中之境便以艺术审美的形式转化成为诗歌之境。在此，诗人的历史情怀与其现实处境得到诗性的融合与净化。

此外，对于审美主体之诗心的这种体认，方回还屡屡以“诗眼”或“诗家眼”“诗客眼”“读书眼”等术语进行明确的表达。如：

少陵诗眼在，试觅曲江春。（《赠送鹤田李元晖》）[②]

霁色寒光滉诗眼，谢家旧赋果谁贤。（《雪霁次韵以忠见和》）[③]

诗眼到姑苏，今愁古恨俱。（《仇仁近之姑苏别后奉寄》）[④]

天清诗眼豁。（《治圃杂书二十首》其五）[⑤]

海内百年诗客眼，雪中一叶太湖船。（《太湖观雪》）[⑥]

诗眼书胸碧宙宽，暮天摇落纵遐观。（《次韵夹谷子括吴山晚眺》）[⑦]

四天无壁供诗眼。（《十月三日秀亭二首》其二）[⑧]

年皆七旬近，相对诗眼碧。（《次韵刘元辉喜予还家携酒见访三首》其二）[⑨]

---

① 《桐江续集》，第420页。
② 《桐江续集》，第240页。
③ 《桐江续集》，第245页。
④ 《桐江续集》，第386页。
⑤ 《桐江续集》，第460页。
⑥ 《桐江续集》，第393页。
⑦ 《桐江续集》，第475页。
⑧ 《桐江续集》，第352页。
⑨ 《桐江续集》，第400页。

方回这里所谓的“诗眼”，乃是与审美主体真朴自然、澄澈明净之心相为表里的诗性观照之眼。无论是古今之时世变迁，还是当下之情境，在诗心、诗眼的审美观照下，兴与境会，境与情合。此时，诗歌之境既是诗人心境，亦是诗人所体认的现实之境。这里有宇宙造化、万事万物之生息消长，亦有天道人心、物理人情之恒常贯一；这里有今愁古恨，亦有碧野清天……

反之，审美主体若无此高远娴雅、澄澈明净之诗心、诗眼，诗境的创造便无从谈起，诗歌对现实的审美观照和诗性把握也将无从实现，诗人也即失去其超越性价值向度而困顿于现实庸常之境中。方回《天下夕阳佳诗说》有云：

> 予于严陵寓居，得旧扁“西斋”二隶字，因其名赋诗曰：“偶得西斋字，向西开此斋。人间诗眼少，天下夕阳佳。”盖谓天下之佳，无过于夕阳，惟西向则得之，而人间所少者，诗家眼耳，故不识此景。必具诗眼者，而后识此句此景也。……即今诗意，谓天下何物最佳，曰夕阳最佳也。但恨俗人不具诗眼，则不识耳……①

方回指出，夕阳欲落未落之际，其景象之美非寻常可比，为天下之最，然徒具“俗眼”之人，只能辜负此番佳境了。

必须明确的是，方回所言“虚”“明”之心境，与老庄之绝圣弃智、排斥一切知性思虑以至于忘言忘物（“心斋”“坐忘”）的“虚”境有本质上的差别，亦从根本上区别于佛家之所谓空无寂灭之心境，其乃是以儒家的仁义之道、义理之“实”学为内涵和根柢的，能涵纳万物，进而格物致知之心境。在方回看来，审美主体须先涵养中正之心胸及以道为体之学养、识

① 《全元文》第7册，第233—234页。

见，其心灵方有可能从日常人伦、现实事功之层面升华到诗性之"虚""明"境界。所以，他于《喜雨晴》诗中云："诗眼返自德。"[①]

而其唯一的实现途径在方回看来则是读书，《虚谷桐江续集序》有云："予谓学也者，所以学为人而求见道也。圣人人之极，贤人圣之亚，欲学为是人而不读书不可也。无声无臭，道不可见。一动一静之为阴阳，一阴一阳之为鬼神，天之所以运，地之所以载，日月之所以代明，星辰之所以昭布，风雨霜露之所以变化聚散，水之所以流而不息，物之所以生而不穷，鸢之所以飞，鱼之所以跃，皆与道为体也。欲求见是道而不读书不可也。"[②]知道、明道之心性的涵养，实现于读书、问学的功夫上。

三

以此而言，经由读书、学问而培育丰厚的学养、深广的识见以及知性明道之心胸，就成为审美活动的内在根柢及精神资源。"洗心方见易，知道始能诗。"[③]有了知道、明道之心胸及丰厚之学养、识见，诗人也就有深广的创作源泉，其创作亦犹如从胸臆中自然流出一般。方回《送天目吴君实馆越》云"万卷撑肠定不枯"，《赠范君用笔工五首》其二曰"直须读书破万卷，始用子笔如有神"，《题祝公辅静得斋》曰"胸中线五色，笔底泉万斛"，《呈吴门王治中元俞都中参政伯大孙先人同榜》曰"贮胸逾万卷，运肘动百纸"[④]，表达的都是这样一种认识。否则，若审美主体无丰厚的涵养而勉强为文，也就从根本上背离了创作之道。

① 《桐江续集》，第 247 页。
② 《全元文》第 7 册，第 120 页。
③ 《桐江续集》，第 125 页。
④ 《桐江续集》，第 529 页、第 581 页、第 483 页。

审美主体的心志、胸次与涵养，还从根本上决定了诗歌的格调境界、审美意蕴与审美风貌。方回《送丘子正以能书入都并呈徐容斋阎靖轩庐处道集贤翰林三学士》有云：“胸中奇者五色笔，可以补天可活国。”[①]在此，方回认为审美主体胸中之“奇”，乃“五色笔”的内在根据。在《孔端卿东征集序》一文里，方回对诗文创作中“奇”之审美风貌作了更为详细的阐述：“世之奇士必好奇，搜奇景，抉奇事，务为奇诗文以耀世，奇则奇矣，而不知其尝滨于死而不悔也。……君文亦奇，见所为自叙。君他诗稿尤奇……然则奇而不失其正……”[②]方回认为，诗歌之“奇”并非矫厉虚构而得，亦非外在奇景奇事的记录、铺陈，更非以奇特怪异之文辞眩人耳目，而是有其内在根据的。从根本上而言，它根源于审美主体胸中之“奇”，是审美主体经历、遭际及体验之“奇”的审美呈现。同时，方回要求“奇而不失其正”，即“奇”而不流于虚妄怪诞，而应有深厚之现实根柢，有正大之志趣追求；它既超越了近世以来那些肤浅徇俗、陈腐庸常或格局狭隘、无病呻吟之诗作，也超越了那些高亢空虚、怪诞不返的诡异之文[③]。在方回的思想观念里，诗文创作中的“奇”与“正”，反映的是审美主体的心性修养及其价值取向，此即所谓“虽笔法，亦心法也”[④]。

审美主体之心灵境界与修养从根本上决定着诗歌创作的审美境界、意蕴及价值。对此，方回有过明确的理论阐述，其《孙元京诗集序》曰：“《离骚》而降，汉、晋、魏以至唐宋，五七殊，古律异，六义之致一也。人品高，胸次大，学问深，笔力

① 《桐江续集》，第 523 页。

② 《桐江续集》，第 117—118 页。

③ 在方回看来，“隘浅纤巧”及“漫放阔诞”的诗文作品均“终不入于作者之域”。可参阅其《仇仁近百诗序》对此所作的阐述，见《全元文》第 7 册，第 118 页。

④ 《桐江续集》，第 524 页。

健，咸于此乎见之。”[①]在此，我们不妨就方回的创作实践及理论批评实践再各举一例，以之来验证方回的这一观念性认识。

方回作有组诗《断桥西人家三首》[②]，其二曰：“主人傥不粗能吟，辜负湖天水竹林。我若移家来此住，诗人无数日相寻。”水天相映，清朗明澈且生趣流转，在这一自然妙境的感发下，诗人油然而生栖居于其间的诗意遐想。而第三首则笔法一转，曰：“望极苏堤欲尽头，丛篁老柳水天秋。船中遥看家家好，却恐君来住亦愁。”在此，诗人已从之前的审美化想象之境返回到了现实生存之境。现实生存之境与审美观照之境的差距在诗之末句得以揭示。从中我们可以体会到，方回在对自然之境进行审美观照时，洋溢于心中的是生民穷愁之思，诗人之心已超越了此时此地之境而朝向天下苍生的现实境遇。而正是诗人的这一心志品节、胸次识见，成就了此诗的审美意蕴和气度。

谢惠连有《七月七日夜咏牛女一首》，被《文选》收录。方回《文选颜鲍谢诗评》对这首诗作了评析，其中论及杜甫在诗歌创作中对此类题材所作的艺术处理：

> 此事善乎少陵之诗，曰“牵牛出河西，织女出河东。万古永相望，七夕谁见同？神光竟难候，此事终朦胧”是也。然犹云“飒然精灵合，何必秋遂通”，似不为之全无是理者。此少陵力为辨析，谓假使有此精灵倏合，何必于秋之七夕耶？所以力辟之，而非以为有也。自“祈请走儿童”以至“日出甘所终”，既哂夫因节乞巧者之愚。自“嗟汝未嫁女”以至“丈夫多英雄”，又所以训夫臣之于君，犹妇之于夫，未有私会苟合而可久者。此少陵诗所以独步也。然则

① 《全元文》第7册，第119页。

② 《桐江续集》，第531页。

牛、女之说，诲淫之薄俗欤？[①]

对于诗歌创作中同样的“牛郎织女”这一传说题材，方回最为认同的是杜甫在诗歌创作中所作的诗化处理，他高度评价了杜甫此诗所蕴含之意旨及诗人的义理决断。在此，方回认为，作为审美主体的杜甫具雅正无邪之思、美刺教化之旨及超拔卓异之识，因此所作之诗能超越题材之俗而达于诗美之至境。

四

审美主体的心境涵养在审美创造中的根本性意义已如上文所述，对于审美鉴赏如读诗赏画者也是如此。方回在《夜读》这首诗里对此作了形象而精到的描述：

酒醒不能寐，夜起读我书。读久良有得，就枕省其愚。古人骨已朽，言语留绪余。不赖灯与目，何以决豕鱼。我心本至明，灯目焉得如。所取外有资，终由受处虚。内外相为赐，犹彼食饮欤。不有脾胃实，八珍将吐诸。[②]

真正审美式的阅读，在于得言语所蕴含的意绪，并反观自身。而在此过程中，阅读主体的接受心境具有关键性的作用。方回认为，阅读过程不仅仅是眼睛与言语材料的视觉接触过程，更是阅读主体以本色心灵对文本意蕴进行同情的体认，并与文本相互契合相互生发的过程。其《醉翁亭图引为赵达夫作》云：“识

① 《文选颜鲍谢诗评》，李庆甲集评校点《瀛奎律髓汇评》（下册附录二），上海古籍出版社2005年版，第1894页。

② 《桐江续集》，第466—467页。

本色人须本色，臭味论心不论迹。”[①]而要实现本色之识、同情之解，阅读主体须先具“虚”“明”之心境，这样便可超越物质形气的束缚及现实功利的局限，涵纳、洞鉴并诗性地体认乾坤千古、天地万物等一切境象。如此，对诗人之心旨、文本之意蕴也便会有真切之意会。

除了“心”之明，方回认为，“脾胃”之实亦是其间的关键。不同的阅读主体具有不同的经历、遭际及心志品节、学识涵养，其阅读的接受心境、期待视野和审美价值诉求也相应地会有差异。因此，对文本审美意蕴的把握也就呈现出强烈的个性色彩，其层次、境界内在地由审美主体的学养、识见及心志品节、情感格调所造就。方回在这方面有着极为深刻的阅读体验。他阅读屈原，深许胡澹庵所提出的“《离骚经》渊源帝王之道”，以及《离骚》、楚词“皆本乎幽忧而作”，且足可列于正风、正雅与颂之领域等观点；却不认同淮南子所作的“《国风》好色而不淫，《小雅》怨诽而不乱。若《离骚》者，可谓兼之矣”之论，认为淮南子未能透彻体察《离骚》之意蕴、诗人之寄托[②]。他“万古哀心寄续骚”[③]，所以能体会作品所蕴含的诗人哀怨情怀。他阅读陶渊明，认为陶渊明记游桃源，“亦私痛晋之士大夫翻然事刘裕而无耻者尔”[④]，他深切地感受到了陶渊明内心强烈的悲哀，“渊明但熟醉，不作骚人悲。悲更盛于骚，俗士焉得知。感极每欲死，唯酒能宽之”[⑤]。他体贴入微地读出其现实处境、心志及诗文创作的用意，同时也深味其乐其趣，“‘乃瞻衡宇，载欣载奔。童仆欢迎，稚子候门。三径就荒，松菊犹

① 《桐江续集》，第 301 页。
② 《全元文》第 7 册，第 105 页、第 232—233 页。
③ 《桐江续集》，第 309 页。
④ 《全元文》第 7 册，第 155 页。
⑤ 《桐江续集》，第 350 页。

存。携幼入室，有酒盈樽。’味五柳先生此数言，亦天下之至乐也。……《归去来词》曰‘眄庭柯以怡颜’，斯盖无声无臭之中，而得天下之至味，渊明之趣远矣”①。

方回阅读杜甫，也深深体味到杜甫诗歌深刻的现实内涵及诗人丰厚的悲悯情怀。“子美客长安，悲歌惊鬼神。柄国者谁子，曲江近前嗔。……狼狈老拾遗，拾橡逃陇岷。我每读其诗，吞泪声酸辛。”②诚然，方回的阅读具有浓厚的个性色彩，也未必都合乎作者本心。但若非审美主体具备丰厚的心境涵养，秉持澄澈明净的诗心诗眼，则又岂能深味诗歌之意蕴、深契作者之心旨？对此，方回有过明确的阐述。其《跋无名子诗》即曰：

> 昌黎为刘给事赋二十一咏，乃刺史州宅也，然专道林泉间兴趣，于外物不毛发沾。“洞门无锁钥，俗客不曾来”，此以见自无俗客，则自不必有锁钥。风致甚高，与夫用意以拒俗客者异矣。既曰：“朝游孤屿南，暮游孤屿北。所以孤屿鸟，与人尽相识。”又曰：“郡楼乘晓上，尽日不能回。”又曰：“吏人休报事，公作送春诗。”苟如此，则郡事全废，簿书期会，一切不问可也。然必具道眼、识诗法者，始知昌黎为善立言，譬之曾点舍瑟异乎三子者之撰也。③

赏画亦同此理，方回《赠善画龙虎吴伯原杂言》云：“古人画马非画马，借此绘写英雄姿……善书画意不画像，妙在托兴如声诗……人见此图指点爪牙然不然，我得此图屈伸语默观

① 《全元文》第7册，第85页。

② 《桐江续集》，第350页。

③ 《全元文》第7册，第202—203页。

圣贤。”[①]方回推尊儒家圣贤仁义之道及其义理之学，其心志品格、应时处世及所为之学问、文章均本乎此，以此为价值取向。故而，他在观画时志意所向便在于圣贤屈伸语默之道，这与那些仅知画面物象形似与否却不识画作内在精神意蕴、兴寄情志者流，有天壤之别。

结语

由上文所论可知，方回对于审美主体心灵境界、品格在审美活动中的根本性意义是有充分认识的，他亦在自身丰富的审美实践基础上对此进行了深刻的思考，并将审美主体心境的培育扎根于知道、明道之心性涵养的厚实土壤中。我们认为，方回这样的认识和思考，从根本上而言，源于他对儒家之道、义理之学的深切体认，亦与他对自身遭际体验、创作实践、阅读实践的反观，以及对之前尤其是宋代诗学思想资源的省思，有着深层的关联。这些问题都需专门的篇幅详加论述。

（原载于《中国文化研究》2010年夏之卷）

① 《桐江续集》，第470页。

方回诗学思想与晚年趣味

◎陈博涵

作为宋末元初的重要批评家，方回的诗学思想在总结、发挥江西派诗法方面作出了突出贡献。他的《瀛奎律髓》一书，被李庆甲先生评为："是一部比较全面地体现宋代江西派诗学观点，并在历史上曾经产生过一定影响的大型唐、宋律诗选集。"①方回以鲜明的江西诗派特征被归置在该诗歌流派中，成为殿军人物。他的理论主张，也被认为是体现宋人眼光，有相当深刻的门户观念。即使在艺术创作上，方回也没有摆脱被宗派分割的命运。对此，莫砺锋先生曾经指出："如果单从艺术的角度来看，方回可说是江西诗派中最后一位重要诗人，他的诗是对盛行了二百余年的江西诗派的艺术总结。"②方回诗学思想的江西化倾向，与所处的历史文化语境有密切关联，其晚年趣味的转移正体现出他对时代思潮的吸取与借鉴。

一、方回面临的诗学问题

方回对诗歌的关注，除了与宋元之际诗学兴盛的现实有关，还与时人创作的习尚与格调有关，他认为："近世为

① 方回选评，李庆甲集评校点《瀛奎律髓汇评》，上海古籍出版社2005年版，第1页。本文《瀛奎律髓汇评》资料，皆出此版，兹不另注。

② 莫砺锋《江西诗派研究》，齐鲁书社1986年版，第187页。

诗者，七言律宗许浑，五言律宗姚合，自谓足以符水心四灵之好，而饾饤粉绘，率皆死语、哑语。试令作七言大篇，如苏、黄、李、杜，五言短篇，如韦、陶、三谢、嵇、阮、建安七子，则皆缩手不能。又且借是以为游走乞索之具，而诗道丧矣。”[①]可见，受永嘉四灵对晚唐体好尚的影响，近世诗人在创作方法上紧随着四灵的步伐，由于诗学路径狭窄，忽略了前代优秀的诗歌资源，遂使诗道局于一隅，未能畅达。

从功能上而言，方回所忧虑于“诗道丧”，还看到近世诗人对待诗歌有过于功利化的倾向。这种倾向牵连着南宋的政治风气。方回在《跋胡直内诗》中称：“盖江左百五十年，前七十年仅一桧为梗也；后八十年连梗六柄臣，皆仇正嫉是。稍知书，又阳进真魏而阴排之、下之。人视偏效蔽，梏于私，痼于习，一时所尚，非万世公论……至于诗，惟章泉、南塘有乾淳之风，四灵不复五矣，刘潜夫始亦染指四灵，后宗放翁，卒自名家。今之褒博，不讲学，不论文，间一见为诗，曰我晚唐也。问晚唐何自入，曰四灵也。然则非四灵也，乃近时书肆所刊江湖诗也。”[②]按方回所说，南宋政风与士人习气的发展及颓弊，导致诗学领域取法日卑、渐次沦丧的状况。四灵对晚唐的崇尚很难再恢复乾淳之风，继之后起的刘克庄更是局限在四灵的小圈子里，以江湖诗人为名。方回对江湖诗派的创作非常不满，他激烈地批评刘克庄说：“刘潜夫以晚唐诗自鸣，诱坏江湖小生，绨绘浮靡曾不少涉乎。”[③]且论其诗云：“予尝谓后村诗，其病有三：曰巧，曰冗，曰俗，而格卑不与焉。”[④]他又评论戴复古的诗说：“一言以

① 方回《滕元秀诗集序》，《桐江集》，《续修四库全书》，上海古籍出版社 1995 年版。本文《桐江集》资料，皆出此版，兹不另注。

② 《桐江集》。

③ 方回《汪虞卿鸣求小集序》，《桐江续集》，文渊阁《四库全书》，上海古籍出版社 1987 年版。本文《桐江续集》资料，皆出此版，兹不另注。

④ 《瀛奎律髓汇评》，第 1216 页。

蔽之，曰轻俗而已，盖根本浅也。”[①]可见，方回认为宋末学诗者的诗是“近时书肆所刊江湖诗”，格调难登大雅。方回在文中强调“乾淳之风”，流露出他的诗学理想。由于这种诗风上继庆历、元祐，远承盛唐、古选体，因此倡导“乾淳之风”成为方回以江西派诗法救治时弊的一个重要开始。

乾淳是南宋孝宗乾道、淳熙两个年号的合称，前后二十五年左右。这一时期被认为是南宋的隆兴期，有所谓的“乾淳之盛”的说法。宋魏了翁在《朝散郎主管华州云台观彭侯墓志铭》称：“恭惟乾淳之盛，封殖士气，积而至于绍熙之季，异材辈出。”[②]其“盛”也包括学术文章之盛，并出现了以时代命名的文章体貌。宋末元初马端临谓：“时儒生迭兴，辞章雅正，号‘乾淳体’。”[③]乾淳体源自太学文体之变，其内涵体现了理学家对科举程文的不同要求，“最可能是对乾淳时期道学之文和‘永嘉体’的综合性表述”[④]。如果扩大乾淳体的外延，那么，方回所谓诗学意义上的“乾淳之风”亦可涵盖在内。方回《跋遂初尤先生尚书诗》称：“宋中兴以来，言治必曰乾、淳，言诗必曰尤、杨、范、陆……至阜陵在宥，而四钜公出焉，非以其浑大典正，与中原诸老并欤。”[⑤]中兴四大家的诗歌创作，无论其成就，还是对后学的影响都比较大，甚至形成了南宋诗坛的一个重要标志。方回如此评价四大家并不过分，但更为重要的是，强调乾淳诗风，是为上溯元祐诗坛寻找更为合理的路径。他在《跋胡直内诗》一文亦曾指出：“予犹欲君一扫庆元以来八十年之弊，力追乾淳。乾淳还，则元祐、庆历，上至千古皆可坐而致

① 《瀛奎律髓汇评》，第841页。
② 魏了翁《鹤山集》，文渊阁《四库全书》，上海古籍出版社1987年版。
③ 马端临《文献通考》，中华书局1986年版，第301页。
④ 陈光锐《南宋太学“乾淳体”新探》，《中国文化研究》2011年夏之卷。
⑤ 《桐江集》。

也。无徒曰吾不为宋诗，黄、陈其宋诗乎？欧、苏、周、程其宋之文、宋之学乎？”[①]在此，方回阐释了优秀的诗歌创作的内在一致性，黄、陈之诗，体貌虽为宋诗，但其精神处乃得益于前人的诗学经验。同样，欧、苏之文的成就，亦离不开唐代古文运动的先导。既然优秀的诗歌创作可以追溯到一个源头，那么，学诗也不应随波逐流，取法乎下。因此，寻找一个集大成的诗人，成为方回诗学思想的一个重要部分。他在《跋许万松诗》中对此曾评论曰：“古诗有六义，风刺其一耳。老杜所以独雄百世者，其意趣全古之六义，而其格律又备后世之众体。晚唐者特老杜之一端，老杜之作，包晚唐于中，而贾岛、姚合以下得老杜之一体。叶水心奖四灵，亦宋初九僧体耳，即晚唐体也，寇莱公亦此体也。近世学者不深求其源，以四灵为祖，曰倡唐风自我始。岂其然乎？”[②]由此看来，杜诗品格完全合乎方回所要寻找的典范。以杜甫为中心，方回对唐、宋诗歌进行集中评点，并阐发“格高”论与“一祖三宗”的诗学主张。

二、“格高”论与“一祖三宗”说

首先，“格高”是针对近世诗歌创作而提出来的一个概念，方回《唐长孺艺圃小集序》称：“诗以格高为第一，三百五篇”，圣人所定，不敢以格目之。然风、雅、颂体三，比、兴、赋体三，一体自有一格，观者当自得之于心。自骚人以来，至汉苏、李，魏曹、刘，亦无格卑者，而予乃创为格高卑之论者，何也？曰：此为近世之诗人言之也。予于晋独推陶彭泽一人格高，足方嵇阮，唐惟陈子昂、杜子美、元次山、韩

① 《跋胡直内诗》，《桐江集》。
② 《跋许万松诗》，《桐江集》。

退之、柳子厚、刘梦得、韦应物，宋惟欧、梅、黄、陈、苏长翁、张文潜。而又于其中以四人为格之尤高者，鲁直、无已，上配渊明、子美为四也”[①]。在方回看来，古诗不能以格之高卑进行衡量。“格高”涉及法度问题，只有诗学观念发展到一定程度时，诗歌品赏才能以“格之高卑”而论。因此，方回所选取的“格高者”中，唐宋诗人占据了很大比重。于此之中，杜甫与黄庭坚、陈师道的诗歌，显然要比陶渊明的更有法度可言。在诗歌创作中，有格高者，自然便有格卑者。从这一角度而言，方回的“格高”论有非常现实的目的性，他对格卑者的批评体现了救治文弊、端正诗歌精神，以弘扬正大气象的诗学倾向。什么样的诗歌创作是“格卑”的作品？方回将矛头直接对准晚唐及习尚晚唐的诗人们。他说：“晚唐人七言律，其格不能甚高。”[②]他对许浑、姚合等人的诗歌常以格卑论之，评许浑诗云：“其诗出于元、白之后，体格太卑，对偶太切。”[③]评姚合诗云：“格卑于（贾）岛，细巧则或过之。”[④]宋人习尚晚唐，尤以四灵、江湖为甚，方回的批评也更为激切，他称：

> 叶水心适以文为一时宗，自不工诗。而永嘉四灵从其说，改学晚唐，诗宗贾岛、姚合。凡岛、合同时渐染者，皆阴挦取摘用，骤名于时，而学之者不能有所加，日益下矣。名曰厌傍“江西”篱落，而盛唐一步不能少进。[⑤]
>
> 盖江湖游士，多以星命相卜，挟中朝尺书，奔走阃台郡县糊口耳。庆元、嘉定以来，乃有诗人为谒客者，龙洲刘

① 《桐江续集》。
② 《瀛奎律髓汇评》，第1743页。
③ 《瀛奎律髓汇评》，第509页。
④ 《瀛奎律髓汇评》，第340页。
⑤ 《瀛奎律髓汇评》，第771页。

过改之之徒不一人，石屏亦其一也。相率成风，至不务举子业，干求一二要路之书为介，谓之“阔匾”，副以诗篇，动获数千缗，以至万缗……石屏为人则否，每于广座中，口不谈世事，缙绅多之。然其诗苦于轻俗，高处颇亦清健，不至如高九万之纯乎俗。[①]

在方回眼中，四灵诗取法晚唐，是听取了不甚懂诗的叶适的建议，晚唐诗人格调不高，而效仿者的水准自然日与俱下。至于江湖一派，写诗有极强的目的性，他们不通过正常途径获取功名，而试图以诗歌干谒权贵，步趋终南捷径，其创作偏于妆点，缺乏气骨，诗格卑弱，故方回以“轻俗”论之。晚宋诗人气格不高与其习尚晚唐确有关系。方回提出“格高”之论，意在元初升平的世运中重新创造一种与世运相关联的盛大诗风。

其次，“格高”以杜诗为中心，体现了唐宋诗学精神中的“主律”一脉。方回在“格之尤高者”中加入南渡诗人陈与义，从而建构了著名的“一祖三宗”说。他指出：“古今诗人当以老杜、山谷、后山、简斋四家为一祖三宗，余可预配飨者有数焉。”[②]他对陈与义的诗歌评价很高，其谓简斋：“诗律精妙，上迫老杜，仰高钻坚。世之斯文自命者，皆当在下风。后山之后，有此一人耳。”[③]在方回的诗论中，杜诗是衡量创作的一个尺度，他在《瀛奎律髓》谓：“惟山谷法老杜，后山弃其旧而学焉，遂名黄、陈，号‘江西派’，非自为一家也，老杜实初祖也。”[④]他又说：“予平生持所见，以老杜为祖，老杜同时诸人皆可伯仲。宋以后山谷一也，后山二也，简斋为三，吕居仁为

① 《瀛奎律髓汇评》，第840页。
② 《瀛奎律髓汇评》，第1149页。
③ 《瀛奎律髓汇评》，第672页。
④ 《瀛奎律髓汇评》，第18页。

四，曾茶山为五，其他与茶山伯仲亦有之，此诗之正派也。余皆傍支别流，得斯文之一体者也”[①]。大德六年（1302），方回扩大了以杜诗为中心的诗学正派队伍，他将唐代的王、孟、岑、高，以至韩、柳、郊、岛，与宋代的欧、梅、苏、黄、陈，以至中兴四大家诸人都纳入进来，形成了一个体系庞大的诗人群体。这反映出方回晚年对“格高”者的进一步划分。

就创作而论，“格高”是对诗之气格的一种描述，涉及诗歌文本中修辞、炼句之于体貌的价值与意义。以“健”字为例，方回评杜诗“寒风疏草木，旭日散鸡豚”句，谓有诗家句法，《瀛奎律髓》称：“必合如此下字则健峭。”[②]另文又评“大府才能会，诸公德业优”句，“虽无华丽，非老笔不能，然其实雄深雅健也”[③]。从文本角度说，通过什么方法去斟酌字句，以达到“健”的气格，才是方回“格高”论所要解决的问题。例如，“拗”字与“虚”字，在诗法上具有实现格高的潜质。方回说：“拗字诗在老杜集七言律诗中谓之‘吴体’，老杜七言律一百五十九首，而此体凡十九出。不止句中拗一字，往往神出鬼没。虽拗字甚多，而骨格愈峻峭。”[④]杜甫的《巳上人茅斋》诗便有此特征，诗云：“巳公茅屋下，可以赋新诗。枕簟入林僻，茶瓜留客迟。江莲摇白羽，天棘蔓青丝。空忝许询辈，难酬支遁词。”方回评杜诗曰：“‘入’字当平而仄，‘留’字当仄而平，‘许’‘支’二字亦然。间或出此，诗更峭健。又‘入’字、‘留’字乃诗句之眼，与‘摇’字、‘蔓’字同，如必不可依平仄，则拗用之，尤佳耳。”[⑤]拗字诗涉及诗歌音韵的拗救

① 《瀛奎律髓汇评》，第591页。
② 《瀛奎律髓汇评》，第472页。
③ 《瀛奎律髓汇评》，第1030页。
④ 《瀛奎律髓汇评》，第1107页。
⑤ 《瀛奎律髓汇评》，第1108页。

问题，一般情况下，创作格律诗，时常会遇到用字与平仄的矛盾现象，为了照顾音律的平衡，在使用拗字的情况下，需要在当句或对句中进行音节上的救助，即有拗有救，方不为病。有些时候，这种规则也可以打破，如杜诗中有全用拗字者，亦不害其格调。拗字诗所要达到的体貌效果在于语句浑成、气势顿挫。《巳上人茅斋》诗的颔联“枕簟入林僻，茶瓜留客迟”，正常声律应为“仄仄平平仄，平平仄仄平”。按方回所说，“入”字当平而仄，那么，此前半句在韵律上便出现犯孤平的现象，即“仄仄仄平仄”，其节奏顿挫有力。后半句“留”字当仄而平，实际上是在救助音律，即“平平平仄平”，音节舒缓悠长。这正是格律诗中的拗救规则，其效果在于使字句更为精练有神，音节更为铿锵有声，如果运用自如，气格自然高妙。在这句诗中，方回还提到了“入”与“留”字，乃诗句之眼，即是说，这两个字在句意表达上最具表现力，最能体现诗歌旨意。诗句之眼涉及方回对“虚”字的阐释。

陈师道的诗歌在运用“虚”字方面最令方回称赞，方回评其诗《曲江陪郑八丈南史饮》谓：“此诗中四句不言景，皆止言乎情。后山得其法，故多瘦健者此也。”[①]又谓：“淡中藏美丽，虚处着工夫，力能排天斡地，此后山诗也。”[②]无论“瘦健”还是“排天斡地”，都说明陈师道的诗歌达到了很高的水准，符合方回对格高的要求。其所谓“虚处着工夫”，是实现格高的一个关键因素。“虚”字与句意创造的情景把握密切相关，方回在《跋仇仁近诗集》中对此作过解释，他称：“周伯弜诗法，分颔联颈联、四实四虚、前后虚实，此不过情景之分。如陈简斋‘官里簿书何日了，楼头风雨见秋来。是非衮衮书生老，岁月匆匆燕子

① 《瀛奎律髓汇评》，第360页。
② 《瀛奎律髓汇评》，第378页。

回'，乃是一联而一情一景，伯弜所不能道。老杜云：'舟中得病移衾枕，洞口经春长薜萝。'山谷云：'霜髭雪发共看镜，萸糁菊英同迸秋。'后山云：'老形已具臂膝痛，春事无多樱笋来。'此一脉，自老杜以来知而能用者，惟三数公，岂掣鲸碧海与翡翠兰苕故不同耶？"[①]方回对周伯弜诗法的批评，一方面，承认诗歌创作中的情景之分即虚实关系的处理；另一方面，他也反对将这种情景之分模式化，主张在虚实关系上应有所轻重，方不失诗歌的意脉体格。他称："周伯弜《诗体》，分四实四虚、前后虚实之异。夫诗止此四体耶？然有大手笔焉，变化不同。用一句说景，用一句说情。或先后，或不测。此一联既然矣，则彼一联如何处置？今选于左，并取夫用字虚实轻重。外若不等，而意脉体格实佳，与凡变例之一二书之。"[②]"变体"即谓在处理情景关系上不论熟套，以较高的手笔把握虚实轻重的节奏。比如，评杜甫《江涨又呈窦使君》曰："日且暮，春亦且暮，景也。愁不醒，醉亦不醒，情也。以轻对重为变体。且交互四字，如秤分星云。"[③]诚然，知晓虚实变化之理，并不意味着诗家之"大手笔"。"大手笔"的产生，取决于对变体的灵活掌握，以及所达到的新奇多变、淡中有味的效果。他评陈师道曰："以一句情对一句景，轻重彼我，沉着深郁，中有无穷之味，是为变体。"[④]评黄庭坚，谓其变体极多，"变之又变，在律诗中神动鬼飞，不可测也"[⑤]。这便是方回所谓的"格高"。"格高"者由对诗歌艺术虚实轻重的自如处理，形成体貌的雄深雅健，既具气格之美，又内藏深蕴。

① 《跋仇仁近诗集》，《桐江集》。
② 《瀛奎律髓汇评》，第1128页。
③ 《瀛奎律髓汇评》，第1129页。
④ 《瀛奎律髓汇评》，第1144页。
⑤ 《瀛奎律髓汇评》，第1143页。

三、“风韵”之美与晚年趣味

方回在标举“格高”的同时，亦未忽视诗歌意韵。于宋诗言，方回的两个“第一”，说明他的诗学观念并不狭隘，方回有言谓：“梅公之诗为宋第一，欧公之文为宋第一，诗不减梅……黄、陈特以诗格高为宋第一。”①为何宋诗会出现两个“第一”？原因便在于诗歌趣味不同，黄、陈师法杜甫，精通格律又极尽变化之能事，在气格上难以匹敌。梅尧臣的诗歌，不能以气格论之，其美在于诗律圆熟、平淡自然，意韵上承晋唐诗歌风貌。故而方回又有评谓：“宋之盛时，文风日炽，乃有梅圣俞之酝藉闲雅，陈后山之苦硬瘦劲，一专主韵，一专主律，梅宽陈严，并高一世，而古人之诗半或可废。”②方回晚年所编《文选颜鲍谢诗评》，是尚韵趣味的集中体现，四库馆臣谓其评虽仍不出宋人窠臼，但“统观全集，究较《瀛奎律髓》为胜，殆作于晚年，所见又进欤”③？方回的这两个诗歌选本，一脉相承，尤其在“主韵”方面，晚年所编《文选颜鲍谢诗评》更是发展了方回理学影响下的诗歌趣味。

方回的诗学理论中，“熟”是解释诗歌风韵的一个重要概念。他称：“夫诗莫贵于格高。不以格高为贵，而专尚风韵，则必以熟为贵。熟也者，非腐烂陈故之熟，取之左右逢其原是也。”④在此，“熟”是中性词，可以用来批评陈旧略带俗气的诗歌作品，也可以用于描述信手拈来的自得之作。方回批评许浑《凌歊台》一诗牵强近诬，其“行殿有基荒荠合，寝园无主野棠

① 《瀛奎律髓汇评》，第 925 页。
② 《瀛奎律髓汇评》，第 1725 页。
③ 《瀛奎律髓汇评》，第 1842 页。
④ 《瀛奎律髓汇评》，第 850 页。

开"一联，近乎熟套而格卑①；又论岑参诗"山色低官舍，湖光映吏人"，两首相似，盖熟套也②。在另一层含义中，"熟"体现了诗人对诗法及素材的运用自如与得心应手。陆游的诗歌具有此种特征，方回评《五月初夏病体轻偶书》谓："第四句可见此翁无日无诗，所以熟，所以进，所以不可及。"③又评《幽居初夏雨霁》曰："熟之又熟。"④在南宋诗坛，陆游被方回评为兼入盛唐的人物，方回称："茶山格高，放翁律熟；茶山专祖山谷，放翁兼入盛唐。"⑤于北宋，方回最为推重梅尧臣，他称"宋诗与唐不异者，梅都官尧臣为最"⑥，"圣俞诗一扫'昆体'，与盛唐杜审言、王维、岑参诸人合"⑦。梅诗之所以近盛唐风韵亦得益于"熟"字，方回指出"圣俞诗淡而有味。此亦信手拈来，自然圆熟"⑧，又"圣俞诗不争格高，而在乎语熟意到"⑨。"圆熟"作为一种境界，集中体现诗歌的风韵之美。

在趣味层面，方回对诗歌风韵的欣赏，在晚年更为突出，这源于理学的熏染。作为朱熹同乡，方回的闽学立场非常鲜明，在学派纷争的乾淳之际，他旗帜鲜明地站在朱熹一端，并为其辩护，其《送柯德阳如新城序》称："八圣四贤暨濂洛关西，学之祖也。张宣公、吕成公早世而书传，朱文公独后死而书大备，学之宗也……陆子静直截之见虽捷，而未尽道。叶正则偏驳之文虽巧，而不知道。"⑩出于爱屋及乌的缘故，朱熹的诗歌受到方回

① 《瀛奎律髓汇评》，第108页。
② 《瀛奎律髓汇评》，第1035页。
③ 《瀛奎律髓汇评》，第417页。
④ 《瀛奎律髓汇评》，第415页。
⑤ 《瀛奎律髓汇评》，第1006页
⑥ 《瀛奎律髓汇评》，第169页。
⑦ 《瀛奎律髓汇评》，第170页。
⑧ 《瀛奎律髓汇评》，第513页。
⑨ 《瀛奎律髓汇评》，第626页。
⑩ 《桐江续集》。

的极大追捧，他认为朱诗深得陈师道之三昧，“盖法度如此，虚实互换，非信口、信手之比也”[①]。关于诗人的修养，方回将才、学、识并论，亦显示出朱熹的影响痕迹。他在《杨初庵诗卷序》中对这种影响加以点评：“吾州朱文公，集关洛大成，学也；排江浙异趣，识也；其著书为文、为史、为诗，无一不可，才也……犹欲其加之以学，深其识，而广其才，辄为删其稍循时俗者，而归之颜、曾、思、孟，睎之则是睎之，如何学于朱子。”[②]

方回对朱熹的欣赏，就诗学而论，注意到了学问修养与诗歌意韵的关系问题。诗歌创作虽需才气禀赋与家数技巧，但作者的胸中所养与情趣好尚都是必不可少的因素，后者直接关联着诗歌境界与审美趣味的高低。方回以理学思想的内涵深蕴为晚唐体的卑俗之弊开具了一副良方，习尚晚唐体的诗人之所以格调不高，主要是因为胸中之墨太少。基于此，方回评价晚唐诗人谓：“炎祚将讫，天丧斯文，嘉定中忽有祖许浑、姚合为派者，五七言古体并不能为，不读书亦作诗，曰学四灵，江湖晚生皆是也。”[③]因此，好的诗歌创作需要以深厚的学问修养培植心性，心性正则诗歌体貌自会不俗不卑。他称：“要之心之所主有高于此者，贵乎见之一，守之一，颜四勿、曾三省，以至董仲舒之‘正谊’‘明道’，韩退之《进学》《原道》，周、二程、张、朱文公、张宣公、吕成公之理学是也。”[④]胸中所养既高，省察体悟外物之理，才有自得之妙。“自得”描述了理学家崇尚的诗学境界以及持有的批评观念。方回评白居易诗：“人言白诗平易，‘相争两蜗角，所得一牛毛’，岂不奇崛？胸中所见

① 《瀛奎律髓汇评》，第638页。

② 《杨初庵诗卷序》，《桐江集》。

③ 《恢大山西山小稿序》，《桐江续集》。

④ 李修生主编《全元文》第7册，江苏古籍出版社1998年版，第150页。

高，则下笔自高，此又在乎涵养、省悟之有得，不得专求之文字间也。”[①]这正反映出他对风韵之美的欣赏。

然而，古诗的自然风韵又不是靠学问修养与诗法家数来表现的，如何充分吸收借鉴古诗精神，又不失以“格高”论诗的旨趣，是方回晚年所面临的重要诗学问题。他在《赵宾旸诗集序》中指出：“《诗》之存于世者，三百五篇，圣人删定，垂世为六艺之一。使人观之，而有所感发惩创，初不计其言语之工拙，与夫学问之浅深也。后世论诗，必以言语工拙论，而又必推其人学问浅深为如何……古之人虽闾巷子女风谣之作，亦出于天真之自然。”[②]又评谢灵运诗：“灵运于永嘉西堂思诗，竟日不就。忽梦见惠连，即得‘池塘生春草’，大以为工……此句之工，不以字眼，不以句律，亦无甚深意奥旨。如古诗及建安诸子‘明月照高楼’‘高台多悲风’，及灵运之‘晓霜枫叶丹’，皆天然混成，学者当以是求之。”[③]方回主张，向古诗的自然天真学习，是想尽力抹去创作中对辞、意、法的刻意追求。他曾评论永明体，以为循俗太甚，太工太巧，“阴、何、徐、庾继作，遂成唐人律诗，而晚唐尤纤琐，盖本原于斯”[④]。由此可见，方回晚年的诗学趣味有着对自然浑成之美的极力推重，以至于不顾批评格律诗的诸多成就。至元二十五年（1288），方回在《虚谷桐江续集序》中翻然改变前期诗论主张，而以“无法”论之，其《虚谷桐江续集序》称：“去岁适六十一矣，始悟平生六十年之非。所作诗滞碍排比，有模临法帖之病。翻然弃旧从新，信笔肆口，得则书之，不得亦不苦思而力索也。然后自信作诗不容有法，惟于

① 《瀛奎律髓汇评》，第729页。
② 《赵宾旸诗集序》，《桐江集》。
③ 《瀛奎律髓汇评》，第1855页。
④ 《瀛奎律髓汇评》，第1902页。

读书之法则当终身守之而勿失耳”[①]。大德十年（1306），八十岁的方回提出诗法的深造自得，《送俞唯道序》曰：“平生诸公全就予诗者如此，至于深造自得，非他人所能予者。”[②]在诗学对象上，这种“自得”将格高律熟的宋代诗人与专尚风韵的晋唐诗人并置起来作为学习的经典。就诗法言，“深造自得”又尤为讲究锻字铸句的浑然无迹，方回称：“锻一字者，一句之始，字字稳则句成，而无锻迹；铸一句者，一篇之始，句句圆则篇成，而无铸痕。其初运思旋转，如游丝之漾天；其终成章妥贴，如磐石之镇地。”[③]与其说方回的“自得”是借鉴了古诗的天真自然之美，不如说是一种信手拈来、浑然无迹的圆熟境界。无论如何，在审美趣味上，方回晚年对古体诗的欣赏以及对朱子理学的倾好，都充分支持了“自得”的诗学旨趣。然以诗学观念看，方回最终还是没有脱离宋代诗论的影响，他继续着江西派的步伐，以元祐诗歌的“格”“韵”兼济之美，补救晚宋江西、四灵、江湖诸生的习诗之弊，重新确立新的诗歌风尚。

总之，方回提出的“格高”论与“一祖三宗”说，有力回应了元初南方诗学的复古思潮，对于革除创作上的粗犷与卑俗之弊具有积极意义。他对诗歌修辞与音节的重视，以及为后学开出的一系列的师法对象，都是有迹可循的学诗路径。方回晚年深受理学影响，对诗歌的浑然天成之美表现出极大兴趣，他折中“格”“韵”的努力，再次表明一种殊途同归的诗歌精神，即无论是天才高妙的诗人，还是学力精严的诗人，他们都渴望诗歌创作的自然与新奇之美。

（原载于《北方论丛》2013年第5期）

① 《虚谷桐江续集序》，《桐江续集》。

② 《送俞唯道序》，《桐江集》。

③ 《送俞唯道序》，《桐江集》。

方回的诗格观与格法批评论略

◎邱光华

以“格”论诗是方回诗学活动的一项重要内容。自20世纪30年代以来，不少研究者围绕其“格高”“格卑”之论作了详略不一的阐说。概括而言，现有的研究主要是从创作主体人格和作品风格的角度切入进行分析[①]，或主要是从作品的思想内容与艺术形式相结合的层面展开诠释[②]，晚近亦有研究者将方回的诗法论说作为其中的一个义项加以梳理[③]。这些研究共同丰富和拓展了我们对方回诗学批评的认知。在前贤时彦的相关研究基础上，本文拟以“格”（“诗格”）这一诗学范畴在方回诗法建构论层面上的功

① 如朱东润《述方回诗评》，《中国文学论集》，中华书局1983年版，第56—57页；方孝岳《〈瀛奎律髓〉里所说的“高格”》，《中国文学批评》，生活·读书·新知三联书店2007年版，第187页；郭绍虞《中国文学批评史》（下卷），百花文艺出版社1999年版，第108—111页；朱荣智《元代文学批评之研究》，联经出版事业公司1982年版，第142—162页；许清云《方虚谷之诗及其诗学》，东吴大学中国文学研究所博士学位论文，1981年，第103页；敏泽《中国美学思想史》，齐鲁书社1989年版，第502—503页；陈良运《中国诗学批评史》，江西人民出版社1995年版，第417—418页；萧华荣《中国诗学思想史》，华东师范大学出版社1996年版，第215页、第217页；顾易生等《中国文学批评通史（宋金元卷）》，上海古籍出版社1996年版，第934—935页；王德明《方回的“格”论及其对晚宋诗风的批判》，《广西师范大学学报（哲学社会科学版）》2000年第1期。

② 如邓绍基主编《元代文学史》，人民文学出版社1991年版，第420页；张少康、刘三富《中国文学理论批评发展史》（下册），北京大学出版社1995年版，第142页。

③ 如田金霞《方回〈瀛奎律髓〉研究》，浙江大学博士学位论文，2013年，第166—188页。

能和意义作为关注对象，辨明方回的诗格观，由此进一步对他以“格”论诗的批评意向与诗学旨趣等问题展开论析，期有助于显现其在诗学史上的价值和意义。

一、承接与转向：方回在“诗格”类著述编纂上的基本态度

“诗格”，作为文学批评的一个术语，就基本的含义而言，所指乃诗的写作规则和法式，虽不无对内容意义的关注，但倾向于形式技巧方面，这在宋代以来表现得尤为突出[①]。“诗格”类著作的编纂，主要旨趣是建立规范化的格式、技法以供学诗者遵循和效仿。方回在《瀛奎律髓序》一文中明确地以“诗格”指称所选评的诗人诗作，俨然是宣称将诗的格法作为诠释、评价的对象。核之于该选本的“实际批评”，可知此言不虚，其一个主要的旨归亦在于为学诗者提供学习的门径和师法的典范。

方回论诗标举“诗格”，这与宋代和元代诗学重诗法探讨的精神风气相一致，显然是受到了其时诗学风尚的影响。不过，他有自己的理解重心和评判标准。如宋代一些“诗格”类著作或“诗格”论者将诗的格式、表现技巧固化为几套规则、程式，这种观念和行为在他看来是需要认真检讨的。我们可从方回对此类著述的论列上获知其基本的态度。

李淑（1002—1059），字献臣，江苏丰县人，编纂有《诗苑类格》三卷。是书方回当年曾寓目，撰有《〈诗苑类格〉考》一文，述及其内容结构曰：

> 上卷冠以真宗五七言八篇，次以沈约、钟嵘、王通、上

① 张伯伟《中国古代文学批评方法研究》，中华书局2002年版，第346—386页。

官仪、刘允济、孙翌、殷璠、释皎然、元微之、孟郊、李翱、姚合、杜牧、皮日休、司空图、顾陶、释虚中、李虑、徐生、徐衍、邱旭、张洎二十有二人议论；中卷采古诗杂体为三十门；下卷别录诗格六十七门，盖亦有可观者。如鲁国孔融文举，拆六字为四言诗二十四句，曰离合体，谑浪之所为耳。回谓诗亦本不拘体，体其形似而已。山谷之严，东坡之活，犹之禅也，全在饱参……在学者苦思多作，悟解成就，自不见痕迹也。①

在约略同时或稍相先后所撰的《〈瑶池集〉考》《〈诗人玉屑〉考》二文中，方回曾将三书并置而观，指出《诗人玉屑》载录的“诗体、句法之类”与《诗苑类格》《瑶池集》所载无异，《瑶池集》载录的“诗之诸体”也类似于《诗苑类格》所述之“诗格”②。翻检《诗人玉屑》“诗体”“句法”条目，可知其著录主要包括诗歌体制、写作格式、句法及诗语的审美特征等，在含义上与“诗格”多有重合。《诗苑类格》一书久佚，但部分遗文仍散见于类书、笔记、诗话、诗格、诗集注本等著述之中，已有学者先后进行了辑录和考述，其中卞东波《李淑〈诗苑类格〉辑考》最为详备，由此大抵可了解该书原貌以及上引方回叙述文字之所指③。据现有辑佚成果，上卷当中，李淑以宋真宗诗为范例所阐述的律诗之“常格”“变格”，以及其编选的诸家诗论中的“八病”“文中子论诗”“六对”“八对”“三偷”诸条目，皆是关于诗的格式或写作技法的论述。中卷为“杂体”

① 方回《桐江集》卷七，宛委别藏本。

② 同上。

③ 详见王发国、曾明《李淑〈诗苑类格〉考略》,《西南民族学院学报(哲学社会科学版)》2000年第1期；李裕民《〈宋诗话辑佚〉补遗》，《文献》2001年第2期；卞东波《李淑〈诗苑类格〉辑考》，《中国诗学》第10辑，人民文学出版社2005年版，第1—15页。

诗选，包括离合体、反覆体、八音体、建除体等三十余种，从卞东波先生所辑相应诗作来看，实际上是“杂体”诗的若干体制格式的示例。下卷编集了六十七种作诗的法式，据卞东波先生考索，李淑所辑的这些诗格，“可能囊括了唐五代诗格中所有关于诗歌创作门径的论述”。方回在肯定此书“亦有可观者”之外，又明确告诫学诗者：不可拘泥于“体”，而应“饱参”“苦思多作”，并最终“悟解成就”。质而言之，他强调的是学诗者应通过实践和参悟以摆脱窠臼，自成一家。

张商英（1043—1121），字天觉，号无尽居士，蜀州新津（今属四川）人。方回曾见过七十卷本的《无尽居士集》，是集的六十八卷和六十九卷分别载录《律诗格》上、下两部分。在《张天觉〈律诗格〉考》一文中，方回认为此并非张氏所撰，尝云：“无尽好为人题画像赞，言博而肆，以此推之，其肯作此等《律诗格》哉？”[①]张氏文集大都散佚，《律诗格》也不知所终，其详情目前尚无法查考[②]。但从方回的表述可推知这是标举格法的著作，从中也可看出，他对此颇为鄙薄。

在对周弼（1194—？）《三体唐诗》所标榜的“四实”“四虚”“前虚后实”“前实后虚”这四种律诗格法的批评中，方回更为明确地表达了自己的意见。

周弼系南宋“江湖诗派”后期的重要代表诗人之一，其《三体唐诗》着眼于诗法层面，类分七绝、七律、五律三种诗体编选唐人诗作，并梳理归纳近体诗创作的“规矩准绳之要”，为时人

① 方回《桐江集》卷七，宛委别藏本。

② 李裕民先生从《苕溪渔隐丛话》后集卷三十三辑录佚文一则。详见李裕民《〈宋诗话辑佚〉补遗》，《文献》2001年第2期。

提供学习近体诗的门径，此因应于南宋后期的宗唐诗学风尚[①]。是书所论，以“虚实法”为重心，据张智华先生的研究，周弼所谓“实”与“虚”，亦即“景物”与“情思”，这是在特定结构中相比较而言的。事实上，周氏也强调寓情于景、虚实互渗、实中有虚、虚中有实，提倡律诗结构的多样化[②]。不过，在方回看来，周弼此举实质上是将律诗的作法固定为四种格式、法则。《跋仇仁近诗集》云：

> 周伯弼诗法，分颔联颈联、四实四虚、前后虚实，此不过情景之分。如陈简斋“官里簿书何日了，楼头风雨见秋来。是非衮衮书生老，岁月匆匆燕子回”，乃是一联而一情一景，伯弼所不能道。[③]

这里他以简斋诗同一联中有情有景为例，指陈周弼诗格论之失。《吴尚贤诗评》又云：

> 简斋又有一句景对一句情者，妙不可言，下联如或用故事，或他出议论，不情不景，其格无穷。……周弼《诗体》谓四实四虚、前后虚实为三体，予亦不敢谓然。[④]

① 《唐诗三体家法序》见于元人吴澄《吴文正集》卷十九，据查屏球先生考证，此文实际上是周弼所撰，乃其所编《唐人三体诗家法》（《唐三体诗法》）之原序。详见查屏球《周弼〈唐诗三体家法序〉辑考》，《古典文学知识》2009 年第 4 期。这篇序文透露，周弼编纂该书的一个重要缘由：“近体三诗法则”散乱、败坏，昧于体制者，眩名失实；有意于变体者，不逾姚、贾之域，故决意从数百家诗人作品中，“择取三体之精者”，作为“诗法”“句法”“字法”之范例。

② 参见张智华《南宋的诗文选本研究》，北京师范大学出版社 2002 年版，第 179—184 页。

③ 方回《桐江集》卷四，宛委别藏本。

④ 方回《桐江集》卷五，宛委别藏本。

这里指出：简斋之诗，“格无穷”，实非“三体”诗法所能牢笼。方回以此为典范，告诫学诗者不可拘泥于模式化的格法。他评苏轼《送春》诗也表达了近似的意见，曰：

> “酒阑病客惟思睡”，我也，情也。“蜜熟黄蜂亦懒飞”，物也，景也。“芍药樱桃俱扫地”，景也。“鬓丝禅榻两忘机”，情也。一轻一重，一来一往，所谓四实四虚、前后虚实，又当何如下手？至此则知系风捕影，未易言矣。[①]

东坡此诗颔联两句一情一景，颈联两句又一景一情，迥异于周弼所定之“体”。方回以之为范例，指斥其“诗格”观失之于固陋。

方回一方面宣称所选之诗为“诗格”，且谓每卷均藏有“仙方”（陈与义《道中寒食二首》诗评）[②]；另一方面又对之前的诗格类著述设立客观化、模式化的“格”“法”表示不满，并再三强调须摆脱窠臼、不拘于格套。看来，方回并无意于在《瀛奎律髓》中为学诗者设立标准化的规则和技法。从中还可发现，较之于此前诗格论者侧重于讲格法的规范性，方回往往是从创作主体的角度来探讨格法的变化之妙。因此，他所谓的“诗格”，很多时候具有个性化色彩，前述其对陈与义、苏轼等诗家之“诗格”的称赏即着眼于此。这可以说是对“诗格”含义的拓展性理解，更可视为是对这一传统文学批评形态的改造。此于其以“格”论诗的批评实践中有充分的体现。

---

① 方回选评，李庆甲集评校点《瀛奎律髓汇评》卷二十六，上海古籍出版社2005年版，第1139—1140页。本文《瀛奎律髓汇评》资料，皆出此版，兹不另注。

② 《瀛奎律髓汇评》卷十六，第591页。

二、方回以“格”论诗的批评意向与诗学旨趣

在实际批评层面，方回标称“诗格”（或“格”）以论诗，大多着眼于句法、章法的辨析和评释，字法作为句法的内在构成元素有时也会被其纳入批评论说的范围。

作为诗歌格法的一项基本内容，句法在创作中占据着非常重要的地位。范温《潜溪诗眼》提出“句法之学，自是一家工夫”之论断[①]。严羽《沧浪诗话·诗辨》认为诗歌创作“用工有三”，句法即在其中[②]。今人钱志熙先生也认为：“最能见诗法之精及诗人一家之诗法，就在于句法，创造独特的诗歌风格，也必须有独到的句法作为保证。”[③]宋代以来，句法一直是诗歌批评的重要议题，各种体例的诗学著述，诸如诗话、诗评、诗格等，几乎都会有所涉及。方回承接了此一风尚，但在批评实践中有其关切重点。下面先来看他在句法层面上的批评论说。

黄庭坚曾作《和外舅夙兴》诗二首，方回评注云：

> 如蓬蒿之人含雨露，不如松竹之足以见冰霜也。意当如此，两句元只一意。如“短童疲洒扫，落叶故纷披”，亦可见诗格无穷。先言“扫”，次言“叶”，十字一句法。[④]

前诗颔联“蓬蒿含雨露，松竹见冰霜”，上下两句为互文对待关系，相与构成一个意义完整的并列复合句；后诗颈联“短童疲洒扫，落叶故纷披”，则为因果逻辑关系，构成意脉顺承一贯的主从复合句。这里，方回着意揭示山谷诗不固守一格的句法特

① 郭绍虞《宋诗话辑佚》，中华书局1980年版，第330页。
② 张健《沧浪诗话校笺》，上海古籍出版社2012年版，第103页。
③ 钱志熙《黄庭坚诗学体系研究》，北京大学出版社2003年版，第193页。
④ 《瀛奎律髓汇评》卷十四，第515页。

征。又如贾岛《寄宋州田中丞》诗颔联“相思深夜后，未答去年书”两句，方回特为表出并加以申说：“初看甚淡，细看十字一串，不吃力而有味。浪仙善用此体，如‘白发初相识，秋山拟共登’，如‘羡君无白发，走马过黄河’，如‘万水千山路，孤舟一月程’，皆句法之变也。”[①]此处所肯认，亦是诗人在句法上能不相蹈袭而变化生新。

从诗歌创作中的“句法之变”，方回归纳得出“诗格无穷”这一看法，由此也大力倡扬在句法上突破惯常格式。如，评白居易《解苏州自喜》诗中“身兼妻子都三口，鹤与琴书共一船”一联，曰：“出律破格，本是自然胸怀，无粉饰也。”[②]又如，评陈师道《雪后》诗，曰：“此诗第一句至第六句，皆出格破体，不拘常程，于虚字上极力安排。”[③]相反，因循固守格套者则为他所鄙薄。如，评徐俯《戊午山间对雪》诗，述及徐氏作诗“多爱句中叠字，十首八九如此”，谓“可憎可厌”[④]。评杜甫《曲江对酒》诗颔联“桃花细逐杨花落，黄鸟时兼白鸟飞”，也曾批评徐氏诗的句法固守一“格”，有云：“三、四诗家一格，出于偶然。徐师川诗无变化，篇篇犯此。”[⑤]又如，评许浑《凌歊台》诗，谓其颈联“近乎熟套而格卑”[⑥]。再如，评姚合《客游旅怀》诗颔联“马为赊来贵，僮因借得顽”，有云：“晚唐诗句法字面多一同，即太烂，‘行来’‘坐得’‘沽来’‘买得’，可厌也。”[⑦]《瀛奎律髓》一书中类似的评注还有许多，兹不尽举。

方回以“格”论诗的另一项重要内容是章法。他主要关注的

① 《瀛奎律髓汇评》卷二十六，第1133—1134页。
② 《瀛奎律髓汇评》卷六，第257页。
③ 《瀛奎律髓汇评》卷二十一，第889页。
④ 《瀛奎律髓汇评》卷二十一，第890页。
⑤ 《瀛奎律髓汇评》卷十，第359页。
⑥ 《瀛奎律髓汇评》卷三，第108页。
⑦ 《瀛奎律髓汇评》卷二十九，第1276页。

是情景关系及以此为主轴的诗句间的起承转合。崔鲁《送友人归武陵》诗云："闻道桃源住，无村不是花。戍旗招海客，庙鼓集江鸦。别岛垂橙实，闲田长荻芽。游秦未得意，看即便离家。"方回评曰："此八句俱有思致。前二句喝起题目，中四句俱言景物，末二句微立议论情思缴之。此又一格。"[①]这里，他对崔氏此诗的起句、中四句、结句的结构方式进行了整体观照，揭示体制特征及章法所在。崔氏是晚唐诗人，据方回观察，这一时期的诗歌"多先锻景联、颔联，乃成首尾以足之"（贾岛《雪晴晚望》诗评）[②]，由此造成的结果是中四句虽工整而尾句多无力；但崔氏此诗起句响亮、结句有归宿，整首诗结构浑成。方回将其结构方式和章法视为一"格"，显然不无褒扬之意。另外，此诗中间四句"俱言景物"，这其实是初、盛唐律诗的常见格式，方回评注王维《汉江临眺》、杜审言《和晋陵陆丞早春游望》、陈子昂《酬晖上人秋夜独坐山亭有赠》等诸多诗作时曾予以概括。这一结构安排实际上就是周弼所谓的"四实"。周氏所概括的另外三种格式亦不时为方回所标出。如，杜甫《登岳阳楼》诗中间两联"吴楚东南坼，乾坤日夜浮。亲朋无一字，老病有孤舟"，评注云"前言景，后言情，乃诗之一体也"[③]，此处所谓"一体"，即"前实后虚"。又如，评杜诗《曲江陪郑八丈南史饮》，曰"此诗中四句不言景，皆止言乎情。后山得其法，故多瘦健者此也"[④]，这里所拈出者乃"四虚"之格法。再如，陆游《秋雨初晴有感》诗的颔联、颈联为"号野百虫如自诉，辞柯万叶竟安归？芼羹菰菜珍无价，上钓鲂鱼健欲飞"，评注云"三、四哀

① 《瀛奎律髓汇评》卷二十四，第1046页。
② 《瀛奎律髓汇评》卷十三，第476页。
③ 《瀛奎律髓汇评》卷一，第6页。
④ 《瀛奎律髓汇评》卷十，第360页。

感，五、六响”[①]，前一联言情，后一联述景，也就是所谓的“前虚后实”。由此可知，方回对《三体唐诗》的批评，并非针对周氏所倡导的格式、章法本身，而是指向将之固定化、程式化这样一种观念和行为。

基于对诗的章法要义的这一观念性认识，方回着意倡导不拘于常程的情景结构。如，他评杜甫《上巳日徐司录林园宴集》诗“鬓毛垂领白，花蕊亚枝红。欹倒衰年废，招寻令节同。薄衣临积水，吹面受和风。有喜留攀桂，无劳问转蓬”，曰：

> “鬓毛垂领白”，言我之形容，情也；“花蕊亚枝红”，言彼之物色，景也。既如此开劈，下面似乎难继，却再着一句应上句，形容其老为可怜；又着一句，言不孤物色之意。然后五、六一联，皆是以情穿景，然结句亦不弱也……如《重过何氏》四句云：“蹉跎暮容色，怅望好林泉。何日沾微禄，归山买薄田。”此等变格，岂小手段分二十字巧妆纤刻者能之乎？[②]

杜诗在情景描写的安排上富于变化：起句一联即一句叙情、一句述景；颔联两句也是一情一景，且分别与前联的上、下句相对应；颈联则又不同，两句皆是情思贯穿于景物的描写中，物我合一、虚实相生。评语中所论及的组诗《重过何氏》其五的中四句也都是“以情穿景”。方回将此类迥异于常格的情景结构称为“变格”，认为这是更高的艺术表现方式。此论显然是针对“齐梁陈隋诗—许浑姚合诗—宋末江湖诗”这一他认为是一脉相承的诗歌创作而发。盖就其所见，破除此一诗歌流脉陈陈相

① 《瀛奎律髓汇评》卷十二，第464页。

② 《瀛奎律髓汇评》卷二十六，第1129页。

因的格法，乃是革八代五季之文弊的题中之义。

当然，方回并不满足于破旧习、除卑格，他尚有更大的诗学抱负，即重新建构诗歌创作的格法传统并阐明诗法要义，其内容则涵盖句法和章法，这集中反映在他对“变格”的论说上。

据《瀛奎律髓》“变体类”卷首小序及卷中的若干评注可知，所谓“变体”和他所说的“变格”其实是同一概念，均是“无穷格”“无定法”这一诗法观念的话语表述。因此，完全可以将本类诗人、诗作的评注都视为其“变格”论的内容。本卷共选诗二十九首，诗人有杜甫、贾岛、杜牧、苏轼、黄庭坚、陈师道、张耒、陈与义、范成大等九家。方回对每一首诗作都进行了评注，在这当中，其“变格”论的诗学旨趣赫然可见。

其评杜甫《九日》七律二首，有云：“‘白发’，人事也。‘黄花’，天时也。亦景对情之谓。后人九日诗，无不以‘白发’对‘黄花’，皆本老杜。如‘即今蓬鬓改，但愧菊花开’，亦是。”[①]方回尝谓杜甫“变体”之作为“大手笔”“有一绝不可及处”（杜甫《秋野》诗评）[②]。此处，他又从诗法源流的角度标举杜诗为“变体之祖”，强调杜诗对于后来者的示范意义。评黄庭坚《次韵郭右曹》诗，曰：

> “岁中日月又除尽”，景也；“圣处工夫无半分”，情也。贾岛“身事岂能遂，兰花又已开”，当一律观。老杜“竹叶”“菊花”一联，又“白发”“黄花”一联，即是此样手段。[③]

山谷此诗颔联一句景一句情，与杜甫七言律《九日》第一首

① 《瀛奎律髓汇评》卷二十六，第1138页。
② 《瀛奎律髓汇评》卷十二，第425页。
③ 《瀛奎律髓汇评》卷二十六，第1142页。

颔联“竹叶于人既无分，菊花从此不须开”及第二首颔联“苦遭白发不相放，羞见黄花无数新”属于同一格法[①]。评陈与义《怀天经智老因以访之》诗，论及“客子光阴诗卷里，杏花消息雨声中”一联情景结构方式有云：

以“客子”对“杏花”，以“雨声”对“诗卷”，一我一物，一情一景，变化至此，乃老杜“即今蓬鬓改，但愧菊花开”，贾岛“身事岂能遂，兰花又已开”，翻窠换臼，至简斋而益奇也。后山“老形已具臂膝痛，春事无多樱笋来”一联，极其酸苦，而此联有富贵闲雅之味。[②]

所举贾岛、陈师道、陈与义诸人诗的情景描写之法本于杜诗而又能摆脱窠臼，别开生面。方回认为，这正是“变体”诗法要义之所在。在评陈氏《对酒》一诗时，他亦表达了这一意见：

此诗中两联俱用变体，各以一句说情，一句说景，奇矣……后联即与前诗“世事纷纷”“春阴漠漠”一联用意亦同，是为变体。学许浑诗者能之乎？此非深透老杜、山谷、后山三关不能也。[③]

此诗中间两联“官里簿书无日了，楼头风雨见秋来。是非衮衮书生老，岁月匆匆燕子回”，每一联均系情与景、虚与实相辅以成。方回认为，简斋诗之所以能尽格法变化之妙，原因在于陈氏能“深透老杜、山谷、后山三关”；而与此相对，以许浑诗为效法对象的江湖诗人未得“活法”，自然不可能有这般圆活流美

① 《瀛奎律髓汇评》卷二十六，第 1137 页。
② 《瀛奎律髓汇评》卷二十六，第 1145 页。
③ 《瀛奎律髓汇评》卷二十六，第 1147 页。

的“变体”之作。在对上述诸家“变体”诗作加以梳理、辨析的基础上，方回提出了著名的“一祖三宗”说：

> 三、四变体，又颇新异。呜呼！古今诗人当以老杜、山谷、后山、简斋四家为一祖三宗，余可预配飨者有数焉。（陈与义《清明》诗评）①

关于这一著名论断，聚讼纷纭，兹不展开讨论，只想指出：方回在这样一个论域中标举“一祖三宗”，一个用意是要确立诸家在“变体”乃至诗歌格法传统中的典范地位；与此同时，他也就相应地确立了“变格”在诗法中的价值高度。

除“一祖三宗”之外，其余诸人的“变体”亦为方回所称许，兹选二例以观大概。

贾岛《病起》诗中间两联“身事岂能遂，兰花又已开。病令新作少，雨阻故人来”，方回评注曰：

> 老杜此等体，多于七言律诗中变。独贾浪仙乃能于五言律诗中变，是可喜也。昧者必谓“身事”不可对“兰花”二字，然细味之，乃殊有味。以十字一串贯意，而一情一景自然明白。下联更用“雨”字对“病”字，甚为不切，而意极切，真是好诗变体之妙者也。②

方回极为肯定此诗句法和情景结构上的妙处。句法之妙表现在两个方面：一是每一联的上、下句意脉连贯，也即前文所提及的“十字一句法”；二是对仗不追求形式上的整齐，但切于意且

① 《瀛奎律髓汇评》卷二十六，第1149页。
② 《瀛奎律髓汇评》卷二十六，第1132页。

有蕴藉不尽之味。章法结构之妙则表现为情、景、虚、实相辅相成，无论是言情还是述景，皆出于自然，且形象鲜明、意义清晰。

张耒《春日》诗颈联“可怜客鬓蹉跎老，每惜梅花取次稀”，方回评曰“此亦以‘客鬓’对‘梅花’，皆自老杜‘鬓毛’‘花蕊’一联发之”[①]，揭示此诗在情景描写上与杜诗“鬓毛垂领白，花蕊亚枝红”一联之间的渊源关系。显而易见，方回对此是持肯定态度的。

至此足以明确，方回专设“变体”一类，诠释其要妙，辨析其源流，标举其典范，实是有意借此阐扬不拘于一“格”的诗法观。

若翻阅方回现存的诸种诗学文献，则不难发现，他的上述格法观念也广泛体现于《瀛奎律髓》全书乃至其整个诗歌批评实践中，兹不论列。下面仅就关乎其“诗格”观理解的几个关键点再略加分析。

三、“心法”为“诗格”之本原：方回格法建构论的基本观念趋向

方回虽标举“变格”，却反对刻意求新、为变而变。如他在称许贾岛《病起》一诗的“变体之妙”后，又论及其《净业寺与前鄠县李廓少府同宿》诗的颔联，谓“变太崖异而生涩”。他也不主张将某家“变体”尊奉为标准化、普遍化的写作格式和法则，如评贾氏《忆江上吴处士》诗即有云：

> 其变处乃是“此地聚会夕，当时雷雨寒”，人所不敢言者。或曰：以“雷雨”对“聚会”，不偏枯乎？曰：两轻两

① 《瀛奎律髓汇评》卷二十六，第1145页。

> 重自相对，乃更有力。但谓之变体，则不可常尔。[①]

此诗颈联两句不拘虚实对称这一常格，方回既肯定其所产生的艺术效果，又强调不可为常法。“变体”原本就不是一格一法，并不能客观化为一套固定程式而让学诗者在写作中按部就班。

在方回看来，“变格”也非徒事于外者所能为。如，杜甫《屏迹》诗颔联“桑麻深雨露，燕雀半生成”，方回评曰“‘雨’自对‘露’，‘生’自对‘成’，此轻重各对之法也。必善学者始能之”[②]。这表达的即是此一意见。实际上，他强调的是创作主体在“变格”这一诗法生成过程中的关键地位。如方回评陈师道《次韵春怀》，有云：

> 后山诗瘦铁屈蟠，海底珊瑚枝不足以喻其深劲。“老形已具臂膝痛”，身欲老也。“春事无多樱笋来”，春欲尽也。前辈诗中千百人，无后山此二句。以一句情对一句景，轻重彼我，沉着深郁，中有无穷之味，是为变体。[③]

这里对起句一联的情境结构方式及由此而造就的审美效果进行评析，凸显了诗人在“变体”独特性之生成过程中的决定性意义。又如，陈与义《陪粹翁举酒于君子亭亭下海棠方开》诗评曰：“此诗中四句皆变，两句说己，两句说花，而错综用之。意谓花自好，人自愁耳。亦其才能驱驾，岂若琐琐镌砌者之诗哉！”[④]方回将此一“变体”在诗中的艺术实现归因于个性主

① 《瀛奎律髓汇评》卷二十六，第1131页。
② 《瀛奎律髓汇评》卷二十六，第1130页。
③ 《瀛奎律髓汇评》卷二十六，第1144页。
④ 《瀛奎律髓汇评》卷二十六，第1148页。

体。在评陈氏《寓居刘仓廨中晚步过郑仓台上》一诗中，他说得更为明白：

> 以“世事”对“春阴”，以“人老”对“絮飞”。一句情，一句景，与前“客子”“杏花”之句，律令无异。但如此下两句，后面难措手。简斋胸次却会变化斡旋，全不觉难。此变体之极也。[①]

陈与义此诗在“难措手”处却能“变化斡旋”，且又天然自出。方回对此予以了高度评价，认为其间之机栝在于诗人的“胸次”。也就是说，格法的创变生新，缘于创作主体在学养识见、胸襟意趣上能超拔于陈腐庸常、卑陋浅俗之境。

另外还需要在此提出来的是，方回所说的“变体”，范围其实是很宽泛的。从“变体类”序可知，他以周弼倡导的“四体”为常，除此之外皆可称为“变体”。即便是“四体”，他也并不简单地加以否定，只是反对奉此为定法。再者，诚如前贤所论，周弼所阐扬的“四体”乃方回所不喜的许浑、江湖诗人一脉诗歌创作的常格，故屡屡针锋相对，标举“变格”以矫之。综上，方回对“变体”的论说其实也可代表他在诗法上的整体看法。“虽笔法亦心法”（《为合密府判题赵子昂大字兰亭》诗序），此一表述也显现了其基本的观念趋向[②]。质而言之，诗歌的一切格法，其要义应当从诗人之“心”这一本原处去寻求，“心法”不同，“诗格”即异。此一格法观与他以诗歌之学为“心”学的观念旨趣正相契合。基于这一理解，方回除在价值判断上区分“格”的“高”与“卑”之外，对个性化诗格所产生的审美效

---

① 《瀛奎律髓汇评》卷二十六，第 1146 页。
② 方回《桐江续集》卷二十四，文渊阁《四库全书》本。

果也颇为留意。如，他评注张祐《金山寺》、萧德藻《次韵傅惟肖》、张耒《暮春》、吕本中《西归舟中怀通泰诸君》、赵蕃《雨望偶题》、曾几《谢人送壑源绝品云九重所赐也》、曾几《十二月六日大雪》、杜甫《夏日杨长宁宅送崔侍御常正字入京》、王安国《同器之过金山奉寄兼呈潜道》诸诗作时所概括揭示的"壮丽悲感""奇峭""平稳""峥嵘""高峭""清峭""整峭""悲壮""壮绝"等，俨然是对审美风格特征的指认。在此论域里，"格"的含义相当于方回诗歌理论批评中"体"这一范畴内的"体貌"，其间的差别在于前者主要是就整首诗中的某些诗句而言。在方回看来，此类"诗格"的审美效应，根柢即在于诗人的"心法"上。如评黄庭坚《春雪呈张仲谋》诗：

苏、黄名出同时。……此乃山谷少作耳。视坡诗高下如何？细味之，"梦闲""睡起""疏密""整斜"二联，与坡"泼水""堆盐"之句，亦只是一意，但有浅深工拙。而"庭院已堆盐"之句，却有顿挫。坡诗天才高妙，谷诗学力精严；坡律宽而活，谷律刻而切云。[①]

他认为苏、黄二家的诗格之所以异，是因为他们在"才"与"学"上各有所长。又如，评杜甫《旅夜书怀》诗：

选此八首洁净精致者，多是中两句言景物，两句言情。若四句皆言景物，则必有情思贯其间。痛愤哀怨之意多，舒徐和易之调少。以老杜之为人，纯乎忠襟义气，而所

① 《瀛奎律髓汇评》卷二十一，第887—888页。

遇之时，丧乱不已，宜其然也。[①]

这里也是将杜诗的格法特征和审美风貌推原于诗人的胸次、品节以及在特定时世境遇中的生命体验。

四、结语

方回以唐宋诗史上的诸多诗歌文本为依据，对之前的“诗格”论说进行了观照、反思，借此也表达了自己的“诗格”观。与此相应，他以“格”论诗的批评实践，既注重形式技巧、表现手法方面的辨析，又着意于从诗人个性情志、胸襟意趣层面对不同格法的风貌特征及其审美效应进行阐说，揭示诗法的内在根柢。通过这样一种诗学活动，他不仅赋予了这一范畴新的内涵和理论品格，更为重要的是为这一批评形态开辟了另一可能的阐释空间。“诗格”的名目自宋代之后愈衍愈繁并于明代以后不断为人所否弃而走向衰落[②]。方回对“诗格”的思考和批评论说，虽未能产生足以扭转其时之风习的影响，但他由此构建的诗法源流及典范谱系从一个侧面显现了律体诗创作的审美传统，在诗学史上是有其意义的。

（原载于《古代文学理论研究·古典诗文的经纬》第47辑）

① 《瀛奎律髓汇评》卷十五，第 534 页。

② 详见张伯伟《古代文论中的诗格论》，《文艺理论研究》1994 年第 4 期。

方回《瀛奎律髓》的分类及其意义

◎胡　健

方回（1227—1307），字万里，号虚谷，徽州歙县（今属安徽）人。元朝诗人、诗论家。他编纂的《瀛奎律髓》是一部专选唐宋律诗的总集，力倡江西诗派的诗学观念，影响深远。学界对方回《瀛奎律髓》研究较多，成果丰富。但是，对作为此书最具特色之一的分类形式研究较少，关注者亦多持批评态度。本文则充分肯定其主要以题材和主题分类的价值。

此集按照题材和主题把诗歌分成四十九类，每个类目之下都有方回的小序解题，说明类目的功能、考证源流、分析特色，显示了方回的匠心独运，非常值得注意。分类编纂总集，非始于宋代。那么，《瀛奎律髓》在前人基础上有何损益，又体现了怎样的思想观念，分类方法的运用又有什么意义呢？本文对此进行初步分析，希望能推进学界对方回及《瀛奎律髓》的新认识。

一、《瀛奎律髓》的分类及其新发展

选本采用分类形式，《文选》已有之。《文选》按体分诗赋等三十多体，诗类下又按题材分为“补亡”“述德”“劝励”等二十三类。与之类似，《瀛奎律髓》也分为“登览”“朝省”“怀古”“风土”“升平”“宦情”“风怀”“宴集”“老寿”“春日”“夏日”“秋日”“冬日”“晨朝”“暮夜”“节序”“晴雨”“茶”“酒”“梅花”“雪”“月”“闲适”“送别”“拗字”“变体”“着题”“陵庙”“旅况”“边塞”“宫阃”“忠愤”“山岩”“川泉”“庭宇”“论诗”“技艺”“远外”“消遣”“兄弟”“子息”“寄赠”“迁谪”“疾病”“感旧”“侠少”“释梵”“仙逸”“伤悼”等四十九类。很明显，这些分类及其命名，有一部分类目来自《文选》，只是标题略有不同。如“登览”[①]“送别”“旅况”“陵庙”，分别对应着《文选》“诗”下的“游览”“祖饯”“行旅”“郊庙”。

除了《文选》，《文苑英华》和《唐文粹》也是重要源头。前者列“朝省”“宴集”“寄赠”“边塞”“怀古”，后者增加了“侠少”“疾病”“伤悼”等，都为《瀛奎律髓》所采用。当然，“宴集”“寄赠”“伤悼”，都可以上溯到《文选》所立的“公宴”“赠答”“哀伤”，而内涵是有一定变化的。

前代类书对于《瀛奎律髓》的分类影响更为明显。唐初《北堂书钞》较早设立“天部”“岁时部”和“地部”。“天部”下列有“日”“月”“星”“风”“雨”“霁”“雪”等类，“岁时部”有“春”“夏”“秋”“冬”“元日”“寒食”等类，“地部”则有“丘”“江”“河”“山”“石”等类。随后的《艺文类聚》《初学记》亦列此三部，但是放在了全书之首，突出了儒家敬重天地的观念，影响到此后几乎所有的按题分门类书的排列顺序。宋初编纂的《太平御览》改“岁时”为“时序”，更加注重类目的先后次序。稍后的总集《文苑英华》编排也采用了类书分类系统，在文体之下按题材分目。其

① 按，“登览”遥接《文选》（《文选》“诗”下设“游览”类），中接北宋王钦臣编《韦苏州集》（此集按题材和主题分十四类，有“登眺”“游览”二类。有南宋乾道翻刻本，今藏于国家图书馆），近承《唐宋分门名贤诗话》（分门编排，列三十四类，即有“登览”。见张伯伟《稀见本宋人诗话四种》，江苏古籍出版社2002年版）。

中，在“诗”类中，把“节序”并入了“天部”。《瀛奎律髓》的类编分目受此启发，选取了诗歌中描写题材较多且非常重要的“月”“雪”“晴雨”“春日”“夏日”“秋日”“冬日”“山岩”“川泉”等作为类目。值得说明的是方回设立了“节序类”，强调了“时序部”的独立性。因四季皆各已单列一门，故“节序类”尤其注重具有社会性的节日。检视该类所选一百二十三首诗歌，多与冬至、除夜、元日、元宵、寒食、端午、七夕、重阳等节日相关，内容与题目非常相称。此外，《艺文类聚》《初学记》《太平御览》皆设“居住部”，下设“宫”“阙”“楼”“阁”“第”“宅”“庭”“室”等小目，《文苑英华》《锦绣万花谷》等皆有类似分门，故《瀛奎律髓》设 “宫阃”“庭宇”是对前面类书和总集的回应。“茶”“酒”“梅花”等的设立，亦多类此。方回曾自述“诸类书无不读”[①]，故受其影响，毫无疑问。

又如“释梵”“仙逸”类，是与佛道相关的诗歌。唐前分类唯从史书中了解情况，北朝魏收于《魏书》中首立“佛老志”，南朝阮孝绪《七录》则设立了“佛法录”“仙道录”，说明了史学家对佛道的日益重视。从类书看，《艺文类聚》较早列“内典部”和“灵异部”，前者包括内典和寺碑，后者包括“仙道”“神”“梦”“魂魄”等小类，归纳不够明晰。白居易《白氏六帖》则列了“三教”小类，并未分开。到了《太平御览》就明确分立了“释部”和“道部”，《文苑英华》沿袭设立“释门”和“道门”，表现出对佛道及其文献的关注。魏晋六朝以来，儒释道三家渐渐合流，影响了社会生活和文化的方方面面。佛道也早已经成为诗歌中的重要题材，如玄言诗、佛理诗

① 方回《桐江集》卷四《跋宋广平梅花赋》，见《续修四库全书》第1322册，上海古籍出版社2002年版，第423页。本文《桐江集》资料，皆出此版，兹不另注。

等，也还有不少涉佛涉玄诗歌。此后，佛教发展在唐代达到鼎盛，宗派林立。晚唐以后，禅宗一枝独秀，影响了宋代士大夫的思维方式。道教在唐代被奉为国教，宋代也极其推崇。唐宋不少文人对佛道非常热衷，创作了大量的相关作品。《瀛奎律髓》选诗约三千首，“释梵”“仙逸”二类就有三百一十五首，占到了总数十分之一以上，居各类之冠。这体现了方回推崇佛道类题材诗歌，也遵循传统，充分考虑唐宋诗歌史发展实际状况的分类思想。

此外，方回还设立了“晨朝”“暮夜”类，这应当也是“时序门”的内容。但是，宋前类书和总集中并未见踪迹，反倒是编选成书于南宋的词集《草堂诗余》中列了“夏夜”“秋夜”“暮冬”等类目。稍后的《分门纂类唐宋时贤千家诗选》始列“昼夜门”，下分“晓”“昼”“晚”“夜”等小类。这些都可能成为方回设类的根据。

最值得注意的是方回拟了不少新的分类题目。这些分类可分为三个部分：一是“风土”“升平”“宦情”“迁谪”等，是对早已存在的大量诗歌作品的题材总结；二是“拗字”“变体”“着题”“论诗”，主要是作诗技巧的总结；三是“老寿”“忠愤”“技艺”“远外”“消遣”“兄弟”“子息”，主要是对新兴题材的肯定。学界对前面两种谈论较多，对第三种论述较少。实际上，这些新兴题材的设立最能体现方回的眼光和个性。比如“老寿”现象在唐宋诗歌中非常突出。首先，唐宋诗人言老现象非常普遍。《礼记·曲礼》说“七十曰老”[①]，白居易、欧阳修、苏轼、黄庭坚等三四十岁时便都在诗词中称老。其次，唐宋以来诗人寿命整体比前辈诗人更长，常出现如白居

① 孔颖达等《礼记正义》卷一，见清嘉庆本《十三经注疏》，中华书局2009年影印版，第2665页。

易“香山九老会”、文彦博“洛阳耆英会”、杜衍“睢阳五老会”等老年诗人聚会赋诗的现象。《宋史·礼志》也记述了养老礼，表达了对老寿学者的尊崇。方回认为：“寿也者，天未尝轻以与夫人，人未尝易以得诸天。文章有以多为贵者，其积德多，则其享年亦多。”[①]基于这样的观念，他非常“羡慕近世诗人，如曾茶山、陆放翁、赵昌父、滕元秀、刘潜夫，皆年八十以上”，又“放翁之寿为最高，故多取放翁诗”。因此，“老寿类”总结了唐宋诗歌中的一个突出现象，值得肯定。

又如“技艺类”的设立也意义重大，因为它指出了百工技巧自唐宋以来进入诗歌成为书写对象，形成了一个重要的诗歌题材。虽然方回录诗才十余首，且以画工、相士为主，但其在题序中点明其本意在录“书画琴棋、巫医卜筮、百工技巧”[②]，主观上是想揭示“唐宋以来，挟一艺游公卿之门，因诗以得名者不少焉”的现象。唐宋以来科技、工艺、艺术行业的发展繁荣，与社会生活紧密联系。这促使巫医百工进入诗歌，为公卿士大夫所题咏书写，表现了诗歌题材及其表现空间的拓展。同时，从诗人的描写中，我们也可以了解当时工匠艺人的部分情况。如陆游《赠徐相师》“袖阔日常笼短刺，肩寒春未换单衣”，描绘了相师的生存状况；陆游《赠传神水鉴》“误遣汗青成国史”，不同于士大夫对百工“君子不耻”的看法。这些诗歌都有利于我们从侧面研究古代工匠的相关情况。

还有“远外类”的设立也十分必要。其题序说：“汉蒟酱、邛竹、蒲萄、苜蓿、安石榴，皆自从外国至。远人慕化而来，使人将命而出，以柔以抚，其事不一。”[③]虽然出发点仍然

① 《桐江集》卷五《答曹宜慰书》，第446页。

② 方回选评，李庆甲集评校点《瀛奎律髓汇评》卷三十七，上海古籍出版社2005年版，第1438页。本文《瀛奎律髓汇评》资料，皆出此版，兹不另注。

③ 《瀛奎律髓汇评》卷三十八，第1445页。

是天朝上国绥靖四方的心态，但也客观指出了中外交流中的文化传播。其中涉及日本、新罗、安南等国的诗歌，主题多集中于异国间的友谊，也有一些值得注意的文化现象。例如唐代诗人顾非熊《送朴处士归新罗》写新罗人在中国久居，学得中国语言，老而归国；项斯《日东病僧》记日本僧人老死于中土；张籍《送新罗使》则记官方往来等，真实地呈现了唐代中外人员往来的情况。方回选取张籍《昆仑儿》一首并注“所谓昆仑儿，即今之黑厮也”①，记述取唐宋时期昆仑奴的活动情况。方回自述“远外类”诗于唐为多，故选录多是唐诗，宋诗唯录刘中叟《王昭君》一首，不甚有名且比较勉强。但方回能设立“远外类”，足以表明其对此类题材的认可和对中外文化格局的关注，而纪昀评此卷“无甚可采”是本文不能认同的。

二、《瀛奎律髓》的分类观念

方回前后花了五年时间编选《瀛奎律髓》，在选录诗歌、结构形式、内容评点上皆具有特色，足见其匠心独运。故而，《瀛奎律髓》的分类形式，亦完全可以看作方回个人思想观念的体现。统观此集，我们可以总结出方回在分类上的三个观念。

首先，以题分类，合大衍之用，但不拘于分类。《瀛奎律髓》分类十分细碎，多达四十九类，几乎包括了唐宋诗歌主要的题材和主题。凡是分类形式的总集，皆遭后人“破碎”讥语，尤其是分类标准不一，造成了不同类别相互交杂，导致分类不当。如晚清吴汝纶就认为方回所分类目不妥，其《桐城吴先生评选〈瀛奎律髓〉》把“山岩类”“川泉类”并为“山水类”，“兄弟类”“子息类”合为“家族类”，又删去“论诗

① 《瀛奎律髓汇评》卷三十八，第1452页。

类”“远外类”。且不论删合是否合理，其对于分目不满是可以肯定的。至于这种“不合理”，方回分类时已然知晓其困难性。他在“山岩类”下序说“登览时，专取登高能赋之义”，就是为了能和“登览类”分开。由此可见，方回对于分类并非没有考量。如“兄弟类”“子息类”的序文已佚，选诗虽少，亦是存目。而“山岩类”说山、“川泉类”写水，宜当分开。况且，方回类目分合之间，还要考虑大衍之用。他精通《周易》，有《易中正考》《易吟一百首》《先天易吟三十首》《后天易吟三十首》《大衍易吟四十首》等说《易》之作。《瀛奎律髓》按照《周易》大衍之用，分成四十九类当是有意义的。虽然如此，但分类数目是否一定恰好是四十九最为合适呢？当然不是。类目的并省派衍，有一定的客观性。但方回对大衍之用的偏好，也会对类目的离合造成影响。同时，对具体诗歌的理解不一样，所排类目也就不一样。纪昀等人就常常指出其归类有问题。如“边塞类”选柳中庸《愁怨》，纪昀批道：“此闺情诗，非边塞诗也。缘误五、六句，故收于此耳。”[①]又如“消遣类”录李商隐《夜饮》诗，纪昀认为：“或入‘宴集’，或入‘暮夜’，皆可。入之‘消遣’，却无理。”[②]排除传抄因素，我们应该认为方回有自己的考虑，这一点才是至关重要的。例如《愁怨》虽写闺情，却志在塞外良人，五、六句“汉垒关山月，胡笳塞北天”，就是边塞风光。而《夜饮》虽描写宴饮，却抒发了身世漂泊的愁绪，放在“消遣”，非为无理。因而，我们感觉到，方回以分类选诗，却并不拘于分类。他在“送别类”小序中即表达了类似的观念：“送人之官，言及风土者，已于‘风土类’中收之。间亦见此，不可以一律拘也。”因而，方回的分类是非常灵

① 《瀛奎律髓汇评》卷三十，第1324页。

② 《瀛奎律髓汇评》卷三十九，第1454页。

活的。

其次，作品重出互著，《瀛奎律髓》选诗重出，颇受学者诟病。比如，李庆甲先生总结古人批评方回编纂方面的缺点有六条，其中第一条就是“作品重出”。例如，僧秘演《山中》诗写山中秋日之景，一入“秋日”，一入“释梵”；杜甫《暮归》诗既入“暮夜类”，又入“拗字类”等。本文简要统计《瀛奎律髓》中重出者，如下表：

作者	作品	重出类目
陈子昂	《晚次乐乡县》	暮夜 旅况
杜甫	《巳上人茅斋》	拗字 释梵
	《上兜率寺》	拗字 释梵
	《阁夜》	登览 暮夜
	《暮归》	暮夜 拗字
皇甫曾	《过刘员外别墅》	冬日 寄赠
刘长卿	《碧涧别墅喜皇甫侍郎相访》	冬日 寄赠
王　建	《原上新居[①]（二首）》	春日 闲适
贾　岛	《早春题湖上顾氏新居[②]（二首）》	闲适 拗字
	《送邹明府游灵武》	送别 边塞
韩　偓	《残春旅舍》	春日 消遣
潘　阆	《秋日题琅琊山寺》	秋日 释梵
梅尧臣	《送[③]高判官和唐店夜饮》	宴集 酒类
韩　琦	《九日水阁》	宴集 秋日
僧秘演	《山中》	秋日 释梵
吕本中	《雨后至城外》	晴雨 闲适
陆　游	《五月初夏病体轻偶书[④]》	夏日 疾病
	《病足累日不出庵门折花自娱》	春日 疾病

从表中可知，重出作品共计十八题，二十首，分在十八个类

① 《瀛奎律髓汇评》卷十，第337页。按，“春日类”选此二首，作“原上新春”，“闲适类”予以纠正。

② “拗字类”作“早春题湖上友人新居”。

③ “酒类”中“送”作“答”。

④ “疾病类”作“五月初病体觉愈轻偶书”。

目中。其中，频率最高有三类，一是“春日”“秋日”“暮夜”等类，表示时间节序；二是“释梵类”，表示身份或者地点；三是“拗字类”，表示诗歌技巧。由于这几类不在同一个分类标准下，所以造成了诗歌归类各异。

很显然，同一首作品，若阅读视角不一样，其归类就不一。我们研究的目的不在于批评作品重出，而在分析编者持怎样的态度。“闲适类”曾选王建《原上新居》三首，其中的两首见于“春日类”下。方回当时已经意识到重出的问题，其评语说：“荆公《唐选》取此诗之二首，误曰《原上新春》，予亦选入‘春类’矣。今观其集，乃是《原上新居》。十三首，并选五首，不妨重也。”①因此，可以肯定，重出乃是方回的一种有意识的编纂行为。纪昀批评道：“明知其重出，而曰不妨，著书无如此体裁。”这是没有充分认识到此书的编纂体例。本文认为，这应该是借鉴了目录学分类中“互著”的方法。章学诚在《校雠通义》中总结“互著”时说：“理有互通，书有两用者，未尝不兼收并裁，初不以重复为嫌。”②同理，从上述表中，我们也知道，分类标准差异较大，故而“重出”现象绝非编者的疏漏，而是为了让诗充分发挥其“两用”之处。因而，所谓“重出”，不仅不是分类的缺点，反而是其优点，因其能够为读者提供多方面的读诗视角。“互著”法的使用，反映了方回分类的灵活通变，正显现出其精思深虑，也使得《瀛奎律髓》超越了很多前代

---

① 《瀛奎律髓汇评》卷二十三，第 966 页。

② 章学诚著，王重民通解，傅杰导读《校雠通义通解》，上海古籍出版社 2009 年版，第 15 页。又，“互著”原始，学界说法很多。章学诚指出，刘歆最先使用。王重民先生认为始于郑樵，其又指出，“王应麟的《玉海·艺文》已经使用了互著，但他是类书的类目或编题的互著，而不是图书的互著”（王重民《校雠通义通解》序言，上海古籍出版社 2009 年版，第 9 页）。也有学者追溯到《艺文类聚》《直斋书录解题》《百川书志》等。无论“互著”渊源如何，至少在宋元时期，目录学家已经开始有一定认知了。方回与王应麟交往密切，《瀛奎律髓》作品的“重出”也有可能受《玉海》启发。

总集。

最后，突出特殊类目。分析《瀛奎律髓》四十九个类目可知，较引人关注的是“茶”“酒”“梅花”“雪”“月”“着题”等类的并立。所谓“着题”，即咏物诗，只是从作诗技巧而言。那么，“着题”就和前面的五类不在同一层级分类上了。有学者解释说，此是方回对咏物诗“赋而有比”的审美要求，总结一个具有时代性的诗学范畴①。这种说法或可说明“着题”的设立，但难以解释前面五类的独立。

这和唐宋时期的文化生活有着密切关系。方回认识到这些门类在社会、文化和诗学上的重要性，所以要突出这些类目。比如，酒与诗有密切关系，王安石就说李白诗多言酒。在唐宋时期，不仅是李白，大部分诗人都能与酒联系上。方回指出：“诗与酒常并言，未有诗人而不爱酒者也。虽不能饮者，其诗中亦未尝无酒焉。”②又如茶，更是在唐宋发扬光大，饮茶成为一种雅致的文化艺术活动。方回发表茶论说：“茶之兴味，自唐陆羽始。今天下无贵贱，不可一饷不啜茶。且其确与盐、酒并为国利，而士大夫尤嗜其品之高者。”③茶、酒在文学艺术中有着重要的地位，前贤论述颇多，此不多言。又，宋代茶、酒专卖，关系到国计民生，《宋史·食货志》记之甚详。这一点也是方回考虑范围内的事情。至于“雪”“月”“梅”之类，方回认为它们在咏物诗中最难赋。原因在于这些事物为历代骚人所关注，他们留下了大量诗赋作品，后人要想别出心裁，难上加难。是以单列一类，以见典范。比如，雪诗在宋代经由欧阳修、苏轼“禁

① 刘飞《方回〈瀛奎律髓〉“着题”辨》，见黄霖、邬国平主编《追求科学与创新：复旦大学第二届中国文论国际学术会议论文集》，中国文联出版社2006年版，第253—259页。

② 《瀛奎律髓汇评》卷十九，第725页。

③ 《瀛奎律髓汇评》卷十八，第712页。

体物”创作，已经成为一个本朝“故事”和文化常识。后又有李处权、郭印、释居简、杨万里、张镃、方岳等人继作，争奇斗巧，致难以为继。这是宋代文学中的一个经典话题，方回自然不会不注意到，故于序中声明此集“不专用禁体”[①]。

还有“梅花类”，最受方回所重视。在“梅花类”中，他不仅选录诗歌多达二百零九首，数目仅次于“释梵类”，排居第二，还作有近千字解题，详细考证梅花诗的来历。梅花体质幽香、德性高洁，成为士人精神象征而不断被吟咏。因此，“沿唐及宋，则梅花诗殆不止千首，而一联一句之佳者无数矣”[②]。的确，在唐代，梅花诗作不足百首，宋代则至少四五千首。南宋诗人咏梅成癖，动辄百首，如刘克庄、宋伯仁等，甚至影响了元人的创作热情，如冯子振《梅花百咏》、释明本《梅花百咏》、韦珪《梅花百咏》、郭豫亨《梅花字字香》等。面对数目巨大的咏梅诗作，方回立“梅花类”给予了积极的回应，并曾作诗称“梅花天下第一花”。四库馆臣特别指出“方回作《瀛奎律髓》，凡咏物俱入着题类，而梅花则自立一类”[③]，也注意到“梅花”类目比较突出。

同时，方回突出设立“梅花类”和江湖诗祸有一定的关系。对于江湖诗祸始末，方回在《瀛奎律髓》中说：

> 当宝庆初，史弥远废立之际，钱塘书肆陈起宗之能诗，凡“江湖”诗人皆与之善。宗之刊《江湖集》以售，《南岳稿》与焉。宗之赋诗有云：“秋雨梧桐皇子府，春风杨柳相公桥。”哀济邸而诮弥远，本改刘屏山句

① 《瀛奎律髓汇评》卷二十一，第855页。

② 《瀛奎律髓汇评》卷二十，第745页。

③ 永瑢等撰《四库全书总目》卷一百六十七《梅花字字香》提要，中华书局1965年版，第1438页。

也。敖臞庵器之为太学生时，以诗痛赵忠定丞相之死，韩侂胄下吏逮捕，亡命。韩败，乃始登第，致仕而老矣。或嫁"秋雨""春风"之句为器之所作，言者并潜夫《梅》诗论列，劈《江湖集》板，二人皆坐罪。初弥远议下大理逮治……于是诏禁士大夫作诗……绍定癸巳，弥远死，诗禁解，潜夫为《病后访梅》九绝句云："梦得因桃却左迁，长源为柳忤当权。幸然不识桃并柳，却被梅花累十年。"……惟此可备梅花大公案也。[①]

在方回看来，江湖诗人愤懑于史弥远废济王之事，作诗讥诮，从而引发诗祸。刘克庄的《梅花》诗也是一个诱因，因而也称"梅花诗案"。这个历史事件，牵涉众多江湖诗人，一直影响着整个南宋后期诗人们的心态。比如，方回选录江湖诗人张道洽二十首梅花诗，就透露出此中消息。张道洽（1205—1268），字泽民，与方回交好。方回在为其诗集作序时说道："得其咏梅诗极多，篇有意、句有韵。试尝探其根源，则每与予密言，谓开禧、嘉定、宝庆、端平以来无公论，济邸之冤，诸老大儒能言其末而不究其本，纲常泯灭。"[②]由此可知，张道洽非苟作梅花诗，乃是痛惜政治纲常的泯灭。"梅花"也成为一个和政治有着密切关系的文学意象。因而，基于这一场"梅花大公案"，方回立"梅花类"有着深刻的社会文化原因。

当然，把混合吟咏多种事物的"着题类"和单纯咏一物的"茶""酒""雪""月""梅花"类在同一层级上排列，并非毫无来历。《文苑英华》"天部"中有"月""中秋月""玩月""对月""望月""杂题月"等并列，还有

① 《瀛奎律髓汇评》卷二十，第843—844页。
② 《桐江集》卷一《张泽民诗集序》，第360页。

“风”“杂题风”，“云”“杂题云”等并列。方回在“着题类”小序中说：“今除梅花、雪、月、晴雨为专类外，凡杂赋体物肖形，语意精到者，选诸此。”[①]这里的“杂赋体物”就相当于“杂题”。“着题类”所咏，有马、鹰、雁、萤火虫、竹、蝉、鹤、树、草、城、燕、蝇等几十种事物，正可谓“杂题”。尽管如此，方回的分类仍然是突出特殊类目，呈现出总结题材的意义。

三、“消遣类”的分析

《瀛奎律髓》设立众多门类，大致反映了唐宋以来律诗所涉及的题材和主题，其中“技艺”“老寿”“远外”“疾病”“迁谪”等门类，体现了方回的独特眼光。现代学者也注意到唐宋诗歌新出现的这些题材和主题，并进行了专题研究，比如疾病书写、贬谪文学等。方回还提出了“消遣类”诗歌，颇值得注意。其小序曰：

> 《庄子》曰：使人之意也消。有所不平焉而不能消，则褊狭矣。卫玠曰：非意相干，可以理遣。有所不堪焉而不能遣，则怨怒矣。诗人多有所谓消愁遣兴之作，必深达物理、世故、人情、天道者，乃能为真消遣之言，否则非由衷也。[②]

由此，方回所谓“消遣”有两个方面的内容，一曰“消愁”，二曰“遣兴”。方回所谓诗人多有“消愁遣兴”之作，渊

① 《瀛奎律髓汇评》卷二十七，第1151页。
② 《瀛奎律髓汇评》卷三十九，第1453页。

源于诗歌抒情传统，和咏怀诗有一定的关系。咏怀诗吟咏抒发诗人怀抱情志，主要表现诗人对现实世界的体悟，对生命存在的思考，对个体生命的把握和对未来人生的设计与追求等。消遣主题的诗歌主要是抒发日常生活中的所见所感，多书写个人的兴致情性，尤其是排遣心中的不平、忧愁等负面情绪，但需“深达物理、世故、人情、天道”。

消遣类诗歌虽然渊源有自，但在题目或诗句中，直接大量出现“遣兴”“遣忧”内容的，还是从杜甫开始的。杜诗中常用“兴”字，多表达的是愁闷忧思，以自适自慰。有学者总结类似的有关杜甫情绪表达诗作，称之为“遣兴体”，并将其内涵概括为：“杜诗中凡是以抒写各种忧愁苦闷之类的感兴为主，采用‘随时适兴’‘借物托兴’等方式为独白内心、遣忧解闷、平衡心态的诗作，均可称为‘遣兴体’。”[①]此说侧重消愁解闷，而方回之“消遣”含义更广，且最先揭示出这一主题，并把杜诗选录列于首位。

值得说明的是，方回所选四十三首“消遣类”诗，杜诗仅入《可惜》一首。按选录体例，古、绝诗作未能入选是一个重要的原因，但按照小序的标准，杜甫也有不少律诗可选，如《至后》《秋兴》《释闷》《愁》及其很多“遣兴”“杂兴”作品。事实是，它们分别入选了“节序”“忠愤”“拗字”等门类。杜诗内容丰富，可身兼多类，方回在权衡中分立各类并不奇怪。但我们纵观整个“消遣类”诗歌，如白居易选入《看嵩洛有叹》《感兴》（二首）、《闲卧有所思》（二首）、《九年十一月二十一日感事而作》、《放言》（五首）等十一首，多写了悟后的人生态度，在祸福、真伪、善恶、仕隐等方面，给人以劝告；如陆游选了《寓叹》、《龟堂独坐遣闷》、《遣兴》（几看人间

① 曹辛华《论杜诗“遣兴体”及其诗史意义》，《文学遗产》2009年第3期。

岁月新）、《书兴》、《杂兴》（散发林间万事轻）、《请息斋书事》（三首）等十六首，多写闲居、仕途牢骚和对人生世事的嗟叹。可以看出，方回的“消遣类”诗歌的愁苦方面，排除了直接描写家国离乱之愁的诗作，更注意诗人个人的人生感叹和愁苦。陆游虽亦写家国之恨，然终化作种种忧思，融入闲愁之中。其他选入的杜诗所谓“遣兴体”，如《有叹》、《遣兴》（干戈犹未定）、《遣忧》等，其多入“忠愤类”，乃有感于国破离乱之作。其中，《遣兴》（青云路不通）一首写人生无奈，离乱愁绪不是重点，故纪昀称“此首不宜入‘忠愤类’”[1]。而《可惜》一首正是因写时光老去，功名不成，才得以入“消遣类”。

从文学史发展来看，杜诗把社会功能与自我抒情功能合而为一，使得“缘情体物”与“载道”二者并行不悖，白居易进一步将诗歌的政治功利转向个人生命的舒忧娱乐上。白居易曾划分己作为四类，其中闲适诗和感伤诗中多有方回所谓“消遣”主题者，如《寓意诗》《感时》《养拙》《遣怀》《闲居》《食饱》等。而宋诗则将此主题进一步发展，直接消淡家国愁绪，更重视诗人一己情绪的表现，加之多用“遣兴”“自遣”为题，创作出不少“感兴”“杂兴”“秋兴”之作，形成了一个新的诗歌主题，即方回总结的“消遣”主题。这也成为宋诗的一个特色。若是突破律诗的范围，只从思想内容上考虑，如文同《遣兴》（三首）、刘敞《秋兴》（三首）、苏轼《秋兴》（三首）、苏辙《感兴》（二首）、范浚《遣兴》（五首）、文天祥《山中感兴》（三首）等，皆是此类。

唐宋消遣主题的律诗，自杜甫、白居易以下，方回最重张

① 《瀛奎律髓汇评》卷三十二，第 1351 页。

耒和陆游。对于张耒，方回多次提及其作诗“初学张宛邱”[①]五七言入门，自然对张耒有一番研究。张耒有《遣闷》、《遣兴》、《遣兴和晁补之》（四首）、《春日遣兴》（二首）、《自遣》（四首）、《秋兴》（三首）等诗，内容是感念时光、叹息漂泊和人生际遇等，风格平易而不枯瘠。他喜欢记录日常生活的感受情状，是因其“感物”的诗学观念。张耒在《上文潞公献所著诗书》中自称：“时时心之所感发，亦窃见之于诗。且夫人之生于天地之间，目之所见，耳之所闻，心之所思，一日之间无顷刻之休……以人之无定情，对物之无定候，则感触交战，旦夜相召，而欲望其不发于文字言语，以消去其情，盖不可得也。则又知诗者虽欲不为，有所不能。”[②]《瀛奎律髓》选其《十二月十七日移病家居三首》即是此类。当时，张耒谪居黄州贬所，又身体抱恙，心情不佳。三首诗中，既有忧心哀叹，如“老去尘怀痛洗湔”“梦为蝴蝶因观化，目送飞鸿谩寄情”；又有牢骚自责，如“从今羞复立功名，卤莽因循已半生。心遣我愚应有谓，眼看人智亦何成”；还有自宽自嘲，如“寸心若变有如日，万事不忧终在天”“万顷泽空供雪意，一枝梅笑破冬严”。这说明张诗内容丰富而情感复杂。方回评曰“消愁遣兴，顺时达理”[③]。张耒善咏又爱写情绪，若把类似诗作排比观之，足见其心态发展史。

陆游诗作亦多，其集中仅以“遣兴”为题的，就有十首以上。另外，还有不少“寓叹”“杂咏”“杂兴”“遣闷”之作。这些诗作以七律为主，对仗十分精工。这是陆诗的特色，无

① 方回《桐江续集》卷三十二《虚谷桐江续集序》，见影印《文渊阁四库全书》第1193册，第664页。本文《桐江续集》资料，皆出此版，兹不另注。

② 张耒撰，李逸安、孙通海、傅信点校《张耒集》卷五十六，中华书局1990年版，第841页。

③ 《瀛奎律髓汇评》卷三十九，第1462页。

须赘言。需要指出的是，陆游年寿高而经历丰富，对仗之句往往蕴含其对人生经验的总结和处世态度的概括，浅近者如“大床不解除豪气，凡眼安能识贵人”“入门明月真堪友，满榻清风不用钱”“达士招呼同啸傲，福人分付与功名”，皆有警世、醒世意义。这可能就是方回序中所说的“世故”。

如果上面诸家的选录是所谓的“物理”“世故“和“人情”的话，那么选程颢《和尧夫打乖吟》则应该就是“天道”了。邵雍作“打乖吟”[①]诗，除程颢外，当时多有和者，如王拱辰、司马光、吕希哲等。程诗如下：

> 打乖非是要安身，道大方能混世尘。陋巷一生颜氏乐，清风千古伯夷贫。客求墨妙多携卷，天为诗豪剩借春。尽把笑谈亲俗子，德容犹足畏乡人。
>
> 圣贤事业本经纶，肯与巢由继后尘。三币未回伊尹志，万钟难换子舆贫。且因经世藏千古，已占西轩度十春。时止时行皆有命，先生不是打乖人。[②]

“打乖”的意思是机变。程颢反对以打乖的态度处世，认为君子当安贫乐道，不改千古道心。冯舒、纪昀于二诗批评极严，认为是“恶物”“理足而词不入格”[③]。理学家的诗作，确实容易理过其辞，甚至出现理障。方回对此类作品给予过批评，他说：“古之人虽闾巷子女风谣之作，亦出于天真之自然。而今之人反是：惟恐夫诗之不深于学问也，则以道德性命、仁义礼智之

① 王拱辰诗押韵文部，其他诗人唱和皆用真部，二者是邻韵，时可通押。现存邵雍《安乐窝中好打乖吟》《自和打乖吟》二首诗，用的是灰部，疑其非唱和原作。

② 《瀛奎律髓汇评》卷三十九，第1463页。

③ 《瀛奎律髓汇评》卷三十九，第1463页。

说，排比而成诗。”[①]是以方回崇尚天真自然的诗学观，对以理入诗比较谨慎。但他还说：“《诗》以吟咏情性言义理……诗词之学，自建安讫晚唐，一学也。虽各自名家而求其言之合于义理，号为知道君子，则鲜其人……去朱子之没未百年，求所谓义理之学者，不一见焉。”[②]方回所谓义理当指程朱理学，所谓“以吟咏情性言义理”，是希望诗合于理学而又不失性情之真。因而我们可以认为，方回只是反对以理学入诗中的末流。作为推尊理学的诗人，对程颢这两首诗，方回赞道：“邵尧夫一世豪杰，而安于闲退。理数之学，胸中浩然，时适有生如明道者知之。伊尹、伯夷、颜子、孟轲，其志也，非大说话。”[③]他认为邵雍不是表面看起来的“安于闲退”者，其学术道心，程颢知其志向。程颢道德学问方面没有问题，但就此二首诗作而言，它们无疑不是好诗。同时，理学家的诗多是道德心志的直接表露，且心态平和。这一点颇不同于杜甫抒写忧愁、发泄情绪、描写兴致，甚至也不同于白居易、张耒、陆游等描写个人荣辱、日常感兴、平居闲适等。方回将其选入集中，且大加赞赏，反映了方回“言义理”的诗学观念。

四、结论

方回所编《瀛奎律髓》是较早的一部主要以题材和主题作为类目的诗歌总集。它分成四十九类，在继承前代类书和总集分类基础上，又有所创新。“老寿”“忠愤”“技艺”“远外”“消遣”“兄弟”“子息”“疾病”等门类，体现了方回独特的眼光。

其中，“消遣类”值得关注。它主要以“遣兴”“杂

① 《桐江集》卷一《赵宾旸诗集序》，第361页。

② 《桐江续集》卷三十二《吴云龙诗集序》，第667页。

③ 《瀛奎律髓汇评》卷三十九，第1463页。

兴”“遣忧”等题目为标志，多表现人生际遇、处世方式和身边琐事，注重抒发个体内心的各类情绪，且深达物理、世故、人情和天道。方回在“消遣类”中选入理学家的诗歌，体现了他“以吟咏性情言义理”的诗学观念。杜甫较早大量创作“消遣体”诗，把个人愁绪和家国情怀结合起来，对消遣主题诗歌的兴起影响很大。白居易则更加关注自身如何处世，体现出独善思想。宋人在杜、白等人的基础上，大量创作消遣主题诗歌，以张耒、陆游为主要代表，更多地转向个体内心愁绪和日常生活中闲适安居的感兴体验。消遣类的设立，回应了唐宋以来诗歌写作主题由外向内转型的趋势。

《瀛奎律髓》的分类充分反映了方回的诗歌分类观念。分类是一种有意味的形式。方回充分发挥其长处，但并不拘于其中。突出表现就是“互著”方法的运用，既照顾到了诗歌内容的丰富性，又给人以多种视角解读诗歌的启发。方回还把“茶”“酒”“月”“雪”“梅花”等单独立目，非常符合文学史发展状况，也是对现实社会文化的某种关注。

分类作为一种认识世界的思维方式，在宋人手里运用得淋漓尽致。方回“所选，诗格也”[①]的断语，指出了分类立目、选录诗歌来指示作诗门径的同时，也树立了典范。通过对某类题材的集中处理，人们更好地认识典范作家的典范性题材及其作品。比如，方回设“暮夜类”，收集了暮夜题材的诗歌六十一首，其中杜诗占了十三首。这有助于我们加深对杜诗的认识。莫砺锋教授已经指出，暮夜诗是杜诗中非常重要的一类主题，名句名篇数量惊人，是唐诗艺苑中的一束奇葩[②]。清人评价说：“紫阳方氏之编诗也，合二代而荟萃之，不分人以系诗，而别诗以从类……

① 《瀛奎律髓序》，《瀛奎律髓汇评》，第1页。

② 莫砺锋《穿透夜幕的诗思——论杜诗中的暮夜主题》，《文学遗产》2009年第3期。

聚六七百年之诗于一门一类间，以观其意境之日拓，理趣之日生，所谓出而不匮，变而益新者，昭然于尺幅之间，则是编为独得已。”[①]此正说明分门别类在总结题材，进而窥视诗歌创作变化中所起的巨大作用，更显示出方法论的意义。同时，内容决定形式，《瀛奎律髓》呈现的分类形式，是基于方回安排题材和主题的需要。虽然其分类继承了前代类书和总集的门类，但归根到底还是在于方回对唐宋诗内容的认知。

最后，分类思维通过诗集编纂，已然成了一个诗学批评的手段。这体现在分类中的主观别裁。相比较而言，《文选》中的“补亡”“述德”，《文苑英华》中的“奉使”“音乐”等，就被方回舍弃。这固然受限于律诗的范围，但也表明了这些诗歌在方回看来，可能无选录之必要。又如，“登览”“山岩”类，“闲适”“郊野”类的分合交叉，突出“茶”“酒”“雪”“月”“梅花”等类，都体现了方回的主观意图。此外，选择“着题”“拗字”“变体”等作为类目，说明方回对这些诗学技巧的肯定，为其诗学观点张目。正是因为这样，分类和评点成为《瀛奎律髓》中不可分割的两个组成部分，就如方回自己所说：“所注，诗话也。”[②]这样，分类就有了文学批评上的意义。

（原载于《中国诗学研究》第19辑）

① 《瀛奎律髓汇评》，吴之振草序，第1813页。

② 《瀛奎律髓序》，《瀛奎律髓汇评》，第1页。

方回《诗思》十首的诗评取向

◎何　跞

方回是元代重要的诗论家。学界对方回诗学思想已有较为深入的研究，主要关注他对江西诗派的理论贡献，对诗歌格法的具体要求及其诗评取向等方面，并且多依托于其所编选的《瀛奎律髓》[①]。而关于方回所作的论诗诗，却少有关注。方回《桐江续集》三十六卷，前二十八卷皆为诗歌，其中包括一些论诗诗和论诗佳句，如《次韵孙元京见过言诗》"欲疗左盲治穀废，合除白俗扫元轻"；《题郭熙雪晴松石平远图为张季野作是日同读杜诗》"书贵瘦硬少陵语，岂止评书端为诗"[②]。在他的论诗诗中，有一组题为《诗思》的十首五言律诗，对其诗学思想的表述是最为明确、系统和完备的，然今虽偶有研究者引用以为材料佐

① 早在20世纪80年代即有许总《论〈瀛奎律髓〉与江西诗派》，发表于《学术月刊》1982年第6期；20世纪90年代有莫砺锋《从〈瀛奎律髓〉看方回的宋诗观》，见《文艺理论研究》1995年第3期。后有一批硕、博士论文专于研究该书诗学思想，从2004年至2013年共计8篇。近年来，研究仍然不断，关注于方回对具体单个诗人的评价。如李奎光、李良《从〈瀛奎律髓〉看方回的许浑批评》，见《中国文学研究》2009年第2期；王宏林《论方回〈瀛奎律髓〉对贾岛的独特定位》，见《文艺理论研究》2011年第5期。

② 两首诗分别见于方回《桐江续集》卷十六，《四库全书》第1193册，台湾商务印书馆1986年版，第421页；方回《桐江续集》卷十二，《四库全书》第1193册，台湾商务印书馆1986年版，第362页。

证[①]，却无专文对其进行具体研究。据其小序中所说："年甫弱冠而学吟诗，新春将八十矣。凡用六十年之工夫，仅至此地。俗人不识，晚进不知，自纪厥事凡十。"[②]可知此是方回在七十九岁时，即大德十年（1306）所作。从序中可以看出，这是他对自己一生学诗评诗的总结，也是他晚年诗学思想的集中表述。十首诗皆为有意而作，共计四十联八十句。每首中各联的排序、联中上下句的顺序都是固定的，每一句是一个意思的基本构成因子，每一联表达一个基本意思，每一首表达一种诗学思想，十首构筑起一个完整的诗论体系，展现出方回评诗的基本思想。

《诗思》较《瀛奎律髓》（成书于元至元二十年，即1283年）晚出，但意义重大。《诗思》主要是因评诗的问题而作，主体是方回的诗学评鉴思想，它和《瀛奎律髓》在诗学思想和批评理念上相通且互为印证。如学界周知的方回关于江西诗派"一祖三宗"的提法，原出自《瀛奎律髓》中方回评陈与义《清明》时所言"呜呼！古今诗人当以老杜、山谷、后山、简斋四家为一祖三宗，余可预配飨者有数焉"[③]，这在《诗思》中再次得到了印证和总结。《诗思》表达了强烈的崇杜思想，以杜甫为第一，并将黄庭坚、陈师道、陈与义列入诗中"八贤"，对他们十分推崇，且四人在八贤中的排序都未变，这未尝不是其"一祖三宗"思想的延伸和发展。另外，作为方回晚年对自己诗学评鉴思想的

① 周兴陆："方回对陈与义诗歌的推崇，集中到一点就是'格高'"，后举例"他在《诗思》十首里面说'格高为第一，意到自无双'"，见周兴陆《中国分体文学学史·诗学卷》，山西教育出版社2013年版，第403页。另如《中国文学通史》："'一祖三宗'说也被'四先生'（陶渊明、杜甫、李白、苏轼）和'八贤'（陶渊明、杜甫、韩愈、柳宗元、苏轼、黄庭坚、陈师道、陈与义）所代替（《诗思》）"，见张炯、邓绍基、郎樱《中国文学通史》，江苏文艺出版社2013年版，第137页。

② 方回《桐江续集》卷二十八，《四库全书》第1193册，台湾商务印书馆1986年版，第591页。后文所引《诗思》原诗皆出此版。

③ 方回选评，李庆甲集评校点《瀛奎律髓汇评》卷四十二，上海古籍出版社1986年版，第1149页。

集中表述，这组诗对《瀛奎律髓》在具体诗歌评鉴中呈现出的观念有着总结和升华的意义。可以说，在某种程度上，《诗思》中的诗学思想是方回论诗评诗和编选《瀛奎律髓》时潜在的思想参照，从中可窥见方回诗学评鉴的标准和整体取向，实有必要深入探究。

一、《诗思》十首中的理论体系和形式整体

方回这十首论诗诗虽题为《诗思》，却非零碎的偶思偶感。题下小序也表明这是对其“六十年之工夫”的总结，以诗的形式传世，希望有益“晚进”。第二首诗中直言“老子持公论，评诗众勿惊”，明确表示他的有意论诗。

十首诗前后承接，构架严密，构成了一个简单的诗论体系。这十首诗及其题下小序罗列如下：

年甫弱冠而学吟诗，新春将八十矣。凡用六十年之工夫，仅至此地。俗人不识，晚进不知，自纪厥事凡十。

大雅嗟麟笔，离骚叹凤弦。猗那谁与敌，羌蹇尚堪传。步仰曹刘独，名歆李杜专。无时吾不梦，携酒访斜川。

老子持公论，评诗众勿惊。更无双子美，止有一渊明。响接东坡和，肩随太白名。吾尝图画像，释菜四先生。

万古陶兼杜，谁堪配飨之？赦还儋耳海，谪死瘴城宜。无已玉堂冻，去非榕岭驰。更添韩与柳，欲筑八贤祠。

满眼诗无数，斯须忽失之。精深元要熟，玄妙不因思。默契如神助，冥搜有鬼知。平生天相我，得句匪人为。

素甚鄙南岳，幸尝忝雪窗。格高为第一，意到自无双。倏忽千军阵，雍容九鼎扛。僧敲作手势，吾可贾长江。

杨刘昆体变，谁实擅元功。万古推梅老，三辰仰醉

翁。穆修先汉笔，魏野盛唐风。今日何人悟，江湖恸阮穷。

俗子欺诗客，诗成未易工。虚声难忝窃，生理早穷空。谣诼无庸听，谆谵尔未通。阮公青白眼，留取送飞鸿。

忝窃严陵郡，依稀陆放翁。作诗逾万首，浪仕只千穷。醉卧三更后，闲吟两纪中。时时落幽梦，渔笛鉴湖东。

苕溪渔隐老，家在绩溪东。苦学多前辈，评诗出此翁。生年同孔氏，传道仰文公。烂却沙头月，谁参到此中。

蛇起新州荻，温玄业不成。已无司马氏，犹有石头城。北伐中原捷，南归大物更。菊花篱下酒，万古一渊明。

根据每首诗的内容，可理出其中的诗学理论。诗序阐明《诗思》十首的价值，是方回专记一生学诗所得。第一首指出诗史源流：雅、骚、曹、刘、李、杜、陶。第二、三首是对诗史中个别诗人、诗作的高下排序，提出诗中“四先生”、诗中“八贤”。第四首是阅读创作论，提倡由“熟读”至灵感创作。第五首是创作思维论和作品高下论，提倡“意到”则“格高”。第六、七首是关于诗学批判，提出诗学正变论，批评宋诗弊；又提出诗学接受论，并批评元代诗弊。第八、九首表达了方回的赏同，在创作上以陆游自况，在诗评上自比胡仔。第十首则涉及诗学中的时代背景及影响问题，并总结自己处于乱世的诗酒人生和心态。从中可以看出，方回以排列诸家诗人来梳理诗史，并拈出诗史中的“四先生”“八贤”，其实也是对诗人诗作的评价。十首论诗诗依次有关于诗史、诗评、阅读、创作、批判、接受、创作举例、诗评举例、时代影响，涉及诗学的许多方面，作为一个组诗形式的诗论体系已经较为完整和严密。

十首诗在语意承接和用词形式上环环紧扣；由述诗歌源流、列举众家，进入到第二首评选成就最高的四家诗人，并将“四先生”的提法加以充实提出“八贤说”；再从评诗提出怎样的灵感创作才能作出好诗的问题，引出关于宋初诗弊的变救和对时风的批判问题；接着以陆游比况自己、由胡仔评诗来比况自己的评诗，最后总结自己一生经历宋元易代的诗酒心态。其中，一首诗的开始意思往往有承接，或者由上一首尾联的句意引起。如第一首“访斜川”之后第二首便说“止有一渊明”；在说了“更无双子美，止有一渊明”之后，第三首又言“万古陶兼杜”；在“欲筑八贤祠”之后马上又生发到第四首的“满眼诗无数”；在“平生天相我，得句匪人为”之后又在第五首自美“幸尝忝雪窗”；在批了“吾可贾长江”之后又在第六首批“杨刘昆体变”；在自叹“江湖恸阮穷”之后又于第七首斥“俗子欺诗客”；在“阮公青白眼”之后又在第八首用“忝窃严陵郡”言及另一隐士；在“渔笛鉴湖东”的闲适写照后又在第九首引出另一闲逸者“苕溪渔隐老”。

在用词上，我们也可以看到方回不自觉的“诗思”轨迹。诗中用词较多相同或相似，语意亦有相似或者重复，虽从诗歌艺术的角度来看不够精练，然从诗论的角度则可见其理论的严密，同时也说明了这十首诗是作于一时。如第五首言“幸尝忝雪窗”，第七首则言“虚声难忝窃”，第八首又言“忝窃严陵郡”，“忝窃”一词频繁使用；“万古推梅老”“万古一渊明”也都用“万古”；“陶”“杜”“渊明”等接续重复出现；“携酒访斜川”和“万古一渊明”则同是表达对陶渊明的崇尚。

另外，方回的《诗思》十首还有四个形式方面的特点。一是观点表达直接。“四先生”“八贤”“精深”“格高”“意到”的提法以及“魏野盛唐风”“评诗出此翁”等论断都很直接。二是议论与形象比喻相结合。如以“千军阵”“九鼎扛”比喻“意到”时的创作。三是多用事典指代，如以“阮公”自比，以“司马氏”“石头城”比南宋亡国。四是用夸张的语词来表达自己的观点看法，如“更无双子美”“万古一渊明”等。

十首诗虽然囊括了从诗史到创作和鉴赏接受等诸多方面，但其中处处涉及高下之鉴和褒贬区分，并贯穿着方回的诗评标准，它们整体还是立足于诗评的基础，以评为主。前三首是方回对诗史的勾勒，梳理出诗史上他所赏同的诗人，其实也是其鉴赏评论的一部分。第四、五首是关于阅读和创作心理的探讨，最后又关涉对晚唐诗流于形式的批判，而由此引入具体的诗学批评。第六、七首是对一些流派和诗风的批判，而第八、九首则是对一些诗人和诗论家的赏赞。

二、《诗思》的整体诗评取向

1.重骚雅清新而次才名：关于诗史图景及“四先生”“八贤”论。

方回推崇《大雅》《离骚》，爱赏曹植、刘桢、陶渊明、杜甫、李白、苏轼、陈师道、陈与义、韩愈、柳宗元、陆游等人。《诗思》第一首从先秦开始罗列了他所喜爱的诗人，也为我们描画出方回心目中的诗史历程。即开始于骚雅“猗那”而“羌蹇”的“嗟麟”“叹凤”，开教于曹刘风骨，成就于李杜，而这样的正统诗史脉络之外又有陶渊明独辟悠闲自然一境。《诗思》第二首以杜、陶、苏、李为诗中“四先生”。第三首以陶、杜、苏、李、陈师道、陈与义、韩愈、柳宗元为诗中“八贤”。第八首则十分推赏陆游。

方回首先推尊骚雅正统。他于《诗经》崇《大雅》，于屈原作品崇《离骚》，主要是因为其“嗟麟”“叹凤”的诗歌内容和笔法。他认为作为诗歌源起的诗骚正统开始于“嗟麟”“叹凤”之笔，其中既有关乎社会和道德的言志性，也有深沉真切的个人缘情性。颔联谓《大雅》的盛大美好无与伦比，而《离骚》的羌蹇失志让人怜爱。他以“嗟麟”之“猗那”，“叹凤”之“羌蹇”来概括诗歌的骚雅传统，其中透露出他所认为的中国诗歌艺术起源的两大特点，一是美，一是悲。骚雅传统即是悲美的传统，而方回同时将美赞定位于“谁与敌”的高度，将叹悲定位于“尚堪传”的层次，还是表露了他对于诗歌传统的先雅后骚、先嗟后叹、先美后悲的正统体认。第三首的“八贤”图中，所增加的诗人陈师道、陈与义、韩愈、柳宗元，也都以有益于反映社会现实和进行诗教的骚雅正统为诗。这里，方回对骚雅诗风的理解与今所谓的骚雅传统并不完全相同。除现实主义风格外，他更着眼于其审美性和情感性，所以没有严格的“乐而不淫，哀而不伤”（语出《论语·八佾》）的平和节制，而是在言志的同时加进了浓厚的缘情因素。

方回虽以骚雅和道统为主，但也崇尚自然清新，晚年表现更加突出。贾文昭有专论方回“清新”之文，说：“在方回笔下，‘清’与‘新’不仅是评议诗歌时使用频率最高的批评标准，而且在理论上得到了多侧面的阐发。”[①]《诗思》第一首在骚雅源起之后，推尊曹植、刘桢和李白、杜甫，然于陶渊明则有特殊的崇赏。在“嗟麟”“叹凤”“步仰”“名歆”的诗史盛典中，方回却最爱诗酒隐逸的悠闲自得之境，陶渊明的诗酒人生才是方回真正的理想。关于此，可参考周静《论方回的崇陶与学陶》一文[②]。李成文认为：“方回建构了以一祖三宗为主干、上溯《诗经》风雅传统并与汉魏晋南北朝相接的诗统论，并从其所建构的道统论中汲取了建构诗统论的方法。它的哲学基础是文以载道”[③]。陈博涵《方回诗学思想与晚年趣味》说：“方回诗学趣味的转移，受益于理学思想的沾溉，其晚年推重诗歌自然天成之美，体现出折中‘格’‘韵’的努力，并以此重新确立新的诗

① 贾文昭《关于“清新”——读方回诗论札记之一》，《文艺理论研究》，1998年第6期。
② 周静《论方回的崇陶与学陶》，《求索》，2008年第3期。
③ 李成文《方回的诗统论》，《四川大学学报》，2006年第2期。

歌风尚。”[1]这里，“格”又主要相对于清新之风的道统文学风尚。有学者认为“方回论诗，并不偏执，总是兼及两端，希望在两端折中互济中求变求新，为诗歌发展寻求新的出路”，因而具有“通达唐宋的诗学眼光”，并且“张扬盛唐诗人之气象与人格精神。”[2]查洪德教授说方回“倡‘真’而黜‘俗’”[3]，可以作为两种趣尚融合的表述。其实，方回喜欢自然清新诗风，喜爱陶渊明，是跟他自己的人生经历和生活处境相关的。《诗思》第十首很明显地解释了他爱陶的缘由。由宋入元，他对元朝不满，不敢言更不敢对抗。在这首诗中他也只能通过罗列历史典故来隐晦表露自己的故国之思和对元王朝的不满。用“蛇起”“狄”来比喻北方少数民族，已经隐含了对元王朝统治的不满情绪。元朝灭宋，时移世换，方回承受变节的压力，只能以诗酒心态来对待。这种心态随着入元和年老更加浓烈，为公的骚雅正统和社会正义终被个体的存在需求所消磨，诗学也走向清新自适。

方回从关注社会政局转向诗文，他羡慕严子陵的隐逸情调，钦佩陆游的丰富创作。《诗思》第八首有以严子陵和陆游比况自己的意思。方回宋景定时为进士，知严州，降元后授建德路总管，罢官后还是往来杭、歙间，因而以出于浙江的陆游和严子陵自比。诗中谦言自己愧居隐士严子陵之地，而生平遭际依稀似如陆游。方回言陆游“作诗”很多，而“浪仕”各地，晚年还是退居家乡，醉卧三更，抒写宋金之愤，鉴湖渔笛而幽梦时落，这就好比他自己一样。不同的是方回在以陆游自况中，心态与陆游的爱国激愤不同，他在宋元换代的大背景下，最终归于一种隐逸的闲适心境，因而是“闲吟两纪中”的心态。

① 陈博涵《方回诗学思想与晚年趣味》，《北方论丛》，2013年第5期。

② 查洪德，罗海燕《从〈瀛奎律髓〉看方回的唐诗观》，《江西财经大学学报》，2010年第6期。

③ 查洪德《方回的诗人修养论》，《中国人民大学学报》，1994年第5期。

方回重骚雅和自然清新而次才名，因而《诗思》重陶渊明、杜甫而次李白、苏轼。他循言志缘情的诗学精神，重诗人情感的深挚而次才学。《诗思》第二首罗列诗中“四先生”，展露了其先杜、陶而次苏、李的诗学趣尚。方回认为杜甫和陶渊明是独一无二的，苏东坡的和气乃是接响陶渊明，李白只是诗名与杜甫比肩。从他对四人的排序和评价上看，方回最喜欢的，从为公的骚雅正统来说是杜甫，从为私的诗酒自然而言则是陶渊明，而对李白、苏东坡的豪逸才气和声名则略次之。这种论调对于众论的尊李白、苏轼而次杜甫、陶渊明确算“惊”人的论调。然而它又是紧扣第一首言“骚雅”，言“李杜”名和“访斜川”而来，只是增加了一个苏轼，是对他心目中诗史图景中成就最高的四位诗人的排序，表现了他更倾向骚雅正统和自然风格而次高才逸情的个人偏向。这种尊陶与杜的思想紧接着又在第三首首联明确地表述出来，其言“万古陶兼杜，谁堪配飨之”也是对“更无双子美，止有一渊明”的再次重申。在他所勾勒的“八贤”排名次序中也能反映出他的这种诗评取向。“八贤”在诗中的排序大致按照时间先后，但又不完全按时间排列。而结合第二首诗“更无双子美……肩随太白名”，则发现方回总是将杜甫、陶渊明并列，将苏轼、李白并称，而对南宋则只拈出二陈，最后为合“八贤”之数，又回到唐代标出韩愈、柳宗元，这也可见他更以诗歌的骚雅正统和自然清新来品评诗人，而非诗人的才名。虽然他在一联之内所述的两位诗人顺序可能因平仄押韵的需要而被颠倒，然人物两两并举，四联的先后还是将其大致序列和方回的好尚轻重展露无遗。另外，“四先生”与“八贤”的提法又有比照“文章四大家”和“唐宋八大家”的意味。

2. 方回在诗评上宗法胡仔。

方回之前，已有多位评诗大家。方回的论诗也是继承前人而来，他所学习的主要是胡仔。《诗思》第九首说：“苕溪渔隐老……谁参到此中。”意谓虽然苦学而成的前辈诗人和评诗家很多，而独有胡仔评诗水平最高。作为评诗家，方回的评诗也跟胡仔有很多相似之处。其一，《苕溪渔隐丛话》突破前人评诗以“品”分类的体例，而以“大家”“名家”为纲编纂，方回编纂《瀛奎律髓》也罗列大家、名家。他在《诗思》前三首并称“骚雅”“曹刘”“李杜”，提出诗中“四先生”“八贤”的说法，也是他以诗人为纲来评诗的证明。这样的评诗法能在反映诗歌发展史的同时，给诗人以历史定位，所以说他勾画了自己心中的诗歌发展史，同时表达了自己的好恶趣尚。其二，胡仔《苕溪渔隐丛话》主要勾勒北宋诗歌发展史，简明而形象，方回《瀛奎律髓》则罗列从唐到宋的诗人，且以宋代诗人居多，注重北宋诗史发展的正变弊救。他在《诗思》第六首专门论宋初诗弊，同时简明地勾画了宋初诗史，这一点上也同于胡仔。其三，《苕溪渔隐丛话》在诗史观上“宗唐祧宋”，在肯定宋诗历史地位的同时，又能认识到其创作得失，方回也“宗唐祧宋”。他推尊唐代杜甫，《瀛奎律髓》中选入大量杜诗，评诗也以杜法为参照。《诗思》第三首的“八贤”提法中，唐代有四人，于宋代则拈出苏轼、陈师道、陈与义三人。除苏轼是天才为诗之外，方回认为二陈是江西诗派，也是学唐代杜甫的。其四，胡仔重视北宋四大家，推尊苏轼、黄庭坚等元祐间诗人，重视杜甫对宋诗的巨大影响。而方回则在胡仔的诗论基础上，直接提出江西诗派的“一祖三宗”说，把杜甫、黄庭坚、陈师道、陈与义称为江西诗派的“一祖三宗”。

三、《诗思》的鉴赏标准

1. 文学积累和创作灵感：“格高”之诗的“意到”标准。

方回认为，在灵感基础上意到而成的作品才是好诗。他强调学诗的积累过程，认为学诗路径需由熟读精深而至灵感创作。《诗思》第四首“满眼诗无数，斯须忽失之”体现了其编写《瀛奎律髓》时面对浩瀚诗卷不免忽得忽失的阅读心理。“精深元要熟，玄妙不因思”则又概括了其阅读和创作的核心道理，即首先要读“熟”，才能对诗文领略“精深”；创作“不因”苦“思”，而是在阅读“精深”“熟”通的基础上产生，通过自然灵感，“玄妙”而出。“默契如神助，冥搜有鬼知”写出创作“玄妙”的具体内容，即如有“神助”般地与前人诗句诗思相“默契”，或者词句自与心灵相“契”，而在冥冥地静思搜索词句的过程似“有鬼知”，会自然而得。这同《文心雕龙》中所讲的“神思”是一致的。《神思》：“文之思也，其神远矣！故寂然凝虑，思接千载；悄焉动容，视通万里；吟咏之间，吐纳珠玉之声；眉睫之前，卷舒风云之色，其思理之致乎！”[①]此处方回所言与《神思》所论处于同一思维状态，只是刘勰所论是在想象的基础上产生的，而方回所论则是在阅读回忆的基础上产生的。尾联“平生天相我，得句匪人为”再次强调这种创作状态是如有“天相”，自然“得句”，而“匪人为”。方回所说乃是摒弃刻意，强调在阅读大量诗作的基础上渐渐濡染而得。

方回认为好诗需在熟读的基础上由“意到”而至，即作者的情绪和思想达到了创作的高点才能有好诗。他反对刻意“推敲”，并且认为唯有“意到”才能有“格高”之作。从对熟读和意到的要求可以看出，方回对于创作好诗的要求是循序渐进。自然而然，作者的文学素养和情绪积累都应达到一定的程度，反对刻意和矫揉造作。这其实也是一种文学求真反伪的精神。《诗思》第五首就是关于好诗标准的说明。从中也能看出方回对阔壮诗境、诗歌的力度美和创作中才力从容的赞赏，以及对刻意

① 周振甫《文心雕龙今译》，中华书局1986年版，第246页。

推敲、纤绘为诗风尚的厌弃。诗曰“格高为第一，意到自无双”，即格高为意到，意到自格高。方回的“格高”论主要是针对创作中的“意到”而言的，而不是主于“风格”。《瀛奎律髓》卷四十二说作诗应“以意为脉，以格为骨，以字为眼，则尽之”[①]。这里的“格”也是讲创作中的问题，是在“意”到前提下的有力度的高级创作。关于方回诗论中的“格高”问题，并未有确定的解释。20世纪90年代，李仲祥已探讨过方回“格高”的问题，将其与“圆熟”并举，并认为“格高”“在方回，在哪些地方使用何种意义，并未作分别”[②]。方回在这首诗里将其与“意到”并举，则又有创作心理上的意义。有学者也将“格”理解为“崇高的人格与瘦硬的风格”[③]。然从《诗思》第五首来看，方回自己已将他说的“格高”问题解释得很清楚了，“格高”即指“意到”。《诗思》整体上具有理论的严密性，这一联中的“格高”“意到”不是出于诗歌对偶的要求，更不是方回无心的偶对，因而“意到”可用来解释“格高”的内涵。

何为“意到”？颈联“倏忽千军阵，雍容九鼎扛”，就是霎时间文思泉涌、意象云凑、文辞流奔，如同“倏忽”而见“千军阵”，而诗人能够驾驭群象群言，下笔雍容不迫，如扛“九鼎”而面不改色。方回用比喻将这种创作境界形象地描述出来了，这其实就是在具有一定文学素养和写作能力基础上的灵感创作。与以“意到”为诗相反的典型例子就是贾岛那样的推敲作诗，这为方回所反对。第五首尾联“僧敲作手势，吾可贾长江”以批判的语气言道，“若琢磨推敲之字都可算写诗，那么我也可以是贾岛

① 方回选评，李庆甲集评校点《瀛奎律髓汇评》卷四十二，上海古籍出版社1986年版，第1512页。

② 李仲祥《方回论“格高”与“圆熟”》，《殷都学刊》，1998年第3期。

③ 王德明《方回的“格”论及其对晚宋诗风的批判》，《广西师范大学学报（哲学社会科学版）》，2000年第1期。

了”。这里隐晦地反映了后人诗学贾岛的陋习，如宋初形成晚唐体，元代文人也习晚唐体的现象，方回在此对其进行了批评。而在选取比喻意象时用“千军阵”“九鼎扛”，又显露了方回尚阔大和力度的壮美趣尚，这也是受元人豪壮风气的影响，与晚唐以来以推敲小绘为尚、崇尚纤巧的风尚不同。

2. 批评求工诗弊：关于宋代西昆体和元诗中的模拟求工。

在赏同之外，方回对诗歌的批评主要针对西昆体、晚唐体、江湖派等刻意求工的诗风。他批判了宋初昆体尚绮靡的弊端，并提出救弊和变风的经过，认为昆体之变，穆修、魏野已经开始，梅尧臣、欧阳修实为主力。方回认为元人尚不悟其弊，仍效昆体和江湖派余习。《诗思》第六首言：“杨刘昆体变，谁实擅元功。万古推梅老，三辰仰醉翁。”这首诗紧承第五首尾联“僧敲作手势，吾可贾长江”，对宋初晚唐体进行批判，接着批判西昆体。对于昆体之变功在于谁，方回认为梅尧臣、欧阳修是真正变其风气的主力，并追溯至穆修和魏野，说“穆修先汉笔，魏野盛唐风”，认为宋初穆修的古文具有“先汉”风骨，而魏野的诗歌其实在学贾岛、姚合之外，有盛唐之风，这些都是最初矫正西昆体的因素。他又推流而至元代，说“今日何人悟，江湖恸阮穷”，感叹“今人”，也就是元代的文人不悟。这里，方回以追溯宋初诗弊及其变救过程，反观并批判元代诗弊，以观宋诗如何走入正道来思考元诗如何走向正途。

方回于元代诗弊的批判尤甚。他主要是批判元人对诗歌“工”巧的一味追尚，认为不论是江湖派、西昆体，还是晚唐体，在诗艺形式上都追求工整细巧。《诗思》第七首：“俗子欺诗客…… 留取送飞鸿。”其中的“俗子”即指一些作诗求工而“未易工”的元代诗人。方回自己的诗学观不仅不被大众理解，反被大众尚“工”巧的诗风所摒弃，而他坚持高远的诗学思想，对众人懒以理会。此诗的内容和手法，以及在论诗诗中的地位作用，同于杜甫《戏为六绝句》中“杨王卢骆当时体，轻薄为文哂未休。尔曹身与名俱灭，不废江河万古流”[①]。

总之，《诗思》十首反映了方回的诗学思想。首先，他崇尚杜甫的写实和陶渊明的闲逸诗风，而略次李白、苏轼的天才为诗，批判晚唐体、西昆体的纤丽求工诗风。其次，他讲“熟”读“精深”，认为好诗应由“意到”至“格高”。最后，《诗思》的整体论诗基调还是“评”，而非直接阐述诗学理论。其中评诗人诗作的高低好坏、诗论的高低、创作的优劣以及诗学观的对错。方回更是一个诗评家而不是一个诗学理论家，他更善评鉴而不是对诗学理论的架构阐释，这也是中国诗学以评为主的传统使然。

除了诗学思想，《诗思》也流露了方回自己的思想情感，主要是感叹世乱，向往诗酒隐逸生活，对诗学观念和政事上缺乏知音的愤懑。“蛇起新州荻，温玄业不成”，与第一首开头“大雅嗟麟笔，离骚叹凤弦”的嗟时伤世内涵相应。最后一首尾联“菊花篱下酒，万古一渊明”的自况回扣了第一首尾联“无时吾不梦，携酒访斜川”的理想。嗟世和隐逸心理反映在他的诗学思想中，则是在高度崇尚诗骚传统和杜甫反映社会现实诗法的同时，又偏好陶渊明的隐逸闲适之风。而他说“今日何人悟，江湖恸阮穷”，“阮公青白眼，留取送飞鸿”自比阮籍，表明他心中也有深隐的思想和无奈，包括民族社会的，也包括诗学的。诗学上不为人认同，而诗文之外，方回对于自己人生经历，主要是降元亏节之事亦有介怀。他在《次韵仇仁近有怀见寄》中说：“身历干戈百战尘，休官仍似布衣贫。每看事有难行处，未见心无不愧人。”[②]他在《追用徐廉使参政子方申屠侍御致远张御使鹏飞元

① 杜甫撰，仇兆鳌详注《杜诗详注》卷十一，上海古籍出版社 1979 年版，第 899 页。
② 顾嗣立《元诗选初集 》（上），中华书局 2002 年版，第 203 页。

日倡酬韵》中又说："七十翁非浪走时，夜窗自恨赋归迟。睡稀枕上无春梦，吟苦楼前有月知。"[1]这些都构成了方回作诗和评诗的情感基础。

（原载于《北京社会科学》2016年第2期）

① 顾嗣立《元诗选初集》（上），中华书局2002年版，第212页。

《文选颜鲍谢诗评》与方回的六朝诗学观

◎赵厚均

方回（1227—1307），字万里，号虚谷，晚号紫阳居士。徽州歙县（今属安徽）人。宋末历官至严州知州，降元后曾任建德路总管。一生创作宏富，著有诗文集《桐江集》八卷、《桐江续集》三十八卷，另编有《瀛奎律髓》四十九卷、《文选颜鲍谢诗评》四卷、《续古今考》三十七卷传世。《瀛奎律髓》选取的是唐宋人的律诗，主要体现方回的唐宋诗学观；《文选颜鲍谢诗评》乃选取《文选》收录的颜、鲍、谢诸人之作品，并进行较为详细的评点，体现了方回对六朝诗的看法，再结合其《桐江集》《桐江续集》中的有关论述，可以清晰地考察出方回的六朝诗学观。

《文选颜鲍谢诗评》原刻并未传世，是四库馆臣据《永乐大典》辑出。《四库全书总目提要》云："是编取《文选》所录颜延之、鲍照、谢灵运、谢惠连、谢朓之诗，各为论次。诸家书目皆不著录，惟《永乐大典》载之。……统观全集，究较《瀛奎律髓》为胜，殆作于晚年，所见又进欤？"[①]。按，谢灵运《七里濑》篇，方回评云："《文选》注：'桐庐有七里濑，下数里至严陵濑。'予作郡七年，往来屡矣。今人皆混而言之。"按，方回于宋德祐元年（1275）知建德军府事兼节制往来驻戍军马，德祐二年（1276）二月举郡降元后仍知建德府事，元至元十八年

① 永瑢等《四库全书总目》，中华书局1965年版，第1686页。

（1281）解任建德路总管兼府尹，时年五十五岁[①]。方回在该任上正好七年，则此评语应作于其解官后；又谢灵运《登江中孤屿》评语云："此今永嘉郡江心寺无疑。予三十年前甲寅、乙卯寓郡斋往游，见徐灵晖'流来天际水，截断世间尘'诗牌，不见此诗。"[②]甲寅为1254年、乙卯为1255年，则作此评语时为1285年左右，方回时年五十九岁。诚如四库馆臣所言，《文选颜鲍谢诗评》成书比《瀛奎律髓》稍晚，体现了方回诗学的进境。

一、推崇"建安体法"与"建安风味"

建安文学作为六朝文学的开端，一直被视为此期文学的高峰，历来受到很高的评价。方回是把建安文学当作典范来看待的。在《文选颜鲍谢诗评》的诸家评语中，方回经常将其与建安文学作比较，推举"建安体法"与"建安风味"。

先看"建安体法"。鲍照《咏史诗》方回评云："此诗八韵，以七韵言繁盛之如彼，以一韵言寂寞之如此。左太冲《咏史》第四首亦八韵，前四韵言京城之豪侈，后四韵言子云之贫乐，盖一意也。明远多为不得志之辞，悯夫寒士下僚之不达，而恶夫逐物奔利者之苟贱无耻，每篇必致意于斯。唐以来诗人多有此体，李白、陈子昂集中可考，而近代刘屏山为五言古诗，亦出于此，参以建安体法。"[③]刘子翚，字彦冲，号屏山，又号病翁，宋代理学家、诗人，著有《屏山集》。朱熹《跋病翁先生诗》曰："此病翁先生少时所作《闻筝诗》也。规模意态，全是

① 参见毛飞明《方回年谱与诗选》，杭州大学出版社1993年版，第28页、第35页、第40页。

② 方回选评，李庆甲集评校点《瀛奎律髓汇评》，上海古籍出版社2005年版，第1879页。本文《瀛奎律髓汇评》资料，皆出此版，兹不另注。

③ 《瀛奎律髓汇评》，第1851页。

学《文选》乐府诸篇，不杂近世俗体，故其气韵高古，而音节华畅，一时辈流少能及之。”[①]可知其对六朝诗多有取法。洪迈《容斋三笔》卷二“题咏绝唱”条云：“吴傅朋游丝书，赋诗者以百数……刘子翚彦冲古风一篇，盖为绝唱……此章（指《吴傅朋游丝帖歌》，见《屏山集》卷十四）尤为驰骋痛快，且卒章含讥讽，正中傅朋之癖。”[②]《吴傅朋游丝帖歌》卒章奏雅，与鲍照《咏史诗》章法相似，即方回所云“唐以来诗人多有此体”之体。刘屏山诗取法建安诗所体现出的“气韵高古，而音节华畅”“驰骋痛快”的诗歌风貌，应是方回所云“建安体法”的内涵。胡仔曾引范温《潜溪诗眼》云：“建安诗辩而不华，质而不俚，风调高雅，格力遒壮，其言直致而少对偶，指事情而绮丽，得风雅骚人之气骨，最为近古者也。”[③]在这里，“辩而不华，质而不俚，风调高雅，格力遒壮”即指“体”，乃诗歌的风格体貌[④]；“其言直致而少对偶，指事情而绮丽”即指“法”。方回在《文选颜鲍谢诗评》中也多次言及。评谢惠连《泛湖归出楼中玩月》云：“惠连少年工诗文，此篇十六句之内十二句对偶亲的，绮靡细润，然言景不可以无情，必有‘近瞩窥幽蕴，远视荡喧嚣’及末句，乃成好诗。若灵运则尤情多于景，而为谢氏诗之冠。散义胜偶句，叙情胜述景。能如是者，建安可近矣。”[⑤]“散义胜偶句，叙情胜述景”，正是建安体法的主要特征。建安诗歌句法上的主要特点即是多散句，少对偶；内容上则“怜风月，狎池苑，述恩荣，叙酣宴”，情多于景。方回在这里肯定谢灵运的

① 朱熹《晦庵先生朱文公文集》卷八十四，《四部丛刊》本，第 39 页。

② 洪迈《容斋随笔》，上海古籍出版社 1978 年版，第 440—441 页。

③ 胡仔《苕溪渔隐丛话》前集卷一，人民文学出版社 1962 年版，第 4 页。

④ 王运熙先生《中国古代文论中的“体”》一文，对“体”这一术语有详细的讨论，可参看《中国古代文论管窥（增补本）》，上海古籍出版社 2006 年版，第 23—34 页。

⑤ 《瀛奎律髓汇评》，第 1852—1853 页。

情多于景虽非康乐诗的真正成就所在[①]，属于比较保守的观念，但对建安诗歌特质的把握还是非常精准的。

建安体法之外，方回还提出了建安风味的概念。在评颜延之《秋胡诗》时，方回云："此诗九章，章十句，颇伤于多。陶渊明赋桃源、三良、荆轲，何其简而明也。然此亦善铺叙……'原隰多悲凉'以下四句，'岁暮临空房'以下四句，颇有建安风味。"[②]"原隰多悲凉"以下四句为"原隰多悲凉，回飙卷高树。离兽起荒蹊，惊鸟纵横去"，写秋胡行役途中之景；"岁暮临空房"以下四句为"岁暮临空房，凉风起坐隅。寝兴日已寒，白露生庭芜"，写秋胡妻独居空房凄冷之景。这几句诗以景写情，并有一股凄清之气。将其与曹植《赠白马王彪》中的"秋风发微凉，寒蝉鸣我侧。原野何萧条，白日忽西匿。归鸟赴乔林，翩翩厉羽翼。孤兽走索群，衔草不遑食"诸句相比较，即可见两者风味的接近。方回于谢灵运《拟魏太子邺中集诗八首》，摘拟曹丕、王粲句云"此全是晋、宋诗，建安无此"；摘拟陈琳、徐干句云"皆不似建安"；摘拟刘桢、应玚、阮瑀、曹植句云"皆规行矩步，甃砌妆点而成，无可圈点，全无所谓建安风调。"[③]风调亦即风味。康乐诗中"规行矩步，甃砌妆点而成"的作品，是没有建安风调的。在方回这里，建安风味是比建安风骨内涵更为丰富的概念，指建安文学所体现出的独特艺术个性和风貌，一言以蔽之：混然天成。方回在《文选颜鲍谢诗评》

① 方回评谢灵运《石壁精舍还湖中作》亦云："灵运所以可观者不在于言景，而在于言情。"实际上，谢灵运山水诗的优点不在情胜于景，而是情与景的结合，王夫之对其高度评价皆寓目于此。《古诗评选》卷五谢灵运《登上戍石鼓诗》评语云："言情则于往来动止、缥缈有无之中，得灵蠁而执之有象；取景则于击目经心、丝分缕合之际，貌固有而言之不欺。而且情不虚情，情皆可景；景非滞景，景总含情。"见《船山全书》第 14 册，岳麓书社 2011 年版，第 736 页。《邻里相送至方山》评语云："情景相入，涯际不分，振往古，尽来今，唯康乐能之。"同上，第 731 页。

② 《瀛奎律髓汇评》，第 1849 页。

③ 《瀛奎律髓汇评》，第 1903—1905 页。

中曾两度提及，评谢灵运《登池上楼》："此句（指'池塘生春草，园柳变鸣禽'）之工，不以字眼，不以句律，亦无甚深意奥旨。如古诗及建安诸子'明月照高楼''高台多悲风'，及灵运之'晓霜枫叶丹'，皆天然混成，学者当以是求之。"[①]评《永初三年七月十六日之郡初发都》："此诗排比整密。建安诸子，混然天成，不如此。陶渊明剥落枝叶，不如此。"[②]虽然两处评语一是肯定康乐诗，一是批评康乐诗，但所持的标准皆是建安诗的"天然混成"或"混然天成"。

方回论诗，主张"格高为第一，意到自无双"（《诗思》十首其五）[③]，建安诗之体法与风味无疑是符合其标准的。在评论颜鲍谢诸家诗作时，方回乃悬置为高标，时常予以批评。如评谢灵运《从游京口北固应诏》："'原隰荑绿柳'一联，艳而过于工，建安诗岂有是哉？"[④]"原隰荑绿柳，墟囿散红桃"一联，色彩艳丽，对仗工整，与建安诗的天然混成有一定的距离；评谢灵运《于南山往北山经湖中瞻眺》云："解作谓雷雨，升长谓草木，用两卦名为偶，建安诗无是也。"[⑤]以卦名对偶，过于尖巧，亦与建安诗"直致而少对偶"的诗法追求不符。评谢灵运《九日从宋公戏马台集送孔令诗》云："《易》曰：'有孚，饮酒，无咎。'《诗序》曰：'鹿鸣废则和乐缺矣。'此诗云'饯宴光有孚，和乐隆所缺'，善用事，又善用韵，建安诗则不如此

① 《瀛奎律髓汇评》，第1855页。

② 《瀛奎律髓汇评》，第1876—1877页。

③ 方回曾多次强调格高，《唐长孺艺圃小集序》："诗以格高为第一。"《瀛奎律髓》卷二十一："诗先看格高而意又到语又工，为上；意到语工而格不高，次之；无格无意又无语，下矣。"据顾易生等先生的意见，"格高"的内涵包括：诗体浑大、剥浮落华、瘦硬枯劲、恢张悲壮、自然质朴、豪放深蕴等，见顾易生等《宋金元文学批评史》，上海古籍出版社1996年版，第934—935页。

④ 《瀛奎律髓汇评》，第1853页。

⑤ 《瀛奎律髓汇评》，第1858页。

之细而必偶也。”[①]方回虽肯定该诗“善用事，又善用韵”，但对其“细而必偶”仍致不满，认为与建安诗不类。他评谢灵运《拟魏太子邺中集诗》云：“建安诗有古诗十九首规格，晋人至高莫如阮籍《咏怀》，尚有径庭，灵运山水之作细润幽怨、纡余开爽则有之矣，非建安手也。”[②]方回于“细润”之作颇不以为然，评谢惠连《泛湖归出楼中玩月》云：“此篇十六句之内十二句对偶亲的，绮靡细润，然言景不可以无情，必有‘近瞩窥幽蕴，远视荡喧嚣’及末句，乃成好诗。”[③]《瀛奎律髓》卷一评张祜《金山寺》云：“大历十才子以前，诗格壮丽悲感。元和以后，渐尚细润，愈出愈新。而至晚唐，以老杜为祖，而又参此细润者，时出用之，则诗之法尽矣。”[④]无论康乐、宣远诗，还是晚唐诗，一涉细润，即与建安诗的格力遒壮存在较大差距，便为方回所批评。评谢朓《和王主簿怨情》：“‘花丛乱数蝶，风帘入双燕。’灵运、惠连、颜延年、鲍明远，在宋元嘉中未有此等绮丽之作也。齐永明体自沈约立为声韵之说，诗渐以卑，而玄晖诗徇俗太甚，太工太巧，阴、何、徐、庾继作，遂成唐人律诗，而晚唐尤纤琐，盖本原于斯。”[⑤]对谢朓诗的批评主要在于气格卑俗与过于工巧，这与其在《瀛奎律髓》卷十四中对许浑的批评如出一辙：“许用晦……其诗出于元、白之后，体格太卑，对偶太切。陈后山《次韵东坡》有云：‘后世无高学，举俗爱许浑。’以此之故，予心甚不喜丁卯诗。……而近世晚近，争由此入，所以卑之又卑也。”[⑥]在《瀛奎律髓》中对姚合以及永嘉四灵，他持同样的态度，“予谓诗家有大判断，有小结裹。姚之诗专在小

① 《瀛奎律髓汇评》，第 1845 页。
② 《瀛奎律髓汇评》，第 1906 页。
③ 《瀛奎律髓汇评》，第 1852—1853 页。
④ 《瀛奎律髓汇评》，第 14 页。
⑤ 《瀛奎律髓汇评》，第 1902 页。
⑥ 《瀛奎律髓汇评》，第 509—510 页。

结裹，故四灵学之”①，“盛唐律，诗体浑大，格高语壮。晚唐下细工夫，作小结裹，所以异也”②。“所谓‘小结裹’即是过求工巧，对偶细密，所见又窄，不过写些花竹茶酒等身边琐物，故格调不高，气象不宏。”③格卑与工巧的晚唐诗及永嘉四灵诗同样为方回所不喜。

由此可见，方回虽然没有直接评述建安诗歌，但是在品评元嘉、永明诗时却时常以建安诗为参照，对建安体法和建安风味予以推重，展现了他的诗学追求。

二、肯定元嘉、永明文学的成就

既然方回时常批评颜鲍谢诸家诗作，那么他是否对元嘉、永明文学就予以全盘否定了呢？当然不是，否则他何苦在晚年来选评颜鲍谢诗呢！陆时雍《诗境总论》云：“诗至于宋，古之终而律之始也。体制一变，便觉声色俱开。”④沈德潜《说诗晬语》卷上亦云：“诗至于宋，性情渐隐，声色大开，诗运一转关也。”⑤两人所论皆立足于刘宋诗坛的新变意义，并成为讨论元嘉文学的经典论断。其实远早于他们的方回，也敏锐地把握了元嘉以来诗风的转变，故从《文选》中单独拈出元嘉、永明文学的大家予以品评。

上文言及，方回常以建安体法和建安风味为准绳，对颜鲍谢诸家诗多有批评，主要是因诸家诗多追求对偶与组丽。不过，诸家中出于自然的作品也会得到方回的肯定。诸人中，方回最为欣赏的是谢灵运，对其正面的评价有很多，如方回评谢灵运《登池

① 《瀛奎律髓汇评》，第 340 页。
② 《瀛奎律髓汇评》，第 529 页。
③ 顾易生等《宋金元文学批评史》，上海古籍出版社 1996 年版，第 932 页。
④ 丁福保《历代诗话续编》，中华书局 1983 年版，第 1406 页。
⑤ 沈德潜《说诗晬语》，人民文学出版社 1979 年版，第 203 页。

上楼》云："此句（指'池塘生春草，园柳变鸣禽'）之工，不以字眼，不以句律，亦无甚深意奥旨，如古诗及建安诸子'明月照高楼''高台多悲风'，及灵运之'晓霜枫叶丹'，皆天然混成，学者当以是求之。"[①]他又评谢灵运《石壁精舍还湖中作》云："灵运所以可观者，不在于言景，而在于言情。'虑澹物自清，意惬理无违'，如此用工，同时诸人皆不能逮也。至其所言之景，如'山水含清晖''林壑敛暝色'，及他日'天高秋月明''春晚绿野秀'，于细密之中时出自然，不皆出于织组。颜延年、鲍明远、沈休文虽各有所长，不到此地。"[②]谢灵运天然混成、细密自然的作品为方回所激赏，其地位亦被置于颜鲍诸人之上。方回评颜延之《和谢监灵运》云："此诗凡七八折，铺叙非不整矣，用事用字非不密矣，以鲍照之说裁之，则谓之雕缋满眼可也。如灵运诗'昏旦变气候，山水含清晖。清晖能娱人，游子澹忘归。'天趣流动，言有尽而意无穷。似此之类，恐延之未敢到也。"[③]方回不喜颜延之诗的整密雕缋，推重谢灵运的天趣流动。《禁脔》云："天趣者，自然之趣耳。"[④]谢灵运之诗，素有"如初发芙蓉，自然可爱"[⑤]之评，沈德潜《说诗晬语》亦云："陶诗合下自然，不可及处，在真在厚；谢诗经营而返于自然，不可及处，在新在俊。""大约匠心独造，少规往则，钩深极微，而渐近自然。"[⑥]谢灵运诗经雕琢而返于自然，方回对其肯定，是与欣赏建安风味一脉相承的。

方回论诗亦重意趣。前文曾引述方回评谢灵运诗"叙情胜述景"，虽然这"情"可能包含玄言说理的内容，但对谢诗之意

---

① 《瀛奎律髓汇评》，第1855页。
② 《瀛奎律髓汇评》，第1857页。
③ 《瀛奎律髓汇评》，第1872页。
④ 何汶《竹庄诗话》，中华书局1984年版，第396页。
⑤ 李延寿《南史》，中华书局1975年版，第881页。
⑥ 《说诗晬语》，第203页。

趣，方回还是十分嘉许的。方回评谢朓《始出尚书省》云："诗排比多而兴趣浅。三谢惟灵运诗喜以老庄说道理，写情愫，述景则不冗，寄意则极怨，为特高云。"[①]方回不满谢朓诗的"兴趣浅"，而肯定谢灵运诗"以老庄说道理，写情愫"。他评谢灵运《永初三年七月十六日之郡初发都》云："此诗排比整密，建安诸子，混然天成，不如此。陶渊明剥落枝叶，不如此，但当以三谢诗观之，则灵运才高词富，意怆心怛，亦未易涯涘也。"[②]方回虽不喜谢诗之"排比整密"，但亦肯定其"才高词富，意怆心怛"，所重者仍是灵运诗之意趣。

元嘉与永明文学处于古体向近体过渡的关键时期，其创作技巧、风貌等常为后世名家所取法，颜鲍谢诸人作为凌绝一代的大家，也必然给其后的文学创作带来较大的影响。方回在选评时亦会寓目于此，或对其正面影响予以肯定，或对其负面影响提出批评。他评颜延之《和谢监灵运》云：

> 此诗凡七八折，铺叙非不整矣，用事用字非不密矣，以鲍照之说裁之，则谓之雕缋满眼可也。如灵运诗："昏旦变气候，山水含清晖。清晖能娱人，游子澹忘归。"天趣流动，言有尽而意无穷。似此之类，恐延之未敢到也。如："桃李春风一杯酒，江湖夜雨十年灯。"未是山谷奇处。"石吾甚爱之，勿遣牛砺角。牛砺角尚可，牛斗残我竹。"乃山谷奇处也。学者学《选》诗，近世无其人。惟赵汝譡近三谢，犹有甃砌之迹，而失于舒缓，步步规随，无变化之妙云。[③]

① 《瀛奎律髓汇评》，第1899页。

② 《瀛奎律髓汇评》，第1876—1877页。

③ 《瀛奎律髓汇评》，第1872—1873页。

上文曾引述该段文字前半，谓方回欣赏康乐诗的天趣流动。在后半，方回忽荡开一笔，先说黄庭坚的名句“桃李春风一杯酒，江湖夜雨十年灯”尚不足为奇，因为此联看似平常，实则是经过精心锤炼的，与方回推举的“混然天成”或“天趣流动”不符；而“石吾甚爱之”诸句却是质朴自然，涉笔成趣。吕本中《吕氏童蒙训》云：“或称鲁直‘桃李春风一杯酒，江湖夜雨十年灯’，以为极至。鲁直自以此犹砌合，须‘石吾甚爱之，勿遣牛砺角。牛砺角尚可，牛斗残我竹’，此乃可言至耳。”[①]方回或许曾见过吕本中的记载，不过在此拈出，用以呼应他对“天趣流动”的偏爱，也是非常恰当的。随后，方回又举出赵汝譡学三谢，“有甃砌之迹”“无变化之妙”，亦是从元嘉诗人对后世的影响着眼。

谢朓作为永明新体诗的代表，往往被视为唐诗的先声，对后世诗风有较大的影响。前文曾举方回对谢朓《和王主簿怨情》的评语，他针对太工太巧、过于卑俗的诗风，尤其是对晚唐诗进行批评，其导源即在于谢朓诗。他又评谢朓《游东田》云：“起句佳，‘远树’‘生烟’之联尤佳，‘鱼戏新荷动，鸟散余花落。’佳之尤佳，然磔元气甚矣。阴铿、何逊、庾信、徐陵、王褒、张正见、梁简文、薛道衡诸人诗，皆务出此。而唐人诗无不袭此等语句，灵运、惠连在宋永初、元嘉间犹未甚也。‘宋六十岁至于齐，而玄晖出焉。’唐子西之论有旨哉。”[②]“鱼戏”二句，陈祚明以为：“生动飞舞，写景物之最胜者，调亦未坠。”[③]方回也称其为“佳之尤佳”，对谢朓诗的佳句予以充分肯定，随即笔锋一转，谓诸句“磔元气甚矣”，则语含批评。所谓“磔元

① 《苕溪渔隐丛话》，第 321 页。

② 《瀛奎律髓汇评》，第 1861—1862 页。

③ 陈祚明《采菽堂古诗选》，上海古籍出版社 2008 年版，第 646 页。

气”，即是指其过于工巧，缺乏混然天成的意趣，已远离古体诗的风貌。故接下即云自阴铿以下，乃至唐人诗，皆承袭此风。子西之论，即宋人唐庚《语录》所云：“诗至玄晖语益工，然萧散自得之趣，亦复少减，渐有唐风矣。于此可以观世变也。”[①]“萧散自得之趣”即禀之“元气”而达成的“天趣”。两人对谢朓诗的工巧皆击节称赏而又略致批评。

其他如评鲍照《东武吟》云：“诗有笔力，如转石下千仞山，衮衮轰轰不可御。李太白诗甚似之。”[②]评鲍照《出自蓟北门行》云：“少陵诗：‘汉时长安雪一丈，牛马寒毛缩如猬。’鲍用又在先也。”[③]评谢朓《郡内高斋闲坐答吕法曹》云：“柳子厚诗曰：‘遥怜郡斋好，谢守但临窗。’用‘窗中列远岫’是也。”[④]评谢朓《和王主簿怨情》：“‘一顾重’而‘千金贱’，此联乃绝佳……杜荀鹤‘风暖鸟声碎，日高花影重’之作，全得此格。”[⑤]皆是从诗歌技巧的角度出发来观照元嘉、永明诗人对后世的影响。方回评谢灵运《于南山往北山经湖中瞻眺一首》云：“‘孤游非情叹，赏废理谁通。’谓已之独游于此，不以真情形之叹咏，则赏心之事之人既废，此理谁与通乎？意极哀惋。柳子厚永州诸诗多近此。”[⑥]他认为柳宗元遭贬后作品的意蕴与谢灵运相近，又从思想情感着眼来分析谢灵运的影响。凡此，皆可见方回在评价颜鲍谢诸人诗时，是有较为敏锐的诗学发展眼光的。

---

① 《苕溪渔隐丛话》，第 8 页。
② 《瀛奎律髓汇评》，第 1888 页。
③ 《瀛奎律髓汇评》，第 1889 页。
④ 《瀛奎律髓汇评》，第 1873 页。
⑤ 《瀛奎律髓汇评》，第 1902 页。
⑥ 《瀛奎律髓汇评》，第 1858 页。

三、江西诗法的批评实践

方回在《瀛奎律髓》一书中选评唐宋律诗，常从章法、句法、字法等角度着眼，对这些作品进行评价，体现了他对江西诗派诗法的承继和对宋末江湖、四灵诗风的反拨。《文选颜鲍谢诗评》也同样从章法等入手来评价诸人诗歌。

方回论诗重意脉，尝谓“律为骨，意为脉，字为眼，此诗家大概也”[①]，被视为“方回论创作方法的总纲”[②]。其评谢灵运《过始宁墅》：“诗有形有脉，以偶句叙事述景，形也。不必偶而必立论尽意，脉也。古诗不必与后世律诗不同，要当以脉为主。如此诗‘剖竹守沧海’以下五联，十句皆偶，未为奇也。前八句不偶，则有味矣。”[③]在方回看来，用工整的对偶句叙事写景，只是外在的形式；在不必对偶之处，立论尽意，才是全诗的气脉，从而贯串全诗，品之有味。他评谢惠连《泛湖归出楼中玩月》云：“惠连少年工诗文，此篇十六句之内十二句对偶亲的，绮靡细润。然言景不可以无情，必有‘近瞩窥幽蕴，远视荡喧嚣’及末句，乃成好诗。”[④]此评虽未提及形脉，但其认为“日落泛澄瀛”以下十二句“对偶亲的，绮靡细润”，乃偶句叙景，是其所说的“形”；“近瞩窥幽蕴”以下四句言情，乃立论尽意，即是脉。他评谢灵运《于南山往北山经湖中瞻眺》云：“此诗述事写景。自‘天鸡弄和风’以上十六句，有人佳句，可脍炙。然非用‘抚化’‘览物’一联以缴之，则无议论无归宿矣，此灵运诗高妙处。”[⑤]此处亦是注重以议论立意，贯串上下文

① 方回《桐江集》，《续修四库全书》集部第1322册，上海古籍出版社2002年版，第368页。

② 《宋金元文学批评史》，第936页。

③ 《瀛奎律髓汇评》，第1877页。

④ 《瀛奎律髓汇评》，第1852—1853页。

⑤ 《瀛奎律髓汇评》，第1858页。

的脉络。因方回对意脉的重视，故而常立足于诗歌的章法予以品评，如评颜延之《始安郡还都与张湘州登巴陵城楼作》云：

> 此诗十韵。“江汉分楚望，衡巫奠南服。三湘沦洞庭，七泽蔼荆牧。”起句二韵，大概言地势。郊外曰“牧”，“荆牧”言七泽之野也。末韵“请从上世人，归来艺桑竹”，有感于“存没竟何人，炯介在明淑”而云。初不明言“炯介”“明淑”为进为退，而为“松竹”之句，则意在退也。①

方回于该诗之起结相承剖析得颇为细致。又如评谢瞻《张子房诗》《于安城答灵运》，他几乎逐句分析诗意，于全诗之意脉也就了然；评鲍照《苦热行》亦立足于章法与立意。

方回《跋俞则大诗》云：“一首中必当有一联佳，一联中必当有一句胜，一句中必当有一字为眼。”②故而方回对颜鲍谢诸人的佳句每多称赏。他评颜延之《夏夜呈从兄散骑车长沙》云：“‘夜蝉当夏急，阴虫先秋闻。岁候初过半，荃蕙岂久芳’，四句可书，‘阴虫’一句尤佳。”③评鲍照《白头吟》云：“‘心赏’‘貌恭’一联，至佳，至佳。”④评谢混《游西池》云：“起句十字亦佳……‘高台眺飞霞’‘水木湛清华’两句俱佳。”⑤凡此均立足于佳句而言。谢朓是永明新体诗的代表，“撰造精

① 《瀛奎律髓汇评》，第 1884 页。

② 方回《桐江集》，《续修四库全书》集部第 1322 册，上海古籍出版社 2002 年版，第 431 页。

③ 《瀛奎律髓汇评》，第 1871 页。

④ 《瀛奎律髓汇评》，第 1891 页。

⑤ 《瀛奎律髓汇评》，第 1852 页。

丽，风华映人”[①]，“奇章秀句，往往警遒”[②]，故方回对其佳句的评赏尤多。评《晚登三山还望京邑》：“起句……极佳，李白云：‘解道澄江净如练，令人却忆谢玄晖。’此一联尤佳也。”[③]评《休沐重还道中》：“此二句指‘还邛歌赋似，休汝车骑非’，极佳……‘楚山’‘吴岫’二句亦佳……最后句终期退闲，其思缓而不迫，尤有味也。”[④]评《游东田》云：“起句佳，‘远树’‘生烟’之联尤佳，‘鱼戏新荷动，鸟散余花落’，佳之尤佳。”[⑤]评《之宣城出新林浦向板桥》：“‘天际识归舟，云中辨江树’，古今绝唱。”[⑥]评《和王主簿怨情》“生平一顾重，宿昔千金贱”句：“此联乃绝佳。”[⑦]方东树《昭昧詹言》卷七云：“玄晖诗如花之初放，月之初盈，骀荡之情，圆满之辉，令人魂醉。”[⑧]尽管方回曾批评谢朓诗过于工巧，但当面对谢朓的佳句时，方回还是由衷地喜欢。

方回论诗极重诗眼，尝云：“未有名为好诗而句中无眼者。”[⑨]在《瀛奎律髓》中时有“诗眼”“字眼”和“句眼”等术语的运用[⑩]，方回品评颜鲍谢诸人诗，亦常立足于此。他评谢灵运《登江中孤屿》：“‘孤屿媚中川’，‘媚’字句中眼也。‘怀新道转迥’，此句尤佳。”[⑪]评《初发石首城》：“‘微命察如

---

① 《历代诗话续编》，第996页。
② 钟嵘《诗品集注》，上海古籍出版社2011年版，第392页。
③ 《瀛奎律髓汇评》，第1887页。
④ 《瀛奎律髓汇评》，第1886页。
⑤ 《瀛奎律髓汇评》，第1861页。
⑥ 《瀛奎律髓汇评》，第1885页。
⑦ 《瀛奎律髓汇评》，第1902页。
⑧ 方东树《昭昧詹言》，人民文学出版社1961年版，第186页。
⑨ 《瀛奎律髓汇评》，第348页。
⑩ 参见詹杭伦《方回的唐宋律诗学》，中华书局2002年版，第140—143页；田金霞《方回〈瀛奎律髓〉研究》中国社会科学出版社2015年版，第175—180页。
⑪ 《瀛奎律髓汇评》，第1879页。

丝’，‘察’字尤佳。”[①]评谢惠连《西陵遇风献康乐》：“五章，章八句，仅有四句佳。‘积素惑原畴’，‘惑’字佳。”[②]评谢朓《京路夜发》：“‘徂两’二字甚佳。”[③]诸评语或直接指出何字为句眼，或只称某字佳，无疑皆立足于诗眼而言。由此可见方回对江西诗法的服膺，也是刘宋元嘉以来诗歌“俪采百字之偶，争价一句之奇。情必极貌以写物，辞必穷力而追新”[④]的诗学追求的结果。

尽管元嘉、永明诗歌已渐趋雕琢，但对句法尚不是很在意。因此方回在《文选颜鲍谢诗评》中很少论及句法，仅见一例。他评鲍照《结客少年场行》：“‘九途平若水，双阙似云浮’，此亦古诗蹉对句法。”[⑤]则点出其特殊的蹉对句法。“九途”两句按正常的对偶应为“九途平若水，双阙浮似云”，但鲍照打破了正常的语序，形成了陌生化的对偶效果。蹉对的概念，最早由沈括提出，《梦溪笔谈》卷十五云：“如《九歌》：‘蕙肴蒸兮兰藉，奠桂酒兮椒浆。’当曰‘蒸蕙肴’，对‘奠桂酒’，今倒用之，谓之蹉对。”[⑥]唐宋人已习用该句法，唐前期只是偶尔用之，方回将之抉发出来，亦可以见其诗学追求。

四、余论

方回在《文选颜鲍谢诗评》一书中，通过多角度、多层面

① 《瀛奎律髓汇评》，第1880页。
② 《瀛奎律髓汇评》，第1868页。
③ 《瀛奎律髓汇评》，第1887页。
④ 刘勰《文心雕龙义证》，上海古籍出版社1989年版，第208页。
⑤ 《瀛奎律髓汇评》，第1889页。
⑥ 胡道静《新校正梦溪笔谈》卷十五，中华书局1957年版，第161页。沈括之后，常有论及该句法者，侯体健对此问题有细致梳理，可参见《试谈唐宋诗文中的“交蹉语次”与“感官优先”——“石五六鹢”句修辞性诗艺的两种解读》，见《中国韵文学刊》2010年第3期，第1006—2491页。

的品评，展示了他对六朝文学的认识：既标举天然混成的建安风味，又不废元嘉、永明新声，同时还时刻不忘其所秉承的江西诗法，对名章迥句进行品评。当然，由于选诗的限制，这并不能完全代表他的六朝诗学观。六朝诗人中，方回其实最看重的还是陶渊明。《文选颜鲍谢诗评》中曾两次将陶渊明诗与诸人比较，卷一评颜延之《秋胡诗》云："此诗九章，章十句，颇伤于多。陶渊明赋桃源、三良、荆轲，何其简而明也。"[1]卷三评谢灵运《永初三年七月十六日之郡初发都》云："此诗排比整密。建安诸子混然天成不如此，陶渊明剥落枝叶不如此。"[2]一以"简而明"批评"伤于多"，一以"剥落枝叶"批评"排比整密"，皆赞赏陶诗摒弃浮华、剥落枝叶的简劲和平淡 。在其他文章中，方回也表达了对陶渊明的偏爱，《送俞唯道序》云："五言古，陶渊明为根柢，三谢尚不满人意。"[3]以陶渊明为五言古诗之代表，三谢尚不能尽如人意。《跋冯庸居恪诗》云："诗有韵之文也……汉有建安四子，晋有陶渊明，唐有李、杜、陈、韦、韩、柳，此后世之所谓诗也 。予独悲夫近日之诗，组丽浮华，祖李玉溪；偶比浅近，尚许郢州。诗果如是而已乎？"[4]他在标举六朝诗人时也仅举出建安四子和陶渊明，而忽略颜鲍谢诸人。个中原因，一方面是与宋代陶渊明得到普遍的重视有关，另一方面则是由于方回欲以陶渊明之格高与淡而有味来扫除永嘉四灵和江湖诗派的卑弱，且力矫江西诗派末流之弊[5]。综合考察方回对六朝诗人的评价，大抵是以陶渊明居首，建安诸子次之，颜鲍谢诸人又次之。只是颜鲍谢诸人处于古体向近体过渡的关键时期，创作上有不少优秀的

---

① 《瀛奎律髓汇评》，第 1849 页。

② 《瀛奎律髓汇评》，第 1876—1877 页。

③ 《桐江集》，第 377 页。

④ 《桐江集》，第 433—434 页。

⑤ 参见刘飞、赵厚均《方回崇陶与南宋后期江西诗派的自赎》，《文艺理论研究》2014 年第 1 期，第 185—195 页。

作品，且对后世产生较大的影响，故方回不惮辞费，在晚年选评诸人诗歌，开启“选诗”专题研究的先河，且充分展示其诗学见解，与其他著述一道构建其六朝诗学观。

（原载于《文艺理论研究》2018年第6期）

周密《癸辛杂识》“方回”条考辨

◎詹杭伦

《癸辛杂识》别集上详载由宋入元作家方回的“秽行”，而后世多从其说。《四库全书总目·桐江续集提要》云：“回人品卑污，见于周密《癸辛杂识》者，殆无人理。”方回在《元史》无传，清人曾廉修《元书》曾为方回立传，然所据材料、所持观点亦不出《癸辛杂识》。明代都穆《南濠诗话》载有人尝欲为方回辩诬，但因未列证据，故反被四库馆臣所讥，斥为“其说荒唐，殆不足辨”（《四库癸辛杂识提要》）。笔者曾将《癸辛杂识》所记方回事同其他元人对方回的评论及方回自述生平详加比勘，见若干抵牾未合之处，故不避“荒唐”之嫌，择要考辨如次，以求还历史人物的本来面目。

一、关于“乙亥上书”

乙亥即宋恭帝德祐元年（1275）。此年元军大举攻宋，时任宰相的贾似道率军在鲁港与元兵决战。身为主帅的贾似道仓皇失措，贪生怕死，临阵脱逃，导致宋军主力全部瓦解，史称“鲁港丧师”。此后，方回及某些宋廷官员曾先后上书请诛似道，以惩其误国之罪，这便是“乙亥上书”。而周密《癸辛杂识》是这样评述此事的：

> 回为庶官时，尝赋《梅花百咏》以谀贾相，遂得朝除。及贾之贬，方时为安吉倅，虑祸及己，遂反锋上十可斩之疏，以掩其迹。时贾已死矣，识者薄其为人，有士人尝和其韵，有云：“百诗已被梅花笑，十斩空余谏草存。”所谓十可斩者，盖指贾之幸、诈、贪、淫、褊、骄、吝、专、谬、忍十事也。以此遂得知严州。

按此语与他人和方回自述有两点出入之处：其一，方回除朝官，不靠谀贾相得来；方回与贾似道的矛盾，在其登第之时（宋景定壬戌三年，1262年），即已构成。元人陈栎在《答吴仲文问》中，曾说明此事。吴问道：“虚谷《五方灾辨》云：‘别头首选，见忌权臣，彼谮人者，翘村之宾。其谁落第，移怨他人？驳放之议，鼎沸缙绅。’又云亲家含沙，门生反噬，愿闻其事？”答曰：“方公壬戌别院省元，似道忌之，谓是吕帅之客（按：吕师夔时为兵部尚书，与贾似道有隙）。‘翘村之宾’谓廖莹中，号药房，贾之爱客。廖之子亦赴别院省试，不中，故犹忌方而谮之。当时喧传，谓将有驳放方公之事。”（《定宇集》卷七）元人洪炎祖在《方总管传》中亦记其事：“景定三年，以别院省元登第，调随州教授。吕公师夔提举江东，辟充干办公事。历江淮都大司干官、沿江制干，所至皆得幕府誉，独与贾似道不偶。尝一再除国子正、太学博士，辄遭诬劾。”（《新安文献志》卷九十五上）方回《送男存心如燕二月二十五日夜走笔古体》自记其事：“别省第一人，见知梧与杭（自注：碧梧先生马丞相廷鸾、杭山先生章丞相鉴）。不学执国柄，似道贪如狼。其客福建子，莹中狼如羊。厥子偶不第，乃独憾老方。谗之于似道，阴幽弩机张。廷试复第一，考官文赵常。易置乙科首，尔岂识臭香？萧艾压兰蕙，我心亦不忙（自注：文公天祥、赵公日起、常公挺拟为第一，似道降为乙科首，易方山京为第一，谓越州出帝王后妃未出状元，以为上意）。”（《桐江续集》卷二十五）其八十岁作《送俞唯道序》亦云：“壬戌别省第一，殿试第一甲，□赵文三公擢置首选，贾似道既而抑之。远注随州教授，避祸以去。其后三为朝士，一为别驾，皆遭论罢，似道所为也。”（《桐江集》卷一）由上可知，方回长期遭受贾似道迫害，其上疏请斩贾似道，正属情理中事。其二，方回上“贾似道十可斩”之书时，贾尚未死。洪炎祖《方总管传》云：“似道鲁港丧师之后，犹在扬州，众皆惧其复入，莫敢论列，回独首上书，数其罪有十可斩，中外快之。俄除太常寺簿，又上言贾似道与其客廖莹中皆当即诛；王爚不可为平章，陈合不可为同佥，当去；福王入辅之议，当寝。”方回在德祐元年乙亥（1275）三月和五月曾两次上书请诛似道。《桐江集》中有《乙亥前上书本末》《乙亥后上书本末》二文记其事甚详，综述于次：

鲁港丧师之后，德祐元年（1275）二月二十六日，同知枢密院事兼参知政事程宜中弹劾贾似道。三十日，谢太后内批似道罢职。方回时任安吉州通判。三月初七日，尚书省札子奉圣旨令方回赴都堂禀议。初十日，方回安吉州解任，十三日抵国门外。方回认为，天下事以至于如此，似道实巨蠹元恶，当此国家危亡之际，应立斩国贼，以谢天下。然而其时，似道虽贬，犹在扬州，满朝阿党爪牙皆言似道将兴，肆为恐吓，致使受其恩者不忍言，畏其能杀己者不敢言，一个个噤舌缩声，莫敢动议。方回与贾似道结怨已久，此时更义愤填膺。十四日入国门，未见宰执大臣报到，先诣丽正门上书请诛似道。书中历数其十可斩之罪，范围远远超过鲁港丧师，实际上是对理宗、度宗两朝朝政腐败的一次总的声讨。书上当日，谢太后令付三省宣谕，并除方回太常寺簿，副本报行，中外大快。四月初二，新除权兵部尚书高斯得上殿继方回上书请诛似道。四月十七日，新除中书舍人兼直学士院供职王应麟亦上书请诛似道。

五月，方回听说似道与廖莹中近在绍兴，以为此二人未诛，国人之气不吐。又时左丞相王爚谋国乖刺，欲以福王入辅监国，方回以为决然不可。而内批除方回监察御史，王爚又封起不行。再者，时枢密府同佥陈合与廖莹中秘密交通，以朝事报似道。诸事促使方回于五月十九日诣丽正门再次上书，其略云：“窃谓今日有不可不诛者二：贾似道、廖莹中不可不诛。有不可不去者二：王爚不可为平章，当去；陈合不可为同佥，当去。有不可不辍者一：王爚所建宗老入辅之议，不可不辍。”书上之后，得右丞相留梦炎赏识；但左丞相陈宜中却嗔怪回不当攻爚，遂将回书封起不报，并采纳新除常丞兼佥详吴俊建议，出回知建德府。

五月二十八日，左正言陈景行奏乞诛似道疏，始报行。九月初七日，周彬毅然请诛似道，而所带刽子兵士漏言其事。十九日，贾似道逃至漳州城南二十里木绵庵，护送军官郑虎臣扼似道阴杀之。

纵观此事始末，首劾罢似道者，陈宜中。（《中国通史》言陈宜中首请诛似道，不确）首请诛似道者，方回也。而继之者有高斯得、王应麟、陈景行诸人。方回率先请诛似道，无疑是一正义的举动，后人对此评价颇高。元人尹廷高《贽见虚谷方使君》诗云：“斩佞当年著直声，于今翰墨哭单行。典型尚见灵光古，德政常留钓濑清。”（《玉井樵唱》卷中）元人刘埙《隐居通议》卷六也因此许他为“磊落之士”。清人阮元《桐江集提要》亦言：“贾似道鲁港丧师之后，众皆虑其复入。回上书数其十罪，继又言似道与其客廖莹中皆当即诛，又请罢王爚平章以佚其老，见集中前后上书本末。并确有所见，中外快之。”（《揅经室外集》卷五）周密薄回为人，遂连上书事一并讥之，憎而不能知其善也。

二、关于“率郡降元”

周密《癸辛杂识》又云：

> 未几北军至，回倡言死封疆之说甚壮。及北军至，忽不知其所在，人皆以为必践初言死矣。遍寻访之不获，乃迎降于三十里外，鞑帽毡裘，跨马而还，有自得之色。郡人无不唾之，遂得总管之命。

此言元兵将至，“回倡言死封疆之说甚壮”，或有其事。《新安文献志》甲集卷五十保存有方回一首佚诗《桃源行》，诗中即高倡：“楚人安肯为秦臣？纵未亡秦亦避秦!”其诗序云：“予谓避秦之士，非秦人也，乃楚人痛其君国之亡，不忍以其身为仇人役，力未足以诛秦，故去而隐于山中尔。至晋而后，渔者见其子孙或夸讹以为神仙，固已非矣。……楚虽三户，亡秦必楚；不遽亡之，则亦避之。盖深于知君臣之义者。……渊明岂轻于作此《记》？亦私痛晋之士大夫翻然事刘裕而无耻者尔。予遍读桃源题咏数百首，无能发明此意。故大书道士壁而刊之，不知其僭。兼是时鞑酋寇北兵破蜀，降将或为之用，因并以寓一时之感，而其实亦足以为天下后世为人臣者之劝云。”此序表明，方回作此诗之旨在于劝诫为人臣者宁肯避世也不要为敌国所用。然而恰恰是方回自己率郡降元，并依附新朝继续做官。此诗此序便成了对方回自己莫大的讽刺。

不过，为了弄清事实，我们还需对方回降元的时间作一点说明。方回《先君事状》自述：“行在所宰执大臣，以嗣君名具表纳土，送玺于皋亭山，在正月十八日，军马入临安府，易守，在二十日，回犹坚守孤城半月余。”“王郎中世英、萧郎中郁提兵五千赍诏至郡，合众官吏军民，一口同辞，惟恐有如常州之难，议定归附。"（《桐江集》卷八）方回于二月初六率郡降元，并上《严州归附表》，见《桐江集》卷五。考《元史·伯颜列传》："（伯颜）分遣萧郁、王世英等，招谕衢、信诸州。二月丁酉，遣刘颉等往淮西招夏贵。仍遣别将徇地浙东、西。于是知严州方回、知婺州刘怡、知台州杨必大、知处州梁椅，并以城降。"又《高兴列传》："十三年春，宋降，伯颜北还，留兴以兵取郡县之未下者，降建德守方回、婺州守刘怡。"因知方回降元，确在临安已下之后。

方回尝援霍弋、罗宪例为自己的投降行为辩护："陈寿书谓：'霍弋、罗宪各保全一方，举以内附'（按见《三国志》卷四十一《霍弋传》，并参注引《汉晋春秋》《襄阳记》）。此虽非人臣之正义，然国亡主迁，土地人民无所，为小郡者力不能全国矣，全其郡民可也……回之事与霍弋、罗宪无异。"方回又希望人们考虑到实际情况而宽恕自己："彼列阃连城，先下于临安，未下之先者，可罪也；此一小垒，临安已下半月而后下焉，恕其罪可也。而哗士或以不死责回。筹帷巨公、分钺虓帅，不责之死于未亡国之先，而责一内郡太守于国已亡之后乎？"（《先君事状》）方回的辩护是无力的。以五十步笑百步，并不能掩盖自己的投降失节行为。方回晚年也常常感到内心有愧，他在《重至秀山售屋将归》诗中写道："全城保生齿，终觉愧衰颜。"（《桐江续集》卷十一）又在《送男存心如燕二月二十五日夜走笔古体》诗中自白："苟生内自愧，一思汗如浆。焉得挂海席，万里穷扶桑。"（《桐江续集》卷二十五）这些正是他时时流露的心境写照。然如周密所说，"迎降三十里外，鞑帽毡裘，跨马而还，有自得之色"，那种积极迎降的表现，或也不尽符合方回当时所应有的心理状态。

三、关于“仇远作寿诗与方回结怨”

《癸辛杂识》为揭露方回人品之恶劣，叙述了方回七十岁时，因仇远作寿诗而结怨的故事：

（方回）时年登古希之岁，适牟献之与之同庚，其子成文与乃翁为庆，且征友朋之诗。仇仁近有句云：“姓名不入六臣传，容貌堪传九老碑。”且作方句云：“老尚留樊素，贫休比范丹。”（方尝有句云：“今年穷似范丹”）于是方大怒，褒牟而贬己，遂摭六臣之语，以此比今上为朱温，必欲告官杀之。诸友皆为谢过，不从。仇遂谋之北客侯正卿。正卿访之，徐扣曰：“闻仇仁近得罪于虚谷，何邪？”方曰：“此子无礼，遂比今上为朱温。即当告官杀之。”侯曰：“仇亦止言六臣，未尝云比上于朱温也。今比上为朱温者，执事也。告之官，则执事反得大罪矣。”方色变，侯遂索其诗之元本，手碎之乃已。

今检方、仇二家诗文集，见二人交往颇深。《桐江续集》中，方回与仇远唱和之作，有六十余首。据方回六十岁作《（丙戌）除夕再用韵答仁近》诗称“多公二十岁”（《桐江续集》卷十二），则仇远在丙戌年（1286）当为四十岁。仇远四十一岁时，有诗稿两千余篇，方回为其删成百篇，使其“翳尽而珠明也，气至而果熟也”，见《仇仁近百诗序》（《桐江续集》卷三十二）。

阮元《石渠随笔》卷八记载，高克恭于元成宗大德元年（1297）九月十九日，为仇远作《山村隐居图》，周密尝有题诗。而方回《桐江续集》卷二十四，亦有《送仇仁近持山村图求屋赀》一诗，诗云：“浪多年二十，是事弗如之。老我初登第，闻君早解诗。风霜悬齿颊，锦绣簇肝脾。才是通漫刺，谁非献屈卮。贵人遗世患，寒士扼时危。道泰官犹冷，身穷气未衰。虽无间屋妾，已有肯堂儿。村拟茅斋卜，山将画卷随。贺成良匪易，裒益复奚疑。岁稔田收倍，秋凉渚泛宜。定应争倒屣，不惜共捐赀，千斛归舟驶，梁文想预为。”据集中此诗前后诗题署时推断（前一诗为《八月五日病中》，后一诗为《八月十二日过湖》），此诗盖作于大德二年（1298）八月，时方回已七十二岁。若方回七十岁时，因寿诗与仇远结怨，此时则不应有赠诗。

仇远五十八岁时受溧阳州教，方回为作《送仇仁近溧阳州教序》，见《桐江续集》卷三十四。时方回已七十八岁。

今存仇远《金渊集》《山村遗集》皆残余之书，幸而《金渊集》中尚存《怀方严州》《方万里、史敬舆、陈孝先、龚圣予、胡穆仲相继沦没，令人感怆》《又送程公礼侍父归蜀用方万里韵》三诗，使我们得以窥见二人交谊。《怀方严州》一题五首，见《金渊集》卷三，诗云：

> 八十一年前，科名已褎然。依刘王粲檄，入洛贺循船。受禅碑谁上，闲情赋自传。江山英气歇，堪恨亦堪怜。
>
> 八十一年终，堪嗟旅衬穷。胸中元耿耿，身外竟空空。白首太元草，紫阳虚谷翁。平生有遗恨，五马未乘骢。
>
> 八十一年亡，哀哉老紫阳。佳儿方戒道，小妾漫专房。每忆先生被，常怀太守章。桐江诗万首，端可及龟堂。
>
> 八十一年身，栖迟客馆贫。登门曾有我，铭墓竟何人？醉梦高楼月，悲歌故国春。可能函玉骨，归葬练溪滨。
>
> 八十一年休，云何不首邱？岂无商女恨，肯作贾胡留。书籍从人卖，田园有子收。乌聊山在望，风雪去悠悠。

观诗中"胸中元耿耿，身外竟空空"，褒奖方回人品；"桐江诗万首，端可及龟堂（陆游）"，赞扬方回诗名；知仇远对方回极其推崇。又据诗中"登门曾有我"一语，知仇远确实曾就方回参请诗道。总之，研究方、仇二人一生的交往，并未发现"寿诗结怨"的痕迹。

再考察方回与牟巘的交往。牟巘，字献之，与方回同庚。"其先蜀人，徒居湖州。端明学士子才之子，擢进士，官至大理少卿。宋亡，时献之已退，不任事……有《陵阳集》。"（《宋诗纪事》卷七十六）方回寿巘七十诗，把二人比为"刘白"，《寄寿牟提刑献之巘》诗云："七十闲人两地仙，恰如同见会昌年。诗名我愧刘宾客，心事君真白乐天。致仕元无官爵累，藏书各有子孙传。磻溪淇澳可齐寿，入相封侯恐未然。"诗载《桐江续集》卷二十一，同卷尚有《牟献之提刑来杭纳婿庆予七十次韵》二首。今传《陵阳集》中，亦有与方回唱和诗存。可见，二人七十周岁之际，牟献之来杭，互相致诗贺寿，一派熙熙融融的景象，哪有周密所言剑拔弩张的气息？

牟、方、仇三家诗名相埒，世人也将他们相提并论。后辈诗人黄溍（字晋卿）曾向三家请益诗道，后来他将从三家处所得赠诗装治成册。其友柳贯有《跋晋卿所得牟方仇三家诗卷》文云："某年长于晋卿，而出游诸公耇老间乃在其后。于时陵阳牟公居雪，新安方公居杭，如成都两石笋之相望，人固知为神物而不可狎近之也。然二公之于晋卿皆能破去崖岸，折辈行而交之，则二公之鉴赏岂私一晋卿哉？方韶父、刘元益，吾乡先辈，而某之挚友也，韶父国子进士，元益太学内舍生，尝与仇仁近在京庠同业最久，且故宋后皆以诗鸣，其贻书介晋卿以谒者，固将引而进之于道，非有所觊为利达计也。今五公相继下地，而晋卿与予亦既老矣。然自其时而观之，则世好之酸咸，已戛戛乎不能以相入，特未知后是又如何尔？"（《柳待制集》卷十九）从这篇跋文来看，牟、方、仇三家不仅诗名重一时，而且代表着元初诗风，在他们相继下世之后，元代的诗风，“世好之酸咸”便转向了。

在我们考察了方回同仇远、牟巘的交谊以及后人对他们的总体评价后，周密《癸辛杂识》所说“作寿诗结怨”之事，便不足为信了。

四、关于“遍括富室金银”

《癸辛杂识》言，方回在严日曾“遍括富室金银数十万两，皆入私橐”，又记老吏语云：

> 在严日，虐敛投拜之银数十万两。专资无益之用，及其后则鬻于人，各有定价。市井小人求诗序者酬以五钱，必欲得钱入怀，然后漫为数语。市井之人见其语草草，不乐，遂以序还，索钱，几至挥拳，此贪也。

而洪焱祖《方总管传》所记则是：“在郡七年，无丝发为利意，至卖寓屋，犹不足以偿逋。代归，不复仕，徜徉钱塘湖山间二十余年，豁达轻财，喜接引后进。”方回在《先君事状》中也声明，自己在严州“假守七年，无毫发为利意。徽州李世达之变，家藏书数万卷一空，他物称是。在郡倒橐竭廪至估卖寓屋，犹不足偿逋。而一子在燕旅食不继。此岂有贪而然哉？”元人戴表元有《送方中全北行序》一文记方回子存心入燕之事，见《剡源集》卷八。在存心临行之际，方回确曾修书向亲朋好友求助盘费，《与毕观竹书》云：“回近得省府与致仕文书，长男存心来此，俾之将此文书到家，求乡里诸公略助盘费，入燕问选承荫。伏思观竹先生爱回不薄，是亦可以义动者也。”

（《桐江集》卷五）方回《送男存心如燕二月二十五日夜走笔古体》诗云："一朝掷笏绶，仅有书几囊。辛巳至庚子，阖门饥欲僵。二十年不仕，愚意谁揣量？……今汝往筮仕，已逾四十强。萧然乏行李，艰甚谋聚粮。此皆我之过，弃官畏祸殃。以致儿女辈，无不羸以尪。行行燕山下，悠悠易水傍。北风无时无，南人少裘裳。汝父近八帙，汝母七旬将。苟可得一职，归甘泌之洋。生理我无策，徒此歌慨慷。壮士一大笑，出门青天长。"戴表元《桐江诗集序》记方回晚年生活情形："使君去桐江属邑耳，僦庐籴餐，人人见之者，不知其尝为二千石也。偶遇台馈，却玉挥金，贳酒宴客终日，一时雄襟雅量，略视放翁何远？"（《剡源集》卷八）方回晚年贫至无钱营葬穴，《示长儿存心》诗云："我家歙山下，不满五顷田。捐弃已过半，岂不为子钱。兵甲跨江海，喧豗逾十年。零落殆万卷，荒凉余数椽。借使尽售之，事亦关诸天。平生鄙货殖，黄金散如烟。孰知两鬓雪，枯肠几不馕。无忧恐难老，故遣百虑煎。乐者未必寿，死返在我先。属有客语我，法当营冢阡。儿曹勿过计，葬穴自有缘。只鸡可以祭，故絮亦足缠。但戒效俚俗，佛事徒喧阗。文公有家礼，夙已书诸篇。父贫至累子，能不心恻然？揣量无自愧，视世差独贤。囊中了无物，积稿诗三千。讵敢望放翁，至有万首传。严陵所寓屋，稍已割东偏。邻翁觅菜地，更当乞西壖。今我欲裹粮，一泛涛江船。永谢麟阁梦，宁垂鼋鼎涎。故人傥相济，匪伊归棹旋。紫阳政自佳，携汝追群仙。"（《桐江续集》卷五）此诗不啻是一篇方回身后遗言了。观仇远《怀方严州》诗云"八十一年身，栖迟客馆贫"，知方回晚年生活确实清贫。若其在严日果真"遍括富室金银数十万两"，想来其晚年不至于如此这般穷困潦倒了。

至于《癸辛杂识》所言"市井小人求诗序"云云者，语涉诽谤，尤不可信。方回晚年诗名甚高，交往甚广，检其诗集，可见他与当时南方大部分知名作家皆有唱和往还，一时后辈诗人也争相登门，希望得到他的指点印可。今存《桐江集》中，保留有数十篇诗序题跋，皆洋洋洒洒，阐发诗道精微，绝非草草漫语之作。当时不少诗人都以得到方回的题赠为荣，如陈栎《和虚谷》诗、《送毕永仲游姑苏省亲兼访虚谷》诗（《定宇集》卷五）崇敬景仰之情溢于言表。杨公远《借张山长韵呈方虚谷》诗末四句（《野趣有声画》卷下）直把方回比作诗坛众星拱卫的北斗星了。黄溍《题陵阳牟公紫阳方公诗卷》诗："两翁风流扫地无，文章光焰埋丘墟。……愿言保此勿轻出，幸免儿辈相睢盱。"（《黄文集》卷二）作为一位后辈诗人，三十年后，他还抚诗怀人，回想起牟巘、方回二公的音容笑貌，并将二公遗墨作为传家之宝托付儿孙，可见方、牟二人在当时受到尊敬的程度了。我们在看到这些材料后，对《癸辛杂识》所说"序还，索钱，几至挥拳"之语，恐怕只能认为是无稽之谈了。

五、关于"结怨乡里"

《癸辛杂识》又指责方回：

> 处乡专以骗胁为事，乡曲无不被其害者，怨之切齿。遂一向寓杭之三桥旅楼而不敢归。

考方回在乡里的仇人，主要是亲家程淳祖、门生黄斯觉。事情的起因是，方回之长女禾娘嫁贵池县丞程桂，嫁不得其所，受尽虐待，年甫四十而卒。回与亲家程淳祖结怨，大打官司，有《七十翁吟》述其事："长男近寄书，长女化为土。嗟予七十翁，哭此四十女。此女抱恨久，嫁不得其所。厥夫实鸱鸮，厥舅乃狼虎。谰讼欲杀予，破家谢官府。不禁毁璧痛，何啻茹荼苦？”（《桐江续集》卷二十二）《送男存心如燕二月二十五日夜走笔古体》诗亦云：“奸鬼伏肘腋，两贼程与黄（自注：亲家程淳祖，门生黄斯觉）。门生讦座主，婿不顾糟糠。妄告无反坐，官吏饱贿赃。”当日的官府是八字衙门朝南开，有理无钱莫进来，亲家程淳祖恶人先告状，方回只得“破家谢官府”，看来打这场官司，方回既破费了钱财，也未能完全胜诉。这大约便是他寓杭不归的原因之一。陈栎《答吴仲文问》亦记其事，吴问：“虚谷《五方炎辨》又云：‘亲家含沙，门生反噬’，愿闻其事？”陈答：“‘亲家含沙’，谓程淳祖雄甫号钟山；‘门生’谓黄斯觉。方公守睦时，黄乃幕下士，以杯酒间失欢，附程而攻方。方北行，乃此人受嗾而攻方公也。”程、黄二人攻方甚烈，方回晚年一直受到谤议。《七十五翁吟》云：“行善丛谤议，施德招冤仇。久已致其仕，此生行且休。”（《桐江续集》卷二十六）又有《闻谤》诗云：“修身可用要人知，暗室孤灯敢自欺。赤口烧城市有虎，熨平寸地听群儿。”（《桐江续集》卷二十四）周密自言所书方回事，得自于一“老吏”之口。故可怀疑此文曾受到方回的仇人程淳祖、黄斯觉一党的影响。

六、周密为何攻击方回?

周密生于宋理宗绍定五年（1232），卒于元成宗大德二年（1298），享年六十七岁。方回生于宋理宗宝庆三年（1227），卒于元成宗大德十一年（1307），享年八十一岁。二人可谓生活于同一时代，都是由宋入元的遗老。周密入元时四十五岁，方回入元时五十岁。周密自四十六岁弁阳家破，离开湖州，终身寓杭。方回五十五岁严州解任，又寓居五年，六十岁离开严州，亦终身寓杭。两人有许多共同的朋友，如仇远、白珽、戴表元、张仲实、赵孟頫等皆与二人交善。但他两人终生无交往，检方回诗文集中无片言只语涉及周密，而周密亦仅有《癸辛杂识》别集上有一篇攻击方回的文章。周密到底为什么攻击方回呢？推测起来，可能有以下数端：

（一）周密入元未仕，保持晚节；而方回降元后继续做官七年。周密可能会站在南宋遗民的角度攻击方回。然而此原因也经不起细推，因与周密交好的陈允平、赵孟頫等人皆入元再仕，不固晚节，而周密仍同他们交好如初。故此原因恐不占主要。

（二）方回以承接宋代理学家余绪自任，“集中诸文，学问议论，一尊朱子，崇正辟邪，不遗余力，居然纯儒之言”（《四库全书总目·桐江续集提要》）。而“草窗极不满宋季理学，著书屡及之：如《癸辛杂识》续集上‘罗椅’条，论庐陵罗椅之好诈，新淦董敬庵、韩秋严之怪诞；《志雅堂杂钞》卷上‘人事’条引沈固之言，且谓宋亡于理学”（参见夏承焘《周草窗年谱》并钱钟书《宋诗选·乐雷发〈乌乌歌〉诗注》）。因而，周密可能由于不满宋季理学而攻击方回。此可略备一说。然而，元朝是理学的天下，陈栎便称赞方回“目深窥理窟，身独据诗坛”（《定宇集》卷五《哭方虚谷先生》），这是以理学家和诗人双许方回。可见，当时若以精通理学为由攻击方回，定然是站不住脚的。

（三）周密以作词为主，作诗为辅；而方回只作诗不作词。周密作诗崇尚中晚唐，方同作诗崇尚江西诗派，二人道不同，故不相为谋，周密诗集《草窗韵语》有李莱老、彭老、李龚等题诗，故称其近中晚唐。戴表元《剡源集》卷八有《周公谨弁阳诗序》，称其诗少年“流丽钟情，春融雪荡”；壮年“典实明赡，博雅多识”；晚年“感慨激发，抑郁悲壮”。这正是中晚唐诗的风格特色。《剡源集》同卷又有《方使君诗序》，称方回诗“大篇清新散朗，天趣流洽，如晋、宋间人醉语，虽甚亵不及声利；小篇沉骘峻整，如李将军游骑远击，自成部伍”。这正是江西诗派的风格特色。而周密《癸辛杂识》却攻击方回“喜作诗，以放肆为高”。所谓“放肆”，正是鄙宋诗者攻击江西诗派的常用语。然而，这个原因充其量只能解释二人为何没有交往，仍不能揭示周密攻击方回的真正动机。

（四）周密为贾似道讼冤。赵翼《陔余丛考》卷四十一“叶梦得、周草窗”条云：“周密于贾似道曾否造膝，虽不可考，然《癸辛杂识》内凡及似道事，无不寓回护之意。”如叙演福新碑、叙韩震死等。“又举其制外戚，抑北司，戢学校诸事，以为其才不可及。是其立论多为似道讼冤，想平日亦尝受似道之盼睐故耳……区区感恩知己之私，本欲为所附者弥缝掩覆，而不知欲盖弥彰，并自露其攀附之迹也。”按周密在贾似道盛时，曾否过从，虽难遽定，但《齐东野语》卷十九“贾氏园池”条记似道家园甚详，似曾亲临其地者。《浩然斋雅谈》卷中“葛岭故相贾似道园池留题者”条，称许吴人汤益一诗脍炙人口，诗云：“檀板歌残陌上花，过墙荆棘刺檐牙。指挥已失铁如意，赐与宁存玉辟邪。废馆昼飞无主燕，荒池春吠在官蛙。木绵庵下尤愁绝，月黑夜深闻鬼车。”诗中即暗寓怀旧伤感之意。胡应麟《诗薮》杂篇卷五谓草窗“尝为贾似道客，贾悦生堂法书名画悉见之”。这是胡氏读其《云烟过眼录》所作的推测，未必实有所据。但以今天的观点来看，无论周密是否为贾似道门客，当宋元易代，民族矛盾上升、阶级矛盾下降之际，周密身为宋代遗民，对前朝故相（尽管是一误国宰相）不无依恋之情，又不敢触动新朝执政者，故退而对依附新朝者施加攻击，实属极有可能。方回因曾上贾似道十可斩之书，后又依附新朝，自然首当其冲，受密攻击。观周密述回十一可斩之后，写道：“使似道有知，将大笑于地下矣！”其为似道讼冤之意，便昭然若揭了。

周密早年所作《齐东野语》，系辑录家乘旧闻而成，材料多为有据，著书态度也极严肃。《癸辛杂识》为周密晚年所作，材料多得自传闻，不尽有据。落书态度也较散漫，其《自序》以苏轼强客谈鬼、洪迈贪多务得自比，故所述难免有依违事实、语涉诽谤之处。

《癸辛杂识》长期以抄本流传，在周密生前未曾刊布，又无当时诸大家序跋，想来牟巘、戴表元、仇远等皆未获寓目。明弘治中，汪舜民修《徽州府志》，在方回小传后附注云：“按周公谨《癸辛杂识》有传，极诋方回制行之鄙。回失臣节，讥之宜矣；其他才美，不可掩也。公谨与回同时，或有私愤，故极讥之尔！且如朱文公熹一代大儒，尝劾唐仲友不法事。公谨亦有传，妄摭无稽之语以短熹，而特为仲友声冤。则《癸辛杂识》之为书可知矣。”此论甚为平允。《四库全书》列《齐东野语》于杂家，而退《癸辛杂识》为小说，诚为有见。但《癸辛杂识》在有清一代流传甚广，所述方回行事又经《四库提要》肯定，故影响甚大。仅据此书所云去认识方回，不免易生偏见。清吴宝芝《瀛奎律髓序》驳斥当时某些人“未尝入古人之藩篱而造其堂，哜其胾，乃徒吹索瘢疵，弹驳古人，或訾其全体，或摘其片言，甚或刺取稗官琐语，用资讪笑，此徒为大耳！朱子所谓外夸者中不足也”。此所谓“稗官琐语”，正是指《癸辛杂识》而言。吴氏的话是对的，要真正地认识一位古人，必须尽可能详尽地占有有关的全部材料，经过认真、细致、严密的分析判断，才能得出实事求是的结论。

[原载于《四川师范大学学报（社会科学版）》1989年第6期]

方回降元之文化诠释

◎罗　超

在金元、宋元易代之际，南北文坛颇有影响的两位文人，也就是由金入元的元好问与由宋入元的方回，都因与降元之事有所牵连而受后世非议。尤其倡言朱子的方回竟然献城投降，对士人的震动可想而知。如何解释方回降元呢？这涉及由宋入元的文人心态。

前人褒贬方回都归因于“人品卑污”。《四库全书总目·桐江续集提要》云：“回人品卑污，见于周密《癸辛杂识》者，殆无人理。然观其集中诸文，学问议论，一尊朱子，崇正辟邪，不遗余力，居然醇儒之言。就文言文，要不可谓其悖于理也。”因为以个人品德解释方回降元，所以就无法说明学问与人品之间的矛盾。其实，方回降元自有其所以然的内在逻辑，作为士大夫文人行为根据的“学问议论”应当与他们的投降行为有着必然联系。

证明方回“人品卑污”的依据来自周密《癸辛杂识》，按方回自述及生平，周密所言似有疑点。一是“回为庶官时，尝赋《梅花百咏》以谀贾相，遂得朝除。及贾之贬，方时为安吉倅，虑祸及己，遂反锋上十可斩之疏，以掩其迹。时贾已死矣。”从方回的出身师承来看，他并非权臣贾似道一党。景定三年（1262）壬戌殿试，丞相文天祥等为考官，置回首选，“贾似道既而抑之”，使方回未中状元，仍为第一甲。随后远任随州教授，“其后三为朝士，一为别驾，皆遭论罢，似道所为也”（《送俞唯道序》，《桐江集》卷一）。因为方回并非贾似道门生，所以屡次受到排斥。方回曾多次在文章中斥责史弥远、贾似道等人独揽朝政、结党营私、排斥异己、陷害忠良，尤其在科举中徇私舞弊。可见，方回对贾似道的痛恨是有来由的。方回所交往的师友，也多与贾似道政见不和，如世伯方岳、恩师魏克愚等。徽州郡守魏克愚对方回多有提携指引，方回所交巨公贤达多是他引见的。尤其魏克愚携带方回自鄂汉赴京师，是作为贾似道僚属随船同往的。“寻以不奉行公田谪之死”（《送白廷玉如当涂诗序》，《桐江集》卷一），魏克愚不推行贾似道“公田”新法，被谪贬至死，而方回作为魏克愚的亲信，其官场处境的险恶就可想而知了。方回上疏弹劾贾似道也并非在贾似道死后。据《乙亥前上书本末》，德祐元年乙亥（1275）二月二十四日，“朝廷闻败（贾似道丧师鲁港），未知似道所在，或云已死”。三月初九日，“罢似道祠，令归里终丧”，“始朝廷谓似道已死，后乃知犹在扬州，举朝阿党皆宣言似道将兴”。三月十四日，方回上疏乞诛贾似道。之后，嘉兴知府余安裕抄录此疏转交贾似道，“似道读书始有惧意，然犹恨愎不平，谓同行诸客曰：方回谓我诈，我直是诈，此一说说得都是”（《乙亥前上书本末》，《桐江集》卷六）。可见方回上疏时贾似道在扬州，其时并未死。二是“未几北军至，回倡言死封疆之说甚壮。及北军至，忽不知其所在，人皆以为必践初言死矣。遍寻访之不获，乃迎降于三十里外，鞑帽毡裘，跨马而还，有自得之色，郡人无不唾之，遂得总管之命，遍括富室金银数十万两，皆入私橐，有老吏见其无耻不才，极恶之”（周密《癸辛杂识》别集上卷三十三）。据方回《先君事状》所言，至元十三年（1276）正月辛卯，南宋朝廷递交降表并诏谕州郡归附，郎中王世英、萧郁代表朝廷带兵五千到严州传达诏谕。这里与《元史》所述史实相符合。既然严州投降是奉诏归附，而且“合众官吏军民，一口同辞”，那么方回降元又怎么会“忽不知其所在”而出乎意料呢？再者，周密所说“括富室金银数十万，皆入私橐”，也与方回自述有出入。据《先君事状》所言：“要之回假守七年，无毫发为利意。徽州李世达之变，家藏书数万卷一空，他物称是，在郡倒囊竭廪至估卖寓屋犹不足偿逋，而一子在燕，旅食不继，此岂有贪而然哉？”（《与毕观竹》，《桐江集》卷五）方回确实曾为其子方存心赴燕京“问选承荫”而向毕观竹借钱，这也印证了方回所言的真实性。如果方回聚敛民财“皆入私橐”，那么致仕之时怎会如此窘迫？在周密笔下，方回被描写得如此无耻不堪，也不过说明方回降元皆因“人品卑污”。应该说，以“人品卑污”盖棺论定，有失公允，方回降元自有道理。

想必士人非议使方回深感刺痛，因此他在至元十九年（1282）特意在《先君事状》篇末“泣血再书”降元始末。透过他的辩白，联系宋元之交的时势背景，可以窥见他自相矛盾、进退失据、循规蹈矩、怯懦陈腐的文化心态。

方回降元所辩白的理由之一：国亡主迁，奉诏降元。据《元史》卷一百二十七列传第十四记载，至元十一年（1274）伯颜率元军伐宋，所到之处，除郢州、沙洋、常州、独松关等地曾有抵抗，其余各处或乘机潜逃，或献城投降，或率军投降，可谓兵败如山倒。至元十三年南宋朝廷宣布投降后，身为严州太守的方回奉诏归附。面对士人非难，方回深感不平：“而哗士或以不死责回，筹帷巨公，分钺虓帅，不责之死于未亡国之先，而责一内郡太守于国已亡之后乎？”较之宋亡前守城将帅的不战而降，方回降元自然情有可原。然而无论宋亡前的守城将帅，还是宋亡后的州郡长官，都毫无拼死抵抗、虽败犹荣的大无畏精神，也缺少“知其不可为而为之”的英雄气概，这应该说在精神文化上出了毛病。袁桷在《书郝伯常题黄鹤楼水龙吟后》曾讲过：郝经出使南宋时目睹南宋君臣萎靡不振的精神状态，深感“士夫咸以道学缘饰，殆为风痹，不知痛痒”。实际上，南宋君臣在精神上早已垮掉。如果说荆轲刺秦王代表了先秦时代中国人曾有过的那种不畏强暴、敢于拼命的男儿热血，那么到了南宋就变得理性而懦弱，似乎患上了“文化软骨症”。方回在《有感》中曾讲：“《原道》曰：轲之死不得其传。然濂洛至朱文公七君子从祀孔庭乃得其传，则文公之后未可知也。……有兴必有亡，所不可讳也。有物必有则，岂以兴亡而改哉？”古今兴亡，宋元易代，在方回眼中如过眼烟云，他理性得近乎麻木。荆轲血洒秦廷，一时慷慨悲歌，现在谁还记得？朝代兴亡不可抗拒，只有作为万古法则的程朱理学才能代代相传。可见，按方回的逻辑，拼死抵抗毫无价值，儒家道统才弥足珍贵。因此，方回面临亡国惨祸而麻木不仁，就像袁桷所谓“殆如风痹”。相形之下，文天祥被俘后，博罗丞相以忠君观念动摇他的爱国之心，大意是：德祐恭帝是你的君主，为什么背弃恭帝而另立景炎端宗呢？难道这是忠吗？文天祥回答：“德祐既失国，二王在南，中立以存宗庙社稷，岂不为忠？从怀、愍者非忠，从元帝者为忠；从徽、钦者非忠，从高宗者为忠。”跟着降帝投降，对国家就是不忠，追随后继者抵抗，这才是真正的忠，这是文天祥与方回在忠君观上的不同。博罗丞相又以“国亡”动摇文天祥的抗元决心，问：“既知做不得，如何又做？”文天祥回答：“譬如父病在膏肓，明知不可为，岂有不进药之理？不可救，则天也！今日文天祥至此，有死而已，何用多言？”（龚开《宋文丞相传》，《草莽私乘》）文天祥明知南宋必亡，但仍殊死抵抗，之所以如此，就是因为他忠于社稷国家，而不是某个皇帝。文天祥在《沁园春·题潮阳张许二公庙》中感慨南宋已丧失张巡、许远那种“百炼之钢”的英雄气概，唾弃那些“甘心降虏”的文臣武将，激励人们“烈烈轰轰做一场”。这与方回以“国亡主迁，奉诏降元”推卸责任两相对照，就可以显示精神境界的差距。当然，方回降元作为一种历史现象，是懦弱而陈腐的南宋文化的必然逻辑。

方回降元的理由之二：恐屠城之难，保全一方。方回引三国的蜀将霍弋、罗宪降魏之事为自己辩白："陈寿书谓：霍弋、罗宪各保一方，举以内附，此虽非人臣之正义，然国亡主迁，土地人民无所归，为小郡者力不能全国矣，全其郡民可也。"在宋主投降以后，严州如果抵抗，其势必遭屠城。此时守城长官面临两难境地，战则徒然丧失军民性命，首当其冲是文臣武将遭杀戮，降则有失名节，遭后世唾骂。在方回看来，选择投降是"国亡主迁"的必然结果，而且可以使地方百姓获救，尤其可以从经史义理中找到所遵循的依据，这就显示出"以道学缘饰"的陈腐。方回曾借南唐降宋的故事表白自己："失身亡国非无痛，保士全民尚可矜。"（《南唐》，《桐江续集》卷三）无论如何，对"失身亡国"的现实感受是痛苦的，可以聊以自慰的就是"保士全民"。可以看出，方回的精神世界陷入了由经史义理所编织的正统观念之网，面临亡国为奴的惨祸，面临被征服的民族战争，他还幻想着作"保士全民"的降魏蜀将。元朝统一中国的战争，从某种意义上也可以说是民族间的战争，献城投降与其说是"保士全民"，倒不如说"出卖一方"。以崔立献金都降元为例，投降后"在京士庶皆割发为北朝民"，而且"搜选民间寡妇处女，亦将以奉北兵"，"又括刷在京金银，命百官分坊陌穷治之，贵人富家俱被害"，"独太后、皇后、诸妃嫔、宫人北徙"（刘祁《录大梁事》，《归潜志》卷十一）。方回降元以"保士全民"为由有如崔立"救一城民"，所以必遭士人唾骂。而他却坚持以此为由，其中必有其所以然的道理。在《元兀林答碑》中有一段元将查剌温召降的话："金国土宇河南、河北，皆我朝有矣，汝邳州不过一掌之大，汝不知天命""不顺人心，不好投拜，破城之日，无男女龆龀不留，徒死何益？"（方回《元兀林答碑》，《益都金石记》卷四）这段话也代表了方回的想法，献城投降保全一方，对南宋之君而言“非人臣之正道”，对大元统一而言就是“知天命”“顺人心”，这就涉及所谓进退去就的儒家义理。

方回降元的理由之三：即所谓“屈伸出处，《易》有时义”。也就是说，或委曲求全，或伸展志向，或出仕就君，或处穷去国，这种选择要根据时势所当然。《易经》爻位，象征人的处境，六爻关系代表一种社会时势。所谓“屈伸出处”这种政治行为就要根据个人处境和社会时势而变化，譬如乾卦初九“潜龙勿用”、九五“飞龙在天”，就是因时势所当然。方回以“殷有三仁”为例证，说明微子离君去国，箕子佯狂欺君，比干死节谏君，都不失为仁。《论语·微子第十八》所讲的道理，就是方回所谓“屈伸出处”的基本原则。

> 微子去之，箕子为之奴，比干谏而死。孔子曰：“殷有三仁焉。”柳下惠为士师，三黜。人曰：“子未可以去乎。”曰：“直道而事人，焉往而不三黜？枉道而事人，何必去父母之邦？”齐景公待孔子，曰：“若季氏则吾不能，以季、孟之间待之。”曰：“吾老矣，不能用也。”孔子行。齐人归女乐，季桓子受之，三日不朝，孔子行。（《论语·微子第十八》）

孔子认为，以正直之道事奉君主，就可能有“去父母之邦”的遭遇，献媚取宠、不合正道，也就不存在离君去国的问题。孔子去国有两种原因：或耻于与强臣为伍，或君王无道溺于女乐。孔子的去就是基于以道济世的社会责任感，所以他说：“鸟兽不可与同群，吾非斯人之徒与而谁与？天下有道，丘不与易也。”（《论语·微子第十八》）方回以为，奉诏归附、保全一方就是依据孔子这种去无道、就有道的处世原则。他曾屡次表述过这种进退去就的处世原则："君子之进也，出以泽物。君子之退也，处以洁身。达有所不苟就也，穷有所不苟避也。"（《送周干臣归泰山序》，《桐江续集》卷三十二）出仕进取要有所选择，不能不择手段，不能不问善恶，其目的是有利于社会人群。处穷退隐要无所畏惧，即使于己不利，也义无反顾，目的是不同流合污。相反，进则奉迎巴结，退则反目陷害，以一己私利，无所不用其极，这种情况正是南宋官场所普遍存在的。

方回从对南宋官场的批评，变为对南宋政治的绝望。至元十三年前后，他回首仕途，深有悔意。他在《先祖事状》中讲到其父方琢入学时，"众为喜，先祖辄大不怿，得无谓治平以来，不善事荆舒章蔡、不党桧、不媚诡、不阿远者不贵，贵即为百世憸人。贤者决不愿附憸人，守正争是非，即必播徙黜谪，与其仕而知名，不若隐而无名之为愈耶"。方回在贾似道擅权之下已有切身体验，因此深感祖父有先见之明。"守正争是非，即必播徙黜谪"，就是"直道而事人，焉往而不三黜"的意思，此时方回对孔子所言的理解，已经含有自己政治生活的经验。他似乎向先祖在天之灵倾吐心中的苦闷，大有"觉今是而昨非"之慨。在《答赵云屋》中说："回患难流离，得不偿失，岂如执事专一丘壑之为愈哉!"方回之所以对自己前半生的选择感到后悔，就是因为他对南宋政治已经彻底失望。在他眼中，南宋就像当年季孟强臣当政的鲁国，也是无道乱世。

方回对南宋权臣当道颇为不满，他在文章中屡次加以抨击。他于德祐元年（1275）乙亥上书，论贾似道十可斩，历数幸、诈、贪、淫、褊、骄、吝、专、忍、谬十大罪行，对权臣擅权在政治、经济、军事诸方面所造成的恶果进行了系统的批判，集中体现了他"权非人臣所得窃也"的思想。所谓"回初媚贾似道，似道败又先劾之"，实为揣度之辞。方回乙亥上书前，就曾多次对权臣当道进行抨击。咸淳八年（1272），也就是在乙亥上书的前三年，方回就在《跋国史定庵胡公升丁巳杂稿》一文中，以宝祐丙辰丁大全逐丞相董槐事，影射贾似道骄横弄权。而且他提到屈原《远游》，说："回每读至此，未尝不三复其言而深悲之。"可见，他对当时权臣无道是相当悲愤的。咸淳九年（1273）他又在《跋尤水寮诗》中再次提到权臣丁大全事，此时贾似道正日坐葛岭私邸肆意妄为。可见方回思虑此事已非一日。方回乙亥上书后，南宋强臣擅权问题成为他文章中反复论述的主题。《送叶亦愚序》涉及"南风之所以不竞者，士大夫知有权臣而不知有君也"。《吕公午家传》谈到"大抵宋之人才非不足，而宋之权臣消之"。方回抨击权臣排斥异己、压制人才、控制言路、擅权误国，这种思想是经过深思熟虑的，完全是理性地分析总结宋亡的历史教训，而且在乙亥上书前后是始终一贯的。方回内心深处将贾似道等权臣看作季孟之流，将南宋看作衰乱之世，他置身于权臣当道的无道乱世，必然有去国之志。方回读屈原《远游》，之所以"三复其言而深悲之"，就是因为他有处衰乱之世而无可奈何之感吧!他在回忆襄阳陷落的经历时说："癸酉春陷襄，甲戌冬江流失守，今尚忍言之乎？此倡酬十二人者，鬼录如君实死节无可憾，死者不得其死者又深可憾也。"（《钱纯父西征集序》，《桐江续集》卷三十二）强臣擅权致使无数臣民无谓牺牲。言外之意是，衰乱之世的南宋已经不值得他为之牺牲了。

与南宋相对照，元太宗窝阔台时期，耶律楚材推行"汉法"，任用儒生，立周子祠，建太极书院，戊戌年设科取士，建国子学，封衍圣公，修孔子庙。元世祖忽必烈时期，继续推行"汉法"，优待儒户，重用儒臣，赢得中原儒者的人心。以至壬子年（1252）张德辉、元好问拜见元世祖，请求忽必烈做儒教大宗师，可见中原士人对忽必烈寄托多少希望了。在军事上忽必烈实行招降策略，禁止乱杀人。伯颜伐宋之前，元世祖告诫他："昔曹彬以不嗜杀平江南，汝其体朕心，为吾曹彬可也。"（《元史·伯颜传》）元朝在文武两方面所采取的策略，无疑对南宋士大夫文人起到安抚作用。在方回看来，宋元易代是天命。他在《平宋录序》中写道："天以大元世祖皇帝神圣文武，一统天下，时则有若伯颜丞相，如阿衡之于成汤，太公之于武王。可谓声应气求，云龙风虎之会哉！""然则以世祖皇帝之圣，佐以伯颜丞相之贤，天固与之。宋以老后幼主，佐以权臣贾似道之奸，其罪之尤大者，叛盟爽约，留信使于淮郡，援逆雏于山东，天实亡之。福善祸淫皆天也。"这里，从宋元君臣的对比上，方回感到元朝的君明臣贤，与南宋的君弱臣奸不可同日而语。而且，方回在意识上并没把元王朝作为异族，而是将宋元更迭视如武王伐纣一样的改朝换代。因此，方回认为元朝皇帝是真命天子，统一中国是天命所归。既然是"真人有作，六合混一"，那么元世祖与秦皇汉武、唐宗宋祖并无不同。

方回以"屈伸出处"的儒家处世原则来看待自己的献城降元，似乎应该心安理得，然而夷夏之辨却使方回又处于尴尬的境地。"读《春秋》而知天子诸侯大夫陪臣内夏外夷之名分"（《虚谷桐江续集序》，《桐江续集》卷三十二），方回自然知道宋元之间也有内夏外夷之分，儒家所谓"出处去就"并不在夷夏之间。因此，在宋元易代的大变局之中，虽然方回以去无道就有道的"屈伸出处"原则解释自己的降元行为，但是"夷夏之辨"又使他自相矛盾，进退失据。虽然寄希望于"后世之公论"，但是"失身"之感始终缠绕着他。

大德三年（1299）在《刘元辉诗评》中，方回对一首诗的评语，曲折地反映了这种矛盾的微妙心理。原诗为："我爱陶元亮，忠肝义胆存。不忘一饭报，况受累朝恩。解印彭泽县，归田栗里村。贫非无粟在，宋粟不堪餐。"方回评曰："此等诗当忘言，且陶元亮六十三以死，刺史王宏之酒亦不拒也，刘裕后何曾不吃饭来？用夷齐周粟事，恐徒多纷纭。”方回回避用夷齐周粟的典故，恐怕他是心中有鬼。他既然已食元粟，便拉扯上陶潜吃过刘宋之粟。唯恐别人触及降元的痛处，这种敏感说明他对降元之事并不自信。“误着儒冠玷甲科，休官重到旧沙河。未妨缓步微行好，犹恐傍观窃议多。”（《二月十七日偕宾旸市饮二首》，《桐江续集》卷十）这简直是方回尴尬处境的绝妙写照，躲避别人的议论，正因为他并不理直气壮。士人的非议，社会舆论的压力，使方回一直到晚年都无法解脱，“七载休官学老农，间关垂死脱兵锋。折腰早觉身难屈，饶舌悬知世不容”（《自释休官之意》，《桐江续集》卷十三）。自以为“屈伸出处”不失儒家正统经义，却不被世人所容。

方回的内心世界是极其矛盾的，一则说“揣量内无愧”（《示长儿存心》，《桐江续集》卷五），一则说“默数前死者，愧兹今独生”（《西斋秋日杂书五首》，《桐江续集》卷五）。对于降元之事，他时而觉得事出有因，于心无愧，时而又自我谴责，心中有愧。在理性上，方回以为献城降元是“保全一方”，所以说“臭橐腐仓，死兵火，何如清节保生全”（《次韵谢平心胡秘监见惠生日五首》，《桐江续集》卷一）。他认为自己没错，而是世人不理解。所以说“此心除却嫦娥外，惟许崚嶒瘦影知”（《八月十五夜对月》，《桐江续集》卷一）。在感性上，终归有“失身亡国”之痛，所谓“失身羁妇过昭君冢，偾军老将上李陵台”（《闻笛叹》，《桐江续集》卷九），就是负罪感与委屈感交织在一起。他面对那些死节者，始终怀疑：“顽躯犹不死，晚节竟何如？”（《无物》，《桐江续集》卷九）入元后，南人儒臣的政治地位更使方回失望。太子真金死后，“汉法”推行受到阻碍，忽必烈又将国人分为蒙古人、色目人、汉人、南人四等，由宋入元的士人受到轻视与猜疑。方回意识到汉族士人在仕途上没有出路，他说：“昔之仕也，难于仕而易于达；今之仕也，易于仕而其达也则难。”（《送仇仁近溧阳州教序》，《桐江续集》卷三十四）科举出身的士人与武弁走卒并无差别，而身居高位的是未受教化的蛮夷野人，所以他感叹：“此责有所归，冠裳天地颠。祸至崩杞国，彼悔其奚言。”（《拟咏贫士七首》，《桐江续集》卷一）切实的亡国之痛，使方回的幻想破灭了。

舆论的压力、内心的矛盾、幻想的破灭，使得方回心绪凄凉酸辛。“闲步复闲卧，身凉心更凉。”（《雨后》，《桐江续集》卷一）所信奉的难以自信，追求的毫无价值，出仕不能如其所愿，处隐无处安身，此时的方回近乎绝望。“他乡仍故国，何处可求安”（《次韵志归十首》，《桐江续集》卷四），无国无家之感，使他的心灵没有归宿。“儿时曾读前朝史，几夜寒灯见泪流”（《半山》，《桐江续集》卷二）。此时方回对故国的感情不能不说是真挚的，毕竟心里流淌着中华的血液，身为元王朝的边缘人，回顾汉家宫阙是亲切的。而故国无道，并不爱我，新朝非我，欲爱不能，这是何等酸辛！方回降元前后的心态变化，很令人沉思。面临着元王朝铁骑的无情征服，面临着汉家社稷空前的危亡，面临骨肉同胞的无数惨祸，南宋的“文化精英”还在以愚忠愚孝的伦理观念，以“屈伸出处”的处世原则，来应对这场空前的历史大变局，显得那么懦弱而陈腐。这说明南宋就像烂熟的桃子，只是便于掠食者的咀嚼。他们满脑子正统的经史义理，缺少直面人生的新理念。屈原的“虽九死其犹未悔”，曹刘的慷慨悲壮，杜甫的博大深沉，在由宋入元的文人身上根本看不到。方回降元并不是单独个人的道德品质问题，而是支配他的文化观念出了问题。在中国士大夫文人的传统意识中，这种“屈伸出处”的处世原则，往往蜕变为“识时务者为俊杰”的投降哲学。我们从方回降元到《桃花扇》中的侯方域降清，以至近代周作人降日，都可以看出这种懦弱而麻木的文人心态。联想法国作家都德所写的《最后一课》，不是让人觉得中国传统文人身上缺少一点英雄气概吗？或者说，元朝统一是符合历史发展趋势的，因此方回降元是顺应历史潮流的。但是评价历史现象要置于当时的历史条件下，并且应当从人的立场来衡量。如果从所谓“历史趋势”的义理出发，不考虑被征服、被侵略的人民的痛痒，也就变为一种义理的异化，也就抹杀了文天祥的爱国主义精神的文化价值。

（原载于《殷都学刊》2001年第2期）

20世纪的方回研究

◎查洪德

在元代文论家中，方回是最受人瞩目的。清人对于方回诗学已是聚讼纷纭，较有影响的论者，有查慎行、二冯（冯舒、冯班）、纪昀、吴汝纶四家，特别是纪氏的《瀛奎律髓刊误》，影响特别大。与元代诗文批评研究总体的冷寂相比，方回诗学研究应算是一个热点。

20世纪第一个系统研究方回诗学的是朱东润，他写成于1932年的《中国文学批评史大纲》有一节专论方回，认为方回“为江西派中之修正派”“不尽主江西故常”，并且“方回于江西之病，识之极真，投以‘老杜之细润工密’，正是对症下药”。概括方回诗论为三端：一曰句活，二曰字眼，三曰格高。三端中只有“格高”之说，为江西派“紧要关头”。他所推崇的，是方回关于“变体”之说，认为“论独精到”，其论诗真本领在此[①]。在当时武汉大学办的《文哲季刊》第二卷第一号上，朱东润还发表了《述方回诗评》，称许《瀛奎律髓》“议论明晰，条贯井然，在宋代一般诗话中，堪推上选，惟有待于后之论者为之辑理耳”。但更多的是对方回的批评，如他指出方回谬处有二：“虚谷之论谓诗之精者为律，一若除律之外，不足言精，又其论推崇少陵以为江西初祖，一若少陵之诗，其精处尽在五七律

① 朱东润《中国文学批评史大纲》，上海古籍出版社1983年版，第174—179页。

中，而按之实际，皆不尽然，此为虚谷入手第一谬处。”“虚谷祖述山谷以为杜诗愈后愈好，求其好处而不可得，则云‘愈老愈剥落’，似即以剥落为好，此为虚谷入手第二谬处。”他又指出方回对江西派的两点“回护”：世人攻江西之声色枯涩，而方回言不可以色相声音求，言此种诗“全是骨，全是味，不可与拈花簇叶者相较量”；关于江西生硬之病，“方回则每每于生硬之诗，目之以为格高，格高则不可复讥矣。一面复创圆熟之论以资救济”[①]。他对方回贬多于褒。方孝岳《中国文学批评》对方回备极推崇，称之为“大批评家”。书中《〈瀛奎律髓〉里所说的“高格”》一篇，整个是对纪昀《瀛奎律髓刊误》批评方回的反批评，对纪氏之论，一一反驳，认为方回“不仅是江西的护法，而且是江西的起衰；不但是江西一派的拘虚之论，而且是南北宋一朝多数大家递变日新最后结晶之思想总汇”。方孝岳甚至说：“除了《瀛奎律髓》，我国文学批评界，恐怕还找不出传授师法有如此之真切如此之详密的第二部书。”[②]朱东润、方孝岳之论，是20世纪三四十年代方回研究的代表，可以认为，这时的方回诗学研究仍是清人论争的延续。

新中国成立后，较早的方回诗论研究，是敏泽《中国文学理论批评史》和王运熙、顾易生《中国文学批评史》中的有关内容。他们用社会学的方法分析方回诗学，有与前人不同的看法。敏泽对方回是否定的，说方回以门户之见倡“一祖三宗”之说，并无积极意义。方回关于艺术风格的平淡自然的主张，也是前人所提倡的，并不新鲜。方回对杜甫前后期诗优劣的评价，仅从形式着眼，完全无视内容上的差别等[③]。但他后来出版的《中国美学思想史》，则对方回诗学有所肯定，书中评价了方回“心即

① 朱东润《中国文学论集》，中华书局1983年版。

② 方孝岳《〈瀛奎律髓〉里所说的“高格”》，《中国文学批评》，世界书局1934年版。

③ 敏泽《中国文学理论批评史》，人民文学出版社1981年版，第630—631页。

境”“格高”“新与熟”三个诗学观点，说“心即境”“正是审美观照中主客体融而一之的结果”。这是方回“从哲学高度，从审美主客体的‘心’‘境’的关系，对传统中的‘意境说’作了精辟的概括”。“格高”，既指诗格中所反映的人格美，又指与其相联系的苍劲的风格美，及二者的统一。方回强调“新而熟”“熟而新”，包含着推陈出新的意义[①]。王运熙、顾易生对方回是肯定的，说他在《瀛奎律髓》中“用评点的手法，把江西诗派师友相传关于句法的‘玄机’，具体而明白地标志出来，是他对江西派诗学流传的贡献”。他的“一祖三宗”说提高了江西诗派的地位，扩大了江西诗派学者的眼界。他崇尚“格高”，强调人格与诗格的关系，要求提高作者的思想品格修养，强调真情实感的抒写，认识是比较深刻的。“方回对诗歌的现实性、时代感也有所论述。对于杜甫诗，除了讲求其句律，也注意到诗中表现的忧世悯生的怀抱。”[②]与他们大体同时，台湾朱荣智《元代文学批评之研究》也以专节论方回，将方回诗论分为创作论、风格论、技巧论、批评论四部分。说方回创作论“论诗之缘起，出于天真之自然”，“由工入于不工，为第一境界”。风格论介绍方回“格高”说，“何谓‘格高’？格者，规矩、法度也。其在人曰人格，为人品、风度之称；其在诗文，则称之曰风格，谓诗文之充分表现作者之才性，而蔚成一种风采”。方回说的“格高”就是不俗，方回倡“格高”之论，实针对四灵、江湖之格调低卑而发。技巧论介绍方回所谓“响字”“活句”以及“变体”“拗体”之说，以为其“所见亦多精当”。批评论介绍方回对杜甫等前代诗人的评价[③]。

20世纪80年代以后的方回诗学研究，讨论的焦点仍相对集

① 敏泽《中国美学思想史》第二卷，齐鲁书社1989年版，第501—504页。

② 王运熙、顾易生《中国文学批评史》，上海古籍出版社1981年版，第179—184页。

③ 朱荣智《元代文学批评之研究》，联经出版事业公司1982年版，第142—162页。

中在“一祖三宗”说、“格高”等问题上，而研究的思路则向着多方向拓展。20世纪80年代初，许总发表了《论清人评〈瀛奎律髓〉之得失及其启示》《论〈瀛奎律髓〉与江西诗派》[①]，詹杭伦发表了《方回诗歌美学思想初探》[②]。许总《论〈瀛奎律髓〉与江西诗派》认为，方回的“一祖三宗”说不仅是对江西诗派渊源流变的系统概括，而且是对江西诗派诸大家艺术成就的精当品评，江西诗派的实际状况与完整体系，也正赖此得到较为全面的反映，“对于江西诗派的贡献却是无与伦比的”。方氏诗论主要在于艺术规律与布局结构的研讨，这是《瀛奎律髓》成书的指导思想。但方回对诗歌形式中的思想内容并不过于忽视，这类论述虽然如吉光片羽，却是非常精辟而重要的见解，代表了方氏文艺观的另一个方面，“更重要的是涉及文艺与社会的关系问题”。作者高度肯定方回诗论的历史价值。詹杭伦的文章分两部分：第一部分谈方回关于诗歌的本质与功用的论述。说方回善于给一些传统的文学批评原则赋予新的时代意义。如“诗言志”，方回强调诗出于“天真之自然”，所以“必须抒发作者眇眇临云之志、真实感人之情”，使这一古老命题具有了新的时代意义。又如“诗可以怨”，方回进一步提出诗“可以哀而哀，可以伤而伤”，突破了“乐而不淫，哀而不伤”的中庸之道。第二部分谈方回关于诗歌创作和欣赏的理论，提出了一些根本性的看法和经验：提出了创作和欣赏需要“诗家眼”，即审美主体的素养问题；提出了审美中“所感之怀不同”而作不同审美判断的问题，即审美判断的差异取决于审美主体的心境、怀抱；提出了“状貌之外观精神”，发展了传统的“形神论”；提出了自然美需要“赖人以为重”的看法，即自然的社会性，“人化的自

① 分别载《江海学刊》1982 年第 5 期、《学术月刊》1982 年第 6 期。

② 詹杭伦《方回诗歌美学思想初探》,《西北师大学报(社会科学版)》1986 年第 2 期。

然”的问题。文章最后说，方回的诗歌美学思想非常丰富，相当精深，“在中国诗歌美学史上，产生极为深远的影响”。20世纪80年代方回诗学研究有一项大的收获，就是李庆甲《瀛奎律髓汇评》的出版[①]，整理者还发表了《略谈方回的〈瀛奎律髓〉》[②]，对方回诗学给予很高评价，认为方回对江西诗派提出的一系列作诗法则的探讨，对于江西诗律学体系是一个改造与提高。方回对江西诗派的诗美学准则进行了修正与补充：一是以细润济粗犷，二是以圆熟济生硬，三是以丰腴济苦涩。“注意诗歌与现实的关系，强调诗歌的社会作用，是方回文学思想的一个重要方面。”他的“一祖三宗”说不但系统地总结了江西诗派的诗学理论，而且通彻源流地重新整理了一个诗歌流派的组织体系，“使它朝着克服消极面、发扬积极面的方向前进了一大步”。这时的研究者很注意方回诗学的体系。

20世纪90年代的方回诗学研究应以《宋金元文学批评史》为代表。书中分三部分论方回：关于作家作品的批评；关于创作方法；方回诗学的意义与局限。第一部分首先介绍“一祖三宗”说，认为方回尊杜之论是针对四灵、江湖师法晚唐的倾向提出的，更是针对宋末元初普遍存在的尊唐抑宋的观点提出的。其次介绍方回论诗“分两途”的观点，即方回论宋诗并不限于江西派，以黄庭坚、陈师道、陈与义上承杜甫为一脉，以梅尧臣、张耒上承盛唐人为另一脉。前者以才格律法胜，后者以自然风韵胜，方回视此为诗家之两途。再次介绍方回贬抑四灵、江湖，集矢姚合、许浑。最后介绍方回“格高”说，作者的解释是：“诗体浑大”为格高；“剥浮落华”为格高；“瘦硬枯劲”为格高；“恢张悲壮”为格高；自然质朴、豪放深蕴者为格高。第二部

① 李庆甲《瀛奎律髓汇评》，上海古籍出版社1986年版。

② 李庆甲《略谈方回的〈瀛奎律髓〉》，北京大学出版社《中国文艺思想史论丛》第2辑，1985年版。

分认为“律为骨，意为脉，字为眼”实为方回创作方法论的总纲。对律骨、意脉、字眼和“由至工入于不工”详细介绍。第三部分认为方回诗学的意义，“最主要的即是其评诗时所特有的宋诗的眼光。”而其局限，则在于其门户观念相当的深，其论诗的基本态度仍不脱江西派的立场①。20世纪90年代以前的方回诗学研究，以为方回平生宗旨，悉见所编《瀛奎律髓》。到20世纪90年代，研究者的看法发生了变化。邓绍基主编《元代文学史》就认为方回的诗论并不全体现在《瀛奎律髓》中。他推崇江西派并非亦步亦趋，而有他自己的一些诗论主张，这是方回诗论中应注意之点。“一祖三宗”说到后来有所变化，这也是他诗论中值得注意的地方，这变化就是到后期“比较地转益多师了”。方回论诗主张诗歌应该有感而发，提倡诗歌应有真情实感。关于“格高”，该书认为：“其表现就是‘莫不顿挫悲壮，剥浮落华’，并能‘恢张悲壮者’。”“这种‘格高’的观点也是与他倡导诗歌要有现实性、要有真情实感一致和相通的。”②袁行霈等《中国诗学通论》用了很大篇幅论方回，作者把方回、戴表元、陆文圭作为正统诗学的代表，以方回为主介绍他们的诗学主张。方回诗学的特点是：第一，注重以儒家传统诗学来论诗，而又不像宋儒那样鄙薄文辞，注重诗品与人品的结合。第二，论诗贬晚唐和宋末江湖派，推尊以杜甫为代表的盛唐和以黄庭坚为代表的宋代江西诗派，但又不局限于此，能顾及历代诗歌的成就，并且注意“新变”。第三，对于诗歌创作的艺术规律及具体艺术技巧，提出了许多有价值的意见，诸如“意脉”“字眼”，以及“清新”之论，“活”与“响”等③。所论从大处着眼，有新见，但也许是由于以群体为对象，使人感觉这几点于方

① 《中国文学批评史》，上海古籍出版社1981年版，第925—944页。

② 邓绍基主编《元代文学史》，人民文学出版社1991年版，第418—420页。

③ 袁行霈等著《中国诗学通论》，安徽教育出版社1994年版，第693—706页。

回、戴表元、陆文圭都不甚合或多有不合。张少康、刘三富《中国文学理论批评发展史》认为："方回在文学理论批评上的新贡献，主要有两点：一是论'格高'，二是论情景合一。"认为"此诗格实际是指诗歌之立意，立意直接影响到诗歌的情调、风味"。"诗歌的立意，即是指审美意象的构想，包含着思想内容、精神品格和艺术风貌、意境特色诸方面。""纯正的思想内容和老成的艺术境界之融合，是方回所倡的'格高'之基本含义。"该书又说方回曾对诗歌情景关系提出了一些很有价值的见解，这就是在评判宋代周弼《三体唐诗》所谓"四实四虚，前后虚实"之法时说的"景在情中，情在景中"。方回对江西诗派的一个重大发展是他认识到了诗歌之美，贵在自然天真、富有韵味，而不在语言工拙、学问深浅[①]。萧华荣《中国诗学思想史》也对"格高"作出了自己的解释[②]。陈良运《中国诗学批评史》拈出方回的《心境论》，评价说：方回还有一篇至今没有被文学批评史家充分注意的诗学论文——《心境论》（《桐江集》卷二），这篇文章是自唐代以来诗境理论的一个重要的发展。他第一次把诗中展现的种种境界，统统视为人的心境。作者说，方回此说所谓"心"，就是"情""意"的概称，"我之境与人同"指的是日常生活环境，"我之所以为境"则是诗的艺术境界。他实质上是在区别生活的物境与诗人"存乎方寸之间"的意境。他体悟到了诗境形成过程中诗人主观方面的作用，无疑是对"意境"说有了比较成熟、比较全面的认识[③]。

20世纪90年代关于方回诗学研究有不少很有分量的论文。如

---

① 张少康、刘三富《中国文学理论批评发展史》（下册），北京大学出版社 1995 年版，第 141—144 页。

② 萧华荣《中国诗学思想史》，华东师范大学出版社 1996 年出版。

③ 陈良运《中国诗学批评史》，江西人民出版社 1995 年版，第 411—413 页。

王琦珍的《方回诗论的再评价》[①]，莫砺锋的《从〈瀛奎律髓〉看方回的宋诗观》[②]，查洪德的《方回的诗人修养论》、《方回论“格高”与“圆熟”》（署名李仲祥）、《关于方回诗论的“一祖三宗”说》[③]。王琦珍探讨了方回“心境”论：“所谓‘心境’，其实就是诗人独立于喧嚣的尘世之外，在求得内心的自我解脱之后，所体味到的一种了然自得的艺术境界。”它不同于虚无缥缈的仙境、佛境，不同于超尘脱俗的幽境，诗人追求的“心境”是一种现实的存在，它真实而又自然。这“心”与“境”的关系。所涉及的其实就是诗歌创作中艺术与现实、主体与客体的关系，方回看到了艺术与现实是两种不相同的境界这一特点，也进而看到了在实际创作中作家主观意识和内在修养对意境形成所产生的支配作用。方回充分注意艺术创作中主体作用的影响，有着不容否定的价值。方回“心境”说的形成，首先是受南宋以来诗禅理论的影响，其次又是南宋以来审美观念新嬗变中注重主体精神的反映。文章还对方回研究中一些争论的问题进行评述，提出了自己的看法。莫砺锋的文章是一篇力作，他总的立论是：《瀛奎律髓》体现了方回对唐宋诗的总体看法，其中最重要的是他的宋诗观，而那些观点并不仅仅是江西诗派的门户之见。作者将《瀛奎律髓》中选诗在二十首以上的唐宋两代诗人按选诗多少排队，使读者对方回诗学思想有了新的认识，比如黄庭坚选诗三十五首，在宋代排第十二位，排宋诗第一、二位的诗人分别是陆游、梅尧臣。《瀛奎律髓》的价值一是体现在对宋诗发展过程及宋诗流派的梳理上，其中有许多值得重视的见解，他对流派特征的界定、对流派自身演变及不同流派之间渊源递嬗关系的描述

① 王琦珍《方回诗论的再评价》，《中国韵文学刊》1995 年第 2 期。

② 莫砺锋《从〈瀛奎律髓〉看方回的宋诗观》，《文艺理论研究》1995 年第 3 期。

③ 分别见《中国人民大学学报》1994 年第 5 期、《殷都学刊》1998 年第 3 期、《文史哲》1999 年第 1 期。

是很有学术价值的。《瀛奎律髓》虽标榜黄庭坚，但事实上最推尊的宋代诗人是陈师道，这是理解方回诗学观的关键。在尊唐抑宋之风占压倒优势的时代，方回最早对宋诗的艺术特征从总体上作出比较深刻的体认，摆脱了以唐诗为至高典范的传统观念的束缚，这对后人独立地思考宋诗的性质和价值，是有一定启迪作用的。方回认为“平淡”是宋诗的整体审美特征和发展的大趋势，是很有见识的。查洪德《方回的诗人修养论》认为，方回论诗人修养的德、识、才、学，对中国文论作家修养论的产生和发展有独特贡献。《方回论“格高”与“圆熟”》认为，方回诗风崇尚并非单讲“格高”，而是“格高”与“圆熟”并提，这是两个相对的概念，两者相对又互济，谈“格高”而不谈“圆熟”，便不是对方回诗风崇尚的完整认识。方回的愿望，是要以此为江西诗派起衰，而后以振兴的江西诗派救宋末诗弊。“格高”与“圆熟”互济的诗风追求，是方回总结了宋诗三百年发展经验教训而提出的，它切中宋末诗弊而未能影响元诗创作。《关于方回诗论的“一祖三宗”说》首先指出方回诗论研究中的局限：把目光集中于一部《瀛奎律髓》而不能据其全部论诗资料进行研究，将他的律诗学理论当作他诗学理论的全部，忽视了方回诗学理论的前后发展。此文认为以六十岁为界，方回诗论可分前后两期。而后指出方回“一祖三宗”说的实质，乃是高扬杜甫的旗帜，引导人们通过学习杜甫进而学习和继承中国诗史一切优秀遗产，打破江西后学狭隘眼界，破除江西派末流积弊。最后指出后期的方回已经突破了“一祖三宗”说而主张“诗备众体”和转益多师了。在宋人论诗各立门户到元人论诗不立门户的转变中，方回是一位过渡型人物。

（原载于《南阳师范学院学报（社会科学版）》2002年第3期，《20世纪元代诗学研究概述》方回研究部分。题目为编者所加）

20世纪以来方回诗学研究述评

◎邱光华

方回（1227—1307），字万里，号虚谷，别号紫阳，安徽歙县人，为宋末元初著名的学者、诗人和诗论家。他平生著述丰富，部分文字在当时即有刊版行世或是以抄本流布，后世亦屡有刊刻、传录，惜今大多已散佚，仅存《瀛奎律髓》《文选颜鲍谢诗评》《桐江集》《桐江续集》《续古今考》《虚谷闲钞》六种，其中前四种是今人研究其诗学的主要文献依据。

研读上述的传世诗学文献即可获知：方回的诗歌理论批评，就话语展开方式而言，既有选本评注，又有论诗诗以及序、跋等，基本上涵盖了中国古代诗歌理论批评主要的体例；就内容而言，其所三致意者大多为宋元之际诗学界普遍关注的议题或是诗学史上的基本问题。而且，由于特定的历史境遇和学术思想语境，方回诗学从隐性的思想观念到显性的话语实践，既有着丰富的生命情味，又具有深厚的文化底蕴。以他的这些传世论著为基点开展研究，除了能较为全面地阐明其诗学观念及话语形态，还可以从特定的角度呈现宋元之际乃至元代诗学的某些历史面相和演进理路。

在20世纪以来的百余年里，较之于元曲的研究和其他断代史诗学的研究，元代诗学研究整体上显得寂寥、薄弱。然而，在这当中，方回诗学则得到了较多的关注，取得了不少研究成果，主要涉及的领域或论题可相对划分为以下九个方面：一是人品的辨析；二是年谱编纂及生平思想研究；三是著述的考辨与整理；四是与江西诗派的关系及其江西诗派论的研究；五是诗论范畴或命题的研究；六是诗法论的研究；七是《瀛奎律髓》的诗歌选评研究；八是杜诗学的研究；九是诗歌史论的研究。本文拟以此为线索进行梳理，厘清其脉络情状和发展态势，并略加评议，辨明得失，以期有助于方回诗学研究的推进。

一、方回人品的辨析

伦理主义是中国学术传统中的一个基本趋向。关于方回的人品，元明清时期有不同的议论，对此的辨析也成为现代以来方回诗学研究史上的一项重要内容。

降元且继续仕于新朝数年，这一“失节”行为引发了当时及后世一些士人对方回人品的非议。元初，周密汇集了若干此类传闻，于《癸辛杂识》中专辟“方回”一目大书其事，据以坐实所谓的品行卑下之论调[①]。此举影响深远，后人多从周氏之说，《四库全书总目·桐江续集提要》《元书·方回传》等所持观点皆本于此。直至20世纪，朱东润、汪辟疆等前辈学者亦未作辨析，直接沿用[②]。此后学术界几乎视此为定论。

然而，《癸辛杂识》的描述实则并无任何文献上的支持，且与元代其他士人对方回的评价大相径庭，与后来明清地方志所载亦多有不同。20世纪30年代以来，逐渐有一些学者据此展开更具学理性的辨析。方孝岳先生曾概括指出：宋人笔记时时有党同伐异、轻薄诋毁之习，《癸辛杂识》的议论后人不必尽信，如同

① 周密撰，吴企明点校《癸辛杂识》（别集上），中华书局1988年版，第249—252页。

② 朱东润《述方回诗评》，《中国文学论集》，中华书局1983年版，第42—43页。本文《中国文学论集》资料，皆出此版，兹不另注；汪辟疆《评方回〈桐江续集〉》，《汪辟疆文集》，上海古籍出版社1988年版，第232—233页。

时之人刘埙即认为方回是一磊落士[①]。方孝岳虽未作进一步的论析，但这无疑是一重要的提醒。研究者理应尽可能全面地爬梳文献、谨慎地使用文献，而非向声背实、信伪迷真。之后，潘柏澄先生据地方文献、宋元人文集及方回本人的著述考知其人品、学问和诗文造诣皆为士林所敬重，对《癸辛杂识》“方回”条中的诸多无稽之论作了令人信服的驳正[②]。詹杭伦先生也针对《癸辛杂识》所载事迹与元代其他人的议论多抵牾不合这一情况，详加比勘，得出了一致的结论[③]。在此基础上，姚大勇、于磊、王书才等学人亦据各自所钩稽得的数则史料，进行了补充论证[④]。

毋庸讳言，方回在鼎革之际的“政治选择”确实有悖于儒家一贯倡导的“节”的信条。不过也应看到的是，对于自身的这一行为，方回并不规避道德层面的自我审视，而是以直面历史的心态自觉地予以担当。更应看到，方回对于广大生灵贫苦不堪、颠沛流离之生存状况的关切从未间断，在与程钜夫、刘宣、夹谷之奇、赵仁荣、张谦等“有位”之士的交往中，他反复陈述世态之弊和民生之艰，表达对清明政治的诉求。若无视基本的文献记载，又脱离具体的历史情境，臆测其人之品行，甚而以抽象化的、本质主义的道德观念对其进行标签式的定性乃至大棒式的诋毁、攻击，实难得到平允之论。上述学者尤其是潘、詹二位对方回人品的辨析，不仅可以了结一段历史公案，而且有助于正确

① 方孝岳《〈瀛奎律髓〉里所说的“高格”》，《中国文学批评》，生活·读书·新知三联书店2007年版，第177页。本文《中国文学批评》资料，皆出此版，兹不另注。

② 潘柏澄《方虚谷研究》，新文丰出版公司印行1978年版，第3—71页。本文《方虚谷研究》资料，皆出此版，兹不另注。

③ 詹杭伦《周密〈癸辛杂识〉“方回”条考辨》，《四川师范大学学报》1989年第6期。

④ 姚大勇《方回志行考辨》，《中国学研究》第4辑，中国书籍出版社1997年版，第85—90页。于磊《〈癸辛杂识〉之贺诗风波——论方回的人品及其他》，《元史及民族与边疆研究集刊》第20辑，上海古籍出版社2008年版，第10—18页。王书才《宋元文学家方回与周密交恶真相之考述》，《鄂州大学学报》2011年第4期。

认识历史上存在的以所谓人品问题对其诗学予以轻忽或鄙薄的现象。这对于之后的方回诗学研究从根本上摆脱此前不实之论的影响，亦具有重要意义。

二、方回年谱的编纂及其生平思想研究

知人论世，乃中国古代学术的一个重要传统，今之治诗学者亦于此多有承续。这在方回诗学研究上的一个表现即是年谱编纂和生平思想研究。

年谱方面，笔者所知的有两种。

一种是潘柏澄《方虚谷研究》一书的“方虚谷年谱”①。本年谱分“谱前”“年谱”“谱后”三段，除了详细考述方回本人生平，还对其先辈及后世情况略作概述。“年谱”所据之文献主要是方回本人的著述，以及地方志传记资料、宋元人文集所论及之史料，作者对此均注明出处，间有考辨，且持论谨慎，较为可靠。另一种是毛飞明《方回年谱与诗选》一书的“年谱”部分②。本年谱采用的是时事、谱文、注文三方面相结合按年次加以考述的形式。所取资料主要依据方回《桐江集》《桐江续集》，间有考核，也为方回诗学研究提供了重要参考。

方回生平思想的研究，主要见于潘、詹二位的著述当中。

潘柏澄稽考得方回交游中的二百八十四人，一一述其人字号、里贯、生平大略以及他们在元初与方回往来的情形等；其中，入元不仕之宋遗民三十九人③。此外，他还对方回在理学、经学、史学、政治、反释道二教等方面的思想见解逐一作了概略

① 潘柏澄《方虚谷研究》，第3—64页。

② 毛飞明《方回年谱与诗选》，杭州大学出版社1993年版，第3—134页。

③ 潘柏澄《方虚谷研究》，第64—93、149—228页。

性的论列[1]。詹杭伦也从方回本人的著述以及其他有关文献中钩稽爬梳，汇集成生平传略。另外，他还对“道统”论、“无极”论、“致知”论、“心境”论、“因革”论等方面的内容作了初步的论列[2]。

可以说，经过前贤的钩沉、整理，方回的生平行迹及思想轮廓已大致清晰，为后续的研究提供了诸多线索，具有重要意义。当然，这只是一项初始性的工作。就理论层面的研究而言，更为关键的是应以此为基础进一步厘清、阐明此与诗学观念、诗学话语建构之间的内在联系。例如，宋元易代的特定历史境遇下，国家政事、士文化传统、个性情志、角色意识等文化因素对方回的诗歌理论批评产生了哪些具体的影响？方回在与不同区域诗学人士的交游中显现了怎样的地域诗学观念？地方诗学传统在其诗学理论建构中具有何种意义？再如，方回对理学、经学、史学的阐说，是在什么样的学术语境下展开的？其主要的观念旨趣与价值诉求是什么？它们在其诗歌理论批评中发挥着怎样的建构性功能？

三、方回著述的考辨与整理

文献的整理、考辨是学术研究的基础，凡是科学的研究，其结论或论断须能够在文献上得以复核、验证。方回诗学研究史上的一些重要创获，亦皆建立在坚实的文献基础之上。

在著述情况的考辨上，潘柏澄、詹杭伦、许清云三位学者用力最勤。

潘柏澄通过史料的钩沉、稽考，对方回现存的六种文献及

① 潘柏澄《方虚谷研究》，第123—148页。

② 詹杭伦《方回的唐宋律诗学》，中华书局2002年版，第93—116页。本文《方回的唐宋律诗学》资料，皆出此版，兹不另注。

已佚之十七种著述进行了简明扼要的考证[①]。其后，詹杭伦作了更为详细的考证，并在已佚著作中补入《建德府节要图经》一种[②]。许清云则聚焦于《桐江集》《桐江续集》《瀛奎律髓》《文选颜鲍谢诗评》这四种诗学文献，对它们的成书、版本、内容等情况一一作了翔实的考证，并就一些伪托方回之名的著述进行了辨析[③]。此外，卞东波从"选诗"这一角度，对《瀛奎律髓》的成书过程展开考察，基本厘清了此书在选诗、评注过程中主要参酌的文献史料和思想资源，并归纳总结了方回校勘诗作的方法和经验[④]。

在作品整理方面，主要有以下几种：

李庆甲集评校点的《瀛奎律髓汇评》。该书在方回原编的基础上，汇集十多家评语，并对正文以及包括方评在内的诸家评语进行了校勘，虽在评语的辑录、编排方面尚非完备，但已颇具参考价值，为目前最通行之版本[⑤]。此外，该书附录的其本人点校的《文选颜鲍谢诗评》，亦较为谨严可靠。

北京大学古文献研究所编纂的《全宋诗》，第66册卷三千四百八十一至卷三千五百零九载录方回诗[⑥]。据编校者的说明，所载方回诗以文渊阁《四库全书》本《桐江续集》为底本，校以清抄本《虚谷桐江续集》；底本诗集外之诗、校本多出底本之诗及新辑集外诗，另编一卷。

李修生主编的《全元文》，第7册卷二百零七至卷二百三十一

① 潘柏澄《方虚谷研究》，第263—279页。
② 詹杭伦《方回著述考》，《成都大学学报》1986年第1期。
③ 许清云《方虚谷之诗及其诗学》，东吴大学博士学位论文，1981年，第1—81页。本文《方虚谷之诗及其诗学》资料，皆出此版，兹不另注。
④ 卞东波《方回〈瀛奎律髓〉成立考》，《南宋诗选与宋代诗学考论》，中华书局2009年版，第176—203页。
⑤ 方回选评，李庆甲集评校点《瀛奎律髓汇评》，上海古籍出版社2005年版。
⑥ 傅璇琮等《全宋诗》（第66册），北京大学出版社1998年版。

收录了方回《桐江集》《桐江续集》此二集中“文”的部分[①]。据编校者的说明，本书所收方回文，凡出《桐江集》者，以宛委别藏本为底本，校以清抄本《方虚谷桐江集》四卷本；凡出《桐江续集》者，以文渊阁《四库全书》本为底本，校以清抄本《桐江续集》四十八卷本；集外共辑得佚文二十二篇。

上述文献考辨、整理，关乎方回诗学的整体认知，尽管其间诸如《瀛奎律髓》是否曾于元代刊刻、各家评点本的源流承转关系以及方回本人诗歌作品在后世的传播和接受等问题仍尚待探讨，但已可为理论层面的研究提供较为可靠的文本依据。

四、方回与江西诗派的关系及其江西诗派论研究

方回诗学最为人所知者为“一祖三宗”说，他亦因此被视为江西诗派的护法和殿军。近百年的研究史，较早且较集中的探讨也是围绕这一议题展开的。

朱东润《中国文学批评史大纲》将方回视为“江西派中之修正派”。朱先生认为：“一祖三宗”的建构性论说不乏卓识，以“老杜之细润工密”救治“江西诗”，实为对症下药[②]。《述方回诗评》一文于此有更为详细的论析，且亦明确提出：方回着意于确立江西派的宗祖、源流，同时又着力对四灵诗、江湖诗予以攻击，乃在于维护江西派[③]。朱先生这里表述的看法，基本上不出明清以来的主流意见，但在价值评判上则显得更为正面。

方孝岳《〈瀛奎律髓〉里所说的“高格”》一文也将方回的“一祖三宗”说看成是基于江西诗派立场上的理论建构，但认为较《江西诗社宗派图》更为妥当、更无流弊，谓“不仅是江西的

① 李修生《全元文》（第7册），江苏古籍出版社1998年版。

② 朱东润《中国文学批评史大纲》，上海古籍出版社1983年版，第174—179页。

③ 朱东润《中国文学论集》，第43—59页。

护法，而且是江西的起衰；不但是江西一派的拘墟之论，而且是南北宋一朝多数大家递变日新最后结晶之思想的总汇”，并指出其主江西的缘故乃是江西诗格高于四灵诗、江湖诗，至于江西之粗，则并不曲讳[①]。这里以宋代诗学的演进情势为参照系，辨析方回的诗学倾向，认为其并不囿于“江西”门户。相对而言，此意见显然较为真切。这在许总《论〈瀛奎律髓〉与江西诗派》一文中也得到回应。文章认为：方回在《江西诗社宗派图》的基础上，对江西诗派的渊源流变进行了系统概括，对江西诗派诸大家艺术成就作了精当品评，并提出了“一祖三宗”说，江西诗派的实际状况与完整体系赖以得到较为全面的反映；其选诗，一方面固然遵从“一祖三宗”的体系，在实际去取中则并非一味偏袒或排斥，而是根据作品的客观艺术价值进行选择，并力求从多方面反映唐宋律诗创作的实际状况[②]。在江西诗派的框架下对“一祖三宗”的理论建构加以定位，此与前人的观照视角似并无不同；但所揭示的方回在诗歌选评上的融通态度和开阔视野，的确较为合乎情实，可作为解读方回诗学的切入点。

此后，编著于不同时期的批评史、诗学史或文学史，虽然对方回诗论的褒贬情况不一，但大都将之视为江西派诗论。不过，除了敏泽《中国文学理论批评史》及成复旺等《中国文学理论史》认为方回具有深刻的门户之见[③]，多数的意见是认为其论诗并不固守、专主江西派之故常。

20世纪70年代中期以来，一些专门的研究著述也从传统的视角出发，对方回的江西诗派论进行解读、诠释。例如，詹杭伦

① 方孝岳《中国文学批评》，第184—188页。

② 许总《论〈瀛奎律髓〉与江西诗派》，《学术月刊》1982年第6期。

③ 敏泽《中国文学理论批评史》(上卷)，人民文学出版社1981年版，第630—632页。成复旺等《中国文学理论史》（隋唐五代、宋元卷），北京出版社1987年版，第562—565页。

《方回对江西诗派的总结定论》对主要的论说内容进行了剖析和概括：一是对江西诗派在思想上、艺术上学杜的经验进行总结，其着力处是杜诗句法的学习；二是梳理并确立江西诗派的正宗骨干体系，为江西诗派最大的功臣[①]。又如，高利华《论方回的江西宗派学说及其对陈与义的评价》一文承接了前述方孝岳的某些论断，将“一祖三宗”说定位为方回的江西宗派学说，从江西诗派提出和被接受的历史这一角度，探讨了这一理论建构[②]。

自明清以来直至20世纪的相当一段时期内，方回被视为江西诗派的护法、殿军，主要有两个方面的缘由：一是他在诗学理论建构与实际批评中屡屡贬抑、指斥四灵“晚唐体”；二是他所标举的“一祖三宗”，黄庭坚、陈师道、陈与义诸人之前即已被普遍认定为江西诗派的中坚。若全面翻检方回的存世诗学文献，即可发现根据上述理由而作出的判断实则经不住推敲。台湾地区的一些研究者对此曾有过辨正。例如，黄启方《论方回之诗学》、张哲愿《方回〈瀛奎律髓〉及其评点研究》均指出，方回对晚唐诗、四灵诗的优长不乏肯定，对江西诗的弊病亦多有指摘，实是欲合诸家之长处，为宋诗发展开创新出路[③]。又如，许清云《方虚谷之诗及其诗学》以方回对历代诗人的具体品评为立论依据，指出其论诗的态度是“党同而不伐异”“客观而不附会”“贵古而不贱今”，“一祖三宗”说乃统合古今诗人而言，与吕本中《江西诗社宗派图》专指江西诗派大不相同[④]。上述三家研究有较为充分的文献依据，其结论更能接近方回诗学的历史面目。揆以实际，批评四灵及其江湖后学的“晚唐体”诗，此

① 詹杭伦《方回的唐宋律诗学》，第117—158页。

② 高利华《论方回的江西宗派学说及其对陈与义的评价》，《社会科学战线》2004年第6期。

③ 黄启方《两宋文史论丛》，学海出版社1985年版，第580—583页；张哲愿《方回〈瀛奎律髓〉及其评点研究》，花木兰文化出版社2008年版，第55—60页。

④ 许清云《方虚谷之诗及其诗学》，第162—169、222页。

乃宋末元初诸多诗学人士共同具有的一种论诗倾向，如严羽、林希逸、牟巘、赵文、何梦桂、熊禾、张之翰、戴表元等，即皆曾表达过这方面的意见。若据此而认定方回为江西诗派护法，显然是没有说服力的。再者，从更为具体的表述语境来看，方回所立“一祖三宗”，主要是对诸家的七律尤其是其中的“变体”诗作在律诗史上之地位的推崇，至于其他体制则另有堪称典范的诗家，他并未独尊其所标举的“一祖三宗”。

从20世纪90年代开始，大陆的一些研究者较多地突破了此前的观照视角和话语模式。袁行霈等的《中国诗学通论》曾以《桐江集》的相关诗论资料为主要依据，参以《瀛奎律髓》中的若干诗评，对方回的论诗倾向进行概括，其中一个方面即认为：贬抑晚唐和宋末江湖派，推尊以杜甫为代表的盛唐诗和以黄庭坚为代表的宋代江西诗派，但又不局限于此，能顾及历代诗歌的成就，并且注重“新变”[①]。王琦珍在《方回诗论的再评价》中针对清代晚唐诗派和纪昀以来所普遍认为的方回诗论只是固守江西诗派门户之见这一主流观点，以及虽有辩驳却亦不符合实情的相关持论，结合诸多诗论资料，对方回的诗学思想展开考辨。文章指出：方回并非单一地鼓吹江西派的理论，其诗学思想中许多内容实际上已大大地超出了江西派理论的藩篱，且其诗论本身也有一个探索、甄别到最后彻悟的演变过程，是一个较为复杂的整体[②]。查洪德的《关于方回诗论的“一祖三宗”说》也承接当年汪辟疆、郭绍虞两位先生的意见，提醒研究者不应忽略《瀛奎律髓》之外的其他诗论资料。文章提出：方回力图通过标举杜诗，以打破江西后学的狭隘眼界，破除江西派末流积弊，而并非固守门户之见；后期的方回突破了“一祖三宗”说，有了不同的

① 袁行霈等《中国诗学通论》，安徽教育出版社1994年版，第697—702页。

② 王琦珍《方回诗论的再评价》，《中国韵文学刊》1995年第2期。

诗学旨趣[①]。以文献视野的拓宽为前提，上述学者在研究中均深切体会到方回诗学具有更为复杂和多元的历史面相。这里还需指出的是，方回的存世诗学文本实则并未能呈现其诗学观念的“演变过程”，也无所谓前后期之分界，我们应当从“共时”的层面来认识其诗学思想的多维性。

要之，学界围绕方回的“一祖三宗”说对其诗学所展开的探讨或论争，不断趋于深入，但主流的观点仍认为方回的立场乃在江西诗派一方，其旨趣主要是纠弊、起衰；部分研究者虽明确认识到方回诗学具有多维性、动态性，但仍有诸多未及辨明的地方，这当中，也有未对方回诗论文献作整体观照之缘故，某些论断似是而非。因此，这一议题还有继续深入探讨的必要。

五、方回诗论范畴或命题的研究

方回在笺注、诠释诗人诗作的过程中，往往从其审美理想和批评旨趣出发，有选择地运用传统诗学中的理论范畴，并建构性地赋予它们新的内涵；此外，他还提出了新的具有重要诗学意义的范畴或命题。学界在这方面的研究起步甚早，已有近百年的研究史。

历来研究者最为关注的是“诗格”这一范畴，且大多围绕其“格高”“格卑”之说进行解读。

朱东润的《述方回诗评》认为，方回所谓“格”者，乃江西格，且以整峭为高[②]。此一诠释，与朱先生对方回诗论立场的认识相一致，“格”在这里被解读为诗歌作品的风格。方孝岳在《〈瀛奎律髓〉里所说的“高格”》中认为，从创作论的角度来

① 查洪德《关于方回诗论的“一祖三宗”说》，《文史哲》1999年第1期。

② 朱东润《中国文学论集》，第56—57页。

看，这一范畴强调的是作家主体性情、学问的涵养，从风格论的角度来看则是指讲究风骨[①]。此后，郭绍虞、许清云、朱荣智、敏泽、陈良运、萧华荣、刘明今、李仲祥、王德明等学者也先后在各自的著述中从创作主体的人格和作品的风格这两个层面或是侧重其中一个层面切入，对此进行详略不一的阐说，且大都认为标举诗格乃针对四灵诗、江湖诗而发[②]。

另外，也有学者从作品的思想内容与艺术形式相结合的层面来诠释方回的“格高”论。例如，邓绍基主编的《元代文学史》认为：“格”即指风格，且与诗歌的思想内容密切相关，方回以杜甫为“格高”的典范，根据在于杜诗“莫不顿挫悲壮、剥浮落华”并能“恢张悲壮”，这与其倡导诗歌要有现实性、要有真情是一致的[③]。又如，张少康、刘三富的《中国文学理论批评发展史》也认为：纯正的思想内容和老成的艺术境界之融合，是方回所提倡的“格高”之基本含义。也就是说，在思想内容方面，诗歌应当体现诗人远大的思想抱负、高尚的情操，表现广阔的社会内容；在艺术形式方面，要做到自然天成、雄浑劲健、雅而不俗、意境深远，具有含蓄不尽之余味[④]。

学界的上述解读，皆有相应的文本依据，可谓方回诗格论的

① 方孝岳《中国文学批评》，第187页。

② 详见以下著述：郭绍虞《中国文学批评史》（下卷），第108—111页；许清云《方虚谷之诗及其诗学》，第103页；朱荣智《元代文学批评之研究》，联经出版事业公司1982年版，第142—162页；敏泽《中国美学思想史》，齐鲁书社1989年版，第502—503页；陈良运《中国诗学批评史》，江西人民出版社1995年版，第417—418页；萧华荣《中国诗学思想史》，华东师范大学出版社1996年版，第215—217页；顾易生等《中国文学批评通史（宋金元卷）》，上海古籍出版社1996年版，第934—935页；李仲祥《方回论“格高”与“圆熟”》，《殷都学刊》1998年第3期；王德明《方回的“格”论及其对晚宋诗风的批判》，《广西师范大学学报（哲学社会科学版）》2000年第1期。

③ 邓绍基主编《元代文学史》，人民文学出版社1991年版，第420页。

④ 张少康、刘三富《中国文学理论批评发展史》（下册），北京大学出版社1995年版，第142页。

题中之意；不过，在方回的诗学理论建构与实际批评中，“格”的内涵以及所关涉之层面实则更具多维性，现有的研究还略显单一，比如该范畴所具有的“格法”层面的蕴含即较少得到关注，若将其放置于宋元诗学的演进脉络下进行探讨，或许能获得更为丰富的理解。

方回诗学中的“圆熟”“清新”“心境”等范畴，也不时受到一些研究者的关注。

李仲祥将“圆熟”与“格高”并置而观，认为前者是对以“韵”胜的诗提出的要求，是与“格高”相对又相济的风格追求，即左右逢源、自然圆转、举重若轻，而非以“尘腐”为“熟”，方回倡导“格高”，济之以“圆熟”，乃其系统而深刻地反思宋诗的结果①。王琦珍也持近似的见解，认为方回重构此一范畴的审美内涵，用意在于反对宋以来诗坛上以陈腐圆熟相标榜的风习②。这一研究结论，是以方回诗歌批评文本的具体考察为基础而得出的，有助于理解其唐宋诗观。

关于“清新”这一范畴，王琦珍也曾有所论列，认为：方回论诗之“清”与“新”，其实强调的都是意味之自然，而这种“意味”，主要得力于诗人对生活的感受与体味，得之于自然天成。而更为细致的辨析，则见于贾文昭《关于“清新”——读方回诗论札记之一》。文章从不同角度呈现了此一范畴在方回诗论中的基本面貌：第一，在“清”的审美倾向上，方回最欣赏的是与“瘦劲”相联系的“清”；第二，方回把诗中之“新”作为评诗的最重要的着眼点，对“新”持一味肯定的态度，但对于取“新”的途径和手段并非一味肯定；第三，方回心目中的清新，并不限于“意味之自然”，而是包括“语”“意”两方面

① 李仲祥《方回论“格高”与“圆熟”》，《殷都学刊》1998年第3期。
② 王琦珍《方回诗论的再评价》，《中国韵文学刊》1995年第2期。

的清新，且明确地把“清新”视为诗的不可缺少的本质属性；第四，方回认为要创造出清新之作，除了“苦学精思”，还须“出于己而得于天”[①]。至此，该范畴在方回诗论中的基本内涵已大致得以辨明。这里有两点需提出来以备进一步的探讨：其一，崇尚“清新”，本为中国古典诗学一个具有悠久历史的审美传统，方回将之作为品评历代诗人诗作的重要尺度，其中既有认同、汲取，也有扬弃、重构，现有的研究于此虽有所论及，但具体的情状尚未完全厘清；其二，方回在诗学理论建构及诗史批评中，既致意于统合古体与律体，但也明确申说二者的差异，现有的研究忽略了他的诗歌文体观念，故而未及对此一范畴在其古体诗史批评与律体诗史批评中的不同内涵加以辨析。

在方回诗学研究上，敏泽先生较早评介了“心即境”这一诗学命题，认为这是“从哲学高度、从审美主客体的‘心’‘境’的关系，对传统的‘意境说’作了精辟的概括”[②]。在后来的研究者那里，这一解读和诠释得到了发扬。王琦珍将《桐江集》中长久以来被忽略的《心境记》一文拈出来加以讨论，认为，方回看到了艺术与现实是两种不相同的境界这一特点，同时进一步看到了实际创作中作家主观意识和内在修养对意境形成所产生的支配作用[③]。大致同时，陈良运也注意到《心境记》这篇文章，在《中国诗学批评史》一书中提出：方回第一次把诗中展现的种种境界统统视为诗人的“心境”，认识到诗人之心是诗境的根本，体悟到了诗境形成过程中诗人主观方面的作用，表明其对“意境”说有了比较成熟、比较全面的认识，此乃自唐代以来诗境理论的一个重要的发展[④]。该命题中，“心”所具有的意义、功能，经过

① 贾文昭《关于“清新”——读方回诗论札记之一》，《文艺理论研究》1998年第6期。
② 敏泽《中国美学思想史》第二卷，齐鲁书社1989年版，第504页。
③ 王琦珍《方回诗论的再评价》，《中国韵文学刊》1995年第2期。
④ 陈良运《中国诗学批评史》，江西人民出版社1995年版，第418—420页。

以上学者的阐发而得以凸显，但“心”与“境”的辩证关系以及“心”的内涵则还需进一步阐明。邱光华《方回审美主体心境论考释》结合方回的诗歌创作实践及阅读、批评实践对此展开了剖析。作者认为：对于主体之“心”与现实之“境”这两者之间的同构性或异质性、非对应性，方回均有明确的认识，他倡扬主体诗性之心对外在庸常之境的突破、拓延和净化，并借此构建现实生存中所应具备的“心”与“境”的审美关系，这一主张在其诗学话语中的一个突出反映即强调审美主体的诗性之心；在方回看来，诗性之心的根底与价值旨归皆在于审美主体的义理涵养①。方回关于“心境”的思考，与其理学思想取向有着深刻的关联，与宋末元初朱陆合流趋势中陆氏一脉“心学”的凸显以及此时期佛禅论“心”思潮的涌动也不无关系，这方面的研究还有待推进。

此外，个别学者对其他一些范畴、命题也作了探讨。

詹杭伦《方回诗歌美学思想初探》将方回关于“诗言志”“思无邪”“兴观群怨”的诸多论说放置在诗学思想史的框架下进行讨论。文章指出：这些传统的诗学命题被方回赋予了新的时代意义，成为其批判“以诗言理学”“以言语工拙论诗”的有力武器。在此基础上，他还发展了唐宋以来的“诗史”观念，提出“诗亦史”的命题，丰富了诗歌本质论，又循此发挥了“诗可以怨”的观点，为诗歌反映乱离现实开辟出广阔的道路②。这一诠释可谓切实，不过还应注意到另一方面，即方回对上述诗学命题的解读、阐说，在根本上深受其理学价值观念的影响和制约。例如，在《赵宾旸诗集序》一文中，方回从诗人的心性涵养层面对“志”的不同境界进行区分；其《心境记》着力标举契合于心性义理之学的“志”；《吴云龙诗集序》称许《诗》

① 邱光华《方回审美主体心境论考释》，《中国文化研究》2010年夏之卷。

② 詹杭伦《方回诗歌美学思想初探》，《西北师范大学学报（社会科学版）》1986年第2期。

“以吟咏情性言义理”，将其视为“诗言志”的最高范型。又如，“诗亦史”这一命题，乃方回在《可言集考》阐述“思无邪”之含义的语境下提出来的，强调的是诗人应秉持纯乎天理之本心，存历史是非之公论。

张少康《中国文学理论批评史》从诗歌理论批评发展史的层面，对方回的“情景”论作了梳理。张先生指出：方回对诗歌情景关系的论述进一步发展了范晞文的思想，并给予王夫之启发，这是他“能超过江西诗派的地方”[①]。这一定位颇为准确，亦提供了一条关于方回诗学之理论渊源与传承、接受情况的研究线索。情景关系乃中国古典诗学一大题目，方回在诗学理论建构与实际批评中于此甚为着意，曾从诗歌本质、诗歌创作过程和诗歌技法等不同层面展开论析，而这实则也与他对宋末元初诗学生态的体认、反思密切相关，值得进一步深入探究。

总体而言，学界对上述范畴或命题的研究，已不同程度地呈现了方回诗学的具体面相及特质。不过，至少就“诗格”“心境”这两个在方回诗学中具根本性、全局性意义的范畴而言，现有研究还存在较大的拓展空间。例如，“诗格”这一范畴在方回诗法建构论层面上的功能和意义，方回“诗格”观的独特性以及以“格”论诗的批评旨趣，“心境”论的历史文化语境和学术思想蕴含，等等。若能以此为基点，在通盘考察方回各类诗学文本的前提下，结合他的学术思想观念加以开掘，则可更为全面、准确地把握其诗学的要义。

① 张少康《中国文学理论批评史》（下卷），北京大学出版社2005年版，第114—115页。

六、方回诗法论的研究

方回论诗极重诗法，这是其诗学旨趣之突出的一端，各个时期均有不少研究者对此予以关注。

朱东润以《瀛奎律髓》为立论依据，对方回在字法、句法方面的论说作了简略的论列。在他看来，《瀛奎律髓》唯“变体”一卷，论独精到，评注不乏“极可寻味”“极能入微”之处；在此之外，他主要的意见是，方回的诗法论本于黄庭坚、吕本中，体现的是江西派诗学旨趣，其中不无纪昀所讥的摆落本原、竞巧末节之类的弊病[①]。若孤立地看待《瀛奎律髓》的某些评语，朱先生所言之弊似是存在，但这与方回诗法论的主体面貌及观念旨趣实则并不相符。之后，方孝岳也曾述及方回的圈点最重“响字”“句眼”这一特点，但持论则明显不同。他认为，方回这一解诗的方法虽有点琐碎，但强调的是先在“用意”上讲求，并非教人逐末忘本；对于《瀛奎律髓》卷二十五“拗字类”中的评注，他也指出，这里强调的是诗人之“本意”，而并非倡导以此为定法[②]。许清云对方回在“用字”“用事”“布置”“对偶”等诗歌技法方面的论说作了详细的描述。在他看来，方回对诗歌技巧的辨析、阐说，是为总结诗法经验，开示后学以门径，也是针对宋末以来诗学流弊而发，其间虽有琐碎、偏僻之处，但持论大多圆通、辩证[③]。翻检《瀛奎律髓》一书的评注不难获知，方、许二人所论较为合乎情实。他们的相关论列及所表达的见解，在其他学者的研究中也得到了更为详细的发挥。

顾易生等《中国文学批评通史（宋金元卷）》对方回的律骨、意脉、字眼及“由至工入于不工”等诗法论说作了详细的介

① 朱东润《中国文学论集》，第56—59页。

② 方孝岳《中国文学批评》，第188—190页。

③ 许清云《方虚谷之诗及其诗学》，第103—134页。

绍，认为方回所谓的“律为骨，意为脉，字为眼”实为其创作方法论的总纲[①]。史伟《方回的诗法理论》以《瀛奎律髓》为主要文本依据，对方回的诗法理论加以梳理和诠释。作者指出：方回将唐宋诗之分落实到格律、对偶、用字、炼句等基本的诗歌要素上加以描述，并能将之前的相关论说予以总结而又有新的创造[②]。王德明《方回的诗歌语言艺术思想》也以《瀛奎律髓》作为研究的文本依据，指出方回的诗歌语言艺术思想是与活法、高格紧密联系在一起的[③]。王奎光《论方回〈瀛奎律髓〉中的“拗字”格法》认为：方回对拗字格法的建构，其目的是以此为纽带建构杜甫与江西诗派之间的关系，以此为武器批评宋末元初盛行的晚唐诗风[④]。作者在《方回的“吴体”诗论及其诗学批评意义》一文中还提出：方回通过对杜甫七言大拗律诗“全拗”声律特征的发现与揭示，提出了“吴体”的诗学概念，且以之为诗学元素之一，重新建构江西诗派源自杜甫的新的诗统，同时也借此对当时的江西诗派末流、江湖诗派的诗学弊端进行批判与匡救[⑤]。杨婉培的《方回〈瀛奎律髓〉诗学体系研究》从创作论的角度对方回在创作法则与修辞技巧方面的认识进行了论析，认为他是在赞同锻炼形式技巧的前提下，以“活”为最高指导原则，不拘泥于“常”与“变”，而是主张加以融会、推陈出新[⑥]。以上著述，各有侧重，从不同层面对方回的诗法论的内容以及诗学旨趣进行辨析，一定程度上深化了这一议题的研究。当然，若欲对方回的诗

① 顾易生等《中国文学批评通史（宋金元卷）》，上海古籍出版社 1996 年版，第 935—943 页。

② 史伟《方回的诗法理论》，《廊坊师范学院学报》2001 年第 3 期。

③ 王德明《方回的诗歌语言艺术思想》，《华北电力大学学报》2001 年第 1 期。

④ 王奎光《论方回〈瀛奎律髓〉中的“拗字”格法》，《中国韵文学刊》2007 年第 4 期。

⑤ 王奎光《方回的“吴体”诗论及其诗学批评意义》，《文学遗产》2008 年第 4 期。

⑥ 杨婉培《方回〈瀛奎律髓〉诗学体系研究》，淡江大学硕士学位论文，2008 年，第 66—80 页。

法观与诗法理论批评建构有更为全面、切实的理解，还应对其古体诗评注以及整体的诗史批评进行综合考量，且须避免先入为主地将其诗论立场定位为江西派。

综上可知，关于方回诗法论方面的研究，学界不乏细致的辨析与探讨。在此过程中，《瀛奎律髓》成为大部分研究者立论的主要依据，这似乎并无不妥；但限于选本的特定体例，方回关于诗法的众多话语表述，往往散见于不同卷类中不同诗人诗作的评注上，且大多只是有侧重地述其一二，而非尽陈其义，如果研究者未能统合以观或是失于查考，则难免会造成误读以至作出明显不符合其原意的判断。事实上，尽管方回的诗法论主要是围绕《瀛奎律髓》这一律诗评注文本而展开的，但他的诗法观在其他诗学文献中也有明确且更为集中的表述，研究者若能据以做整体的观照、研究，由此得出的结论应该会更为科学和客观。此外，方回对诗法的理解受其理学思想观念的深刻影响，这也是研究者必须充分加以考虑的一个重要因素。

七、《瀛奎律髓》的诗歌选评研究

《瀛奎律髓》作为一部大型的唐宋格律诗选评本，历来都是方回诗学研究中的重镇，其中包括选本批评层面上的研究，而这又可相对地划分为两种类型，一是对方回的选评个案开展专题式研究，二是从整体上对其选评旨趣、体例特征等进行研究。

王友胜《简评方回的苏诗评点》一文对《瀛奎律髓》中的苏诗评点进行了梳理，概括描绘出的几个特点值得注意：一是喜欢于评点中进行作品系年；二是运用比较研究的方法；三是注重人品与诗格的统一；四是推重“变体”等法则[①]。此处所论列，涉及诗歌批评的视角、审美尺度与价值旨归等理论问题，在方回的诗学活动中颇为常见，并不限于苏诗评点。聂巧平、李光生《论〈瀛奎律髓〉对梅尧臣五律的评点》一文以该选本推崇梅氏五言律为“宋代第一”作为切入点，对方回的唐宋诗学观展开探讨[②]。文章认为：梅尧臣的五律之所以被如此推尊，根本原因在于，梅诗“圆熟工巧”“自然风韵”“味”这一审美体貌契合于方回对盛唐诗歌美学的理解，且与他对唐宋诗史正脉传统的建构理路以及其所倡扬的宋诗审美境界也相一致。循此，文章还指出，方回对唐诗与宋诗是并重相待的，所主张的既继承唐诗之“韵”，又肯定宋诗之“格”的诗学观，较严羽“尊唐贬宋”诗论是一种超越与进步。该文由点及面，较为切实地显现了《瀛奎律髓》一书的某些诗学价值取向，有助于对方回诗学的历史定位。王奎光《“有小结裹，无大涵容”——方回的姚合批评论析》一文，就方回在姚合的诗学渊源、姚合诗的缺陷和长处、姚合诗的影响等方面的评释展开了论析[③]。王奎光、李良二人合著的《从〈瀛奎律髓〉看方回的许浑批评》一文，以宋元之际的诗学发展为背景，对方回的许浑诗评注也作了考察[④]。文章提出：尊崇盛唐与江西诗派，反对晚唐及宋末晚唐体，此为方回的诗学立场，对姚合、许浑的批评，实则指向的是四灵及其江湖后学的晚唐体，用意主要在于矫救宋末诗学弊习，承接江西诗学传统。王宏林《论方回〈瀛奎律髓〉对贾岛的独特定位》一文则通过《瀛奎律髓》中的贾岛诗选评，考察了方回对贾岛的诗学定位以及其

① 王友胜《简评方回的苏诗评点》，《云梦学刊》2001 年第 1 期。

② 聂巧平、李光生《论〈瀛奎律髓〉对梅尧臣五律的评点》，《西南民族大学学报》2004 年第 2 期。

③ 王奎光《“有小结裹，无大涵容”——方回的姚合批评论析》，《兰州学刊》2006 年第 12 期。

④ 王奎光、李良《从〈瀛奎律髓〉看方回的许浑批评》，《中国文学研究》2009 年第 2 期。

所蕴含的诗学观念旨趣。文章认为：方回刻意淡化贾岛身属韩孟诗派的角色，转而强调贾岛与杜甫的联系，将其建构为继承杜甫最有成就的诗人以及后人师法杜甫的入门之径，同时还把贾岛与姚合、许浑等其他晚唐诗人加以区分，推崇前者而否定后者，凡此种种，用意皆在于匡救江西诗派，进而维护其权威地位①。以上三位研究者皆自觉地将方回的诗歌评点置于当时的诗学场域中加以观照，并力图阐明其诗学旨趣，所论不乏深切中的之处。不过，若通观方回的诗史批评，则可发现，方回的诗学活动实则并非江西诗派所能牢笼，其心之所系者乃整个诗史中以抒情言志为内核的诗歌创作大传统。尚永亮《论方回之崇白及其对白诗的评点》则通过梳理方回对白居易其人其诗的品评，显现了方回在宋元之际白居易接受史中的重要地位，并提出：方回在诗学取向上并非“专主江西”，他在学黄、陈之作的同时，还将效法目光投射到白居易身上，此与其自身的诗学经验以及人生遭际和心态转变相关②。方回对白诗的评点，以及前文所述他对苏诗、梅诗的评点，均可一定程度地反映其诗学的多维性特征。此文从批评主体的文化心态与诗学接受之间的关系这一角度切入进行阐发，亦可资借鉴。

以《瀛奎律髓》选评为焦点而展开整体性的研究，张哲愿《方回〈瀛奎律髓〉及其评点研究》一书堪称代表。该著不仅从选本编纂史、诗歌评点史层面厘清了《瀛奎律髓》体例的渊源并揭示其诗学意义，还在综合考察方回的学诗历程与诗歌观的基础上，对其选诗与评点作了较为系统的剖析和论述③。在选诗方面，作者侧重于分析其条例，揭示了以下事实：其一，选诗受

① 王宏林《论方回〈瀛奎律髓〉对贾岛的独特定位》，《文艺理论研究》2011年第5期。

② 尚永亮《论方回之崇白及其对白诗的评点》，《北京大学学报》2009年第5期。

③ 张哲愿《方回〈瀛奎律髓〉及其评点研究》，花木兰文化出版社2008年版，第71—123页。

其理学思想的深刻影响；其二，具有以诗人为主的纪传体诗史的特色，又依题材或主题分类而选；其三，具有标举诗体、记录事件、寓意托兴等意图和目的。在诗评方面，作者主要关注评点的方式、方法及体例，结合诗歌史的创作传统对此进行细致的剖析，并引入现代西方文论的思想观点、理论范畴及诠释方法予以新的阐发。不过在这当中，作者明确意识到且亦有所阐述的一些问题，例如，诗歌选评所蕴含的诗史建构意图，理学思想与诗歌评点的内在联系，诗歌评注与此前的诠释传统等，皆还有较大的研究空间。杨婉培《方回〈瀛奎律髓〉诗学体系研究》以《瀛奎律髓》诗学的本质论、功能论、创作论及批评论作为主要的探讨对象，致力于抉发潜在的诗学体系，经此也对其选评标准、选评旨趣、评价角度展开了论析，其中有一些值得注意的意见。例如，方回强调主体情志的表现但又不主张过度张扬，强调语工而又要求“无迹之工”，以形神交融为好诗的特质，此为其选评的标准；又如，方回将“托意言志”视为诗歌的主要功能，而偏重对国家丧亡战乱的忧悲与忠愤，相应地，此亦成为其选评诗歌的重要取向①。就《瀛奎律髓》诸多诗评文本所显现的多元性而言，此处持论显然还不够周全，但无疑也披露了一些事实。此外，作者归纳出方回评价诗人诗作的三个角度，即艺术性评价、社会性评价和文学史性评价，也颇具启发意义。石兰荣《方回〈瀛奎律髓〉中的诗歌评点》一文对《瀛奎律髓》诗歌评点中使用的多种圈点符号进行了初步的梳理和论列，认为这些符号的使用，初衷是为了示读者以学诗的门径，但在评点中也体现了方回对诗歌修辞的见解②。该研究虽未深入，但从评点的形式切入，探究批评主体的诗法观念，不失为一种可供酌取的研究思

① 杨婉培《方回〈瀛奎律髓〉诗学体系研究》，淡江大学硕士学位论文，2008年，第41—54页。

② 石兰荣《方回〈瀛奎律髓〉中的诗歌评点》，《周口师范学院学报》2003年第4期。

路。当然，此类研究还须充分考虑到诗文评点本身的传统和惯例，也应对过度诠释保持足够的警惕。

以上研究，虽都是从诗人诗作的选与评这一角度切入，但论域、关注点各有侧重，诸家的研究方法和路径也不尽一致，所获得的对于方回诗学观念的认识亦有异同，其间的一些论断甚或不无对立之处。某种意义上，一方面这可以说是对方回诗学的不同侧面的观照，由此显现了其本身的内在张力；另一方面，这也表明后续的研究者应在增强通观意识的前提下开展更具综合性的研究。

八、方回的“杜诗学”研究

在诗史中，杜甫是方回最为尊崇的诗家之一，在其诗学活动中具有特殊的意义。他从不同层面对杜诗进行评析、阐说，谱写了杜诗学史上的重要篇章。一些学者也曾对此进行专门的探讨。

詹杭伦《方回“杜诗学”综论》一文围绕“杜诗渊源”“杜诗与时代的关系”“着题诗”“夔州诗”“杜诗技法”“学杜门径”等方面的问题，对方回的杜诗研究和杜诗学理论展开了较为全面的阐述，显现了其内容的丰富性、理论的独创精神[①]。之后，吴河清《唐诗之冠冕，万古之准则——方回眼中的杜甫诗歌》一文也分“格高”“杜诗的诗史性质”“沉郁顿挫的风格”“情景交融的表现方法”“论杜诗拗体、变体”等专题，对方回的杜诗观进行了辨析和阐说[②]。在方回的诗学视域里，杜诗兼具伦理的、历史的、审美的向度。以上两例研究于此颇为用力，论析之余还从杜诗学史层面对此进行了定位，但仍未阐明此在其诗学理论建构上的意义。张红《方回的杜诗观及其诗学体系

① 詹杭伦《方回的唐宋律诗学》，第63—92页。

② 吴河清《唐诗之冠冕，万古之准则——方回眼中的杜甫诗歌》，《杜甫研究学刊》2006年第2期。

之建构》一文于此有所推进。文章将方回的杜诗研究置于元初诗学语境之下，从“诗学统绪之建立”“审美范式之建构”“诗歌本质论”“诗法论”这四个层面展开分析，认为他的旨趣在于为江西诗派乃至宋诗确立正统地位，并折中唐、宋，寻求融通发展之路[①]。尽管某些结论有可商榷之处，但该研究引入方回的诗史批评这一重要维度，确实是有助于辨明方回杜诗学建构的基本旨趣。

九、方回的诗歌史论研究

诗史的梳理和批评论说，乃方回诗学活动的一大重心。不少学者在前述若干领域的研究中，也曾论及方回对诗史上诗人诗作的评释，但专门就此议题展开研究的则颇为有限。

许清云较早地对方回的诗史叙述进行梳理，大致厘清了其唐诗四期演变论及宋诗体派源流论，并切实地揭示了其并尊唐宋的律诗史观[②]。詹杭伦拈出《方回论唐代诗史的创获》《方回论宋代诗派源流》两个专题，对此展开了更为细密的论述。在这里，方回的相关批评论说被置于诗论史的框架下进行观照，通过与严羽、杨士弘、高棅等诗论家唐诗分期论的比较，阐明他在唐诗分期研究上的理论贡献；通过与严羽、戴表元、袁桷、黄宗羲、全祖望诸人论著的对读，凸显其宋诗派别论的卓越之处[③]。借此，方回既注重辨别体制源流又兼容众体的诗史批评理念，也较为清晰地得以呈现。

上述研究取向，为后来的一些研究者所承续。例如，王剑的硕士论文《方回〈瀛奎律髓〉研究》即曾对方回在唐宋律诗因革

① 张红《方回的杜诗观及其诗学体系之建构》，《中国文学研究》2006年第3期。
② 许清云《方虚谷之诗及其诗学》，第141—150页。
③ 詹杭伦《方回的唐宋律诗学》，第43—62、93—116页。

问题上的论说予以剖析[1]。又如，王华的硕士论文《〈瀛奎律髓〉的宋诗发展史观研究》也是此研究格局中的一项成果[2]。而李成文《方回的诗统论》一文在研究视野上则有较大的拓展。作者以《桐江集》《桐江续集》中的相关诗论资料为主要依据，参之以《瀛奎律髓》，对方回在诗歌理论批评中所反映出来的诗统建构思想进行了梳理和阐释。在这一研究中，方回对唐前古体诗史之统绪的建构被纳为研究对象，借此，其诗歌史论的较为完整的轮廓也在一定程度上显现出来了[3]。

总体而言，现有的这几例研究，与方回存世诗学文献反映出来的他在这一核心议题上的用心、用力之程度还很不相称。除了研究格局较为单薄，更为突出的问题是研究视域的局限。多数研究者主要是以《瀛奎律髓》为文本依据而对方回的唐宋律诗史论说进行梳理和分析，而对于他在古体诗之源流及其创作传统之承转方面的论说则颇为忽略；由于这一缺失，方回诗歌史论的精神面目被部分地遮蔽了。这当中，虽然也有个别研究者曾将他对古体诗史和律体诗史的论说作为一个整体加以观照、阐释，但其诗歌史论的诗学语境以及话语建构的重心和观念旨趣等深层次问题，则皆尚待辨明。

十、结语

20世纪以来的方回诗学研究史，整体的演进态势是不断地趋于深入。不过也可看出，现有的研究仍主要集中于此前即已广受关注的《瀛奎律髓》，而对其他诗学文献的研究则较为不足。这表现为三种情状：一是这些文献相当长一段时期内未能进入研究

① 王剑《方回〈瀛奎律髓〉研究》，上海师范大学硕士学位论文，2003年。

② 王华《〈瀛奎律髓〉的宋诗发展史观研究》，暨南大学硕士论文，2007年。

③ 李成文《方回的诗统论》，《四川大学学报》2006年第2期。

者的视野，基本上处于被忽略的地位；二是多数研究者往往将它们作为研究《瀛奎律髓》的辅助性文献，据以补充分析或是佐证其观点，而这些文献自身独立的研究价值则未引起足够的重视；三是部分研究者虽注意到这些文献的诗学价值，也专门对此作了较为系统的梳理或是就其中一些议题进行了初步的探讨，但研究的重心并不在此，且大多未将各种体例不一的诗学文本视为多元的、动态的有机构成而展开整体的观照，研究者的视域和兴趣总体上仍倾向于律诗学。现有研究中另一较大的不足是，国家政治、士文化传统、地域空间以及方回的生存境遇、文化心态、学术思想取向等因素与他的诗学观念、诗学话语实践之间内在关联性的研究，至今尚未深入。由于以上两个方面因素的制约，某些全局性理论问题一直未能得到切实的阐明，其丰富的个性生命诉求和文化蕴含也多有遮蔽。就此而言，努力突破上述局限，在多维的文化构造关系中进行综合性、语境化的研究，应是今后研究中可供选择的一个方向。

（原载于《中国诗歌研究》2014年第11辑）

主要参考论文（著作）

一、著作

1.方回选评，李庆甲集评校点《瀛奎律髓汇评》，上海古籍出版社2005年版。

2.潘柏澄著《方虚谷研究》，新文丰出版公司印行1978年版。

3.毛飞明编《方回年谱与诗选》，杭州大学出版社1993年版。

4.詹杭伦著《方回的唐宋律诗学》，中华书局2002年版。

5.田金霞著《方回〈瀛奎律髓〉研究》，中国社会科学出版社2015年版。

二、期刊论文

1.朱东润《述方回诗评》，《文哲季刊》1931年二卷第1期，收入《中国文学论集》，中华书局1983年版。

2.方孝岳《〈瀛奎律髓〉里所说的“高格”》，《中国文学批评》，世界书局1934年版。

3.孙克宽《元方回诗与其诗论》，《东海学报》1959年第1期。

4.许总《论〈瀛奎律髓〉与江西诗派》，《学术月刊》1982年第6期。

5.李庆甲《略谈方回的〈瀛奎律髓〉》，《中国文艺思想史论丛（二）》，北京大学出版社1985年版。

6.詹杭伦《方回著述考》，《成都大学学报》1986年第1期。

7.詹杭伦《江西诗派学杜的基本经验——方回诗论探微》，《九江师专学报》1986年第1期。

8.詹杭伦《“江西诗格”简论》，《江西师范大学学报》1986年第2期。

9.詹杭伦《方回诗歌美学思想初探》，《西北师大学报（社会科学版）》1986年第2期。

10.詹杭伦《杜甫律诗技法论——方回诗论探微》，《成都大学学报》1987年第3期。

11.詹杭伦《〈文选颜鲍谢诗评〉发微》，《乐山师专学报》1989年第3期。

12.詹杭伦《周密〈癸辛杂识〉“方回”条考辨》，《四川师范大学学报》1989年第6期。

13.查洪德《方回的诗人修养论》，《中国人民大学学报》1994年第5期。

14.王琦珍《方回诗论的再评价》，《中国韵文学刊》1995年第2期。

15.莫砺锋《从〈瀛奎律髓〉看方回的宋诗观》，《文艺理论研究》1995年第3期。

16.李仲祥《方回论“格高”与“圆熟”》，《殷都学刊》1998年第3期。

17.贾文昭《关于“清新”——读方回诗论札记之一》，《文艺理论研究》1998年第6期。

18.查洪德《关于方回诗论的“一祖三宗”说》，《文史哲》1999年第1期。

19.王德明《方回的“格”论及其对晚宋诗风的批判》，《广西师范大学学报》2000年第1期。

20.王德明《方回的诗歌语言艺术思想》，《华北电力大学学报》2001年第1期。

21.王友胜《简评方回的苏诗评点》，《云梦学刊》2001年第1期。

22.罗超《方回降元之文化诠释》，《殷都学刊》2001年第2期。

23.查洪德《20世纪的方回研究》，《20世纪中国文学研究·辽金元文学研究》，北京出版社2001年版。

24.史伟《方回的诗法理论》，《廊坊师范学院学报》2001年第3期。

25.石兰荣《方回〈瀛奎律髓〉的诗歌修辞观》，《殷都学刊》2003年第2期。

26.石兰荣《方回〈瀛奎律髓〉中的诗歌评点》，《周口师范学院学报》2003年第4期。

27.聂巧平、李光生《论〈瀛奎律髓〉对梅尧臣五律的评点》，《西南民族大学学报》2004年第2期。

28.吴河清《唐诗之冠冕，万古之准则——方回眼中的杜甫诗歌》，《杜甫研究学刊》2006年第2期。

29.高利华《论方回的江西宗派学说及其对陈与义的评价》，《社会科学战线》2004年第6期。

30.李成文《方回的诗统论》，《四川大学学报（哲学社会科学版）》2006年第2期。

31.张红《方回的杜诗观及其诗学体系之建构》，《中国文学研究》2006年第3期。

32.王奎光《“有小结裹，无大涵容”——方回的姚合批评论析》，《兰州学刊》2006年第12期。

33.王奎光《论方回〈瀛奎律髓〉中的“拗字”格法》，《中国韵文学刊》2007年第4期。

34.周静《论方回的崇陶与学陶》，《求索》2008年第3期。

35.王奎光《方回的“吴体”诗论及其诗学批评意义》，《文学遗产》2008年第4期。

36.王奎光、李良《从〈瀛奎律髓〉看方回的许浑批评》，《中国文学研究》2009年第2期。

37.尚永亮《论方回之崇白及其对白诗的评点》，《北京大学学报（哲学社会科学版）》2009年第5期。

38.邱光华《方回审美主体心境论考释》，《中国文化研究》2010年夏之卷。

39.查洪德、罗海燕《从〈瀛奎律髓〉看方回的唐诗观》，《江西财经大学学报》2010年第6期。

40.王宏林《论方回〈瀛奎律髓〉对贾岛的独特定位》，《文艺理论研究》2011年第5期。

41.陈博涵《方回诗学思想与晚年趣味》，《北方论丛》2013年第5期。

42.邱光华《20世纪以来方回研究述评》，《中国诗歌研究》第11辑，社会科学文献出版社2014年版。

43.邱光华《变的“歧途”与诗史演进——方回的诗史批评论析》，《古代文学理论研究》第39辑，华东师范大学出版社2014年版。

44.邱光华《方回诗歌批评的文体视域和文体价值观念辨正》，《宁夏大学学报》2014年第4期。

45.徐媛《从〈瀛奎律髓〉看方回的编辑观》，《出版发行研究》2014年第5期。

46.向珊《方回撰〈吕师孟墓志铭〉考释》，《中国国家博物馆馆刊》2015年第6期。

47.何跞《方回〈诗思〉十首的诗评取向》，《北京社会科学》2016年第2期。

48.邱光华《方回的诗格观与格法批评论略》，《古代文学理论研究》第47辑，华东师范大学出版社2018年版。

49.赵厚均《〈文选颜鲍谢诗评〉与方回的六朝诗学观》，《文艺理论研究》2018年第6期。

50.胡健《方回〈瀛奎律髓〉的分类及其意义》，《中国诗学研究》第19辑，凤凰出版社2021年版。

51.查洪德、王飞镜《论方回诗论中的"晚唐诗"》，《安徽师范大学学报（人文社会科学版）》2021年第2期。

52.石勖言《方回与元初江湖诗人：关于诗坛生态的考察》，《励耘学刊》2021年第2辑。